911.01
D474i
V. 4

2795

Carte du Canada ou de la Nouvelle France et des découvertes qui y ont été faites/ Dressée sur plusieurs Observations et sur un grand nombre de Relations imprimées ou manuscrites

Par Guillaume Delisle, géographe de l'Académie Royale des Sciences À Paris/ chez l'auteur Rue des Canettes près de St-Sulpice/ 1703.

Claude Delisle (1644-1720) était géographe et historien. Avec ses quatre fils (Guillaume, Simon Claude, Joseph Nicolas et Louis), il permettra à la France de prendre sa place dans le domaine de la cartographie et de mettre un terme à la domination des Hollandais.

Son fils Guillaume (1675-1726), pour sa part, aurait dessiné sa première carte dès l'âge de neuf ans. Outre l'influence de son père, il profitera de l'enseignement et de la protection de Jean Dominique Cassini, célèbre astronome à qui on doit une méthode de calcul des longitudes.

Plusieurs spécialistes considèrent Guillaume Delisle comme le plus grand cartographe de son époque. Il apporta à son métier une rigueur scientifique issue de sa double formation en mathématique et en astronomie. Il n'hésita pas à corriger les travaux de ses prédécesseurs dont ceux des Sanson, autre célèbre famille de cartographes français.

Sur ses cartes de l'Amérique septentrionale, Guillaume Delisle, conscient de l'importance du réseau fluvial, s'intéressa de façon particulière au Mississippi. Au tout début du 18e siècle, il pouvait représenter avec une remarquable précision le fleuve Saint-Laurent, les Grands Lacs et le Mississippi jusqu'au golfe du Mexique. Le rôle stratégique de Détroit, fondé par Lamothe Cadillac et Alphonse Tonty à l'été 1701, ne lui avait pas échappé. Dès 1703, il l'indique à la rencontre du lac Erié et du lac Sainte-Claire. À l'Ouest du pays des Iroquois (en majuscules au sud du lac Ontario), il a compris que ce tout nouveau poste qu'il nomme « Le Détroit » offre plus de possibilités que Michillimakinac.

Qu'on la regarde dans n'importe quelle direction, la carte réalisée par Guillaume Delisle en 1703 est riche de renseignements. Les noms des nations indiennes voisinent avec ceux des noms de lieux, de lacs et de rivières ; Acadie, Canada, Saguenay côtoient N. York, Pensilvanie (sic), Mariland (sic), tandis que la désignation triomphante de Nouvelle France rend bien modeste celle de la Nouvelle Angleterre.

Pour le cartographe Herman Moll, cette carte française de 1703 est de la provocation. Dès les lendemains du traité d'Utrecht (1713), il se mettra à l'oeuvre. Deux ans plus tard il publiera sa fameuse « Beaver Map », remarquable par cette scène de castors — inspirée d'une carte de 1698 de Nicolas de Fer selon Edward H. Dahl —, et, en 1720, une autre carte devenue célèbre, cette fois grâce à une vignette représentant le séchage de la morue. Moll, bien que d'origine hollandaise, est devenu un chaud partisan anglais ; il s'est empressé de transformer le Labrador en New Britain, de prolonger la Nouvelle Angleterre jusqu'à l'Acadie et surtout de rattacher aux colonies anglaises la rive nord du lac Ontario et du fleuve Saint-Laurent. Moll aura des imitateurs : John Senex en 1719 et Henry Popple en 1733. Le traité de Paris permettra aux Britanniques d'établir la frontière actuelle à peu près le long de la ligne de partage des eaux, entre le Saint-La'

D0989103

Iroquoisie
1688-1701

Nous remercions le Conseil des Arts du Canada et la SODEC pour le soutien accordé à notre programme d'édition, de même que le gouvernement du Canada pour l'aide financière reçue par l'entremise du Programme d'aide au développement de l'industrie de l'édition (Padié).

L'éditeur tient à remercier de façon toute particulière la Fondation Lionel-Groulx pour son autorisation de publier ce manuscrit conservé aux Archives du Centre de recherche en histoire de l'Amérique française.

Illustrations de la couverture :

Dessin anonyme tiré de Alvin M. Josephy, jr, *500 Nations. An illustrated history of North American Indians*, Alfred A. Knopf, 1994, coll. Newberry Library. Sur l'épine, un détail d'un tableau conservé au Musée des Augustines de l'Hôtel-Dieu de Québec, *Martyre des missionnaires jésuites*, anonyme. Sur la 4e de couverture, gravure de Theodore de Bry d'après un dessin de John White et un personnage montagnais tiré de la *Carte Géographique De la Nouvelle France* (1612) de Samuel de Champlain.

Chargé de projet :	Denis Vaugeois
Mise en pages :	Josée Lalancette
Traitement de l'image :	Gilles Herman
Page couverture :	Ose Design
Équipe éditoriale :	Marcelle Cinq-Mars, Jude Des Chênes, France Galarneau, Andrée Laprise, Jean-Marie Lebel, Denis Vaugeois

Si vous désirez être tenu au courant de nos publications
vous pouvez consulter
www.septentrion.qc.ca ou nous écrire au
1300, av. Maguire, Sillery (Québec) G1T 1Z3
ou par télécopieur (418) 527-4978

Données de catalogage avant publication (Canada)

Desrosiers, Léo-Paul, 1896-1967

    Iroquoisie

    L'ouvrage complet comprendra 4 v.
    Comprend des réf. bibliogr., des cartes, des illustrations et des index.
    Sommaire : t.. 1. 1534-1652 ; t. 2. 1652-1665 ; t. 3 1666-1687 ; t. 4 1688-1701.

    ISBN 2-89448-081-4 (v. 1)
    ISBN 2-89448-106-3 (v. 2)
    ISBN 2-89448-123-3 (v. 3)
    ISBN 2-89448-124-1 (v. 4)

    1. Canada - Histoire - Jusqu'à 1763 (Nouvelle-France). 2. Iroquois (Indiens) - Guerres. 3. Fourrures - Commerce - Canada - Histoire. 4. États-Unis - Histoire - ca 1600-1775 (Période coloniale). 5. Indiens d'Amérique - Maladies. 6. Épidémies - Canada - Histoire. I. Titre.

FC305.D47 1998   971.01   C98-941014-5
F1030.D47 1998

Dépôt légal : 1er trimestre 1999
Bibliothèque nationale du Québec

ISBN 2-89448-124-1

© Les Éditions du Septentrion   Diffusion Dimedia
1300, avenue Maguire   539, boul. Lebeau
Sillery (Québec)   Saint-Laurent (Québec)
G1T 1Z3   H4N 1S2

Léo-Paul Desrosiers

Iroquoisie

1688-1701

1- 62439

Bibliothèque Municipale d'Alma

105376-5

Septentrion

Chapitre 178

1688

Comme il est arrivé tant de fois dans l'histoire, l'Iroquoisie est divisée. Cette puissante tribu est satisfaite de la protection des Anglais, mais ne veut pas devenir simplement une vassale ou une partie du royaume anglais et ne plus avoir la capacité de diriger sa politique extérieure. Elle laisse faire les choses tant qu'un danger menace du côté de la France. Il y a des sachems qui répondent aux questions de Dongan et approuvent ses théories. Mais d'autres sont humiliés et craignent que des concessions plus ou moins fictives ne deviennent des réalités.

Thomas Dongan (1634-1715), gouverneur de New York de 1683 à 1699. Expansionniste à tout crin, il encouragea les Cinq-Nations à détourner le commerce des fourrures vers Albany.

Une dépêche de Denonville, en 1687, décrit cet état d'esprit. Les Iroquois sont en mauvaise posture lorsque les Français les attaquent : si les Anglais refusent de leur donner des munitions, leur défense sera impossible. C'est ce qu'ils redoutent. « Pour profiter de cette conjoncture les Anglais leur promirent de leur accorder tous leurs besoins par la continuation du commerce pourvu qu'ils reconnussent que leur pays était sujet à la Couronne d'Angleterre. Les Iroquois ne balancèrent point à leur accorder ce qu'ils demandaient, la nécessité de leurs affaires leur faisant dissimuler la violence dont les Anglais usaient envers eux qui se croyaient libres. » Ensuite, les Anglais « prétendent que c'est uniquement par le canal des Anglais qu'ils doivent traiter de paix avec nous ». Récemment, les Iroquois ont déclaré au fort Frontenac qu'ils ne reconnaissaient pas les Anglais pour maîtres. Saint-Germain, un coureur des bois qui, depuis peu, est de retour de leur pays, leur a entendu dire la même chose. « On voit assez qu'il est important que les choses demeurent sur le même pied qu'elles étaient avant la guerre et que du moins les Iroquois soient neutres... ; autrement ce serait un sujet éternel de mésintelligence et de division entre les Français et les Anglais... Et si la guerre se renouvelait... les Anglais ne manqueraient pas de lâcher ces dogues sauvages sur notre colonie à qui ils sont plus capables de nuire que les Anglais... »

Brisay de Denonville, gouverneur de la Nouvelle-France de 1685 à 1689

Denonville a un véritable pressentiment des événements à venir. Son prédécesseur et lui ont fait beaucoup pour que les Anglais soient maîtres des Iroquois. Une situation de fait s'est créée peu à peu. Maintenant, Denonville est arrêté par ce danger. Il en voit les conséquences néfastes. Alors, de ce jour, va naître une politique trouble. De 1665 à 1684, les Iroquois étaient, pour les Français, des Indiens auxquels on commandait prudemment ; ils n'obéissaient pas facilement, ils avaient la tête dure. Mais maintenant quel jeu jouer? La France va-t-elle continuer à réclamer l'Iroquoisie comme terre française et les Iroquois comme sujets français? En Europe, dans les chancelleries, oui. Mais en Amérique, elle joue un autre jeu. En 1684, lorsque La Barre attendait à Cataracoui et à La Famine des ambassadeurs qui ne venaient pas, Charles Le Moyne et le père de Lamberville avaient avivé l'esprit d'indépendance des Iroquois : Dongan affirme que vous êtes ses sujets, disaient-ils, est-ce vrai? La Grande Gueule et ses compères avaient prononcé des discours violents sur l'indépendance de l'Iroquoisie, deux ou trois semaines après avoir mis ce pays sous l'autorité de l'Angleterre. Le jeu se répète en 1688. Plutôt que de les voir sujets anglais, Denonville aime mieux les voir indépendants ou neutres. Les Français seront des apôtres de l'indépendance de l'Iroquoisie. C'est la seule proposition qui leur plaise plus que celles faites par les Anglais. Car il faut enchérir. Alors aux Anglais, qui veulent des Iroquois sujets anglais, vont s'opposer les Français qui veulent des Iroquois indépendants, capables de négocier seuls, de signer des traités et d'agir de façon indépendante, d'entrer en conseil avec les Français, comme ils le font avec les Anglais. Ainsi s'esquisse une contre-manœuvre que les Français appliqueront souvent pour faire échec aux successeurs de Dongan. Ce qui les favorise, c'est le jeu trop intransigeant, trop serré de Dongan, son ton hautain et ses ordres trop durs.

Jacques et Jean de Lamberville, tous deux jésuites, étaient à cette époque ensemble chez les Onontagués.

La Grande Gueule (Otreouti) chef et orateur

Le 15 juin, cette manœuvre est appliquée pour la première fois. Dans une lettre de janvier 1669, Callière dit à Seignelay que Denonville a employé quelques-uns des prisonniers de Cataracoui pour persuader leurs compatriotes que Denonville désire la paix, et même qu'il la demande à l'heure actuelle. Ce sont des Onnontagués qu'il a renvoyés dans leur pays après s'être efforcé de les gagner par des présents et des attentions. Ils parlent si bien qu'ils persuadent leur nation d'envoyer des délégués et que celle-ci convainc les Goyogouins et les Onneiouts d'en faire autant.

Le marquis de Seignelay est le fils et successeur de Jean-Baptiste Colbert.

Les sachems onnontagués, goyogouins et onneyouts rencontrent le gouverneur et Champigny à Montréal. Ils veulent voir ces deux hommes, disent-ils, « pour les assurer qu'ils sont venus pour négocier une paix durable et pour vivre désormais en bonne entente avec eux ». Denonville et l'intendant leur disent que voilà de bonnes intentions, qu'ils ne veulent pas autre chose, mais que l'affaire est difficile parce que Dongan les réclame comme ses sujets. Et les Onnontagués de répondre : « Cela n'était pas vrai,

La déclaration de neutralité des Onontagués est signée.

et qu'ils avaient toujours résisté à ses prétentions, et qu'ils désiraient seulement être amis des Français et des Anglais, également, sans que l'un ou l'autre soient leurs maîtres, parce qu'ils tenaient leur pays directement de Dieu, qu'ils n'avaient jamais été conquis en guerre, ni par les Français ni par les Anglais, et que leur intention n'était que d'observer une parfaite neutralité. » La Grande Gueule appose la signature des tribus. On connaît le document sous le nom de *Déclaration de neutralité des Onnontagués, des Goyogouins et des Onneiouts.*

Ainsi, non seulement Denonville ébauche pour la France une manœuvre intéressante, mais encore il obtient une déclaration qui pourra servir dans les chancelleries pour prouver que les titres de l'Angleterre sur l'Iroquoisie sont précaires et incertains.

La venue des ambassadeurs pour signer ce document est en elle-même un triomphe pour la politique française. Le père de Lamberville y avait beaucoup contribué. Car outre La Grande Gueule, l'ambassade se composait encore de Haaskouan, de la Chaudière Noire, d'Oureouharé et de Gagniegaton. Le père de Lamberville les accompagnait. Douze cents Iroquois (neuf cents dit Callière) étaient restés au lac Saint-François. Un parti de ce groupe avait fait le siège de Cataracoui pendant un certain temps. Mais en apprenant que les Français avaient rendu la liberté à son neveu, il s'était tout de suite radouci et il était parti avec ses guerriers. Les négociations ont donc lieu avec une armée de mille deux cents hommes, des ennemis, à l'arrière-plan, au lac Saint-François. Mais, enfin, ces ambassadeurs ne sont pas passés par Dongan, ils ne négocient pas à Albany comme sujets anglais, ils désobéissent aux ordres si souvent répétés de Dongan et ils signent leur déclaration de neutralité.

Les propositions iroquoises sont les suivantes : raser le fort Niagara, enlever la hache des mains des Outaouais, rendre les prisonniers qui sont à Québec et au village de La Montagne à Montréal. Denonville accepte, mais à certaines conditions. Il peut détruire Niagara, car le scorbut a décimé la garnison. Trop tassés dans ce fortin d'où ils ne pouvaient sortir, les soldats sont presque tous morts avec le commandant. Denonville demande que tous les alliés soient compris dans la paix ; que les Agniers et les Tsonnontouans lui envoient des ambassadeurs pour préparer une paix générale ; que toute hostilité cesse pour qu'il puisse ravitailler Cataracoui en paix. Callière dit que Denonville répond qu'on s'entendra définitivement sur les conditions quand Tsonnontouans et Indiens alliés seront là. Il fixe la date de la prochaine rencontre. Les Iroquois ne sont pas très disposés à faire la paix avec les Indiens alliés, pas plus qu'autrefois.

Enfin, on s'entend sur ces conditions. La paix est pour ainsi dire conclue. Denonville a déjà écrit en France pour demander l'élargissement et le renvoi des prisonniers détenus en France et pour prier le ministre de les

Joseph Le Moyne
de Serigny et de
Loire (1668-1734),
sixième fils
de Charles
Le Moyne de
Longueuil

mettre sous la garde de Serigny, cadet à Rochefort. Il est le fils de Charles Le Moyne et connaît la langue iroquoise.

Ainsi l'acte pour la cessation des hostilités et le conseil tenu à Montréal, en juin, par lequel les Iroquois s'échappent un peu de la dangereuse tutelle anglaise, mettent fin à l'équipée de Denonville. Au mois de juillet, on peut dire qu'une paix de principe est rétablie. Denonville envoie des ordres partout à cet effet, soit dans l'Ouest canadien, aux Indiens alliés, soit chez les Miamis-Illinois.

Mais la situation reste orageuse. Les différentes attaques, le rassemblement d'une armée iroquoise de mille deux cents hommes sur le Saint-Laurent, à portée de Montréal, ou les ravages qui ont été faits, laissaient présager des heures difficiles.

Denonville
ne sait que faire.

Malgré toutes les forces qu'il commande, Denonville est sur la défensive. Il ne semble pas savoir comment les utiliser et se laisse manœuvrer. Il n'a pas bien défini sa stratégie pour abattre l'Iroquoisie. Il ne sait que faire, cela se reflète dans ses dépêches et dans ses lettres. Il n'y a bientôt pour lui qu'une solution : la paix à tout prix avec les Iroquois. D'ailleurs, le ministre lui écrit : « Le roi a besoin d'hommes et d'argent ailleurs ; ainsi il faut se contenter de faire la paix avec les Iroquois par tous les moyens, et de maintenir doucement la colonie jusqu'à ce que les temps étant différents, le roi puisse prendre les résolutions les plus convenables pour achever de se rendre maître des pays voisins. »

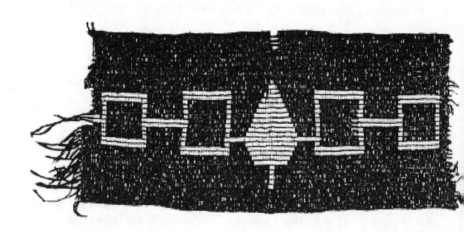

Chapitre 179

1688

Le 8 juillet, Denonville donne l'ordre de démolir le fort Niagara. Celui-ci ne sera exécuté que le 15 septembre suivant par le sieur Des Bergères. Il aura pour compagnon le révérend père Millet qui transmet les ordres du gouverneur. Mais ne sera détruite que « la fortification de ce fort » ; on gardera les cabanes et les logements « pour maintenir la possession que Sa Majesté et les Français ont depuis longtemps en ces quartiers de Niagara ». On laisse cinq cabanes, une boulangerie, un magasin, un grand logement. Toute une cérémonie se déroule à cette occasion. Le 6 juillet, Denonville avait aussi écrit au commandant de Niagara pour qu'il abandonne le poste. Le 27 août, le poste de Détroit est lui aussi déserté.

Raymond Blaise Des Bergères de Rigauville (1655-1711), capitaine, commandant des forts Niagara, Frontenac et Chambly

Aucun gouverneur français, semble-t-il, n'a eu autant de troupes à sa disposition et aucun n'a subi plus de défaites que Denonville. La destruction de ces postes était humiliante pour la France. Elle enlevait toute protection aux Indiens alliés, empêchant la surveillance de l'Iroquoisie de l'ouest. Cependant, Denonville s'y résout assez facilement car, en fait, la construction de ces postes n'a presque rien donné. Les Indiens alliés, les Miamis-Illinois, ne sont pas venus pour harceler les Tsonnontouans pendant l'hiver et les détruire. Les garnisons sont restées confinées à l'intérieur des palissades, victimes du scorbut qui les a décimées et n'a laissé subsister que quelques hommes. Ce fut une hécatombe. Au printemps, il fallait renouveler la garnison de Niagara et aussi, les postes étaient difficiles à ravitailler. Détroit, cependant, aurait pu l'être par Michillimakinac où l'on trouvait une abondance de maïs.

Pierre Millet (1635-1708), jésuite, missionnaire.

Mais la démolition a l'air de se faire à cause des pressions exercées par les Iroquois et surtout par Dongan.

Michillimakinac, à la rencontre des lacs Huron, Michigan et Supérieur

Chapitre 180

1688

Le conseil de Montréal, à la mi-juin, entre Onnontagués, Goyogouins et Onneiouts, est l'œuvre du père de Lamberville, qui n'a pas craint de retourner dans la capitale iroquoise pour organiser cette ambassade. Elle a arrêté les attaques iroquoises qui devaient s'abattre sur la Nouvelle-France. Mais les engagements que l'on y a pris ne sont pas définitifs.

Sir Edmund Andros (1637-1714), gouverneur de New York et de la Nouvelle-Angleterre

Dans une lettre du 23 octobre, adressée à Andros, le nouveau gouverneur de New York, Denonville montre clairement à quoi il s'attend, à la fin du mois de juin, après le conseil préliminaire. Des ambassadeurs des cinq tribus doivent venir en Nouvelle-France au début de l'été, pour que l'on puisse faire les arrangements nécessaires pour un grand conseil qui réunira, plus tard, non seulement les représentants de l'Iroquoisie et de la France, mais encore ceux des Indiens alliés, afin d'établir la paix générale ; ils devront arriver suffisamment tôt pour que l'on puisse envoyer, avant que la glace ne soit formée sur les rivières, des messagers aux Indiens alliés, pour les inviter, leur communiquer la date de la grande assemblée générale et leur demander d'envoyer des ambassadeurs. Denonville profitera de l'occasion, et du départ des messagers pour l'ouest, pour inviter les Indiens alliés à cesser toute hostilité contre les Iroquois et leur envoyer des ordres formels à ce sujet.

Malheureusement, les ambassadeurs iroquois des Cinq-Nations ne sont pas venus. Les mois de juillet, d'août et de septembre passent sans les voir paraître. Il n'a donc pas pu donner aux Indiens alliés l'ordre de cesser tout acte d'hostilité contre les Iroquois ni les assurer de sa bonne volonté. Tout ce qu'il a pu faire, c'est avertir les Indiens rapprochés de ne plus attaquer les Iroquois.

Une seconde difficulté apparaît. Les Loups et les Mahingans ont ravagé Saint-François du Lac, la rivière du Loup, les centres de colonisation de

Sorel à Boucherville. Denonville affirme que Dongan a ordonné cette expédition et qu'il a des preuves. Le 20 août, il lui écrit, car il le croit toujours gouverneur. Les Tsonnontouans, dit-il, ne lui ont pas encore donné l'assurance qu'ils ne feraient pas la guerre. Alors, dit-il, « je n'ai pas ordonné à nos Indiens de discontinuer leurs hostilités, jusqu'à ce que je sache quels sont les sentiments des Tsonnontouans et des autres ».

La situation est assez confuse pendant l'été. Français et Anglais collaborent jusqu'à un certain point pour rétablir la paix. Français et Iroquois ont noué des relations qui semblent devoir donner un magnifique résultat. Les prisonniers se remettent peu à peu depuis octobre 1687. Mademoiselle d'Allonne est revenue en mars. D'autres groupes de prisonniers aussi. Personne n'a été torturé. Mais aucun accord de paix n'existe entre Indiens alliés et Iroquois ; Denonville n'a pas demandé aux premiers de déposer les armes.

Tout l'été, Denonville attend donc les ambassadeurs des Cinq-Nations. Ils ne viennent pas. Que s'était-il passé?

Un drame avait eu lieu et avait été provoqué par un Huron de Michillimakinac, l'un des plus rusés, des plus habiles diplomates indiens, Kondiaronk, surnommé Le Rat.

Kondiaronk (v. 1649-1701)

On sait que les Indiens alliés s'étaient séparés de l'armée de Denonville en assez mauvais termes. Ce n'était pas une colère extrême peut-être, mais c'était un profond mécontentement. Convoqués une deuxième fois pour exterminer définitivement les Iroquois, les Indiens alliés avaient vu la seconde campagne française se terminer sans avoir infligé de pertes importantes à l'ennemi. Ils avaient pratiquement refusé d'entreprendre eux-mêmes la tâche qui aurait consisté à poursuivre l'ennemi en forêt et à le massacrer. Cependant, les Indiens alliés prennent part à quelques affrontements pendant les mois qui suivent. Ainsi, d'après La Potherie, les coureurs de bois et les Français qui remontent dans l'ouest après l'expédition chez les Tsonnontouans, apprennent « que les Hurons avaient défait un parti de quarante Iroquois ». Mais ils capturent la plupart de ces ennemis et ils leur laissent la vie sauve. Le mot d'ordre dans l'ouest à cette époque est de faire la guerre aux Iroquois.

Lahontan raconte aussi qu'au printemps de 1688, en se rendant à Michillimakinac, il rencontre à l'entrée du lac Michigan, « un parti de Hurons qui venait de détruire un hameau de six cabanes iroquoises ». Ces Hurons se seraient joints à un groupe de quatre cents à cinq cents Outaouais et, tous, ils auraient découvert des pistes, surpris des Iroquois, en auraient tué quarante-huit, capturé quatorze et deux auraient réussi à s'enfuir. Trois de ces prisonniers auraient fait partie à une troupe de mille guerriers qui avait erré longtemps autour du fort Niagara. Mais ces faits sont bien incertains et même assez douteux.

Louis-Armand de Lom d'Arce de Lahontan, baron de Lahontan (1666-v. 1716) aurait vécu en Nouvelle-France de 1683 à 1693.

*Henri de Tonty
(v. 1649-1704),
voyageur,
commandant des
postes de traite*

Au début du mois de mars 1688, Tonty incite de nouveau les Illinois à la guerre contre les Iroquois. Huit cents Illinois partent en groupes de dix, de quinze, de vingt. Ils reviennent pendant l'été, ayant tué et capturé soixante hommes, femmes ou enfants.

Lahontan raconte un autre combat qui aurait eu lieu entre Détroit et Niagara à la fin de juillet 1688, et auquel auraient pris part des Saulteux, des Outaouais et des Français. Trois Iroquois sont tués, cinq blessés et quatorze faits prisonniers. Le 4 août, une autre bataille a lieu dans ces parages et une douzaine d'Iroquois sont tués et capturés. Dans ces deux combats, les Indiens alliés ont délivré un certain nombre des leurs, prisonniers de l'ennemi. Après un voyage à Détroit, Lahontan rencontrera un certain nombre d'Indiens alliés qui se sont rendus à Niagara, ont trouvé la garnison décimée, le commandant mort, et plus que douze soldats avec M. des Bergères.

Le commerce des fourrures est complètement arrêté depuis trois ou quatre ans, c'est-à-dire depuis l'expédition de La Barre. Les fourrures s'accumulent dans l'ouest, comme le dira Champigny dans une lettre du 9 août 1688.

*Jean Bochart
de Champigny
(v. 1645-1720),
intendant de la
Nouvelle-France
de 1686 à 1702*

Voici les dessous de l'affaire de Kondiaronk. Denonville avait cherché à s'assurer l'appui de ce puissant chef huron contre les Iroquois, dit Lahontan. Le Rat refusa longtemps d'entrer en guerre, car c'était pour lui une affaire grave et dans laquelle il ne fallait pas s'engager à la légère. Mais, enfin, cédant aux instances du gouverneur, il accepte « à condition qu'on poursuivrait de concert les Iroquois à toute outrance, et qu'on ne poserait les armes qu'après avoir anéanti cette Nation ». Le Rat s'engage pour lui-même et pour sa nation. Denonville fait répondre qu'il accepte. Il renouvelle son acceptation formelle après l'expédition des Tsonnontouans, à Niagara avant leur séparation.

L'hiver se passe. S'il en faut en croire Lahontan, La Potherie et Tonty, les Indiens alliés, les Illinois guerroient en même temps avec quelques succès. Le printemps arrive. Les rois de France et d'Angleterre ordonnent aux Français et aux Anglais de cesser les combats. Puis trois tribus iroquoises font la paix avec les Français et promettent d'amener bientôt une ambassade plus représentative et plus large qui ratifiera la paix conclue précédemment et qui établira les bases d'un congrès général des nations indiennes pour l'instauration d'une paix universelle. Mais pendant ce temps-là, Denonville ne donne pas aux Indiens alliés, et par conséquent aux Hurons, dont le chef est Kondiaronk, l'ordre de cesser les hostilités. Ce n'est que dans un post-scriptum de sa lettre à Andros, le 23 octobre, qu'il dira qu'il a envoyé un canot pour demander aux Indiens alliés de cesser le combat. Comme la saison est avancée, il se demande si les messagers arriveront avant l'hiver à Michillimakinac. Il n'avait pas donné cet ordre plutôt, parce qu'il ne savait pas encore si les Tsonnontouans se rallieraient à cette entente et voulaient la paix. Pendant les mois de juillet et d'août en particulier, la guerre fait rage entre tous les Indiens alliés et tous les Iroquois, tandis que la paix règne entre les Français et au moins trois tribus iroquoises et qu'elle s'annonce pour les cinq. On ne sait rien de ces derniers faits à Michillimakinac. Le moins que l'on puisse dire, c'est que Denonville s'est mal conduit envers ses alliés.

Pendant cet été-là, Kondiaronk veut donner aux Français des preuves de sa fidélité, de sa bravoure, de son grand courage. Il part de Michillimakinac avec une centaine de guerriers pour se mesurer à l'Iroquois, le vieil ennemi. On ne sait pas exactement quelle route il suit, mais c'est probablement l'Outaouais et la rivière Rideau. Il arrive au fort Frontenac ou Cataracoui avec une troupe de guerriers aguerris qui ne pensent qu'à se battre. Et là, à sa grande surprise, il apprend que Denonville « négociait actuellement la Paix avec les cinq Nations iroquoises, et que même, il attendait dans huit ou dix jours, des ambassadeurs et des otages à Montréal de la part de ces peuples, pour conclure un traité qui ne put se rompre ». Le commandant du fort lui dit alors d'abandonner son expédition et de retourner chez lui.

Kondiaronk apprend que Denonville négocie avec l'ennemi.

Ce commandant est-il au courant des négociations de Denonville ? Peut-il renseigner Kondiaronk ? Celui-ci peut-il prendre une décision en toute connaissance de cause ? Ou bien, le commandant le renseigne-t-il mal et, étant peu au courant, lui donne-t-il des informations incomplètes ou fausses? On ne sait pas. Mais selon Lahontan « Kondiaronk vit bien qu'on sacrifiait sa nation ». Les Français faisaient la paix et laissaient en guerre les Indiens alliés. Et la paix, qui protégerait sans doute bien les Français, laisserait les Indiens alliés, en particulier les Hurons, aux prises avec les coups de main, les surprises, les attaques meurtrières des Iroquois qui voudraient se venger de la part qu'ils avaient prise dans les deux campagnes de La Barre et de Denonville et dans la guérilla qui avait suivie.

Cette paix ne serait pas profitable aux alliés.

Kondiaronk prend rapidement sa décision. Sans dire un mot, il quitte Cataracoui avec son parti. Il se rend à l'anse à La Famine. Là, les cent Hurons se mettent à l'affût pour attendre les ambassadeurs iroquois qui passeront pour aller à Montréal. Il attend trois ou quatre jours. Soudain paraît la flottille iroquoise des ambassadeurs qui vont en Nouvelle-France. Ils ont une quarantaine de jeunes gens avec eux. Le grand Teganissorens est là aussi. Kondiaronk voit que l'information est bonne. Il craint, comme dit Callière, que sa nation « soit laissée seule en victime au ressentiment des Iroquois ».

Teganissorens (Decanesora), chef onontagué. Il joua un très grand rôle dans les rapports entre Anglais, Français et Iroquois, de 1675 à 1725.

Les canots abordent au rivage pour la nuit. Soudain la troupe de Kondiaronk entoure le groupe, frappe, tue et fait des prisonniers. Callière dira dans sa lettre du mois de janvier 1689 à Seignelay que cette ambassade était uniquement composée d'Onnontagués qui venaient, à la date fixée, voir Denonville pour lui demander de patienter encore. Elle donnait l'espoir d'une autre ambassade prochaine, qui représenterait les cinq tribus et qui viendrait poser les fondements d'un congrès général pour la paix. Elle était composée de quatre ambassadeurs dont l'un aurait été tué par les Hurons.

Le chef, Teganissorens, fait des reproches et menace Kondiaronk. Qui le rend si hardi d'attaquer des ambassadeurs en route pour la Nouvelle-France? Denonville saura l'en punir. Kondiaronk joue la surprise. C'est Denonville qui lui a donné des renseignements sur le passage des Iroquois, qui l'a invité à aller les attaquer. Il ne sait rien au sujet d'une paix générale en négociation à Montréal. Il dit qu'il regrette son action, ne croira plus le gouverneur et ne se consolera de cette erreur que lorsque les Iroquois se seront vengés. Il libère tous les prisonniers, sauf un Chouanon qu'il emmène avec lui. Denonville ayant déjà trompé les Iroquois en 1686, ils sont facilement portés à croire cette deuxième trahison.

Kondiaronk ne fait qu'un prisonnier et libère les Iroquois.

Là ne se borne pas l'habileté de ce vieux renard. Il retourne à Michillimakinac avec le Chouanon qu'il a soi-disant gardé pour remplacer l'un de ses guerriers tués dans l'attaque. Là, il le livre au commandant français l'assurant que le prisonnier faisait partie d'un groupe qui se préparait à attaquer les Français. Le Chaouanon raconte la vérité, affirme qu'il faisait partie d'une ambassade qui s'en allait à Montréal, proteste de sa bonne foi : personne ne le croit.

Le prisonnier crie sa bonne foi... sans succès.

Cette ruse devait avoir des conséquences sanglantes pour la Nouvelle-France. Denonville n'est pas à l'abri de tout reproche, car il a fait la paix en laissant ses alliés en guerre. Il n'a pas averti Michillimakinac, de sorte que les Français ignoraient, un mois et demi ou deux mois plus tard, les négociations qu'il poursuivait avec les Iroquois. Ainsi donc, il attend vainement les ambassadeurs qui s'étaient mis en route et qui devaient arriver. Le traité de juin n'est pas ratifié. On ne peut pas préparer une paix générale. Tout reste vague et incertain. À la fin d'octobre, Denonville attend encore et il ne sait toujours pas ce qui s'est passé.

Denonville attendra en vain les ambassadeurs.

Les Iroquois sont-ils dupes de la ruse de Kondiaronk? Il semble bien que oui et que des vagues de haine traversent l'Iroquoisie à cause de cette insulte. Mais cette fois, les Anglais les tiennent en échec. Andros ne veut pas de troubles et il les contient. Les Iroquois observent en pratique la paix avec les Français. Pour comble de ruse, c'est un des prisonniers iroquois des Hurons, libéré pour l'occasion, qui répand en Iroquoisie la nouvelle du meurtre du Chaouanon qu'on a tué bien qu'il ait affirmé faire partie d'une ambassade pour la paix. Mais Kondiaronk a soutenu qu'il l'avait arraché à la mort. En conséquence, les Hurons sont maintenant en bons termes avec les Iroquois, et les Français en mauvais termes avec eux. La situation est renversée. Kondiaronk a tué la paix et il s'en vante.

Kondiaronk n'est pas peu fier de sa ruse.

Naturellement, la ruse est découverte. Les Iroquois les plus pondérés voudraient nommer de nouveaux ambassadeurs, mais Andros intervient...

Chapitre 181

1688

Andros est gouverneur de la Nouvelle-Angleterre et non comme son prédécesseur de la colonie de New York seulement. Le 11 août, il écrit à Denonville avec arrogance, exigeant l'élargissement de tous les prisonniers anglais ou iroquois, la restitution des marchandises de l'expédition Magregorie, etc. Il donne avis que Sa Majesté « a trouvé à-propos, de posséder, à titre de sujets, les Cinq Cantons ou les Cinq-Nations ».

La correspondance ne s'étendra pas beaucoup. Denonville parlera à Andros de la soumission des Tsonnontouans qu'il attend, de l'expédition des Mohicans ou Loups soudoyée par Dongan, du retour prochain de la garnison de Niagara.

Les Iroquois sont à la merci des Anglais.

Puis, les 18, 19, 20 et 21 septembre, Andros rencontre les ambassadeurs des Cinq-Nations à Albany. Ces conseils sont très intéressants. Dongan prenait volontiers un ton comminatoire avec les Iroquois, quand ceux-ci étaient en guerre avec la France, parce qu'ils étaient à sa merci. Andros l'imite. Et, pour la première fois, on peut voir par les procès-verbaux de cette assemblée, tels qu'ils ont été conservés, les Iroquois prendre une attitude, puis en changer sous la pression des Anglais. Car ceux-ci peuvent exiger ce qu'ils veulent, ils ont les Iroquois à leur merci : s'ils ne cèdent pas, les marchands peuvent cesser demain la vente des armes, munitions et marchandises européennes... Mais on verra d'autres succès de ce genre.

Les Iroquois rencontrent le gouverneur pour la première fois. Ils lui souhaitent la bienvenue et l'appellent Corlaer. Ils se reprochent de n'avoir qu'un petit présent à lui faire car, disent-ils, les Français les entourent « et qui nous faisant la guerre, nous ont tellement confinés l'hiver passé, que nous n'avons pu chasser, ni sur lac ni sur ruisseau... ».

Le nom Corlaer, qui sera donné à tous les gouverneurs de New York (sauf à Benjamin Fletcher) en marque d'amitié vient de Arent van Corlaer qui avait négocié le premier traité d'assistance mutuelle entre les Agniers et les Hollandais en 1643.

Andros parle de la trêve établie entre Anglais et Français. « ...Vous avez eu avis de la trêve faite par notre Grand Roi, mettant fin aux invasions

Le roi Jacques II (1685-1688)

des Français dans nos territoires et aux ennuis qu'ils vous font subir, et mettant fin aussi à vos actes d'hostilité contre eux ; trêve qui doit être observée à la lettre... » Parlant des Français, il ajoute avec plus de précision encore : « ...Comme ils sont nos amis, il ne faut pas leur faire de mal. »

Mais il dit encore ceci qui est aussi fort important : vous pouvez chasser comme autrefois, rencontrer des Français « et ne pas avoir d'autre rapport avec les Français ni les écouter... ». Mais les Iroquois doivent être sur le qui-vive, se défendre à l'occasion, et s'ils ont affaire à trop forte partie, battre en retraite vers New York où ils trouveront asile.

Les Anglais défendent aux Iroquois de traiter avec les Français.

Est-ce la phrase qui interdit aux Iroquois d'avoir de nouvelles relations avec Denonville et d'envoyer une nouvelle ambassade après Kondiaronk ? D'après la lettre de Callière du mois de janvier, Andros, en arrivant à New York, a convoqué une assemblée des Cinq-Nations, leur a déclaré que le roi d'Angleterre les prenait sous sa protection, leur a défendu de faire le moindre traité avec les Français sans sa participation, sous peine d'être privés de munitions. Les Iroquois s'y seraient engagés. Denonville et Champigny disent la même chose : Andros « a défendu à ces Indiens de faire aucun traité avec les Français... si ce n'est par son entremise ».

Naturellement, la phrase du procès-verbal est claire. Mais elle est moins explicite. Les procès-verbaux n'enregistrent pas tout. Les Anglais, toujours en vertu du fait que les Iroquois sont des sujets anglais, mettent donc un obstacle final, en septembre, aux tentatives de paix et de conciliation de Denonville. L'orgueil iroquois ne se révolte pas assez pour passer outre après l'affaire Kondiaronk.

Les Agniers approuvent.

Les Agniers, pour leur part, le diront pour eux-mêmes et en toutes lettres. « Nous sommes résolus et nous observerons vos ordres d'hier, au sujet des Français, à l'effet que nous ne devrions pas avoir de relations avec les Français ou les écouter ; et vous pouvez être assuré que nous n'aurons pas de correspondance avec eux. Nous avons une forte alliance avec vous, que nous ne briserons pas. » Les Agniers parlent pour eux-mêmes, mais tout indique, surtout les faits, que c'était l'avis de tous.

Ourehouare (v. 1650-1698) chef goyogouin envoyé aux galères en 1687. Il sera renvoyé au Canada en 1689 dans un geste de réconciliation.

Il est question ensuite des prisonniers, ce qui entraîne des difficultés. Les Agniers livrent un enfant, captif depuis dix mois. Mais les Sénekes refusent de les imiter. Ils veulent conserver leurs prisonniers français tant que Denonville ne leur remettra pas les prisonniers iroquois qu'il a envoyés en France. Parmi ceux-ci se trouve un grand chef goyogouin, Ourehouare, qui a joué un rôle essentiel dans la lutte contre la France. Encore ulcérés par l'attaque de Denonville contre leur pays, les Tsonnontouans sont violemment opposés à une remise immédiate de leurs prisonniers français.

Les termes du procès-verbal sont assez obscurs. Mais Andros fronce les sourcils. Il est mécontent de cette résistance. Son humeur est si menaçante que les sachems se consultent de nouveau et, le lendemain, reviennent devant le gouverneur, contrits et repentants. Ils font volte-face et décident de remettre leurs prisonniers tout de suite. Le joug des Anglais n'est pas léger. Ils demandent cependant au gouverneur de s'intéresser aux prisonniers iroquois exilés. Andros, qui a obtenu gain de cause, leur répond, radouci : « J'ai été malheureux d'apprendre la perte de vos gens qui ont été transportés au-delà des mers, je ne l'ai pas oubliée, et je n'omettrai pas de faire ce que je dois en cette affaire. »

Les Iroquois remettent leurs prisonniers aux Anglais.

Et c'est ce qui explique que, avec un peu d'encouragement, un peu de sympathie, les Iroquois, à cette époque, se seraient volontiers tournés vers la France. Ils l'ont fait une fois à La Famine, en négociant un traité avec La Barre, malgré Dongan ; ils l'ont encore fait en juin, en signant une déclaration de neutralité. Il aurait fallu les encourager et les comprendre davantage.

Après septembre, les Iroquois ne peuvent lancer d'autres partis en campagne, ils ne peuvent pas non plus envoyer d'autres ambassades en Nouvelle-France.

Il importe de signaler ici que cet arrêt des hostilités, que l'influence dont le gouverneur se sert pour apaiser les esprits, ne fait pas plaisir à tout le monde. De nombreux habitants de la colonie de New York voyaient avec un certain plaisir les Français aux prises avec ces dangereux Iroquois, considérant l'avantage qu'ils pouvaient en tirer pour le commerce des fourrures et pour le futur problème des frontières. Et pour les Iroquois se révèle une entente entre l'Angleterre et la France qui peut être plus forte que l'entente entre les Anglais et les Iroquois. L'affaire leur semblera un moment dangereuse.

Il faut préciser ces nuances à la veille du grand conflit qui s'en vient.

Ne faut-il pas ajouter aussi que certains incidents entretiennent les sentiments d'hostilité et la haine. Des Indiens du Canada, pour venger probablement la Nouvelle-France de l'expédition des Mohicans qui a causé tant de ravages, du lac Saint-Pierre à Boucherville, vont tuer cinq Indiens en territoire américain et cinq Anglais dans le Connecticut. Des Outaouais ou des Miamis abattent deux Onnontagués. Dans une lettre du 28 mars 1689 à l'abbé Bernou, Tonty dit que la menace des Iroquois pèse sur les quartiers du fort Saint-Louis. Les Français les y attendent en compagnie des Illinois qui ont ramené quatre-vingts captifs ou scalps et que les prisonniers ont été brûlés non loin du fort. D'autres Iroquois auraient été tués sur le champ de bataille. Les Alliés de la France continuent la guerre dans l'ouest, alors que Denonville et Andros ont établi la paix.

Claude Bernou, sans doute un père récollet, procureur de La Salle, vivait en France.

Chapitre 182

1688

Denonville ne s'est peut-être pas assez préoccupé de démentir les affirmations de Kondiaronk, comme le dit Lahontan. Il s'est trop fié au prisonnier de Cataracoui qui devait raconter toute l'affaire. Elle était importante et il fallait se défendre pour ne pas exciter chez les Iroquois une haine dangereuse. Kondiaronk se vante d'avoir détruit la paix. Denonville sera si en colère contre lui qu'il parlera de pendre ce vieux scélérat.

Mais à la fin de l'année 1688, Denonville est encore dans l'expectative. Callière a conçu le projet d'attaquer le mal iroquois à la racine ; il veut attaquer New York par terre et par mer afin de donner ce territoire à la France. Denonville reçoit bien ce projet. Il sait que Callière a de puissants protecteurs en France et il lui demande d'aller exposer son projet à la Cour. Il a une haute opinion de lui, car c'est un homme capable et dévoué. Pendant ce temps-là, Denonville temporisera au Canada.

Voilà le grand projet lancé. Comment en est-il arrivé à cette conclusion? Denonville vacille et ne raisonne pas toujours bien. À ce moment-là, il ne sait plus quoi faire. Il écrit, au sujet de l'Iroquoisie, « qu'il n'y aurait pas grand inconvénient à céder la propriété de leur pays auxdits Anglais, *Denonville* pourvu que ceux-ci soient disposés à s'engager à les réfréner ». Quelle *un naïf ?* naïveté incommensurable, quelle incompréhension ! Mais Denonville ne sait vraiment plus quoi faire. Il voit bien, comme il l'a déjà dit, qu'il sera impossible de détacher les Iroquois des Anglais à cause du prix des fourrures. Il l'a déjà signalé. On en vient toujours là. C'est l'origine de tous les maux présents et passés. En Nouvelle-France, on doit acquitter un droit de vingt-cinq pour cent ; c'est pourquoi, en général, on donne aux Indiens *Les pelleteries,* un prix diminué de ce pourcentage. C'est ce qui a corrompu les relations *toujours la cause* commerciales et autres, non seulement avec les Iroquois, mais aussi avec les *des guerres* Indiens alliés. Si la Nouvelle-France est en guerre avec l'Iroquoisie, si les

Indiens alliés sont réticents, si les Français ont perdu leur influence en Iroquoisie, c'est qu'au fond les pelleteries se vendent plus cher à Albany qu'à Montréal.

Alors, de découragement, Denonville céderait l'Iroquoisie, et les Anglais pourraient lancer les molosses que sont les Iroquois à l'attaque de la Nouvelle-France. Mais Denonville présente des sauvegardes vaines contre cette solution radicale. Les Anglais s'engageraient à refréner les Iroquois, à ne pas construire de forts en Iroquoisie. Heureusement, le projet de Callière lui permet de conseiller une autre solution. Pendant que celui-ci se rend en France, Jacques II perd le trône et c'est le prince d'Orange qui l'usurpe. Alors Callière sait bien que les Anglais fourniront toutes les munitions nécessaires aux Iroquois, pour les encourager à attaquer les Français dispersés, tâcher de faire couper les communications entre Michillimakinac où il y a pour 600 000 livres de fourrures. Les Iroquois attaqueront aussi les Indiens alliés. Autrefois, les Iroquois avaient des ennemis, les Andastes et autres, mais maintenant, ils n'en ont plus. Dongan a fait l'alliance des Iroquois et des Anglais « comme moyen sûr de ruiner le Canada et de divertir tout le commerce aux colonies anglaises ». Alors Callière, plus énergique et plus clairvoyant que Denonville, moins naïf aussi devant les promesses des Anglais, conseille une attaque directe contre New York. « Les Anglais sont nos ennemis réels car c'est eux qui forcent les Iroquois à nous faire la guerre ; et qui leur fournissent les moyens de la livrer. »

Callière expose son plan. « Qu'on me donne treize cents soldats et trois cents canadiens, et je remonterai avec eux par la rivière de Sorel au lac Champlain sous prétexte d'aller faire la guerre aux Iroquois ; lorsque je serai arrivé dans leur pays, je leur déclarerai que je n'en veux qu'aux Anglais. Orange n'a qu'une enceinte de pieux non terrassés et un petit fort à quatre bastions, où il n'y a que cent cinquante hommes de troupes et trois cents habitants dans la ville. Manhate a quatre cents habitants ; cette capitale n'est point fermée, mais elle a un fort à quatre bastions revêtus de pierre avec du canon. Cette conquête rendrait le roi maître d'un des plus beaux ports de l'Amérique, où l'on peut aller en tout temps, et d'un très beau pays sous un climat doux et fertile... Il faut se préparer pour le mois de juin prochain... » Il faut en arriver à cette solution, dit Callière, car autrement les Anglais détruiront le commerce des pelleteries de la Nouvelle-France. New York soutiendra toujours les Cinq Cantons et jamais une paix véritable ne pourra exister.

Il semble plus facile de conquérir New York que de s'y maintenir, car les colonies adjacentes sont fortes et bien peuplées.

Agnes Laut dit aussi que Lamothe Cadillac est demandé à Paris pour aviser le roi de ce projet. Il reviendra au Canada en octobre 1690.

Guillaume III, proclamé roi en 1689. Il prit la tête de la coalition rassemblant le plupart des États européens contre la France. Il était prévisible qu'il porte aussi la guerre en Amérique.

Agnes Laut, Cadillac, Knight errant of the Wilderness... (1931)

Antoine Laumet dit de Lamothe Cadillac (1658-1730) fut, entre autres, fondateur de Détroit et gouverneur de la Louisiane.

Cependant, les systèmes d'espionnage, comme on l'a vu, étaient aussi bien développés en ce temps-là qu'aujourd'hui, tant en Amérique qu'en Europe. Soit que les espions ont bien fait leur travail, soit que les circonstances ont inspiré dans les différents endroits des projets semblables. Toujours est-il que les Anglais de la Nouvelle-Angleterre font des plans en vue de la conquête du Canada et craignent une attaque contre Albany et New York.

Callière expose son plan d'invasion.

Callière écrira divers documents sur le sujet. En janvier et février 1689, il exposera en particulier son projet dans tous les détails, proposera une date, affirmera que ce serait la fin de la guerre en Iroquoisie. Cette tentative est intéressante, en ce sens que, enfin, en 1689, on se prépare à une expédition que presque tous les grands gouverneurs et les coloniaux ont conseillée et demandée, à commencer par le plus illustre d'entre eux, Champlain.

Pendant que s'amorce cette affaire qui prendra une grande importance en France en 1689, Denonville retombe dans l'incertitude et les hésitations. « Il faut voir, écrira-t-il au mois d'août, si le Roi est dans la résolution de prendre de loin des mesures pour être en état dans quelques années de tomber tout d'un coup, par plusieurs endroits, sur tous les villages iroquois, ce qui se peut faire en ramassant les blés pour la subsistance de trois ou quatre mille hommes pendant deux ans, et outre cela, préparant les magasins pour la construction prompte de quatre à cinq cents bateaux avec toutes les choses nécessaires pour une telle entreprise. »

Ne concevant pas l'idée de troupes spécialement entraînées à la guerre contre l'Iroquoisie, il en revient à celle d'une attaque massive, de longue haleine, où les Iroquois seraient écrasés par le nombre, leurs bourgades et leur pays occupés, la nation chassée et dispersée.

Il ne pense pas que Kondiaronk a persuadé les Iroquois de sa culpabilité dans l'affaire de l'anse à La Famine. Il croit que la vérité est connue. Mais les mesures qu'il a prises pour la paix sont brisées et Andros intervient. Pour faire la paix, il faudrait renvoyer les Iroquois qui sont aux galères, les habiller, les mettre à la charge de Serigny. Il a envoyé La Forest aux Indiens alliés pour leur demander de se tenir sur leurs gardes. Si la guerre continue, il craint d'être obligé d'abandonner Cataracoui qui est un poste difficile à ravitailler. Il travaille encore à concentrer les colons en villages. Enfin, en automne, il y a en tout mille quatre cent dix-huit soldats en trente-cinq compagnies. C'est un chiffre à retenir.

Sans doute François Dauphin de La Forest (v. 1649-1714) employé de La Salle. Il devint, en 1705, commandant du fort Pontchartrain (Détroit).

Pour illustrer le désarroi de Denonville, on peut citer la dépêche suivante : « On ne saurait donner une plus juste idée de la guerre à faire à l'Iroquois que de représenter comme une grande quantité de loups qui sont dans une vaste forêt, d'où ils ravagent les peuples qui sont habitués le long de cette forêt. On s'assemble pour aller les tuer ; il faut savoir leur retraite qui est errante partout ; il faut les attendre à l'affût ; il faut attendre longtemps, et souvent ils arrivent après qu'on est parti. On peut aller les chercher avec des chiens de chasse et les suivre. Les sauvages sont les seuls limiers dont on peut se servir pour cela... et nous n'en avons aucun ; et c'est la vérité, car le peu que nous en avons ne sont des gens sur lesquels nous puissions compter beaucoup. Le nombre en étant petit, ils craignent d'approcher l'ennemi et encore plus de l'irriter contre eux. L'expérience nous a bien des fois fait éprouver cette vérité. »

« Le parti qui a été pris, de faire des forts dans chaque seigneurie pour y réfugier les personnes et les bestiaux, est le seul moyen qu'on peut prendre pour garantir le peuple de sa perte assurée. Mais ce moyen dans la suite ne le peut garantir de sa ruine, car il ne peut faire ses champs, nourrir ses bestiaux s'il demeure enfermé dans ces réduits, et les terres labourables sont si écartées les unes des autres et si environnées de bois qu'à chaque champ il faudrait un corps pour soutenir les travailleurs. »

Denonville trace un portrait réaliste de la situation.

Le tableau est exact. Mais ces phrases prouvent que Denonville n'avait trouvé aucun moyen de faire face à la situation et qu'il était dépassé, ne voyant pas devant lui les Canadiens et les Iroquois catholiques qui pouvaient être d'excellents limiers, capables d'opposer à une guerre à l'indienne exactement la même méthode. Les Canadiens l'avaient déjà dans le sang, les soldats pouvaient l'apprendre. On pouvait non seulement se défendre, mais attaquer avec furie et battre l'Iroquois à son propre jeu. Denonville avait de nombreuses qualités, mais pas la compétence nécessaire.

Chapitre 183

1689

Puis, soudain, dans l'histoire de l'Amérique et de la Nouvelle-France, bouillonne, comme une lave en fusion, la révolution d'Angleterre qui aura de profondes répercussions en Europe et en Amérique. Du jour au lendemain, tout change d'aspect et chaque problème se présente sous un nouvel angle.

Le 11 décembre 1688, Jacques II, qui est en bons termes avec Louis XIV, abdique. Puis le 13 février 1689, Guillaume III et la reine Marie s'emparent du trône. Pour les moins clairvoyants, la guerre se profile tout de suite à l'horizon, non pas comme une menace lointaine, mais comme une certitude.

La France est soucieuse : l'Angleterre attaquera bientôt aussi dans les colonies.

En France, on comprend rapidement la gravité de cette situation pour la Nouvelle-France. Ainsi, on fait des remarques dans les dépêches adressées à Denonville : il aurait été très avantageux de conclure la paix avec les Iroquois ; on espère qu'on y parviendra malgré les intrigues de Kondiaronk. La Cour s'attend à la guerre de la part du nouveau roi d'Angleterre. Toutes les négociations entreprises pour régler à l'amiable la définition des frontières de l'Iroquoisie, ou pour attribuer certaines parties de l'Amérique, sont abandonnées. La Commission avec laquelle Callière devrait collaborer n'existe plus. Les ministres ordonnent à Denonville de se tenir sur ses gardes, prévoyant une attaque des Anglais contre la colonie ; il faut s'attendre à une entreprise de ce genre. Il ne peut plus être question d'envoyer quatre mille soldats, des approvisionnements et des vivres. Il faudra protéger les Indiens alliés, les assister, les aider à se défendre, les informer des attaques que l'on prépare contre eux. On espère toujours que Denonville fera la paix avec les Iroquois. Dans tous les cas, il doit être en alerte pour protéger la colonie.

À cette époque, Callière est en France.

Le plan de l'attaque contre New York se dessine de façon plus précise. S'il y a guerre, pourquoi ne pas s'emparer de cette province ? Callière devient alors un personnage important. Il expose plus longuement son projet, qui, en fin de compte, se résume à lancer les soldats au Canada et les miliciens canadiens, par le Richelieu, le lac Champlain et l'Hudson, sur Orange et New York, où il hivernerait avec les troupes tout en renvoyant la milice. La province de New York n'est pas très puissante et ne peut à elle seule offrir une grande résistance. Mais le problème qui se pose est celui du transport de quelques canons en forêt.

En février, le projet a déjà pris corps dans les bureaux. Frontenac, l'ancien gouverneur, examine avec Callière la liste des armes, des munitions et des provisions nécessaires. Plus tard, on prononce la phrase suivante : « ...Par la conquête de New York, ...on mettrait une fin à la guerre des Iroquois. »

Le 1er mai, le roi écrit à Denonville et à Champigny. Il leur donne des précisions sur la révolution anglaise et sur la guerre qui doit éclater incessamment. Il faut être prudent ne pas attaquer en premier les Anglais. Il n'enverra pas de nouvelles troupes pour combattre les Iroquois, mais il renvoie les Iroquois prisonniers et condamnés aux galères. Il est très important de conclure immédiatement la paix avec les Iroquois. Si c'est impossible, il faut utiliser les soldats et la milice pour une défense vigoureuse ou même une attaque, et faire la guerre la plus dure possible. Il est essentiel d'encourager, de soutenir les Indiens alliés et de les exciter à se battre contre les Iroquois. Cette dépêche répète les notes du ministre qui étaient sur les documents de Denonville.

Le roi renverra les galériens.

Le 1er mai également, Seignelay écrit à Denonville que le service le plus utile à rendre au roi serait de conclure la paix avec les Iroquois, directement, sans passer par l'Angleterre. Il informe Denonville du projet de Callière d'attaquer New York, lui demande de l'examiner et, s'il le juge bon, de préparer l'opération.

Il faut conclure la paix à tout prix avec les Iroquois.

À peine quelques jours plus tard, le 7 mai, Guillaume III déclare la guerre à Louis XIV, l'accusant d'avoir envahi la province de New York, par l'attaque de Denonville contre les Tsonnontouans, de s'être emparé de la baie d'Hudson, d'avoir empiété sur les pêcheries de Terre-Neuve. L'Iroquoisie est donc bien une des causes de la guerre.

Le 22 mai, Callière présente un nouveau mémoire. L'expédition contre New York peut être exécutée cet automne. L'armée laisserait la Nouvelle-France entre le 20 septembre et le 1er octobre. Il suffirait d'un mois pour atteindre New York, à partir de l'embouchure du lac Champlain.

Puis, le même mois, l'expédition contre New York est décidée en France. Callière doit quitter immédiatement Paris pour les préparatifs. Aucune paix n'est possible avec les Iroquois si les Anglais conservent la propriété de New York. Callière est un avocat ardent de la Conquête. Il

C'est décidé. La Nouvelle-France attaquera New York.

présente des arguments pour obtenir l'accord du roi à cette entreprise. Le 7 juin, Frontenac reçoit ses instructions et devient gouverneur du Canada, pour une seconde fois. On a confiance en son esprit de décision et en sa connaissance du milieu, pour mener le projet à terme.

François de Callière, frère aîné de Louis-Hector, membre de l'Académie française depuis 1689, devint l'un des quatre secrétaires particuliers de Louis XIV.

François de Callière, Renaudot, la coterie, ont obtenu le retour en grâce de Frontenac. L'abbé Bernou y a aussi contribué. Ils ont agi auprès de Seignelay et de leurs amis. Mais ce ne serait qu'après les premiers entretiens d'Hector de Callière avec les ministres, que le nom de Frontenac serait revenu à l'honneur. Le roi lui a donné une gratification en 1685, mais il ne l'a jamais reçue. On pense aux bonnes relations que ce gouverneur a toujours eues avec les Iroquois. Enfin, il obtient son audience. Il est nommé gouverneur et l'entreprise sur New York est décidée.

Guerrier Iroquois

Chapitre 184

1689

En Nouvelle-France, on ne peut pas recevoir de nouvelles pendant l'hiver et il semble que les événements se déroulent à un rythme beaucoup plus lent. À Québec, c'est la routine habituelle, on y vit dans un état de demi-paix.

Dans l'extrême ouest, la bataille contre les Iroquois se continue un peu. Tonty écrira le 28 mars : « ...Nous sommes menacés par les Iroquois que j'attends avec résolution en compagnie de nos sauvages, qui ont acquis de la discipline depuis le début de la guerre. Ils ont tellement effrayé les Tson-nontouans que ceux-ci ont été obligés de garder leurs bourgades durant tout l'hiver... » Tonty poursuit son rapport en parlant de prisonniers et de scalps.

Pour faire face aux éventualités, le 8 mai 1689, Perrot prend possession au nom de Denonville de la baie des Puants, du lac des Outagamis, du Mississipi, du pays des Sioux. Quand il revient à Michillimakinac, il cons-tate que les Outaouais n'ont pas tenu compte de la publication d'une trêve entre Anglais et Français, entre Iroquois et Indiens Alliés. La nouvelle, partie à la fin du mois d'octobre a dû arriver à Michillimakinac en décembre 1688, ou de bonne heure au printemps de 1689. Ils ont continué à envoyer des partis de guerre contre les Iroquois. L'un vient de rentrer avec cinq prisonniers qui sont déjà condamnés à être brûlés. La Durantaye, les missionnaires veulent les délivrer car leur supplice peut provoquer une fin prématurée de la trêve et rompre les prochaines négociations de paix. Perrot, qui, naturellement, n'a pas la moindre idée de ce qui se passe en Europe, intervient alors et de façon énergique. Il plaide pour que les prisonniers soient élargis. Voyant que l'on semble disposé à passer outre, il s'écrie : « Prenez garde ... qu'Onontio ne vous les arrache violemment d'entre les dents... » Il obtient gain de cause. Les Outaouais chargent un de leurs chefs de l'accompagner à Montréal et de remettre à Denonville deux des

Nicolas Perrot (v. 1644-1717), explorateur et interprète

Olivier Morel de La Durantaye (1640-1716), capitaine et seigneur

prisonniers. D'après Lahontan, Kondiaronk descend aussi à Montréal où il se promène. Denonville n'ose pas l'arrêter et le pendre pour son mauvais coup.

À Montréal aussi on vit relativement tranquillement, bien que l'on craigne une attaque de la flotte des pelleteries et que les marchands soient anxieux. Le 14 juillet seulement, on apprend la révolution anglaise qui a eu lieu le 7 mai, quand Guillaume et Marie ont monté sur le trône. On apprend aussi, le 27 juin, que les Tsonnontouans, les Goyogouins, les Onnontagués et les Onneiouts ont renouvelé leur alliance avec les Anglais à Albany. Pourtant, c'est l'accalmie. Les Iroquois n'ont pas donné signe de vie. Puis, plus tard, quelques signes d'inquiétude apparaissent à l'horizon. Denonville

Denonville ne voit pas le danger qui s'annonce.

reçoit des avis positifs d'un danger iroquois. Ils se prépareraient à une attaque. Pourtant les rapports des missionnaires sont assez rassurants. La paix semble se poursuivre. Le gouverneur n'a pas une intelligence assez vive et rapide pour comprendre comme Louis XIV, Seignelay ou Callière, que le danger est grand et immédiat, qu'il faut être sur ses gardes et sonner le branle-bas de combat.

Champigny écrira le 6 juillet que tout est en suspens. Denonville attend encore les ordres de la Cour et toujours des nouvelles des Iroquois qui doivent venir conclure une paix ferme. La Petite Racine, Koutaouais, Kondiaronk — le Huron — arriveront bientôt à Montréal pour le congrès général de la paix dont il était question depuis plusieurs mois.

Chapitre 185

1689

La révolution anglaise provoque en Amérique de grands bouleversements. Violences et coups de main ne manquent pas. Et les guerres iroquoises en subissent une profonde influence.

En 1688, Abénaquis et Etchemins reprennent l'offensive contre les Anglais. Andros se rend sur les lieux où il fixe une frontière qui laisse en territoires anglais les terres de Saint-Castin. Il pille l'habitation de celui-ci, il érige des forts, car il veut rétablir l'ordre par la force.

En avril, il est à Boston. Le 18, des mouvements locaux ont lieu. Andros est fait prisonnier comme papiste et partisan de Jacques II. En Nouvelle-Angleterre explosent les passions religieuses. Dongan et Andros étaient des créatures du roi maintenant en exil. Des membres de leur conseil ont eu la même tare, leur politique doit être remplacée par une politique contraire.

Les vassaux de Jacques II sont écartés du pouvoir.

Dans les colonies anglaises, on comprend vite que la révolution d'Angleterre signifie la guerre avec la France. Des rumeurs à ce sujet circulent au mois d'avril. Chacun y pense. Les événements qui viennent de se produire risquent de signifier aussi un conflit en Nouvelle-France. On réagit plus rapidement que Denonville. Le problème iroquois est grave. Il n'y a pas un moment à perdre.

Andros est prisonnier à Boston. Mais le lieutenant-gouverneur Nicholson et l'ancien conseil conservent à New York le pouvoir encore pendant quelques semaines. Des conseillers, des fonctionnaires sont incarcérés. Le conseil tronqué apprend le 15 mai l'emprisonnement de son chef.

Les 6 et 8 mai, des nouvelles arrivent d'Albany. Des Français du Canada approcheraient avec une armée de mille hommes et des contingents d'Indiens. La population des environs s'est réfugiée à l'intérieur des palissades d'Albany. Mais la nouvelle s'avère sans fondement. Pourtant, la population trop crédule continue à y croire. Elle a peur d'être vendue, livrée. Le 8, d'autres rapports du même genre circulent. Mais les principaux traiteurs et les magistrats n'ont aucune de ces craintes. Les Iroquois, disent-ils, viennent chaque jour avec des peaux de castor.

Quelle part prendront les Iroquois ?

Ces fausses nouvelles posent un problème déterminant : dans la prochaine guerre que chacun voit venir, les Iroquois prendront-ils la part des Anglais ou celle des Français?

Le 12 mai, Nicholson reçoit une lettre du maire d'Albany. Les Iroquois ont des idées qui peuvent causer bien des difficultés. Andros et Denonville se seraient entendus pendant l'hiver pour détruire les Iroquois. À New York, on croit que ces rumeurs viennent de la Nouvelle-Angleterre. Des libelles

Libelle = écrit satirique, injurieux, diffamatoire ; petit livre

sur le sujet ont été distribués à Boston, trois mois auparavant. Ils contenaient des accusations dirigées contre Andros pour le compromettre. Elles ont été contredites ; mais les Iroquois y croient encore. Il serait extrêmement dangereux pour la province de New York, pour Albany et les colonies anglaises que les Français s'allient aux Iroquois. On a envoyé d'Albany deux messagers aux Agniers pour démentir la nouvelle. Il serait plus sûr cependant d'agir de la même manière à l'égard des quatre autres tribus et de leur envoyer des messagers le plus tôt possible.

C'est ainsi que, depuis la mi-mai, les messagers anglais courent d'une bourgade à l'autre sur la route de l'Iroquoisie pour resserrer l'alliance entre Anglais et Iroquois, et détruire les obstacles qui s'y opposent.

Le conseil de New York est en éveil. Il fait consolider les fortifications de la ville dès le 6 mai. Il croit que les Anglais et les Hollandais s'uniront en Europe pour la guerre. Il ne redoute pas l'invasion, il ne sait pas que la guerre est déclarée, mais il se prépare pour ce jour qu'il croit prochain, prévoyant recevoir bientôt des ordres pour la grande bataille contre la France.

Le message du conseil de New York aux Cinq-Nations

Puis il attaque le fond du problème posé par l'Iroquoisie. Il veut qu'un message particulier soit transmis aux Cinq Tribus. Voici ce message terrible : « Que les personnes, ici, qui ont mis un frein à leurs récentes victoires contre le Canada, sont mises de côté, et qu'ils n'ont plus besoin de souffrir d'autres injustices de la part des gens du Canada. Que, en conséquence, les Cinq-Nations doivent demeurer unies, ne pas souffrir qu'aucun d'entre eux se rende au Canada pour y être trompé, trahi ou empoisonné, et ne pas souffrir qu'aucun Français vive parmi eux. »

« Que s'ils trouvent un motif d'aller en guerre contre quelques de leurs anciens ennemis, ils peuvent laisser leurs vieilles femmes et leurs enfants parmi les chrétiens, près d'Albany ; et l'on prendra soin de leur subsistance et de leur protection... » Et, enfin, pour enlever aux Iroquois toute impression fausse que les Français ou d'autres auraient pu leur donner contre le conseil de New York, « vous présenterez à chacune des Cinq-Nations un baril de poudre à être employé contre nos ennemis et les leurs ».

C'est ce que le conseil de New York juge le plus opportun. Mais il laisse aux gens expérimentés d'Albany le soin d'ajouter à ce cadeau « ce que vous trouverez le plus utile pour la sécurité commune de votre comté... aussi bien que de l'état en général ». Il faudra éviter de donner offense à ces gens, ne laisser personne aller à la traite dans les campagnes. « Et bien que du mal puisse être commis par tout Indiens (Dieu le défende), que vous soyez seulement sur la défensive. » Enfin, il faudra rassurer les gens d'Albany, leur demander d'être unis.

Ceux qui ont arrêté le cours des victoires iroquoises au Canada sont Dongan et Andros. Celui-ci sera accusé d'avoir comploté avec Denonville pour en arriver là. On reprochera à Dongan de s'être entendu avec le père François Vaillant pour mettre un frein à la fureur iroquoise. En 1687, après l'expédition de Denonville, et les attaques des premiers partis iroquois, Dongan aurait répandu la rumeur d'une attaque probable des Français contre Albany, pour entraîner dans cette ville des troupes anglaises, et les guerriers iroquois qui seraient restés là longtemps, inutilement, à la charge de la colonie, pour les empêcher de continuer leurs excursions contre la Nouvelle-France. Le conseil de New York a une politique contraire. La trêve négociée par Dongan, acceptée par Andros, imposée par Louis XIV et Jacques II, est dénoncée ; permission est donnée aux Iroquois d'envoyer de nouveau des partis de guerre contre la Nouvelle-France. Des munitions leur sont offertes. Aux restrictions militaires, à l'ordre de ne pas torturer les prisonniers donnés par les précédents gouverneurs, succède une forte incitation à l'action. Les gestes des Iroquois avaient été jusqu'ici relativement retenus ; maintenant on les pousse à l'attaque. Les Anglais joueront un rôle purement défensif. Le conseil veut aussi empêcher toute consultation entre Français et Iroquois qui pourrait faire obstacle à cette politique. Il n'y a pas eu de conseil entre ces derniers depuis le mois de juin 1688. Ces décisions d'une portée capitale, ces négociations qui peuvent avoir un résultat explosif, ont lieu en mai, alors que l'on ne sait encore rien en Nouvelle-France des événements qui se déroulent en Europe. Les Anglais peuvent ainsi prendre largement les devants et organiser leur entreprise sans que les Français soient mis au courant.

François Vaillant de Gueslis (1646-1718), prêtre, jésuite et missionnaire

Le conseil de New York n'est pas sûr de son affaire. Trois jours plus tard, soit le 15 mai, il reprend l'étude du problème. Des alarmes se déclenchent toujours à Albany. Les Iroquois ont commis des insolences. Ils croient toujours à un complot des Anglais et des Français contre eux. Ils sont mécontents. « Il est à peu près certain, pense le Conseil, que le gouverneur du Canada ne laissera pas passer cette occasion d'enflammer ces sentiments, et par tous les moyens bons et plausibles, de faire une alliance avec ces Indiens, ce qui serait ruine complète de toutes les colonies anglaises de ce continent. En conséquence, nous ne manquerons pas de faire les plus

BIBLIOTHÈQUE MUNICIPALE D'ALMA

grands efforts pour détruire lesdits sentiments et pour nous assurer le bénéfice de la fidélité des Cinq-Nations et des Nations belliqueuses indiennes. »

Dongan est alors sous l'accusation d'avoir, à l'instigation du père François Vaillant, ancien missionnaire chez les Agniers, empêché les Iroquois de détruire les Français du Canada. Au lieu de les laisser attaquer, à l'automne, de 1687, il « aurait gardé les Indiens (grandement contre leurs inclinations) dans Albany, les aurait maintenus à la charge du public pendant plusieurs semaines. Et Denonville aurait profité de ce répit pour approvisionner ses forts et se mettre en état de défense. »

Et l'on parle des artifices que les Français emploient pour négocier des traités avec les Iroquois, des intrigues des jésuites qui veulent accorder à la France l'allégeance des Iroquois. On parle aussi des attaques des Abénaquis, en pensant que les Iroquois pourraient les imiter et la province de New York devenir un nouveau Maine.

À New York, on craint la Nouvelle-France et on craint une alliance franco-iroquoise qui doublerait l'alliance franco-abénaquise, on se prépare en conséquence. Les passions religieuses, nationales, la haine du catholicisme, du pape, de l'absolutisme, hantent les esprits.

Les Anglais veulent donc s'assurer l'alliance des Iroquois, car s'ils ne l'obtiennent pas, Denonville s'en assurera.

Le 18 mai, le conseil reçoit d'Andros des ordres secrets et verbaux. Il faut maintenir le calme à Albany.

Le conseil se rassemble encore le 24 mai. Il a reçu des nouvelles d'Albany datées du 21. Elles sont enfin satisfaisantes. Les Iroquois se sont calmés. Les affaires « sont en joliment bon état et il n'y a plus de crainte d'aucun trouble avec eux ». C'est alors que surgissent du passé les cinquante à soixante jeunes Anglais de l'expédition Magregorie qui ont été emprisonnés en Nouvelle-France, à qui on n'a pas remboursé le prix de leurs marchandises offertes aux Indiens alliés. La lettre dit que « les hommes qui ont été faits prisonniers et pillés par les Français désirent des lettres de marque pour aller

De jeunes Anglais et Hollandais cherchent vengeance.

au Canada et que les Indiens s'y rendent aussi... » Les marchandises perdues font mal : La Barre a déclaré la guerre pour cette cause. Ces jeunes Anglais et Hollandais ont décidé d'aller en Nouvelle-France avec des Iroquois pour piller les habitations françaises et se dédommager de leurs pertes.

Les Iroquois semblent satisfaits pour le moment. Ils ont compris qu'ils ont été trompés et alarmés par des rumeurs et que c'était un stratagème des Français « qui les ont trompés souvent avant ce jour, en retenant leurs chefs prisonniers ».

Cependant, le conseil n'est pas favorable à l'entreprise des jeunes gens. Le 24 mai, il répond qu'il ne leur accordera pas de lettres de marque. Ce n'est pas qu'il soit opposé au principe de l'expédition, mais il attend d'un moment à l'autre des ordres de Londres. Il ne sait pas s'il y aura une guerre entre les deux pays, mais on doit se tenir prêt à toute éventualité. En somme, d'après le procès-verbal du conseil, on voit bien que ce refus dépend simplement du fait que l'on ne sait pas encore à New York, le 24 mai, que la guerre a été déclarée à la France le 7 mai. Les conseillers se refusent à autoriser une action qui pourrait être une cause de guerre. Mais évidemment, ils sont moins scrupuleux quant aux Iroquois. Dongan, Andros et le roi d'Angleterre ont continuellement affirmé que les Iroquois étaient sujets anglais et l'Iroquoisie terre anglaise. Mais eux, ils n'hésitent pas à les inciter à la guerre et à leur fournir des munitions.

Peu après, Nicholson et ses conseillers perdent à leur tour le pouvoir à New York. La révolution gronde. On tombe dans l'illégalité et les abus de pouvoir. Pourtant, la révolte ne va pas jusqu'à Albany. Le maire et les magistrats de cette ville, qui connaissent très bien les affaires iroquoises, prennent alors en main la direction des relations avec l'Iroquoisie. On parlera de la convention d'Albany à partir du mois de juin. Pendant plusieurs mois, cette ville de marchands de fourrures sera comme une république dans la province de New York et ne pourra compter sur le secours de celle-ci. Dans les derniers mois de l'année, le dictateur de New York, Leisler, voudra étendre son autorité jusque-là, mais il ne réussira pas. Le groupe d'Albany n'en fera qu'à sa tête, trouvant des appuis, car il sait diriger les relations avec l'Iroquoisie, que tous en sont conscients, et que dans la guerre, l'alliance des Cinq-Nations est un fait d'une grande importance.

Jacob Leisler, capitaine de milice, d'origine allemande, adversaire des marchands anglais de New York.

Les renseignements sont assez maigres. On sait que le colonel Bayard, un réfugié de New York, écrira le 23 juillet d'Albany à l'un de ses pairs du nom de Nicholson, l'ancien lieutenant-gouverneur de New York. Il lui dira : « Les sachems de nos cinq tribus belliqueuses sont venus ici, et au cours de leurs conseils, ont mis le Maire et les magistrats au courant de leur résolution de se venger du Canada, qui détient encore leurs amis comme prisonniers, par trahison, et qui, en temps de paix, a fait des captifs et les a envoyés en France. Il y a quelques semaines, nous avons eu nouvelle qu'un parti de neuf cents Indiens sont allés là, et que maintenant trois cents Agniers sont prêts à partir pour la même entreprise, ils détruiront sans aucun doute la récolte, ce qui, nécessairement, doit réduire le Canada à une grande extrémité, à moins que l'on envoie des secours de France. » Il ajoute : « Je trouve que les habitants d'Albany sont encore très inclinés à faire quelque exploit, soit pour le commerce avec les Indiens éloignés, soit en obtenant des lettres de marque pour se rembourser de leurs pertes, car ils ont été pillés par les Français à leur dernier voyage aux Outaouais. »

Le 5 août, Philips Van Cortland écrira au secrétaire d'État Blathwayt : « Les Iroquois des Cinq Cantons, au-dessus d'Albany, en apprenant la guerre entre l'Angleterre et la France, sont allés combattre les habitants du Canada. » Le même jour, le même homme écrira à Nicholson : « Les Cinq-

Nations d'Indiens sont partis depuis environ un mois pour combattre les habitants du Canada, nous attendons continuellement des nouvelles de leurs

Les rumeurs vont bon train.

actions. »

À cette date, il y a eu des rumeurs à l'effet que les Iroquois pourraient s'allier aux Abénaquis. Des pourparlers ont eu lieu. Les magistrats d'Albany sont inquiets. Les Français auraient été derrière cette affaire. Les Agniers ont renvoyé quatre-vingts guerriers pour garder leurs bourgades, mais sont bien partis pour le Canada. Ces Français « ne cesseront jamais... d'engager ces Indiens contre nous... et d'employer d'autres moyens... qui assureraient tout le commerce indien au Canada, mais tendraient inévitablement à la ruine complète de toutes les colonies anglaises sur ce continent ». Ces colonies anglaises ne seront jamais en paix tant que la Nouvelle-France existera. Elles seraient délivrées de ce danger « en subjuguant et en envahissant le Canada, entreprise qui peut être facilement exécutée avec une petite assistance de la part de l'Angleterre, par eau en partant de New York, et par terre en partant d'ici, entreprise pour laquelle nous pourrions obtenir un nombre suffisant d'Indiens pour nous assister, si les Français n'obtiennent autant de la part de leurs Indiens... ». Ce serait le moyen de s'attacher à jamais les Iroquois, de les empêcher d'être une cause de troubles, et « ladite Conquête serait un avantage considérable pour l'Angleterre », du point de vue commercial. À ce moment-là, le colonel Bayard ne connaît pas encore la déclaration de guerre de l'Angleterre à la France ; alors il ajoute que si cette guerre se déclare « je comprends humblement que le seul temps pour faire

Rêves réciproques de conquête

cette tentative serait le printemps prochain ».

Ces citations prouvent assez que le conseil de New York a excité les Iroquois à la guerre contre la Nouvelle-France, les a portés à briser la trêve existante ; que le maire et les magistrats d'Albany ont été, le moins qu'on puisse dire, mis au courant des partis de guerre qui partaient pour le Canada. On voit aussi que l'on pense en Nouvelle-Angleterre à l'invasion du Canada, comme, en Nouvelle-France, on pense à l'invasion de la Nouvelle-Angleterre. D'ailleurs, l'identité des sentiments des deux côtés des frontières est frappante. On peut prendre des passages de ces lettres et rapports, rédigés à New York et à Albany, y changer quelques noms propres, Anglais pour Français, et vice-versa, par exemple, et les inclure dans un rapport de Denonville. Les deux s'accusent de vouloir monopoliser tout le commerce des fourrures, les deux craignent que ce soit l'autre qui utilise les Iroquois dans la guerre, les deux disent qu'il ne pourront vivre en paix tant que l'autre colonie ne sera pas détruite, et ainsi de suite. La similitude et la ressemblance sont profondes.

Mais, comme l'avait prévu Denonville, la guerre était déclarée et les Anglais de New York et d'Albany ayant eu l'avantage d'être mis au courant de ces nouvelles plus tôt, ont pu organiser leur affaire plus vite, prendre leurs mesures et être prêts les premiers.

Chapitre 186

1689

Des Onnontagués s'approchent du fort Frontenac. Ils parlent au père Millet, l'ancien missionnaire des Onneiouts. Ils auraient besoin du chirurgien pour soigner quelques-uns des leurs. Leurs sachems, disent-ils, sont à Montréal pour y présenter des propositions de paix. Un moribond aurait besoin d'un prêtre.

Le père Millet et Saint-Amant, le chirurgien, sortent du fort et se rendent au lieu de rassemblement des Iroquois. Le père se rend à la cabane des Anciens, le médecin à celle des malades. Les deux hommes sont capturés et liés. Les Onnontagués les ont attirés dans un traquenard.

Ignace Pélerin de Saint-Amant avait fait son apprentissage chez Jean Demosny, chirurgien du roi.

Deux guerriers ont porté la main sur le missionnaire qui voit sa vie en danger. Mais « le capitaine Manchot d'Onneiout dit que je ne craignisse rien, et que les Chrétiens d'Onneiout que j'avais baptisés me conserveraient la vie ». Il fait des recommandations aux autres capitaines à cet effet. Le père Millet a beaucoup d'amis dans cette tribu.

Le Manchot quitte le père. Il se perd parmi les trois cents Iroquois qui sont en embuscade et dont le dessein est de capturer des Français ou de se saisir par surprise du fort Frontenac. Abandonné à ceux qui ne le connaissent pas, le père est dépouillé de ses vêtements et il subit toutes les avanies : on le foule aux pieds, on le jette dans l'eau, certains tentent de le massacrer. Mais d'autres s'y opposent.

Le Manchot pourrait être le mari de Suzanne Gouentagrandi.

L'attaque sur le fort rate. Des guerriers poursuivaient un Français qui s'échappa et donna l'alarme dans la forteresse. Les Iroquois sont autour et animés d'intentions hostiles. Le missionnaire et le chirurgien ne sont pas revenus.

Le missionnaire a été attaché à un arbre sur la rive. On le détache maintenant. On le jette dans un canot. Il y a trois ou quatre cents Iroquois autour de lui. Ils descendent le lac et abordent une île où doit bientôt arriver le gros de l'armée iroquoise : mille quatre cents hommes. Des guerriers des Iroquois supérieurs, des Sénekes, sont là. Ils accueillent le missionnaire avec de grandes huées. Ils l'obligent à chanter. Quelqu'un lui donne un coup de poing. Cependant, il est conduit parmi les Onneiouts qui le protègent et c'est l'attente. Parfois le missionnaire se chante à lui-même des cantiques, parfois il en chante « avec les autres Français captifs qu'on y amenait quelquefois... ».

L'armée iroquoise, animée de ses rancunes, soudoyée par les Anglais, affamée de sang et de tortures, se laisse descendre sur les flots du Saint-Laurent jusqu'à huit lieues du fort. Elle y passe deux jours, puis elle descend encore jusqu'à Otondiata ou La Galette, le début des rapides. Elle y séjourne trois jours, tenant conseil.

Philippe Clément du Vuault (Vault) de Valrennes (1647-1707) fut commandant du fort Frontenac. Il avait épousé Jeanne Bissot, petite-fille de Louis Hébert et belle-sœur de Louis Jolliet.

La haine règne. Valrennes, qui commande à Cataracoui, a compris le danger. Il a demandé à deux Français de se sacrifier. Il faut avertir Montréal. Les deux Français sont interceptés par les Iroquois et faits prisonniers. Ils n'ont pu faire plus de deux lieues.

Il y a quatre prisonniers. « Les Onnontagués qui avaient levé la chaudière de guerre à la sollicitation des Anglais... » travaillent maintenant à engager à fond tous les Iroquois dans cette aventure. Comment les y engager mieux et rendre la guerre plus inévitable qu'en sacrifiant un des prisonniers français? Qui choisira-t-on ? Le missionnaire croit que le sort tombera sur lui. Le conseil se tient sur une colline voisine. On l'y conduit. Il y retrouve Saint-Amand, le chirurgien. Des Iroquois ont amené à la chasse les deux autres Français. Le Grand Conseil ne prend pas de décision. Un Goyogouin sauve le missionnaire. Celui-ci est reconduit parmi les Onneiouts qui sont contents, le rassurent. Maintenant il est délié. Deux capitaines et trente guerriers de cette tribu le prennent maintenant à leur charge. Le lendemain, ils quittent l'armée avec lui. Ils se dirigent vers le pays des Onneiouts. Ses compagnons le traitent bien pendant le voyage, mais ils l'attachent chaque nuit. Un capitaine, qui est chrétien, prend les devants. Sa femme attend le missionnaire à deux lieues du bourg avec des rafraîchissements. Elle est chrétienne, elle est « de la première noblesse d'Onneyout ». Elle le délivre, elle lui donne des vêtements, mais seul le Conseil de la tribu peut le libérer. Les clans de l'Ours et de la Tortue lui semblent favorables. Les sachems ne sont pas tous bien disposés. Le Manchot harangue ses pairs. Il dit que le père ne revient pas en qualité de prisonnier, mais en qualité de missionnaire. Un sachem anglophile rappelle que le père Millet est de la race des Français qui ont attaqué la Cabane et qui ont brûlé les bourgs des Tsonnontouans. On le conduit à la cabane du conseil « qui était devenue une cabane de guerre par les intrigues des Anglais et des autres ennemis de la foi » ; c'est aussi la demeure de cette sachemesse qui l'a accueilli avec bonté et qui le cache quand les ivrognes veulent l'insulter, que les Onneiouts mal disposés l'in-

Cette femme se nomme Suzanne et est Mère de clan, celui du Loup.

jurient, ou lancent des pierres sur la cabane, ou réclament pour la victime le supplice du feu. C'est la bonne samaritaine au cœur de bonté et au grand courage. Les amis du missionnaire veulent que le conseil décide son sort avant le retour de l'armée, car ils craignent de ne pouvoir alors le sauver. Mais le conseil refuse ; il accorde au père la liberté de se promener dans toute la bourgade. Pendant trois semaines, il jouit de cette semi-liberté. On l'a surnommé « Le mort qui marche ». Suzanne, la sachemesse, l'assiste ; il confère le baptême ; malades et affligés viennent, comme autrefois il confesse, on prie. La petite communauté chrétienne d'autrefois, toute tremblante, se reforme autour de lui sous de hautes protections. Le berger a retrouvé son troupeau qu'il avait dû abandonner mais qui a conservé sa foi. Il souffle sur ces tisons encore ardents afin que la flamme en naisse. Mais les ivrognes l'insultent. « ...Les ennemis de la foi et des Français portaient tout à la guerre. »

Genherontatie, « le mort » ou « le mourant qui marche ».

Mais, pendant ce temps, où est l'armée iroquoise qui descend le fleuve, qui avance, dans le secret, sans qu'on en connaisse l'existence, sans que l'on soit informé de ses mouvements, sans que personne de Cataracoui ait pu donner l'alarme?

Denonville est à Montréal avec sa femme. Il ne paraît éprouver aucune appréhension grave. Il crée tout de même une espèce de camp volant composé de deux cents hommes que commande M. de Subercase et qui campe non loin de la ville, aux lieux que l'on nomme aujourd'hui Verdun. Rien ne se produit. C'est la tranquillité. Les officiers des postes des alentours viennent souvent à Montréal. Louis Ataviata, Iroquois catholique, « eut avis par quelques-uns des ennemis, qu'ils faisaient un gros mouvement pour venir fondre sur la colonie ». Il trouve le moyen d'en informer Denonville. Celui-ci parle de la chose aux jésuites, la nouvelle est d'importance. Mais les jésuites n'ont aucune confiance dans ce personnage et ils n'ajoutent pas foi à la nouvelle. Ni les uns ni les autres ne déduisent les conséquences inéluctables en Amérique de la guerre déclarée en Europe.

Daniel d'Auger de Subercase (1661-1732), major des troupes au Canada, gouverneur de Plaisance et d'Acadie

Le 2 août, les principaux officiers des postes sont encore à Montréal. Galiffet n'est pas loin. À 4 heures du matin [le 5], on entend tonner le canon. Les soldats sont en alerte. Soudain, un Canadien passe en courant et en criant que les habitations de Lachine sont en feu ; un peu plus tard, des habitants poursuivis par les Iroquois arrivent à la course.

Serait-ce François Galiffet de Caffin, arrivé dans la colonie en 1688 ?

C'est le massacre de Lachine. L'armée iroquoise, forte de mille cinq cents guerriers, peut-être la plus forte concentration de guerriers que l'histoire ait connue, a descendu tout le fleuve depuis Otondiata dans le secret le plus absolu, sans donner l'alarme. Personne ne l'a vue ou repérée nulle part. Elle a navigué sur la rive droite, un peu au-dessus de la ville, à la tête des rapides du sault Saint-Louis. Même les éléments la favorisent. Dans la nuit du 4 au 5 août, elle traverse le lac Saint-Louis au milieu d'un orage de pluie et de grêle. Elle aborde à Lachine, l'extrémité orientale de l'île. Puis, dans les ténèbres, elle se fragmente en une infinité de petits groupes qui se placent, chacun, tout près d'une maison, le long du rang ou de la côte qui suit le rivage. Le sommeil enveloppe toute la paroisse. Au signal donné, les Iroquois poussent leurs cris, leurs clameurs de guerre. Ils pénètrent dans les demeures et, en quelques heures, ou plutôt en quelques minutes, c'est l'hécatombe sanglante, l'effroyable boucherie que notre histoire retiendra sous le nom de *massacre de Lachine*. Les hommes d'abord sont mis à mort. Si les portes résistent, le feu enveloppe bientôt la maison et ceux qui l'habitent doivent en sortir pour tomber entre les mains des ennemis. Les plus heureux sont ceux qui sont abattus d'un coup de hache ou d'un coup de feu, car des enfants sont rôtis tout vivants, des femmes sont éventrées, empalées. Quatre-vingt-dix personnes sont brûlées. Plus de cent vingt prisonniers sont traînés en pays iroquois, pour le supplice ordinaire par le feu. Jamais la Nouvelle-France n'a connu pareil désastre.

4-5 août 1689 : le massacre de Lachine

Aux premières nouvelles, vingt hommes du camp volant partent pour repousser l'ennemi. Le commandant les arrête. Ils ont défense de passer outre. Ils voient non loin de là une vingtaine d'Iroquois vider des maisons. À peine le messager a-t-il atteint Montréal avec la nouvelle, que l'épouvante règne. On ferme les portes de la ville. Des officiers peuvent retourner auprès de leurs troupes, les autres ne le peuvent pas. Enfin, arrive Subercase qui fait marcher son détachement contre l'ennemi. Une centaine de volontaires se joignent aux cent soldats. Ils se dirigent vers Lachine. Ils voient les maisons en feu, les habitants attachés et brûlés. Les Iroquois se sont retranchés plus loin. Quelques soldats des trois forts de Lachine s'ajoutent au détachement. Mais pour avancer encore, le détachement doit passer dans un bois. Les volontaires sont sur les ailes. À peine a-t-on atteint le bois que l'on entend des cris à l'avant. Subercase ne veut pas arrêter, mais Vaudreuil le rejoint portant un ordre de Denonville qui exige de ne rien risquer et de revenir. Les deux hommes échangent de gros mots. Pendant l'altercation, un officier et quelques soldats s'avancent plus loin. Ils découvrent trois Iroquois endormis. Étaient-ils ivres? Ils sont menés au camp. Subercase insiste. Il veut attaquer quand même, il croit que c'est le moment, que les Iroquois ont découvert des boissons ici ou là, qu'ils sont ivres morts. Il dit que « toutes leurs forces étaient rassemblées dans leur camp et que les trois quarts étaient morts ivres, des eaux de vie qu'ils avaient pris chez les habitants, ainsi que nous l'apprîmes la nuit suivante par un habitant qui se sauva ». Mais le gouverneur l'ordonne, il faut revenir au camp. Ils ne peuvent qu'observer l'ennemi qui passe toujours la nuit sans poster de sentinelles, comme on le sait bien. Au soir, on découvre que l'on a bien peu de poudre.

Philippe de Rigaud de Vaudreuil (v. 1643-1725) est, en 1689, gouverneur intérimaire de Montréal.

Le lendemain, on observe encore l'ennemi qui demeure sur place et qui n'a crainte. Vers 10 heures, il double au large de l'île de la Présentation ; sur l'île, il y a un fort bien gardé et trois Iroquois se font tuer. Ils se laissent dériver et atterrissent à un huitième de lieue du fort. Ils défilent dans les déserts, hors de la portée du mousquet. On n'entreprend rien, ni contre les hommes qui gardent les canots ni contre ceux qui sont descendus. Les ennemis se divisent. Dans le fort, il y a cinq cents hommes, mais ils n'attaquent pas. Subercase demande cent volontaires pour faire une sortie. On les lui accorde. Saint-Jean, un ancien, demande le commandement : on le lui accorde. Ce détachement échange des coups de feu avec l'ennemi, mais sans aucun résultat. Pendant cette action, le lieutenant de La Robesle, reçoit l'ordre, avec un détachement de quarante à cinquante soldats et environ quarante Iroquois catholiques, d'aller soutenir Vaudreuil qui s'est enfermé avec cent soldats dans le fort Rolland à Lachine ; une partie de l'armée ennemie attaque cet ouvrage et l'église ; les Iroquois sont embusqués dans les bois et dans les blés. Ils quittent le fort Rémy. On demande alors à Saint-Jean de se porter au-devant d'eux avec son détachement ; autrement, les hommes de La Robesle seront taillés en pièces et dispersés. Mais Saint-Jean n'a pas l'ordre d'aller plus loin. Alors, à deux portées de mousquet du contingent de volontaires de Saint-Jean, ils sont entourés par l'ennemi ; les Iroquois catholiques sont presque tous tués. Longueuil, qui accompagne La Robesle a le bras cassé et il est emporté au fort Rémy. Les autres sont capturés et plus de la moitié sont brûlés. Robesle sera brûlé à petit feu après avoir été exhibé dans les villages. Les sieurs Saint-Pierre, Denis, Villedonné et Laplante s'échapperont plus tard.

La panique règne dans l'île de Montréal. Elle est tout entière en proie à l'Iroquois. « Ils exercèrent, dit M. de Belmont, tout ce qu'ils savaient de cruautés, et se surpassèrent eux-mêmes, laissant des vestiges d'une barbarie inouïe : des femmes empalées, des enfants rôtis sur les cendres chaudes, toutes les maisons brûlées, tous les bestiaux tués, quatre-vingt-dix personnes emmenées furent brûlées cruellement et immolées à la vengeance des Iroquois ou plutôt à celle de Dieu qui se servait des Iroquois pour les ministres de sa justice, parce que cette paroisse de Lachine avait été le théâtre le plus fameux de l'ivrognerie des sauvages. »

Ainsi fut ce massacre de Lachine encore mal connu. Nombre de *Relations* de cet événement si important n'ont pas été retrouvées encore. M. Tronson, à Paris, remercie, par exemple, M. Dollier et M. Rémy des récits qu'ils lui ont envoyés et qui l'ont épouvanté.

La campagne des Iroquois avait été habilement combinée. Il est permis de soupçonner l'influence anglaise qui avait mis le projet au point. En second lieu, elle est comme le produit de près de vingt-cinq ans de politique. Depuis 1665, les Français avaient tenu les Iroquois dans l'obéissance, leur avaient interdit bien des mouvements commerciaux, bien des relations, bien des guerres contre les tribus. Ils étaient sous le joug. La Barre les avait provoqués et ils avaient trouvé chez les Anglais des appuis pour résister.

désert = partie d'un bois où l'on a pratiqué un défrichement.

Charles Le Moyne de Longueuil (1656-1729), aîné des célèbres Le Moyne, fut gouverneur des Trois-Rivières, de Montréal et administrateur de la Nouvelle-France.

Étienne de Villedonné (v. 1666-1726) fut captif des Iroquois jusqu'en 1692. Il sera commandant du fort Joseph, de 1722 à 1726.

François Vachon de Belmont (1645-1732), sulpicien et missionnaire, a écrit une Histoire du Canada *et* Histoire de l'eau-de-vie *dans laquelle il s'élevait contre ce fléau.*

Denonville les avait attaqués, avait brûlé leurs bourgades et leur maïs. Il avait fait des prisonniers qu'il avait envoyés en France. Les Français avaient confiné les Iroquois à l'ouest et au sud-ouest, par une série de forts ; ils avaient attiré à eux le commerce de nations sur lesquelles comptait l'Iroquoisie. La rancune, les haines s'accumulaient depuis longtemps. Puis les Anglais étaient venus au printemps, attisant tous ces feux, dirigeant ces rancunes, armant ces bras. L'explosion avait éclaté.

Denonville est dépassé par les événements. Denonville ne peut faire face à la musique. Il est perméable aux méthodes de guerre indiennes. Il est sans défense devant elles. Il ne sait que faire. Il n'a pas de ressources. Il est dépassé par les événements. Il a alors mille cinq cents bons soldats et il ne sait s'en servir ni pour se défendre ni pour attaquer. Il n'est pas souple, rapide. Il n'inspire pas l'énergie, le courage. Il lui faudrait du temps pour se retourner. L'invasion cesse parce que les Iroquois en ont assez et retournent chez eux. Conduits par un chef intrépide, ils étaient à moitié maîtres de la colonie.

Denonville avait été rappelé le 31 mai.

Sauvagesse Iroquoise

Chapitre 187

1689

Les molosses étaient lâchés. Leurs maîtres les avaient lancés à l'attaque. Ils s'y étaient pris à bonne heure. Ils avaient gagné la première manche.

Molosses : évidemment au sens figuré

Les Anglais sont au courant de tous les événements de cette guerre iroquoise. Ainsi, le colonel Bayard écrira une nouvelle lettre d'Albany le 23 septembre. Les Iroquois, dira-t-il, « se tiennent près de cette ville » et ils communiquent continuellement aux magistrats « leurs résolutions et leurs actions contre le Canada ». Puis il dira encore : « Les tribus ont été en dehors de leur pays presque tout l'été, la plupart en petits partis, et une fois avec neuf cents hommes. » Ils voulaient se rendre maîtres de Cataracoui par un stratagème, mais ils n'ont parlé qu'au père Millet et à un autre Français. Alors, ils se sont rendus à Montréal « où ils ont tué ou capturé, quelques-uns disent trois cents, d'autres quatre cents personnes ; sur ce nombre, ils en ont conduits environ cent trente dans leurs bourgades qu'ils ont torturés d'une façon très barbare et brûlés ». Ils n'auraient brûlé cependant ni les enfants ni les adolescents ; ils auraient donné quelques adultes aux familles. Le père Millet est l'un de ces derniers. « Lesdits Indiens continuent encore à faire des incursions, en petits partis et à ramener des Français prisonniers. » La semaine précédente, soit vers le 15 septembre, ils sont arrivés avec cinq prisonniers et ils en avaient tué deux en cours de route. Ils les torturent sans fin. Les Iroquois ont renouvelé leur traité de paix avec les colonies du Massachussetts, du Connecticut, de Plymouth ; mais celles-ci n'ont pas atteint leur fin principale : les Iroquois ne veulent pas commencer la guerre avec les Abénaquis, à moins que les Abénaquis ne s'allient aux Français contre eux, « car ils ne veulent pas s'attirer plus d'ennemis pendant que continue la guerre du Canada ».

Millet a été pris par les Iroquois avant le massacre de Lachine.

Les Iroquois sont donc en train de devenir de simples mercenaires, des soldats à la solde des colonies anglaises, comme les armées du Moyen Âge.

Quelques documents l'indiqueront en temps et lieu. Car autrement, l'Iroquoisie en aurait assez de sa guerre avec le Canada.

*Rappelons-le :
Frontenac
redevient
gouverneur de la
Nouvelle-France
en avril 1689,
quatre mois avant
l'attaque de
Lachine.
Il quittera
La Rochelle
le 23 juillet et
atteindra Québec
le 12 octobre.*

Colden parle de cette alliance des Iroquois avec les colonies anglaises. D'après Colden, voici ce que les Iroquois répondent le 24 septembre : « Vous nous conseillez de poursuivre vigoureusement, nos ennemis, les Français ; voici justement ce que nous sommes décidés à faire, de tout notre pouvoir. » « Nous sommes résolus à ne jamais laisser tomber la hache, les Français ne verront jamais nos faces dans la paix, même si notre nation était ruinée par cette guerre, et chacun de nous coupé en morceaux. »

Paroles énergiques, mais Frontenac était sur les mers et approchait de l'Amérique.

Chez les Onneiouts, le père Millet voit revenir les Iroquois victorieux. Alors s'ouvre pour lui une période de danger infini. Trois Onneiouts ont été tués dont un grand capitaine. Les survivants ramènent des prisonniers. Les amis du missionnaire le cachent dans une cabane, puis dans une autre ou bien dans les champs. Suzanne, la sachemesse, est toujours aux aguets, très habile et très active. Elle manœuvre et elle intrigue auprès de ses parents. Vient enfin le jour du grand conseil. Quatre Français prisonniers risquent d'être brûlés ; deux le seront en effet. On accuse le missionnaire d'être responsable de l'emprisonnement à Cataracoui des Indiens qui ont été envoyés en France. Mais des chrétiens de la noblesse le défendent. Il échappe de fort peu au supplice. Les chrétiennes jouent un grand rôle dans cette affaire. On le donne pour remplacer un capitaine mort depuis longtemps, plutôt que pour prendre la place d'un des Onneiouts tués à Lachine ou l'un de ceux qui ont été capturés à Cataracoui. Il remplace un personnage non moins grand qu'un sachem du nom de « Otassete qui est un ancien nom des premiers fondateurs de la république iroquoise ». Chaque sachem, dans chaque tribu, porte toujours le nom de son prédécesseur ; les noms sont pour ainsi dire attachés au siège. L'affaire a été bien manœuvrée ; maintenant on lui dit : « Mon frère aîné, vous êtes ressuscité. » Quelques jours plus tard un grand festin a lieu. À cette occasion le frère du grand Garakonthié est là. Le père Millet, hier encore captif, ancien missionnaire des Onneiouts, est naturalisé iroquois. On lui donne son nouveau nom et il devient l'un des sachems de la tribu. Il a droit de prendre part aux conseils et de délibérer sur les affaires de la nation iroquoise. Singulier retour des choses. Son habitation sera la cabane où Suzanne et Le Manchot vivent en compagnie de plusieurs autres ménages. C'est aussi là que se tiennent les principaux conseils. On y célèbre les dimanches et les fêtes. « Les Anglais ne furent pas contents de la décision des Onneiouts en ma faveur... », dira le père. Un grand ennemi de leurs projets est dans la place.

*Le premier
Garakonthié est
mort en 1678.
Il s'agit du
deuxième du nom.*

*En fait,
Frontenac est
bloqué à La
Rochelle, car on
manque
d'équipages !*

Pendant ce temps, Frontenac est en route. Le 7 juin, il a reçu communication des dépêches du Canada et de ses instructions. Il peut porter un jugement sur l'ensemble de l'administration de Denonville. Le roi résume succinctement les derniers événements avant de lui annoncer son grand projet : « Sa Majesté a résolu, pour terminer une guerre si dommageable à la colonie, de faire attaquer la Nouvelle York ainsi qu'Elle a plus amplement expliqué ses intentions sur ce sujet audit Sr de Frontenac, et Elle est persuadée que lorsque les troupes iroquoises ne recevront plus le secours des Anglais, elles seront obligées d'en passer par où Sa Majesté voudra. » Il s'agit du premier d'une série de projets qui reviendront continuellement de 1689 à 1700 et auxquels, parallélisme frappant, s'opposeront toute une série d'entreprises semblables de la part de l'Angleterre. Le gouverneur, poursuit le roi, ne doit pas oublier que l'établissement et le maintien de la paix avec les tribus indiennes voisines doivent être son souci essentiel. La Nouvelle-France a besoin de calme pour se développer ; la guerre lui est néfaste et elle peut difficilement se défendre, car les habitations et les centres sont éloignés les uns des autres.

Le roi a approuvé la démolition du fort Niagara : le ravitaillement était difficile et l'ouvrage ne semblait pas utile. Il a encore promis à Denonville « d'abandonner celui de Cataracoui s'il le jugeait nécessaire. [Il] donne audit Sr de Frontenac le même pouvoir sur ce sujet et [Il] est bien aise de lui faire observer seulement qu'il ne doit prendre aucune résolution à cet égard qu'après un examen fait avec toute l'application nécessaire de l'utilité ou de l'inutilité de ce fort. » Louis XIV est convaincu que si les négociations avaient pu se poursuivre entre l'Angleterre et la France, « les Anglais, n'ayant aucune raison de leur côté... auraient reconnu l'autorité de Sa Majesté » sur les Iroquois et l'Iroquoisie. Maintenant, tous les pourparlers sont terminés. D'après les listes, il y a en ce moment mille quatre cent dix-huit soldats au pays. Frontenac devra se contenter de ce nombre. Le roi ne veut pas envoyer d'autres troupes. Callière commandera pendant les absences du gouverneur. Il faut noter que Frontenac livrera presque toutes ses guerres avec des compagnies dont le nombre des soldats ne dépassera que d'une centaine celui du régiment de Carignan-Salières.

Le 7 juin toujours, Frontenac étudie le mémoire du roi sur une action éventuelle contre New York. Louis XIV a fait examiner la proposition de Callière suggérant que les soldats et les miliciens de la Nouvelle-France se chargent de l'entreprise. Il l'a acceptée d'autant plus volontiers que, ces dernières années, les Anglais d'Amérique ont soulevé les Iroquois, les ont excités contre les Français et leur ont fourni armes et munitions pour cette guerre. Malgré les traités, ils ont tenté d'usurper le commerce français. En conséquence, le roi a ordonné au sieur Bégon de préparer des munitions en quantités suffisantes, d'armer deux navires à Rochefort, de les placer sous le commandement du sieur de la Cassinière qui prendra ses ordres de Frontenac. Celui-ci devra s'embarquer à La Rochelle sur l'un de ces navires pour

Michel Bégon de la Picardière, cousin de Colbert, fut intendant du port de Rochefort de 1688 à 1710. Père de l'intendant Michel Bégon.

Projet d'invasion

se rendre le plus tôt possible à l'entrée du golfe Saint-Laurent ; là, il abandonnera ce navire, s'embarquera sur le meilleur des vaisseaux marchands qui l'auront suivi et il se rendra à Québec. Callière, qui l'accompagne, devra s'efforcer, si c'est possible, d'y arriver avant lui pour préparer le départ des soldats et des miliciens. Lorsque l'armée d'invasion sera prête ou en marche, Frontenac préviendra M. de la Cassinière, resté dans le golfe pour s'emparer des vaisseaux ennemis qui s'y aventureraient. Les deux navires de guerre se dirigeront vers New York, pendant que l'armée canadienne s'y rendra par terre en suivant la route du Richelieu, du lac Champlain, puis de l'Hudson. Pour que rien ne s'ébruite, Frontenac et Callière doivent garder le secret le plus absolu sur le but de l'expédition ; en outre, ils doivent éviter tout retard, car l'automne de 1689 semble être le moment idéal pour une entreprise de ce genre.

Habitants ou Canadiens enrôlés comme miliciens.

Les conseils du roi...

Le roi ne pense pas que Frontenac aura besoin de plus de mille soldats et de six cents habitants. Avant de partir, il devra cependant se concerter avec Denonville sur la façon de protéger la Nouvelle-France contre les courses iroquoises. Vaudreuil commandera en l'absence de Frontenac. Pour finir, le roi donne des conseils plutôt que des ordres sur la façon d'attaquer Albany et New York, sur les garnisons à laisser là, sur le désarmement des Anglais et des Hollandais, l'éviction des suspects, l'emprisonnement des officiers et des principaux notables, la paix à conclure avec les Iroquois, etc.

...ne sont accompagnés que de deux navires de guerre.

Voilà un résumé du célèbre mémoire de Louis XIV. Le roi se montrait peu généreux : deux navires de guerre et mille cinq cents hommes environ, c'était peu. L'entreprise paraissait loin d'être impossible, car New York était déjà tombée trois fois, sans lutte, aux mains d'un envahisseur. La ville se trouvait ravagée par des divisions intestines. Les relations administratives et commerciales entre New York et Albany étaient rompues. Malgré des travaux effectués au printemps, New York était peu fortifiée. Les troupes y étaient peu nombreuses, et les communications à peu près rompues avec la métropole. Pour l'armée de terre, la difficulté principale résidait dans le transport de l'artillerie par le portage qui conduit du lac Saint-Sacrement au fleuve Hudson et de ne pas manquer de vivres en cours de route. Une flottille de bons navires de guerre aurait accompli plus facilement cette tâche, comme en 1674. Enfin, il n'était pas facile non plus de coordonner les mouvements des troupes de terre et des navires.

Une frégate ne portait pas plus de soixante canons, tandis qu'une flûte ne servait qu'au transport de matériel.

En réalité, les moyens dont dispose Frontenac sont encore plus pauvres, car l'entreprise reposait pratiquement sur l'armée. Les vaisseaux choisis sont *L'Embuscade*, une frégate légère, et *Le Fourgon*, une flûte, deux unités médiocres. C'est que Louis XIV songe à un débarquement en Irlande, et il a besoin de tous ses navires. Avant de partir pour la Nouvelle-France, *L'Embuscade* doit transporter de la poudre de Rochefort à Brest. *Le Fourgon* est désigné très tard. Le 30 juin, on est toujours dans l'incertitude car on ne sait pas si *L'Embuscade* pourra partir. Bégon propose un autre navire. Le 31 juillet, Frontenac est encore à La Rochelle. « Je suis bien fâché, écrit le ministre à Bégon, d'apprendre que M. de Frontenac n'est pas encore parti, étant à craindre que le retardement que vous avez apporté à la préparation du vaisseau sur lequel il doit s'embarquer ne rende inutiles tous les projets que le Roi a faits pour le Canada. » Frontenac quitte la France à peu près au moment du massacre de Lachine, à Montréal. Avant son départ, il écrit au roi qu'il arrivera en Nouvelle-France quand la saison sera bien avancée, et qu'ainsi il ne pourra exécuter les ordres qu'il porte. Le temps est défavorable et les vents contraires durant toute la traversée, qui dure au moins 52 jours. Le gouverneur est à l'île Percée vers le 26 septembre. C'est là qu'il apprend des récollets le massacre de Lachine et le désarroi dans lequel se trouve toute la Nouvelle-France. Le pays était « dans une grande désolation par l'irruption que les Iroquois avaient faite dans l'île de Montréal où ils avaient brûlé plus de trois lieues de pays, saccagé toutes les maisons jusqu'aux portes de la ville et fait des cruautés inouïes ». L'expédition sur New York doit être abandonnée. Il faut défendre la Nouvelle-France, et il semble qu'aucun soldat ne sera de trop pour cette difficile tâche.

Le massacre de Lachine change les données.

Ainsi s'évanouit l'entreprise d'invasion. Depuis Champlain, les coloniaux veulent s'emparer de New York pour mettre fin aux guerres iroquoises. Leur première tentative échoue à cause du massacre de Lachine.

À l'île Percée, M. de Callière ne peut prendre les devants, comme on l'avait décidé. Les navires s'enfoncent dans le golfe, malgré des vents souvent contraires. Ils atteignent enfin Québec. Le Clercq donne comme date d'arrivée le 14 octobre ; Frontenac et Lahontan disent le 15, à huit heures du soir. Denonville et Champigny sont à Montréal. La population fait un accueil enthousiaste au vieux gouverneur qui arrive au moment où elle est en pleine détresse et affaiblie.

Chrestien Le Clercq (1641-v. 1700), sulpicien, a écrit Premier établissement de la Foy *en Nouvelle-France en 1691.*

Le lendemain commence le déchargement des navires. Frontenac fait immédiatement placer dans des barques les vivres et les munitions dont Montréal aura besoin. Il fait tout de suite calfater les vaisseaux qui transporteront un détachement d'habitants dont il a besoin pour son escorte et pour la défense de Montréal, si c'est nécessaire. Il pleut, c'est l'automne. Frontenac quitte Québec le 20 et n'arrive à Montréal que le 27.

Enfin il est là, le maître, celui qui sait ce qu'il veut et comment l'obtenir. La plus belle image de l'histoire du Canada est peut-être celle de Frontenac faisant tomber sa rude poigne de vieux soudard sur la barre de ce navire en perdition qu'est la Nouvelle-France et le redressant d'un seul geste, presque instantanément. Frontenac est encore plus grand pendant ces heures-là qu'il ne le sera plus tard devant l'envoyé de Phips, à Québec.

Frontenac sauvera-t-il la colonie ?

Le gouverneur est d'abord frappé, consterné, épouvanté par la misère du peuple de Montréal : « Il serait difficile de vous représenter, Monseigneur, la consternation générale que je trouvai parmi tous les peuples et l'abattement qui était dans la troupe, les premiers n'étant pas encore revenus de la frayeur qu'ils avaient eue, de voir à leurs portes brûler toutes les grandes maisons qui étaient en plus de trois lieues de pays dans le canton qu'on appelle La Chine et enlever plus de six-vingt personnes tant hommes que femmes et enfants, après en avoir massacré plus de deux cents, dont ils avaient cassé la tête aux uns, brûlé, rôti et mangé les autres, ouvert le ventre des femmes grosses pour en arracher les enfants et fait des cruautés inouïes et sans exemple. »

Six-vingt = cent vingt

Le vieux lion rugit de colère et de douleur. Les troupes sont épuisées. Il est vrai qu'on les a fait courir ici et là, pour protéger les habitants, « y ayant toujours des partis dans l'île et autour » ; mais, pendant six semaines, Denonville a employé les soldats à une migration complète des Iroquois du Sault, les transportant à Montréal avec leurs biens et leurs immenses provisions de maïs qu'on a déposés dans l'église en construction. Puis, ils leur ont bâti un fort à Montréal. Mais pourquoi donc, puisqu'ils étaient aussi en sûreté sur la rive droite que sur la rive gauche ? Et pourquoi ne pas leur avoir envoyé, comme on l'a déjà fait, une petite garnison de cent cinquante ou deux cents hommes ? Maintenant, les canots dont on aurait besoin sont ruinés. Et c'est pourquoi « Rien ne pouvait résister à la fureur de ces Barbares, quelque mouvement que l'on fît pour donner du secours à ceux que l'on voyait enlever, ou pour tenir tête aux différents partis. La campagne fut désolée, la terre était couverte de toutes parts de cadavres. »

Pierre Legardeur de Repentigny (1657-1736), officier et seigneur. À ne pas confondre avec Jean-Paul Legardeur de Saint-Étienne, son frère.

Frontenac est furieux parce que Denonville a donné l'ordre de détruire le fort Cataracouy, qui était la prunelle de ses yeux. Le 24 septembre, Saint-Pierre de Repentigny est parti de Montréal, seul, avec des instructions pour M. de Valrennes, qui commande là-bas. Celui-ci doit ramener avec la garnison tout ce qu'il conviendra de transporter. Il lui faut aussi prendre des mesures pour garantir une retraite sûre. « Vous pouvez, lui écrit-il, reculer ou avancer votre départ selon l'état de votre garnison, les vivres que vous aurez et la santé de vos hommes. » Denonville voudrait bien une démolition partielle, « mais comme je crains que les Anglais n'occupent ce poste, c'est ce qui me fait vous mander de ne rien épargner si vous le pouvez faire ».

Saint-Pierre de Repentigny fulmine : « ... Je ne puis comprendre qu'une personne qui, depuis quatre ans qu'il est dans le pays, le doit connaître, ne fut pas persuadée de l'importance de ce poste dont l'expérience de dix années m'a fait voir la conséquence et les avantages qu'on en peut tirer pour la conservation du commerce avec nos alliés qui, sans cela, se seraient donnés aux Anglais il y a longtemps. » Louis XIV avait donné cette permission. Mais, justement, les Iroquois en avaient demandé la destruction : ils avaient envoyé des colliers à cet effet. Pourtant, ce simple fait « aurait dû être capable de l'empêcher d'y donner jamais les mains, pour ne pas augmenter leur fierté et leur faire un aveu si authentique de notre faiblesse. » Et « l'inspection seule de la carte » ne suffit-elle pas ? N'a-t-on pas compris que la démolition du fort ne peut que « nous devoir ruiner de réputation dans l'esprit de nos alliés... » ?

Ce fameux fort, sur lequel on aura des avis très différents, comme on peut le voir dans les dépêches, que doit-on en penser ? Frontenac, on le voit bien, ne parle, ne pense et n'agit qu'en fonction d'une prochaine offensive. C'est pourquoi ce poste lui paraît, de façon évidente, toujours nécessaire. Comment attaquer les Iroquois sans un fort à la tête du lac Ontario ? Tandis que les autres, ceux qui à cette époque sont dominés par les événements, ne pensent qu'à se restreindre, à se confiner, qu'à offrir moins de prise possible aux attaques et aux coups, et veulent le démolir le plus tôt possible.

Le fort Frontenac : une importance stratégique ?

Denonville a conseillé à Valrennes d'attendre la fin du mois de novembre avant la retraite. Frontenac reprend espoir. Il veut « jeter un convoi dans ce fort en joignant vingt-cinq canots de vivres et de munitions ». On fait fiévreusement des préparatifs. Mais il pleut. Il pleut continuellement pendant cet automne tragique où Frontenac veut empêcher une défaite à la Nouvelle-France et la sauver des massacres. Le transport est difficile ; il faut trouver les cinquante canots ; au milieu de cette panique et parmi des chefs désemparés, les habitants ont perdu le sens de la discipline. Frontenac passe trois jours dans Lachine ravagée, dont les habitants ont été massacrés. Le 6 novembre, le convoi s'éloigne doucement sur les eaux du Saint-Laurent.

Frontenac revient à Montréal. Mais cela fait à peine deux heures qu'il est revenu, et le convoi a tout juste franchi deux lieues, que le sieur de Valrennes arrive avec toute la garnison. Il était trop tard. Tous sont surpris d'un aussi prompt retour. Valrennes a brûlé le fort ; il a coulé les trois barques, laissant les ancres dans le bassin. Il a brûlé les câbles et les canons de fer ont dégringolé dans le fleuve. Il a transporté les canons de fonte jusqu'au lac Saint-François où il les a cachés. Il a placé des mines sous les bastions et les murailles, sous les tours et les bâtiments. Les soldats ont entendu la détonation à cinq lieues du fort. Toutefois, Valrennes n'est pas retourné en arrière et il ignore l'étendue du désastre. Sur les quarante-cinq hommes de la garnison, six se sont noyés dans les rapides. C'est une perte de vingt mille écus. Malheur par-dessus malheur, quand l'autorité manque, tout s'écroule.

La destruction du fort Frontenac est confirmée.

Le vieux lion fulmine. Si les Anglais ou les Iroquois occupent cet endroit stratégique ou s'ils y pensent, tout l'arrière-pays sera perdu, les communications étant coupées avec l'Ouest et les Indiens alliés. « Ce poste lui tenait au cœur », dit Lahontan. Il voudrait le rétablir lui-même. Mais tous le dissuadent, tellement le danger est grand. Il aimerait connaître l'étendue du désastre, car, sans le fort Frontenac, la Nouvelle-France est, face à l'Iroquoisie, comme un soldat sans armes. Ce fort est la base des expéditions

Nicolas d'Ailleboust de Manthet (1663-1709), militaire et trafiquant

contre l'Iroquoisie centrale. Aussi Frontenac détache-t-il cent coureurs de bois pour lui rapporter des renseignements sûrs. Des gentilshommes canadiens en font partie, et Manthet les commande. Ils constatent que les dommages ne sont pas irréparables et que quelques toises de murailles sont abattues. Quand Frontenac pourra-t-il les relever, puis ravitailler de nouveau le poste ?

Le 30 octobre, Frontenac passe en revue des troupes à Montréal. Il s'y trouve de sept à huit cents hommes. Les autres sont répartis dans divers postes et servent de garnison. Il y a au total mille quatre cents soldats. Frontenac leur assigne leurs quartiers d'hiver. Il rentre à Québec pour raconter les événements au ministre et faire partir les navires pour la France.

Frontenac rappelle au roi le projet d'envahir New York.

Il faut surtout informer le roi au sujet de l'expédition sur New York qui devrait être en cours. Il était trop tard, dira-t-il. Il aurait fallu organiser une expédition d'hiver, et le froid n'avait pas encore été assez vif pour que les glaces se forment sur les rivières. Denonville, Champigny, tous ont dit « que l'exécution en était impossible dans une saison aussi avancée ». Le massacre de Lachine ainsi que l'impuissance de Denonville à repousser ou à contenir les Iroquois tuent ainsi dans l'œuf l'invasion de la province de New York. Callière n'y renoncera pourtant pas. Le 8 novembre, il écrira, lui aussi, à Seignelay pour en parler de nouveau. Une paix avec les Iroquois est impossible, pense-t-il, tant que les Anglais leur fourniront des armes et des munitions. Et la guerre iroquoise est dangereuse. Callière envoie un autre, ou plutôt deux autres projets qui pourraient être exécutés en 1670. Il rappelle que la prise de New York protégerait non seulement la Nouvelle-France, mais augmenterait ses revenus en développant le commerce. La Nouvelle-France est en danger. Si on ne s'empare pas de New York, il faut détruire les Iroquois, ce qui est une entreprise beaucoup plus difficile : il faudrait au moins deux corps de deux mille hommes chacun pour attaquer toutes les tribus en même temps, dans une même campagne à travers la forêt. Frontenac voudrait recevoir sur ce sujet des instructions de bonne heure au printemps prochain, afin de prendre les mesures qui s'imposent.

Dans cette dépêche datée du 15 novembre, Frontenac donne d'autres nouvelles. Un peu avant son arrivée, dit-il, s'est produite une action limitée qui a donné un peu d'assurance aux Canadiens. Vingt-huit coureurs de bois

Daniel Greysolon Dulhut (Du Luth) (v. 1639-1710), explorateur et fondateur de postes dans l'Ouest

conduits par Du Luth et Manthet croisent, au lac des Deux-Montagnes, deux canots iroquois montés par vingt-deux guerriers. Enhardi par ses récents succès, l'ennemi attaque sans aucune crainte. Les Français, qui essuient des coups de feu sans riposter, abordent l'ennemi, tuent dix-huit guerriers et font trois prisonniers que les Indiens du Canada brûlent ensuite. Un seul s'échappe et parvient à porter en son pays la nouvelle de cette défaite.

Les Outaouais sont venus en Nouvelle-France avec une grosse flottille de pelleteries ; il y en avait pour huit cent mille livres. Les fourrures s'accumulaient dans l'Ouest depuis plusieurs années. D'Iberville a aussi fait des merveilles à la baie d'Hudson.

Pierre Le Moyne d'Iberville et d'Ardillières (1661-1706). Iberville avait ramené, à son retour le 28 octobre, des fourrures de première qualité et en grand nombre.

N'empêche que la situation de la Nouvelle-France reste précaire. Frontenac a pu juger, en arrivant, « de l'état où ce pays est réduit et du besoin qu'il a de troupes et d'argent, non seulement pour exécuter ce que vous avez projeté cette année, mais encore pour se soutenir et se défendre contre les Iroquois ». Un Français qui s'est échappé du pays des Iroquois, à moitié brûlé, a rapporté des nouvelles alarmantes : Anglais, Mohicans et Iroquois veulent se rendre maîtres de l'île de Montréal au printemps ; ils descendraient ensuite aux Trois-Rivières, attaqueraient Québec par terre tandis qu'une flotte l'assiégerait par mer. C'est une première ébauche de l'attaque contre Québec. Frontenac n'ajoute pas complètement foi à cette rumeur. Il comprend néanmoins qu'une alliance entre Anglais et Iroquois est possible et qu'il doit prendre toutes les précautions nécessaires.

Les navires ne sont pas prêts à lever l'ancre. Frontenac a le temps de griffonner une courte dépêche deux jours plus tard : un nouveau désastre est survenu depuis son départ de Montréal. Une lettre de Callière, datée du 14 novembre, à Montréal, vient de lui apprendre que la veille cent cinquante Iroquois ont traversé le fleuve en bas de Montréal et sont parvenus à La Chesnaye et à l'île Jésus. Ils ont brûlé presque toutes les habitations jusqu'au pied des forts. Ils ont réussi à tuer une vingtaine d'habitants. L'attaque s'est produite au milieu d'une tempête de neige. Envoyés à la poursuite de l'ennemi, les miliciens et les soldats n'ont pu l'atteindre.

île Jésus = aujourd'hui Laval

Frontenac se prépare. Il fait entreprendre la construction d'une nouvelle palissade autour de Montréal. Il forme dix patrouilles pour parcourir la campagne et empêcher d'autres surprises sanglantes comme celles qui ont eu lieu à Lachine et La Chesnaye. Les fortins ou redoutes établis un peu partout dans la campagne reçoivent chacun un canon que l'on pourra tirer, en cas d'alerte, pour avertir les voisins. Il décide de faire reconstruire le fort Frontenac aussitôt que les circonstances seront favorables, car « c'est un poste d'une si grande conséquence, soit dans un temps de guerre, soit dans un temps de paix, qu'il ne la faut pas perdre quand elle se rencontrera ». Enfin, Frontenac est prêt à donner la préférence à des officiers du pays, parce qu'ils connaissent mieux le terrain. Le gouverneur fait preuve sur ce point précis d'intelligence : il a constaté que s'est formée au pays, sans que l'on s'en rende compte, une nouvelle génération de Canadiens qui connaissent la forêt, l'eau, le combat à l'indienne et qui peuvent former les troupes spécialisées dont la Nouvelle-France a besoin pour ce type de guerre à venir. Il fera largement appel à ces hommes qui lui rendront d'immenses services.

Frontenac donne préférence aux hommes du pays.

L'utilisation du capital humain canadien est donc l'une des grandes initiatives de Frontenac. Non pas que l'on n'ait jamais fait appel aux Canadiens dans les combats antérieurs. Non, La Barre et Denonville s'en étaient servi. Mais jamais avec l'idée de Frontenac, qui savait que c'étaient justement les soldats qu'il lui fallait pour la campagne qu'il voulait mener.

La seconde grande initiative de Frontenac est celle des patrouilles qu'il organise partout pour découvrir l'ennemi au loin, s'y opposer, donner l'alarme. Elle se développera durant les années suivantes. Composés de Canadiens, de soldats et, d'Iroquois catholiques ou uniquement d'Iroquois catholiques, ces partis circuleront, toujours aux aguets, autour et dans la Nouvelle-France. Ils se rendront à maintes reprises en Iroquoisie, autour de Shenectady et d'Orange, pour galener des prisonniers, trouver des renseignements. Ils tiendront Frontenac bien informé de tout ce qui se passe en Nouvelle-Angleterre et en Iroquoisie ; et, surtout, ils livreront maints combats en dehors de la Nouvelle-France ou dans les centres habités. Ils sauront bientôt découvrir l'ennemi, le dépister, se lancer à ses trousses. Ils courront sus à l'Iroquoisie. Ainsi, ils vont jouer un rôle indispensable en empêchant que chaque centre de colonisation, dans chaque seigneurie, soit surpris à tour de rôle et subisse le même sort que Lachine ou La Chesnaye. Ils ne préviendront pas tous les coups, malheureusement, mais, grâce à eux, bien des désastres seront évités. Seul un petit nombre de partis iroquois parviendront à se glisser, inaperçus, à travers leur réseau bien organisé.

Galener = faire
Fort Orange =
Albany

Chapitre 188

1689

Dès qu'il arrive au pays, Frontenac prend rapidement la décision de tenter de rétablir la paix entre l'Iroquoisie et la Nouvelle-France. Dans sa dépêche du 14 novembre, il dit au ministre qu'il pressera « par toutes les voies possibles les négociations de la paix dont le succès est fort incertain », à cause du « mépris qu'ils ont de nous dans l'état où l'on a laissé réduire les choses ». Frontenac ne se leurre pas : il faudrait des miracles « pour faire la paix et un autre encore plus grand pour soutenir la guerre sans de nouveaux secours ».

Frontenac cherche à faire la paix.

Frontenac écrit ces lignes après avoir vu les ravages du massacre de Lachine, avoir entendu toutes les nouvelles et écouté tous les rapports. Pendant dix ans, il a été l'homme de la paix avec l'Iroquoisie. Il a eu des relations continuelles avec ce peuple. Il a su le bien traiter, s'en faire estimer ; il sait comment négocier avec lui, comprend sa psychologie. On peut dire que, de tous les gouverneurs qui se sont succédé après Champlain, lui seul a eu ce don. Pour lui, l'Iroquois est un être comme un autre, qu'il faut savoir comment aborder, comment manœuvrer. Il ne l'estime ni ne le craint plus qu'un autre peuple. Il devine ses réactions, car Frontenac a une intuition peu commune et une sûreté de jugement extraordinaire en ces affaires. Si les Hollandais d'Albany peuvent le conduire comme ils le veulent, pourquoi pas les Français ? Comme les missionnaires, le père Millet, le père de Lamberville, il avait des amis iroquois qu'il respectait beaucoup. Un chef goyogouin sera un de ses grands amis. Il savait qu'un chef iroquois ne devait pas être traité comme une canaille. Teganissorens, que La Barre avait mis en prison, recevait toujours les plus grands égards de la part de Frontenac qui se conduisait avec eux avec une grande droiture.

Ainsi donc, Frontenac devait fatalement chercher à faire la paix avec l'Iroquoisie. Cela pour deux raisons essentielles. La première, parce qu'il

La paix avec l'Iroquoisie est essentielle.

savait que l'Iroquoisie n'était pas facile à détruire. La Barre et Denonville avaient cru le contraire. La Nouvelle-France était condamnée à une politique de paix par son impuissance à détruire l'Iroquoisie. La seconde, parce que la Nouvelle-France, ayant à l'époque trop d'ennemis dangereux à combattre, devait à tout prix tâcher d'une écarter au moins un. Les Iroquois et les Anglais ensemble, c'était trop. Frontenac avait à peine un régiment pour défendre la colonie contre eux et pour entreprendre aussi la conquête de New York.

Le gouverneur s'était préparé : il avait ramené avec lui les prisonniers iroquois qui étaient en France. Denonville les avait demandés. Le 9 février, le ministre a écrit au sieur de Lafont : « Vous aurez soin d'embarquer sur le vaisseau qui portera les invalides, les Iroquois qui sont aux galères, que Sa Majesté, sur la demande qu'en a fait monsieur de Denonville, a consenti qu'on fît repasser au Canada. »

Ourehouare, chef goyogouin, était revenu après deux années passées aux galères. Il devint le confident de Frontenac.

Ces Iroquois ne sont pas très nombreux. Peut-être une quinzaine. Le plus distingué d'entre eux est Ourehouare, le fameux chef goyogouin, qui a longtemps été un ennemi de la France. Frontenac le traite bien, il s'en fait un ami et lui inspire des sentiments qui dureront toujours. Ils se rendent dans la capitale. Il le loge au château Saint-Louis en arrivant à Québec. Il lui verse déjà et lui versera jusqu'à sa mort une solde de capitaine.

Ourehouare se rend à Montréal avec Frontenac. Tous deux reçoivent un ambassadeur iroquois, Gagniegaton, qui était venu, en croyant trouver là Denonville, avec « des propositions fort insolentes après le saccagement de Lachine ». Gagniegaton parle en termes cavaliers. Frontenac n'est pas en reste avec lui. L'arrivée du convoi des fourrures de Michillimakinac lui donne des arguments. Ourehouare parle en termes élogieux de Frontenac, dont tous les Iroquois connaissent les bons sentiments, l'affection qu'il leur porte, et qui est animé des mêmes bonnes dispositions qu'autrefois. Les Iroquois devraient envoyer des ambassadeurs au gouverneur. Le massacre de La Chesnaye se produira peu de temps après cette discussion.

Quand Frontenac espère encore sauver Cataracouy, il dépêche un convoi. Quatre Iroquois partent en même temps pour la capitale. Ce sont trois des Iroquois qui ont été aux galères et un chef chrétien de la Montagne. Cette ambassade est plus celle d'Ourehouare que celle de Frontenac. Les Iroquois sont chargés d'avertir les Goyogouins de son retour, de leur demander d'envoyer des ambassadeurs le saluer, de le remercier de les avoir délivrés du service des galères. Ourehouare est en effet « un des considérables chefs de leur nation ». Son enlèvement a fait beaucoup de bruit, et il est « un des principaux sujets de la guerre ; on dit que « c'était pour lui que la guerre se faisait ». Suivant le protocole iroquois, ses compatriotes doivent envoyer une ambassade à Montréal pour remercier le gouverneur, et conduire ensuite Ourehouare dans son pays.

Les Iroquois sont tellement enlisés dans l'alliance anglaise, à ce moment-là, qu'ils n'osent rien entreprendre. Les cinq messagers arrivent bien dans la capitale de l'Iroquoisie, mais les Onontagués envoient à leur tour deux messagers à Albany. Ils sont chargés de dire que trois des Iroquois envoyés en France sont arrivés à Onnontaé et qu'ils apportent du Canada des propositions de paix. Un grand conseil doit avoir lieu dans la capitale à ce sujet. On demande à Peter Schuyler et à quelques autres d'y assister, de les aviser. On apporte aussi des lettres adressées au père Millet, qui vit parmi les Onneiouts. Colden affirme que les Anglais décident d'abord de ne pas s'y rendre, mais se ravisent et chargent trois Indiens, en leur nom, de tâcher de les dissuader de cesser les hostilités ou de faire la paix. Plus tard, cependant, ils enverront leur interprète public avec des instructions.

Peter Schuyler (1657-1724), soldat, puis gouverneur de New York en 1719-1720. Le journal qu'il a laissé est une importante source historique. Les Iroquois l'appellent Quider.

Le Grand Conseil a lieu dans la capitale le 22 janvier 1690. On y dit que Frontenac a averti les Iroquois de sa propre arrivée à titre de gouverneur, en ayant ramené le Goyogouin Ouehouare et les douze prisonniers qui avaient été mis aux galères. Frontenac veut rallumer le feu de la paix à Cataracoui au printemps suivant et il invite les Iroquois, surtout son ami Teganissorens, à venir l'y retrouver.

Un chef tsonnontouan parle d'un traité qui serait bientôt conclu entre sa tribu, l'un des clans des Outaouais et sept autres nations de l'Ouest. Les Hurons ont été invités à devenir partie au traité, de même que les autres clans outaouais. Ils entreront dans l'alliance ainsi que presque tous les Indiens alliés. On échangera des prisonniers.

L'interprète anglais dit que les Iroquois ne doivent pas écouter les Français et qu'ils ne doivent conclure aucun traité, si ce n'est à Albany. Enfin, les Iroquois répondent que Teganissorens, leur grand chef, n'ira pas à Cataracoui, que les Iroquois conservent leur alliance avec les Anglais et qu'ils continueront la guerre. On fera donc parvenir la réponse suivante à Frontenac : les Iroquois sont heureux que les prisonniers soient revenus de France ; ils n'iront pas à Cataracoui, de crainte d'une trahison et demandent le renvoi des autres prisonniers avant le printemps. Les Iroquois épargneront alors tous leurs prisonniers français. Le sang ayant éteint le feu de Cataracoui, la guerre se poursuivra et ils parleront de paix après le retour d'Ouehouare. Le père Millet aurait assisté au conseil en sa nouvelle qualité de sachem. Ces négociations s'imposaient aussi pour tenter de sauver les nombreux prisonniers français alors en Iroquoisie et dont quelques-uns pouvaient être voués aux supplices.

Les Iroquois refusent de se rendre à Cataracoui.

Il semble que les Français et Frontenac ont de bons espoirs de succès parce qu'ils ramènent Ouehouare. Mais les Iroquois reviennent à Montréal où ils arrivent le 9 mars 1690. Gagniegaton est toujours avec eux. Ils ont dix bandes de grains de nacre qu'ils présentent à Callière. Ils s'excusent d'être en retard, disent-ils, avec un peu de malice, car les Outaouais sont venus chez les Tsonnontouans pour remettre des prisonniers. Ils ont parlé au nom des neuf peuples de l'Ouest, mais pas des Hurons. Les Iroquois étaient invités à envoyer des ambassadeurs « au mois de juin, à un lieu nommé, *Premières* pour mettre la dernière main aux bonnes choses de la paix... et y recevoir *négociations* encore vingt-six esclaves iroquois qu'ils avaient à leur rendre ». Les cinq tribus sont contentes qu'Ouehouare, « le chef général de toute la nation iroquoise » soit rentré en Nouvelle-France ; elles demandent que lui, les Iroquois qui sont volontairement restés en Nouvelle-France et ceux qui sont rentrés de France reviennent immédiatement en Iroquoisie. Tous les prisonniers français sont à Onnontaé, et les Iroquois en disposeront selon l'avis d'Ouhehouare, quand celui-ci sera revenu. C'est une excellente chose que de vouloir rétablir l'arbre de la paix à Cataracoui ; mais « il n'y a plus de paix en ce fort... le feu de la paix a été éteint... par le sang qui a été répandu... on a gâté ce lieu par la tromperie qu'on y a faite... on a gâté la terre des Tsonnontouans par le ravage que les Français y ont fait... ; il vous sera libre de placer le feu de la paix... ailleurs que vous l'aviez mis », soit plus loin, soit à La Galette « où Teganissorens vous viendra trouver ». Mais les Iroquois ne sont pas bien disposés : « Vous avez fouetté vos enfants bien sévèrement, vos verges étaient trop piquantes et trop longues. » L'Onontagué est maître des prisonniers ; il faut aplanir le chemin de La Galette et Chambly. Enfin, un parti de guerre est en campagne depuis le mois d'octobre ; il doit guerroyer à la fonte des neiges. Mais il prendra soin des futurs prisonniers, et les Iroquois devront faire de même.

Callière demande si le père Millet est toujours vivant. On lui répond par l'affirmative. Callière envoie les ambassadeurs à Québec. Arrivés là, Frontenac refuse de les écouter, surtout à cause de Gagnieton, « homme avec lequel on ne pouvait pas sûrement traiter d'affaires, qui lui était entièrement suspect... ».

À propos de l'affaire de La Chesnaye, on dit que Gagnieton aurait eu à sa disposition huit des prisonniers, que quatre avaient été brûlés, et que les quatre autres avaient été sauvés. Les Français auraient tué douze Tsonnontouans, peut-être, dans l'affaire du lac des Deux-Montagnes, et en auraient brûlé trois autres.

Les négociations Dans cette première négociation, on décèle quelques lointaines pro*seront longues.* messes d'entente. La porte n'est pas fermée à clef, mais Frontenac est assez réaliste pour ne pas nourrir de faux espoirs. Les Iroquois sont encore dans le premier feu de la guerre contre les Français, de leurs grands succès de l'automne passé. Les Français semblent encore faibles. Frontenac pourrait s'humilier, mais il sait qu'une action de ce genre aurait pour résultat une exigence supplémentaire de l'ennemi. Il poursuivra les négociations avec les Iroquois qui sont des négociateurs invétérés. Il gagnera ainsi un temps précieux, ralentira le rythme des attaques, protégera un peu les prisonniers, aura des renseignements, insufflera quelques idées qui feront leur chemin et qui embarrasseront un jour les Anglais. Frontenac semble tenir à ce que les Iroquois sachent qu'il ne sera jamais disposé à faire avec eux une paix raisonnable et juste ; que si la guerre continue entre les deux peuples, les Iroquois ne peuvent que s'en blâmer. Se jugeant sans doute incapable de les détruire, le gouverneur poursuit envers eux une politique de paix.

Quelques chefs des Indiens alliés sont à Montréal au mois d'août 1689, quand les Iroquois commettent le massacre de Lachine. Ils y sont pour la préparation d'un congrès général de la paix dont Denonville n'avait pas encore abandonné l'idée. Parmi eux se trouvent La Petite Racine, un chef outaouais important, et, probablement aussi Kondiaronk, venu braver le gouverneur après son mauvais coup à l'anse à La Famine. Ils ont aussi des prisonniers iroquois à remettre, d'après les ordres du gouverneur.

À cette époque, Kondiaronk ne s'est pas encore résolument placé dans le camp français.

Il semble que La Petite Racine soit le plus affecté par les événements dont il est témoin. Comme Denonville envoie un canot à Michillimakinac pour transmettre ses ordres à La Durantaye, La Petite Racine profite de l'occasion pour retourner dans son pays. La Potherie dit que « ce chef à son retour causa une alarme universelle ». Il répand parmi tous les Indiens alliés la terrible nouvelle du massacre de Lachine ; il convoque des délégués pour discuter ensemble des mesures à prendre. Tous redoutent maintenant une attaque des Iroquois qui les massacreront à leur tour. Les témoins des aventures de Montréal sont pessimistes : « Ils étaient partis d'ici... l'esprit plein de crainte et de défiance ; ils n'avaient plus reconnu en nous ces mêmes Français, autrefois leurs protecteurs, et qu'ils croyaient les pouvoir défendre contre toute la terre, il ne leur avait paru qu'un assoupissement universel de notre part, nos maisons brûlées, nos habitants enlevés, la plus belle côte de notre pays ruinée entièrement... ; si on avait fait quelques efforts, ce peu avait tout retourné à notre honte et n'avait servi qu'à faire égorger des gens qui se sacrifiaient volontairement ; ils savaient qu'il nous aurait été fort facile de nous opposer à cette irruption, si l'on ne s'était pas laissé endormir à une fausse espérance de paix... » En résumé, les Français ont lamentablement manqué de flair et de réflexion avant l'attaque, puis après le grand massacre, ils n'ont pas réagi, se sont montrés impuissants et n'ont pas repris l'initiative. Ils ont reçu de nouveaux coups assénés avec vigueur sans trouver de riposte, sans reprendre leur esprit et sans faire à nouveau preuve de leur ancien courage offensif.

Les Indiens alliés redoutent une attaque des Iroquois...

Les Indiens alliés qui participent au congrès redoutent le pire ; prévoyant une victoire anglo-iroquoise, ils ne veulent pas faire partie de la débâcle française et prennent donc la décision extrême de conclure des arrangements avec l'ennemi et, pour cela, d'envoyer de ambassadeurs aux Tsonnontouans. Ils élargiront deux vieillards iroquois qui sont prisonniers et les enverront « pour assurer les Iroquois qu'ils ne [veul]ent plus avoir de

...et se tournent vers les Anglais.

liaison avec les Français, et qu'ils [veul]ent avoir avec eux une étroite alliance ». Les Hurons, plus subtils, ne se déclarent pas ouvertement de cette façon, mais leur allégeance est aussi incertaine. Peu s'en faut que l'on ne décide immédiatement d'attaquer les Français de Michillimakinac : « M. de la Durantaye eut besoin de toute son expérience pour conserver son fort et maintenir les intérêts de la Colonie... » La Petite Racine, en compagnie de deux autres chefs, se rend en ambassade chez les Tsonnontouans. Une autre doit partir plus tard. C'est de cette ambassade dont parlent Gagnieton et les ambassadeurs iroquois quand ils viennent à Montréal au mois de mars. Ils ont alors de la jactance et sont heureux de faire ces révélations, comme on se vante d'un bon coup que l'on va porter à l'ennemi.

Pourtant, Frontenac était déjà au courant de cette scission importante qui menaçait si gravement les intérêts de la Nouvelle-France. Elle pouvait ajouter aux ennemis déjà existants, soit les Anglais et les Iroquois, tous les Indiens alliés du Wisconsin. Elle pouvait de plus priver la France de l'assistance habituelle de ces peuples, dont avaient bénéficié La Barre et Denonville, et du soutien des Miamis-Illinois. Elle détruisait d'un coup les trois quarts du commerce des pelleteries de la Nouvelle-France. C'était un mouvement d'une gravité exceptionnelle. Sans doute, ces peuples n'avaient jamais été bien fidèles : le mal provenait du prix peu élevé que les Français donnaient pour les fourrures et de la tentation d'aller à New York pour obtenir des Anglais des prix plus élevés.

Étienne de Carheil (1633-1726), jésuite. À partir de 1686, il est à la mission de Saint-Ignace de Michillimakinac. Il persuadera les Outaouais de rencontrer Frontenac en 1690.

La Durantaye, le père Carheil, le père Nouvel et les autres découvrent naturellement cette conspiration, dont ils comprennent la gravité. Il faut avertir Frontenac au plus tôt, soit pour empêcher cette défection, soit pour y faire face. C'est un Canadien, un traitant, Zacharie Jolliet, qui part de Michillimakinac avec un compagnon alors que l'automne tire à sa fin. Ils voyagent comme ils le peuvent, en bonne partie à pied sur la glace, et atteignent la colonie à la fin de décembre.

Henri Nouvel (v. 1621-v. 1701), jésuite, lui aussi missionnaire à Saint-Ignace

Un malheur n'attend pas l'autre, et les conséquences de l'inaction de Denonville continuent de se faire sentir, même plusieurs semaines après son départ. Frontenac décide d'envoyer tout de suite des ordres à La Durantaye par Zacharie Jolliet et cinq ou six hommes. Toutefois, comme des Iroquois chassent sur la route de l'Outaouais, l'entreprise est remise au printemps, à la fonte des neiges.

Zacharie Jolliet est le frère de Louis Jolliet.

La route du gouverneur est semée d'embûches.

Chapitre 189

1690

L'hiver s'installe, et la nouvelle année commence. Le grand danger qui menace la Nouvelle-France n'est pas écarté, loin de là. Frontenac songe à une offensive. Contre qui ? Contre la tête de la coalition, contre ceux qui sont les premiers responsables de tous les maux : les Anglais. Pour lui, c'est le principal ennemi. Des rumeurs commencent à circuler. Les Anglais et les Iroquois combineraient leurs forces en 1690 pour attaquer la Nouvelle-France. Le gouverneur n'y croit pas vraiment. Mais, pour le moment, il pense qu'il est « bon d'occuper de telle manière les Anglais chez eux qu'ils le fussent plus du soin de ces différends que de celui de nous venir attaquer avec les Iroquois par plusieurs endroits comme ils se vantaient de le faire et que nous avons avis qu'ils en sollicitaient ces derniers ». Il veut en fait occuper les Anglais chez eux, relever l'honneur des troupes françaises, leur redonner confiance en elles-mêmes, insuffler de l'espoir à la colonie.

Frontenac songe à affronter les Anglais.

Il organise alors trois partis destinés à faire la guerre à la mode indienne, « qui est la véritable méthode qu'on doit garder en ce pays... » Cette phrase est une révélation. Frontenac a finalement compris quelles sont les exigences de la guerre en Amérique. Il est prêt à s'y soumettre. Il ne tentera pas de livrer des batailles rangées, avec des régiments en belle formation, en pleine forêt primitive. Il emploiera les Canadiens et les Iroquois catholiques, qui sont d'excellents guerriers et qui, une fois bien encadrés, peuvent tenir tête aux meilleures troupes d'Amérique et d'Europe.

La guerre à l'indienne : la seule valable sur ce continent

Le premier parti, il le forme à Montréal. Il se composera de quatre-vingts Iroquois du Sault-Saint-Louis, de seize Algonquins et de cent quatorze Français. Nicolas d'Ailleboust, sieur de Manthet, et Jacques Le Moyne, sieur de Sainte-Hélène, le commanderont. Les officiers sont aussi remarquables que les chefs, car on trouve parmi eux Le Moyne de Bienville, Le Moyne d'Iberville, Repentigny de Montesson, Le Ber du Chesne. Le

Jacques Le Moyne de Sainte-Hélène (1659-1690), militaire, François Le Moyne de Bienville (1666-1691), militaire et Pierre Le Moyne d'Iberville, tous trois fils de Charles Le Moyne de Longueuil

Le Grand Agnier (Togouiroui), mort en 1690

Grand Agnier commande les Iroquois. Chaque mot du récit de cette aventure indique que Frontenac est maintenant en possession de tous les moyens canadiens et montre comment il saura les utiliser et trouver des ressources de premier ordre, alors que ses prédécesseurs n'en trouvaient pas et n'opposaient pas de résistance à l'ennemi.

La troupe se met en campagne au début du mois de février. Le voyage se fait en raquettes ; on dort à la belle étoile et on prend les repas en plein air. On passe par le chemin de Chambly, le fort Sainte-Anne, le lac Champlain. À Crown Point, un conseil a lieu entre les Indiens et les Français. Ces derniers veulent attaquer la plus forte des deux villes, Albany. « Depuis quand êtes-vous devenus si audacieux ? », leur demandent les Iroquois catholiques. Depuis le massacre de Lachine, les Français ont perdu tout prestige. La suite de l'histoire est bien connue : Shenectady est attaquée, surprise, et ses habitants sont massacrés.

Néanmoins, les Canadiens et les Iroquois catholiques épargnent une trentaine d'Iroquois, des Agniers, qui sont dans le village, et les libèrent aussitôt. Frontenac n'est pas en guerre contre les Iroquois. Il veut épuiser les moyens de faire la paix avant d'en venir à la guerre.

Robert Livingston (1654-1728), marchand et premier secrétaire des Affaires indiennes dans la colonie de New York.

Cependant, cette mesure ne servira guère aux Canadiens. D'après une lettre du 14 avril 1690, adressée par Robert Livingston à sir Edmund Andros, la nouvelle du sac de Schenectady parvient rapidement à Albany. La convention veut envoyer des Agniers qui sont tout près ; mais le messager ne se rend pas jusque-là, et c'est seulement trois jours après qu'arrivent des guerriers agniers pour entreprendre la poursuite. Les Français sont un peu retardés par les prisonniers qu'ils ramènent, une cinquantaine de chevaux et les blessés. Pourtant, au lac Champlain, la glace est encore bonne, et les chevaux tirent la petite armée sur des traînes improvisées. Certains soldats oublient toutefois les précautions qu'ils doivent prendre, et quinze à vingt hommes sont tués ou blessés.

Corlaer = Andros

La générosité de Frontenac n'a rien donné en retour. Le 25 mars 1690, des envoyés des Agniers viennent encourager les Anglais. Ils déplorent le sac de Schenectady, puis ils ajoutent : en 1687, les Iroquois auraient pu faire une bonne guerre aux Français « quand Corlaer nous empêcha de continuer. Si vous nous aviez permis de continuer, les Français ne seraient pas maintenant capables de faire les méfaits qu'ils ont commis, nous les aurions empêchés de semer, de planter ou de récolter. Mais maintenant, nous mourons. » Les Iroquois conseilleraient donc aux Anglais de rester sur leurs gardes, de les appeler à l'aide, de ne pas abandonner Schenectady et de demander le soutien des autres colonies anglaises. Les Anglais, de leur côté, ne veulent pas que les Iroquois les abandonnent et ils leur promettent assistance. « Les Cinq Nations, dit le même auteur, avaient conclu de grands espoirs parce qu'ils recevraient l'assistance des Anglais, comme les magistrats d'Albany l'avaient promis aux Agniers, quand ceux-ci étaient venus pour présenter leurs condoléances... »

Les deux autres raids seront tout aussi efficaces. Manthet, Hertel et Portneuf remportent des succès importants. Dans les trois cas, une combinaison d'Indiens et de Canadiens forme la troupe ; les officiers canadiens sont à l'honneur ; les partis combattent et voyagent à l'indienne, lancent de terribles attaques qui ressemblent à celle de Lachine et rendent aux Anglais la monnaie de leur pièce.

Joseph-François Hertel de la Fresnière (1642-1722). Son objectif était Salmon Falls (Maine).

« Vous ne sauriez croire, écrira Frontenac, ... la joie que ce léger succès a causé dans le pays et dans les esprits et combien il contribua à les relever de la consternation et de l'abattement où ils étaient et dont ils ont de la peine à revenir. »

René Robinau de Portneuf (1659-1726), officier.

Frontenac a lancé ces raids presque inhumains en représailles contre le massacre sanglant de Lachine. Il a frappé dur, pour éviter un désastre. Les Français y retrouvent un prestige sans lequel les efforts du gouverneur n'avanceraient à rien.

Il attaqua le poste anglais de Casco (près de Portland, Maine).

Le prestige de la France à peine retrouvé, Frontenac tente de s'en servir sans délai auprès de deux groupes d'Indiens : les Indiens alliés et les Iroquois. Le parti qui a attaqué Shenectady est en effet revenu pendant que Gagnieton attendait en Nouvelle-France une réponse à son message.

En avril, aussitôt que le fleuve est libre de glaces, certainement pendant les premiers jours du mois, le gouverneur décide de renvoyer Gagnieton à sa nation, en compagnie de Français. L'affaire est assez compliquée. La capture d'Ourehouare serait l'une des causes principales de la guerre actuelle. La Potherie affirme que c'est surtout à cause de lui que les Iroquois ont pris les armes. Ces affirmations semblent exagérées. Le conflit a des causes plus profondes. Mais, enfin, la captivité de ce chef avait envenimé la plaie, et Frontenac avait bien compris cela. Il avait conquis Ourehouare pendant son voyage de retour au Canada. Et maintenant, tous deux collaborent pour arrêter la guerre franco-iroquoise. Ourehouare se charge en bonne partie de ce rapprochement sous la haute surveillance de Frontenac.

Frontenac renvoie Gagnieton.

L'ambassade qui se rend chez les Iroquois en avril est en conséquence composée des quatre Iroquois qui ont apporté en mars la réponse des Cinq Tribus. Ils ramènent à Onnontaé huit présents, symbolisant huit propositions importantes, qui viennent d'Ourehouare ; l'ambassade comprend quatre Français, dont le chef est le chevalier d'Eau, un interprète, Collin, le sieur de La Chauvignerie, le fils de Bouat et le sieur de la Beausière. Ces Français ont reçu des instructions précises de la part de Frontenac. La réponse apportée justifiait en effet quelques espérances ; et, dans la situation où il se trouvait, obligé de faire face en même temps aux tribus iroquoises et aux puissantes colonies anglaises, Frontenac ne devait rien négliger et explorer soigneusement toutes les avenues de paix qui s'offraient à lui. Encore une

Le chevalier Pierre d'Aux (Eau) de Jolliet avait remplacé Lahontan qui avait refusé de prendre part à cette ambassade.

fois, c'est Ourehouare qui envoie les présents et soumet les propositions de paix. Il veut essuyer les pleurs de la Confédération pour ses pertes militaires. Il exprime sa joie de voir les prisonniers iroquois libérés par les Outaouais et dit merci au Conseil général pour avoir donné ordre au parti de vingt guerriers de prendre soin des prisonniers dont il pourrait s'emparer : les Français devront se comporter de la même façon. Le chef goyogouin remercie aussi ses compatriotes d'avoir redemandé son retour au gouverneur. Mais il voit bien, lui, le grand chef, qu'on l'a oublié pendant son absence : aucun Iroquois éminent, aucun chef ou sachem n'est venu le chercher, comme l'exige le protocole, et parler à Onontio en même temps. Ourehouare veut que des chefs viennent le prendre à Québec, que ses anciens amis s'y rendent aussi, « afin qu'ils puissent connaître la bonne volonté qu'Onontio a pour toute la Nation ». Ils seraient mis au courant, par exemple, des bons traitements que lui et ses compagnons ont reçus. Par son cinquième présent, le Goyogouin veut lier les bras des Cinq Tribus afin de les amener plus facilement à Montréal. Il ajoute que c'est à sa prière à lui que Frontenac leur envoie l'un de ses plus beaux officiers, le chevalier d'Eau, pour les exhorter à ne pas écouter les Anglais « et à ne point se mêler dans leurs affaires, que les Français n'en veulent qu'aux Anglais et non aux Iroquois, et qu'Ourehouare est le frère des Français, qu'il est libre d'aller les retrouver, mais n'ira pas s'ils ne l'envoient pas chercher, qu'ils viennent à Montréal où Frontenac a pour eux la même amitié dont il leur a donné tant de marques pendant dix années ».

Par ailleurs, il existe des instructions de Frontenac au chevalier d'Eau. Le gouverneur résume rapidement les négociations en cours. Ourehouare, dit-il, a envoyé de Montréal, au début de novembre 1689, un Iroquois revenu de France, du nom de Cahon, et deux de ses compagnons de captivité. Il voulait avertir la Confédération du retour de tous les prisonniers qui avaient été mis aux galères. Lui, Frontenac, en se rendant ainsi aux désirs d'Ourehouare, n'avait pas l'intention de faire de grandes avances, ce qui est toujours dangereux avec les Iroquois. Il croyait que la nouvelle confiée aux ambassadeurs leur donnerait le désir de voir leur ancien père. Frontenac a autorisé Gagniegaton, ou Nez-Coupé, à retourner avec ces gens.

La mission du chevalier d'Eau Celui-ci, qui avait fait porter des demandes insolentes à Denonville, rapportait une réponse de Frontenac disant que, si les Iroquois avaient su son retour, ils ne lui auraient pas soumis des propositions de ce genre. Cependant, Gagniegaton est un personnage peu recommandable ; le gouverneur ignore de quelle façon il a pu exécuter sa mission. Le chevalier tâchera tout d'abord de le savoir et mettra les choses au point si besoin est. Il donnera le vrai message, s'il le juge nécessaire. Il ajoutera que Frontenac a été surpris que les Iroquois, ayant appris son retour et connaissant bien ses dispositions amicales envers eux, ne lui aient pas envoyé quelques-uns de leurs chefs et capitaines, mais seulement Nez-Coupé, en qui personne n'a plus la moindre confiance. En outre, le chevalier ne devrait donner que des réponses d'ordre général, sans entrer dans le moindre détail. Il peut cependant dire qu'Ourehouare occupe un poste important auprès de lui et que Frontenac est toujours leur vrai père. S'il a des conversations avec des hommes en particulier, il pourra aller plus loin, affirmer, par exemple, que les Iroquois ne doivent pas s'engager dans une guerre contre un père qui les aime, qui les a bien traités pendant dix ans et qui est incapable d'une trahison comme celle de Cataracouy, une action blâmée en tout premier lieu par les Français. Il pourra ajouter que Frontenac ne serait jamais revenu au pays sans ramener les prisonniers iroquois, qui pourront leur dire que la France est un puissant royaume contre lequel il est dangereux de se mettre en guerre. Il leur parlera aussi du succès des expéditions françaises dirigées contre les Anglais, des ravages des Abénaquis et leur dira que les Iroquois doivent s'attendre à de rudes coups s'ils persévèrent dans la lutte. Le chevalier d'Eau doit insister sur le fait que cette guerre ne concerne nullement les Iroquois. Les Français n'ont pas attaqué les Agniers qui se trouvaient dans la ville de Shenectady. En fin de compte, si la Confédération ne comprend pas l'indulgence de Frontenac, celui-ci se comportera comme un père en colère qui est contraint de conduire ses enfants à la raison, avec chagrin peut-être, mais avec fermeté.

Comme le révèle aussi un autre document, le chevalier d'Eau « n'était chargé d'aucune parole pour les Iroquois ; il devait seulement se trouver aux résolutions qui seraient prises sur ce que Ourehouare leur mandait, appuyer la négociation de ses gens sans y entrer lui-même et être témoin de tout pour en faire un fidèle rapport... ». Ou encore, pour employer les termes dont le gouverneur se servira lui-même, il fait « dire de sa part que ce n'est point à eux qu'on en veut, quelques choses qu'ils aient faites, parce qu'on les regarde comme des enfants à qui on a retourné l'esprit, mais aux Anglais qui en sont la cause et qui les ont engagés à sortir de l'obéissance d'un père qui les a toujours aimés et qui ne les a jamais trompés... ». Dans cette lettre du 30 avril 1690, le gouverneur exprime même la pensée que les Iroquois « ne sont pas si indisposés pour la paix qu'on se l'imaginait ».

À n'en pas douter, Frontenac se trompe. Ourehouare et lui agissent ensemble, et les Iroquois comprendront que, au fond, c'est le gouverneur qui mène toute l'affaire. La ruse est cousue de fil blanc, mais les propositions d'Ourehouare et les instructions au chevalier d'Eau reflètent la politique de base de Frontenac, qui diffère de façon si essentielle de la politique de ses deux prédécesseurs immédiats et des autres gouverneurs français. Il veut suivre la politique qui a été appliquée pendant dix ans, de 1672 à 1682, et qui est une politique de paix. Frontenac s'est toujours senti capable de manier les sachems pour en obtenir presque tout ce qu'il voulait ; il a toujours eu assez de présence d'esprit pour ne pas recourir à la dangereuse entreprise qu'est la guerre. Il a de la considération pour l'Iroquoisie, de

Frontenac reprend sa politique de paix là ou il l'a laissée dix ans plus tôt.

l'estime et de l'amitié pour ses chefs ; il n'appréhende pas tous ces désastres que ses prédécesseurs ont craints.

Il était important que, dès le début, le gouverneur pose des jalons, exprime ses idées, les directives qu'il confie au chevalier d'Eau. Il ne se départira pas de cette politique qui triomphera un jour et fera lentement son chemin dans les esprits. Elle aura même un effet presque immédiat : les Iroquois s'en montreront fort affectés tout de suite, dans leurs négociations à Albany, et leur attitude se modifiera peu à peu.

En apparence cependant, c'est un échec. Ces tentatives de paix étaient prématurées. On peut trouver l'épilogue de cette situation dans une lettre que le dictateur de New York, Leisler, adressera le 23 juin au comte de Shrewsbury. Les Anglais, dit-il, ont appris par leur agent à Onnontaé que les Iroquois attendent un message du gouverneur du Canada. Un peu plus tard, le chevalier d'Eau, quatre autres Français et quatre Iroquois que l'on a *Les Anglais* ramenés de France arrivent. L'agent envoie immédiatement des nouvelles à *veulent arrêter les* Albany. Les autorités de la ville donnent l'ordre d'arrêter, si c'est possible, *émissaires* les envoyés de Frontenac, de les emmener à Albany ou, sinon, de les traiter *français.* en ennemis de la couronne d'Angleterre. C'est ce qui est fait avec brutalité. Les ambassadeurs sont saisis, liés, dépouillés de tous leurs biens, y compris des présents qu'ils apportaient pour les conseils. Chaque tribu obtient son prisonnier. Les Anglais aimeraient bien que les Iroquois brûlent le chevalier d'Eau pour que, par cette action irréparable, ils soient assurés d'une guerre entre Iroquois et Français. Les Iroquois refusent et demandent aux Anglais de commencer les premiers. Le chevalier d'Eau est finalement livré aux Anglais et devient leur prisonnier. Il réussira à s'échapper plus tard. La Chauvignerie échoira aux Onneiouts. La Beausière et Collin seront brûlés. Ourehouare avait spécialement recommandé ce dernier à ses compatriotes : il lui avait servi d'interprète pendant le voyage de retour de France. Bouat mourra de la petite vérole.

Les Iroquois Les Iroquois, au fond, bénéficieront tout de suite de ces démarches. *cherchent le* Leur guerre contre les Français, la haine qu'ils portent à ces ennemis, leur *meilleur des deux* causent en effet un certain malaise : ils sont à la merci des Anglais qui, *mondes.* devenant leurs seuls fournisseurs d'armes, de munitions et de marchandises, peuvent exiger d'eux en retour tout ce qu'ils veulent. Alors, pour ne pas devenir purement ou simplement des vassaux, ou des esclaves, ils montrent aux Anglais qu'ils peuvent faire la paix n'importe quand avec la France et obtenir d'elle ce dont ils ont besoin. C'est une façon d'éviter une servitude complète qui serait très dangereuse pour la Nouvelle-France, les Anglais pouvant ordonner des attaques contre elle. Leur jeu est difficile à jouer, et ils le joueront bien, car ils donnent tout de suite aux Anglais l'impression qu'ils peuvent les abandonner facilement et quitter leur alliance. Ils maintiennent toujours le père Millet en liberté. Mais, pour l'instant, leur haine des Français est la plus forte. Après cette longue période de paix, ils ont besoin de tortures, de sang, d'activité militaire. Ils espèrent même mettre les Français hors de combat et récupérer les pelleteries du Nord-Ouest et celles des Indiens alliés. Ils craignent que les Anglais abandonnent la lutte et de se retrouver seuls, face à des Français déchaînés.

Après la première victoire à Shenectady, Frontenac se tourne vers les Indiens alliés, dont l'alliance est vacillante et l'allégeance incertaine, presque perdue. C'est le problème qui lui donne le plus d'inquiétudes. À plusieurs reprises déjà, Anglais, Iroquois et Indiens alliés avaient été sur le point de s'unir et de s'allier. « M. de Denonville, dit Charlevoix, en les engageant dans la guerre contre les Tsonnontouans, avait eu principalement en vue de rompre cette liaison, et de rendre toutes ces nations irréconciliables avec les Iroquois ; mais on s'aperçut bientôt qu'il n'y avait pas réussi. » Maintenant, c'est le massacre de Lachine qui rejette les Indiens alliés vers les Iroquois. « Le peu de vigueur que nous avions fait paraître dans cette expédition ; le peu de fruit que nous avions tiré du petit avantage que nous y avions eu ; la ruine et l'abandon du fort Niagara, dont elles avaient vivement sollicité l'établissement ; les irruptions fréquentes des Iroquois dans la Colonie ; et plus que tout cela les démarches peu honorables qu'on avait faites pour obtenir la paix de cette nation les hauteurs qu'on en souffrait depuis longtemps ; et l'inaction, où l'on demeurait, malgré des nouvelles hostilités, leur avaient fait véritablement peu à espérer, mais beaucoup à craindre. » Et comme, ajoute encore Charlevoix, « Personne ne devait trouver mauvais qu'ils prissent leurs propres mesures pour ne pas rester seuls exposés à la fureur des Iroquois... »

Frontenac tente de s'attacher les Indiens alliés.

D'après ce même auteur, le père de Carheil aurait écrit la lettre avertissant Frontenac, à l'automne de 1689, de ce qui se tramait. Les Indiens alliés savent que La Barre, à La Famine, et Denonville, après son expédition, ont pour ainsi dire mendié la paix. Cependant, les Français de l'Ouest ont réussi à les garder dans le devoir jusqu'à l'été de 1689, lorsqu'ils ont envoyé des délégués à Montréal, pour la prétendue paix générale que Denonville voulait conclure. Là, ils ont été des témoins oculaires du triomphe des Iroquois, de la désolation des côtes de la Nouvelle-France. Ils en ont conclu « n'avoir plus d'autre parti à prendre que de s'accorder avec un ennemi, contre lequel nous [les Français] n'étions plus en état de les défendre », et qui détenait plusieurs de leurs prisonniers. Ils sont convaincus que les Français sont de moins bons guerriers que les Anglais ; ils se laissent massacrer et ils restent inactifs. Au pays des Tsonnontouans, « surpris de la résistance de l'Ennemi, ils se sont bornés à faire la guerre aux blés et aux écorces » ; ensuite, ils mendient la paix, « ils s'opiniâtrent à espérer un accommodement ». Après Lachine, ils auraient peut-être encore marché, mais Frontenac a repris la même politique de négociations pendant que les Iroquois perpétraient leurs massacres.

La lettre du père Carheil

Louis de La Porte de Louvigny (v. 1662-1725) fut commandant des pays d'en haut et gouverneur des Trois-Rivières.

Le gouverneur comprend donc qu'il doit jouer, dans l'Ouest, une partie dure et serrée. Il se prépare en conséquence et choisit La Porte de Louvigny pour commander dans cette région. Il connaît « la valeur et la prudence » de cet officier. Il lui donne comme compagnon Nicolas Perrot, habitant de ce pays, lequel, « par la longue pratique et connaissance qu'il a de l'humeur, des manières, de la langue de toutes ces nations d'en haut, s'est acquis beaucoup de crédit parmi elles... ». Depuis plus de vingt-cinq ans qu'il voyage dans ces régions, qu'il négocie, qu'il fait la traite, Perrot connaît intimement les Indiens alliés, sait comment les manœuvrer et les gagner. C'est peut-être au fond le plus grand personnage de l'Ouest, celui qui y joue le plus grand rôle, ou du moins le plus efficace et le plus sûr. À ce dernier, Frontenac confie des présents à distribuer là-bas à bon escient. Louvigny aura sous ses ordres cent quarante-trois Canadiens et six Indiens, car on ne pense pas qu'il puisse passer en toute tranquillité par l'Outaouais.

Les Indiens avaient surnommé Perrot Métamiens, « l'homme aux jambes de fer ».

Du même coup, Frontenac résoudra un problème qui n'avait pas encore été réglé et qui avait été la cause de bien des embarras : l'escorte servira aussi à ramener les fourrures de l'Ouest. Denonville et La Barre n'avaient pas songé à cette solution ou n'avaient pas osé en prendre l'initiative ; les fourrures s'accumulaient donc à Michillimakinac ou à la baie Verte. En plus, les sieurs d'Hosta et De la Gemerais ont ordre d'accompagner le convoi avec trente soldats jusqu'aux Calumets sur l'Outaouais. Frontenac parle de cent soixante-dix hommes dans sa dépêche.

François-Christophe Dufrost de la Gemerais était en charge du fort Frontenac en 1697.

La troupe se met en marche ; elle part de Montréal le 22 mai 1690. Le 3 juin, elle est au portage ou à la chute des Chats. Les canots glissent aux abords d'une longue pointe qui s'avance dans la rivière. Au bout de la pointe, on aperçoit soudain deux canots iroquois. D'Hosta, avec son groupe de soldats, continue sa progression. Soudain, un de ses canots chargé de dix hommes essuie une décharge de la part des Iroquois : « huit demeurèrent sur la place, et les deux autres se sauvèrent dans leur canot ». Ils rejoignent les autres. Tous s'unissent alors pour une attaque par terre. Louvigny et D'Hosta prennent la tête de cinquante à soixante hommes ; ils partent par la forêt où le groupe ennemi est embusqué. Les Français rencontrent bientôt les Iroquois qui viennent au-devant d'eux. Ils attaquent avec vigueur. Le choc est dur. Les officiers entraînent les hommes dans une charge solide et ferme. L'ennemi ne tarde pas à céder et à s'enfuir. Cette fois, les Français ont nettement eu l'avantage. Une trentaine d'Iroquois sont restés sur le terrain. L'ennemi était venu dans quatorze canots ; quatre seulement arrivent à s'échapper. Quatre Iroquois, deux femmes et deux hommes, sont faits prisonniers. Ce deuxième triomphe augmente, au bon moment, le prestige des Français.

L'expédition s'ébranle...

Le convoi poursuit sa route qui est dangereuse, d'autant plus que la démolition de Cataracoui permet dorénavant aux Iroquois de s'aventurer sur l'Outaouais, comme dans l'ancien temps, sans crainte d'être pris à revers. Après des journées de navigation sans problème, le convoi approche de Michillimakinac, qui est l'« assemblée générale de tous les Français qui vont commercer chez les Nations étrangères... abord et l'asile de tous les sauvages qui traitent de leurs Pelleteries... » Un endroit où l'on prend le poisson blanc en quantités formidables et où dominent, par leur finesse et leurs ruses, les Outaouais et les Hurons. Perrot prend alors le devant avec deux canots, pour arriver avant les autres. Puis, La Porte de Louvigny s'y présente, avec ses canots, pour une arrivée triomphale, en grand apparat. À l'avant du premier canot, le prisonnier iroquois qu'on a gardé danse, comme c'est la coutume indienne. La flottille fait halte en face du village des Outaouais qui sont engagés à fond dans des négociations avec l'ennemi. On y fait une décharge de mousqueterie. Cent coureurs de bois sont rassemblés sur la grève pour recevoir ce groupe de Montréal. Les Français sont donc là, prêts à tout, à se battre comme à contenir des Indiens hésitants. Il était temps. Huit jours plus tard, les Outaouais devaient partir pour aller chez les Tsonnontouans avec les prisonniers iroquois et conclure un traité.

...et finit par atteindre Michillimakinac.

C'est une époque cruelle et dure où l'existence de la Nouvelle-France elle-même est en danger. Les Français l'ont enfin compris. Ils sont maintenant prêts à tout. Le temps des ménagements est passé. Kondiaronk, La Petite Racine, les chefs des Hurons, des Outaouais sont au fond des négociations avec les Iroquois. Ils ne sont pas si coupables, puisque Frontenac lui-même traite avec l'ennemi et vient d'envoyer le chevalier d'Eau. Ils pourraient choisir de se joindre aux Iroquois contre les Français. C'est ce qu'il faut éviter à tout prix. Les Français livrent leur premier prisonnier iroquois aux Hurons du Pétun, pour qu'ils le torturent et mettent entre eux et les Iroquois un geste irrémédiable. Pourtant, ils veulent plutôt « lui donner la vie pour se ménager une chance de réconciliation avec les Iroquois ». Louvigny exige qu'on le mette à mort. Tous les ménagements sont mis de côté.

Les Français donnent un prisonnier aux Hurons.

Les chefs indiens se rassemblent ensuite dans la maison des jésuites. Perrot dépose devant chacun d'eux un présent fait de mousquets, de poudre et de balles. Il leur parle de la faute impardonnable qu'ils ont commise en voulant se séparer de la France, s'unir aux Iroquois et aux Anglais. La France n'est pas battue ; le massacre de Lachine n'est que le commencement du conflit. Elle peut lutter à la fois contre les Iroquois et les Anglais. Elle vient de remporter la victoire à Schenectady et aux Chats. Si une tribu veut encore se séparer de la France, qu'elle quitte immédiatement les territoires français, c'est-à-dire Michillimakinac, sinon les guerriers français l'en feront partir. Il faut choisir : la soumission ou la guerre. L'époque de la bienveillance est révolue. Les chefs se soumettent, mais à l'indienne, soit de façon réticente. La nuit suivante, les Outaouais tiennent un conseil et con-

Les pourparlers reprennent.

fient à l'un de leurs chefs des paroles de paix pour les Iroquois. Perrot l'apprend. Il obtient d'eux de nouvelles promesses de marcher contre l'ennemi, ce qu'ils refusent toutefois de faire tant que la résistance des Français ne se sera pas affermie.

Perrot part à la rencontre des peuples du Wisconsin.

Nicolas Perrot part en pèlerinage chez les peuples du Wisconsin. Il faut les réconcilier, les tourner contre les Iroquois, les amener à s'unir pour la France. Il prêche contre les guerres particulières, contre les tractations avec les Iroquois. Il doit défaire tout le travail de La Petite Racine, qui a convoqué un congrès de ces nations pour les diriger vers l'Iroquoisie et New York. Son itinéraire l'entraîne jusque chez les Miamis, à côté du Mississippi, où il prêche sa croisade : « ...On leur fit beaucoup de présents pour les engager de tourner leur casse-tête contre l'Iroquois, l'ennemi commun. » Beaucoup de fatigues, de nombreux travaux, une dépense infinie d'énergie et de ruse pour un succès relatif. Ces nations ne pensent qu'à se battre entre elles. Avec subtilité et adresse, Perrot tâche de régler ces conflits. Mascou-

Outagamis = Renards

tins, Outagamis, Illinois, Miamis, Potéouatamis, Puants, Sakis, Hurons, Outaouais, Sioux, tous subissent son influence. Au fond, pourtant, il doit surtout lutter pendant un certain temps contre les intrigues des Outaouais qui persévèrent, même après l'hiver de 1689-1690, à vouloir s'allier aux

Au début du XVIIIᵉ siècle, les Potéouatamis vivent près de Détroit. Les Kicapous vivaient dans la région de la baie des Puants.

Iroquois : « ...L'alliance qu'ils avaient envie de contracter avec les Iroquois leur tenait toujours fort à cœur, quelque ascendant que pussent avoir les Jésuites sur leur esprit. » En 1690-1691, ils manœuvreront surtout pour frustrer les Français « du secours général de toutes les nations du Sud contre l'Iroquois ». Seuls les Népissingues et les Kicapous agissent rapidement, eux qui prennent à cœur les intérêts de la Nouvelle-France « au milieu de cette grande Révolution... ». Ils envoient des partis contre les Iroquois, rapportent quelques scalps qu'ils présentent aux chefs de Michillimakinac. Mais la défection était arrêtée. Louvigny avait posé une main ferme sur Michillimakinac et les territoires de l'Ouest.

Chapitre 190

1690

Les autorités de Londres s'occupent autant des Iroquois que les ministres de France. Le 31 août 1689, les lords du Commerce adoptent une résolution à ce sujet : « Et considérant que les Cinq Nations dont les territoires bordent la colonie de New York peuvent être très utiles aux Anglais contre les Français, qu'il plaise à Sa Majesté de leur envoyer des présents, dont la valeur, pour le tout, ne dépassera pas 100 livres, qui peuvent les engager à adhérer à la Couronne d'Angleterre. » Cette proposition sera incorporée à un décret du 2 septembre 1689. L'argent sera versé à Henry Sloughter, qui sera un jour nommé gouverneur de New York. Ainsi, involontairement, les Iroquois, les Indiens alliés et les Iroquois catholiques deviennent des mercenaires à la solde des divers gouvernements.

Les Indiens, des mercenaires ?

Les autres États s'occupent aussi de la question qui intéresse vitalement les colonies anglaises. Sans protection contre la Nouvelle-France, si les Anglais perdent les Iroquois, que deviendront-ils ? Le gouverneur de la Virginie, lord Effinghan, s'inquiète des « effets fatals que ces prétentions des Français, si elles ne sont pas supprimées, auront en conséquence non seulement sur cette colonie, mais sur les autres territoires de Sa Majesté en ces parties de l'Amérique ». Il fait aussi état de la disparition du commerce du castor et de nouvelles attaques, comme dans le passé, « jusqu'au jour où, par les soins et la prudence du colonel Dongan, ils ont été placés sous la juridiction de ce gouvernement, et se sont soumis à être les sujets de Sa Majesté, ce qu'ils ont fait, il y a trois ans, et dont j'ai été témoin... ». Lord Effinghan, comme on le voit, avoue brutalement les faits. Il ne tente pas de justifier historiquement les prétentions de Dongan.

Les colonies s'inquiètent.

Sloughter, avant son arrivée à New York, se propose de renouveler l'alliance avec les Iroquois « qui sont le seul boulevard contre les Français et les Indiens qui leur sont alliés ».

Les Iroquois : rempart contre la Nouvelle-France

En même temps, comme on l'a vu, les colonies anglaises pensent tout de suite à s'emparer de la Nouvelle-France pour être tranquilles en Amérique.

Un gouvernement révolutionnaire s'est installé à New York. Beaucoup d'Anglais des colonies pensent et disent qu'il ne devrait pas s'emparer d'Albany, où est née une convention des officiers civils et militaires. La raison en est simple : les gens d'Albany « ont tranquillisé les Cinq Tribus iroquoises, qui, étant dans une guerre avec le Canada, auraient été très troublés, sans aucun doute, par une telle révolution « parce qu'ils dépendent tout d'abord des autorités qui sont là ». Les magistrats d'Albany ont l'habitude de diriger les Iroquois et, à ce genre de stratégie, il ne faut rien changer.

En novembre 1689, Albany résiste à une première tentative du gouvernement révolutionnaire de New York, puis demeure pratiquement indépendante pendant quelques mois.

Les Iroquois devront renouveler leur soumission à la couronne anglaise.

Le 31 janvier 1690, Sloughter reçoit ses instructions royales. Parmi les premiers devoirs qu'il remplira à New York, on peut lire : « Vous devrez convoquer devant vous les Cinq Nations iroquoises... et quand elles auront renouvelé leur soumission à notre gouvernement, vous leur donnerez nos présents royaux que nous avons fait préparer, et vous les assurerez en notre nom que nous les protégerons comme nos sujets contre le Roi de France et ses sujets. »

Puis le désastre de Shenectady survient. Il est dû, paraît-il, à la guerre de deux factions, celle de la convention d'Albany et celle du gouvernement de New York. La première avait refusé de poster des sentinelles ce soir-là. La crainte ne tarde pas à s'emparer d'Albany puis de New York et ensuite des autres colonies. Au début du mois de mars 1690, la convention d'Albany envoie des mémoires au Connecticut et au Massachusetts. Les Agniers ont capturé quelques soldats de l'expédition de d'Ailleboust de Manthet, et c'est probablement eux qui répandent la rumeur d'une invasion de la colonie de New York, au printemps, par les forces canadiennes. Déjà, les bateaux sont prêts, paraît-il, et on n'attend plus que la fonte des neiges et des glaces.

Les colonies se préparent à l'invasion.

Les préparatifs sont fiévreux : le Connecticut envoie deux cents jeunes hommes, le Massachusetts cinq cents, qui viendront s'ajouter à la garnison d'Albany ; ces troupes s'uniront aux Iroquois pour harceler les Français jusqu'au jour où l'on pourra en faire plus. Le mémoire envoyé au Massachusetts contient des passages très révélateurs : « La façon de s'assurer les Cinq Nations est de s'unir à eux pour livrer la guerre au Canada parce que nous ne pouvons pas... attendre qu'ils iront seuls en expédition... car ils voient maintenant que c'est notre guerre... » Il faut que les Iroquois aient avec eux des Anglais en tout temps, « ce qui empêchera les Français d'avoir l'occasion de négocier avec eux ». Nous voyons ici l'effet des négociations entreprises par Frontenac. Cette guerre est la guerre des Anglais. Ceux-ci voient que leur emprise sur ces nations est encore précaire. Les gens d'Albany demandent des hommes, des provisions, des canons, de quatre cents à cinq cents livres de marchandises indiennes, pour faire des cadeaux aux Iroquois, afin de les engager « dans la guerre contre les Français ; ils disent que c'est notre guerre et non la leur (puisque la paix leur est offerte), ce qui constitue une charge considérable ». Pour l'instant, les Iroquois ne se servent des négociations avec Frontenac que pour obtenir des Anglais des cadeaux plus considérables. Chez eux aussi, on veut « frapper à la tête en prenant Québec ». Il est même prévu que, pendant que l'on assiégera Québec, une autre force attaquera Montréal, « pour attirer les principales forces au Mont Royal et ainsi faciliter la prise de Québec ».

C'est l'attaque du Canada qui se dessine. Leisler, le gouverneur révolutionnaire de New York, en parle dans une lettre du 31 mars, après avoir enfin mis la main sur Albany. Les Iroquois auraient à ce moment-là promis mille guerriers qui se joindraient aux quatre cents Anglais pour intercepter l'armée française. Leysler continue d'envoyer des hommes et des provisions à Albany chaque jour.

Le 11 avril, Livingston dit que les colonies avoisinantes sont liées aux Cinq-Nations iroquoises. Il faut aider Albany à se défendre contre les incursions françaises et préparer une invasion rapide de la Nouvelle-France. Si le Connecticut agit rapidement, « ce sera un lien éternel ou une relation des Cinq Nations avec vous... car ils verront que les promesses qui leur ont été faites par vos agents et les agents des autres colonies avoisinantes n'étaient pas seulement des compliments, n'étaient pas feintes, mais réelles et sincères ». Il faut se hâter ; Livingston craint en effet que les appels aux autres colonies anglaises soient vains et que les Iroquois en viennent à se battre seuls et ne se retirent un jour de la lutte.

Livingston rend compte de l'atmosphère à Andros.

Trois jours plus tard, le 14 avril, Livingston relate à Andros, par écrit, l'affaire de Schenectady. Il mentionne que les Anglais ont envoyé aux Agniers un messager qui ne s'est jamais rendu, que les guerriers agniers ne sont pas arrivés avant trois jours et qu'avec des Anglais ils ont poursuivi le corps français en retraite jusqu'au lac Champlain, « où la glace étant bonne et les Français ayant volé divers chevaux, ils placèrent les objets pillés sur des sleighs et ainsi s'enfuirent sur le lac ». Les Agniers n'abandonnent pas la poursuite, font dix prisonniers, puis cinq autres, et finissent par en tuer trois de plus. Ce sont ces prisonniers qui excitent toute la Nouvelle-Angleterre en racontant qu'Albany sera attaquée au printemps, que cent vingt bateaux sont prêts, que cent canots, douze mortiers légers, mille cinq cents soldats, etc., sont sur le pied de guerre. Ces nouvelles, dit Livingston, font le tour de New York, de la Virginie, du Connecticut et de Boston en suscitant des alarmes générales. Les femmes se réfugient du côté de New York, la population abandonne ses terres. Sur ces entrefaites, à la fin de mars, Leisler, de New York, se rend maître d'Albany et met fin à l'existence de la convention. Ce sera sous l'inspiration d'Albany que les velléités d'invasion de la Nouvelle-France prendront corps. « Nous proposons aux gens de Boston d'entrer dans l'entreprise, d'équiper des navires pour prendre Québec, et nous irions avec les Indiens vers Montréal... mais ils

Sloop = petit bâtiment à un mât

allèguent le manque de poudre et ont en conséquence envoyer un sloop à ce sujet au Roi pour un approvisionnement. Si le Canada n'est pas conquis cet été, nous sommes défaits. » Plus loin, il écrit qu'« Il y a une assemblée générale des commissaires à Rhode Island, dans une dizaine de jours, pour poursuivre la guerre. » Un massacre survient à Conestagione, où des Indiens du Canada tuent de huit à dix personnes. La panique s'empare d'Albany et de la région.

Le 3 mai 1690, les Anglais jugent bon de tenir un grand conseil avec les Iroquois, à Albany. Les commissaires de la ville sont là ; ils ont demandé à la Confédération d'envoyer des ambassadeurs. Les Anglais parlent les

Les Anglais réunissent un grand conseil.

premiers, insistant longuement sur l'exemple d'une poignée de flèches qu'il est facile de briser l'une après l'autre, mais qu'on ne peut briser ensemble. Ainsi, si Iroquois et Anglais se tiennent ensemble, les Français ne pourront les vaincre. « Renouveler et perpétuer solennellement le traité d'alliance est une grande fin de notre assemblée de ce jour, non pas que nous ayons des doutes au sujet des uns ou des autres. » Il faut s'unir comme la poignée de flèches, en particulier contre les Français, ces traîtres qui sont « de la nature du renard engendré par un loup », qui trompent et qui dévorent. Les Français et leurs alliés sont les seuls qui peuvent nous faire du tort. Il faut empêcher leurs desseins et leurs entreprises contre nous » et prendre les mesures nécessaires.

Dans la réponse des Iroquois, on sent l'influence des négociations de paix de Frontenac. Ils ont bien compris la comparaison avec les flèches et sont prêts à maintenir l'union. « Nous nous unissons avec vous en cela et nous nous en réjouissons. » Mais ce ne sont pas les propositions de paix habituelles ; elles en diffèrent de plusieurs manières, « mais plus particulièrement en ce qu'elles ont trait au fait de nous engager et de nous maintenir dans une guerre contre l'ennemi ». Parmi ces ennemis, il faut aussi compter

Les autres colonies vont-elles enfin entrer en guerre ?

les Iroquois catholiques de Montréal.

Les ambassadeurs iroquois se permettent de donner des conseils aux Anglais. Il est bon que la colonie de New York s'unisse aux Iroquois dans cette guerre ; mais il faudrait aussi que les autres colonies anglaises s'en occupent. Plusieurs ont des traités avec les Iroquois. C'est là qu'il y aurait une union complète et que l'on serait capable de détruire les Français. Attaquer l'ennemi par terre et par mer aurait les meilleurs effets. Les Iroquois demandent plus de poudre et que l'on répare plus volontiers leurs armes. Les Anglais doivent se fortifier. Les Iroquois se montrent contents des préparatifs que l'on fait ; ils sont prêts à s'entendre sur le plan militaire.

Les idées des Iroquois ont subi de légères modifications depuis 1689, alors qu'ils s'étaient lancés seuls à l'attaque dans l'affaire du grand massacre de Lachine. Ce n'est pas leur guerre ; c'est celle des Anglais. Ils commencent à comprendre que les Anglais devront faire des sacrifices en hommes aussi grands que les leurs, et que les autres colonies anglaises seront obligées d'intervenir. Ils comprennent le besoin que les Anglais ont d'eux et commencent à exploiter cette nécessité en réclamant des cadeaux et des avantages ; une certaine tiédeur se glisse dans leurs sentiments contre la France. Le mordant de leur haine s'émousse, bien sûr, légèrement au début, mais le germe est là. Les Anglais craindront continuellement que les Iroquois fassent la paix avec les Français ; sans compter que les Iroquois ne tiennent pas particulièrement à poursuivre les Iroquois catholiques.

La haine s'émousserait-elle chez les Iroquois ?

On peut suivre ainsi de jour en jour la préparation de l'expédition contre la Nouvelle-France.

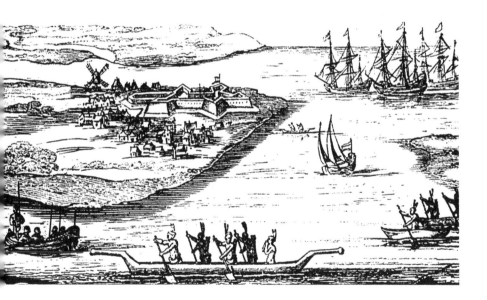

Chapitre 191

1690

Il faut bien comprendre qu'à partir de son arrivée et plus particulièrement à compter du printemps de 1690, Frontenac maintient continuellement en campagne des partis de soldats, de Canadiens et d'Iroquois catholiques. La Nouvelle-France devient pour ainsi dire Iroquoisie. Elle combat comme l'Iroquoisie. Les actions des partis de guerre seront sans cesse remarquées, sans qu'il soit possible de les suivre toutes. Les coups d'éclat sont signalés, mais quand ils n'ont fait que des patrouilles ou des reconnaissances, souvent jusque sous les palissades d'Orange, on a pu ignorer leur existence. Le gouverneur entoure ainsi le pays d'un réseau de surveillance et d'une ceinture garnie de pointes d'attaques. Il faut le souligner, car c'est justement la solution que Denonville n'est jamais parvenu à trouver et qui a permis, en plus du massacre de Lachine, des semaines d'impuissance, de découragement et de faiblesse. Car Frontenac, pour livrer ce combat, a les mêmes troupes et les mêmes soldats que Denonville.

Que les soldats soient continuellement en campagne. Voilà la tactique de Frontenac !

Ainsi, après l'attaque lancée contre Shenectady, en mars, des Indiens du Canada mènent une incursion contre Conestagione, où ils tuent huit à dix personnes, selon le témoignage de Leisler. Avec huit Indiens, Arent Schuyler se rendra aussi à Chambly où il tuera deux Français et d'où il en ramènera un autre en captivité.

René Legardeur de Beauvais (1660-1742), frère de Charles Legardeur de Tilly

À n'en pas douter, le raid le plus célèbre de cette époque est celui exécuté à la fin du mois de mai par les lieutenants Tilly de Beauvais et De la Brosse. Quatre Français seulement les accompagnent, mais ils conduisent avec eux un groupe considérable d'Iroquois du Sault et de la Montagne. Le Grand Agnier commande ces derniers. Ils ne rencontrent personne avant le 18 mai. Puis, les éclaireurs rapportent qu'ils ont entendu un coup de fusil. Un peu plus tard, ils attaquent deux cabanes d'Iroquois où ils font quatre prisonniers. Ceux-ci révèlent que d'autres membres de leur détachement sont sur la route qui mène à la bourgade des Agniers que les Canadiens ont l'intention d'attaquer. Il semble que ces derniers soient alors en plein cœur de l'Iroquoisie, non loin du pays des Agniers. Bien qu'ils avancent avec prudence, ils sont attaqués les premiers par les trente hommes du détachement iroquois qui voyageait avec les femmes et les enfants. Malgré cette embuscade, ils remportent la victoire, tuant quatre guerriers ennemis et faisant pas moins de quarante-deux prisonniers. Dans ce lot, il y a six Anglaises. Français et Iroquois catholiques n'osent pas se rendre plus loin. Il y aurait un parti de sept cents Loups ou Mohicans dans le voisinage, à une journée de marche. Ils décident de revenir à Montréal. En route, ils s'arrêtent à la rivière au Saumon, qui se jette dans le lac Champlain. À la pointe du jour, ils subissent une violente attaque de la part d'un parti d'Abénaquis et d'Algonquins qui partait pour la guerre contre les Iroquois et les a pris pour des ennemis. Avant qu'on ne se soit mutuellement reconnus, deux Iroquois catholiques étaient morts, deux Français blessés, de même que six Indiens et deux prisonnières anglaises. Le Grand Agnier, ce magnifique guerrier, est mort. C'est une grande perte pour la colonie et une erreur qui causera de nombreuses difficultés et de l'animosité entre Iroquois catholiques et Abénaquis.

La mort du Grand Agnier

À cette époque, la défense de la Nouvelle-France est donc assez bien organisée. Cependant, comme presque tous les habitants et les soldats ne connaissent pas encore les guerres iroquoises, plusieurs feront preuve de présomption et d'imprudence. Ils ne se méfient pas avec assez de soin et de constance. C'est ce qui donne lieu à l'affaire de Bécancour, qu'on connaît mal : quinze femmes et enfants ayant été enlevés, les Français se lancent à la poursuite des Iroquois qui, se voyant serrés de près, tuent une partie de leurs prisonniers.

À Bécancour, quinze femmes et enfants sont enlevés...

Puis, une violente échauffourée se produit à Pointe-aux-Trembles. Des groupes de guerriers ennemis rôdent dans le district de Montréal. Quelques-uns empruntent la route de la rivière des Prairies, qu'ils descendent. Un chirurgien, du nom de Jallot, découvre ce parti. Vingt habitants de la Pointe-aux-Trembles décident de l'attaquer. Un ex-lieutenant, un certain Colombet, se met à leur tête. Les Français réussissent à attirer leurs ennemis dans une embuscade et les attaquent avec furie. Le combat est acharné. Les Iroquois combattent avec un courage égal à celui des Blancs. Vingt-cinq Iroquois sont tués, mais une douzaine de Français, y compris leur chef, restent sur le champ de bataille.

...tandis qu'une échauffourée éclate à Pointe-aux-Trembles.

Deux détachements, l'un commandé par La Mothe-Lussières, l'autre par le chevalier de Clermont, font la navette, respectivement entre les Trois-Rivières et Saint-François-du-Lac, et Montréal et Sorel. Le chevalier de Clermont surprend, à proximité de Sorel, un parti ennemi ayant capturé cinq enfants qui gardaient des bestiaux près du fort. Clermont réussit à en libérer quatre, mais ne peut empêcher le meurtre du cinquième. Les Français finissent par tuer trois Iroquois et un Anglais qui les accompagnait et était un des magistrats d'Albany.

La Nouvelle-France apprend en juillet la prise de Port-Royal. Le 31 du même mois, Frontenac arrive à Montréal. Avant le 18 août, un soldat est tué à Lachine et un cultivateur à la rivière des Prairies.

L'avantage des combats va à la France.

Une espèce d'accalmie se produit durant les mois de juillet et d'août. Il y a peu d'Iroquois et de partis qui attaquent, et même leurs actions n'ont pas beaucoup d'ampleur, car il se prépare à Albany et en Nouvelle-Angleterre des événements qui auront sous peu des répercussions en Nouvelle-France. Il faut remarquer que, jusqu'à cette époque, les Français ont nettement eu l'avantage du combat.

Louis XIV avait organisé trop tard et dans des circonstances presque impossibles l'invasion de la colonie de New York. Pourtant, l'occasion ne pouvait être mieux choisie. Cet État et toute la Nouvelle-Angleterre étaient plongés dans les agitations et les troubles d'une révolution.

Ces colonies ont la même idée. Elles organisent en 1690 l'invasion du Canada. Mais, comme leur projet est encore plus mal concerté que celui de Louis XIV, son exécution aboutit à un immense fiasco.

Les colonies font preuve d'indépendance.

De 1686 à 1689, le roi Jacques II avait tenté de fondre les colonies anglaises d'Amérique, en particulier celles du Nord, et de les réunir sous la direction d'Andros. Pourtant, à la première nouvelle de la révolution d'Angleterre, chacune remet en vigueur sa charte primitive, revient à ses anciennes lois et se donne des autorités constituées. Une explosion de séparatisme défait tous les efforts de concertation et rend tout travail en commun extrêmement difficile.

Albany prépare l'invasion de la Nouvelle-France.

L'idée d'une invasion du Canada date des premiers jours de la guerre. Albany lui donne corps après le sac de Shenectady. La convention qui dirige alors la ville s'adresse au Connecticut et au Massachusetts pour leur montrer le danger qui les menace tous, demander du secours et prêcher une croisade d'invasion du Canada. Cependant, Leisler met la main sur Albany, et la convention cesse d'exister. Leisler poursuit ses négociations avec les Iroquois, en s'exposant aux critiques des vieux marchands d'Albany. Il prend aussi à son compte les négociations avec les autres colonies. Le 1er mai, on en vient à une entente en vertu de laquelle Boston doit fournir cent soixante hommes, Plymouth soixante, le Connecticut cent trente-cinq et New York quatre cents, qui se joindraient à une armée de mille Iroquois et plus pour envahir le Canada par terre, tandis qu'une flotte attaquera par mer. Livingston, dans une lettre datée du 7 juin, dit que le général Fritz John Winthrop a accepté le commandement de cette armée. Il aurait la confiance de tout le monde, mais on pensait qu'il refuserait cette responsabilité. Au mois de juin, les préparatifs maritimes vont bon train.

Toute cette affaire se déroule au milieu des troubles politiques, des agitations constitutionnelles, des coups de force de Leisler, des emprisonnements, des luttes de personnes, des récriminations, des dissensions. Leisler prend le pouvoir à Albany, dans la violence, face à des ambassadeurs des Cinq Nations que cela impressionne de mauvaise manière.

Il semble que, très tôt, une épidémie sévisse dans les troupes d'Albany. Livingston parlera, le 7 juin, des soldats envoyés à Albany où ils « meurent comme des moutons pourris, de la sanglante dysenterie, par le porc avarié ». Pourtant, le 23 juin, pas plus de soixante-dix soldats ne sont arrivés, d'après Leisler. À la même date, les Iroquois, qui avaient promis mille huit cents hommes, sont prêts à se mettre en marche. Ils ont déjà fait un certain nombre d'incursions et ramené trois prisonniers aux Anglais. Les colonies ne se hâtent pas d'envoyer leur contingent.

Winthrop a laissé lui-même son journal. Il avait, dit-il, une commission du gouvernement du Connecticut pour commander les forces envoyées contre le Canada par terre. Leisler dit qu'il avait accepté ce général. Winthrop part de Hartford le 14 juillet. Le 21, il est à Albany où il trouve d'autres troupes. Dès le début, l'entreprise lui paraît mal préparée et mal engagée. La confusion règne. Il n'y a pas autant de soldats que prévu. Winthrop assiste à une « augmentation de la petite vérole dans l'armée, plusieurs étant morts dans les diverses compagnies ». Le 30 juillet, les compagnies du Connecticut partent d'Albany. Le 2 août, il reçoit de Boston la nouvelle que la flotte est prête à partir au combat contre le Canada. Il campe à Saratoga, à cinquante milles d'Albany, où il y a une redoute occupée par des soldats hollandais. Les soldats d'Albany l'y rejoignent. Les approvisionnements arrivent en voitures et en canots. Le 5 août, on atteint le grand portage de douze milles. Il est difficile et mauvais. Il passe à travers des marais et des pins blancs d'une taille prodigieuse. Le 7 août, il arrive à un ruisseau qui va se jeter dans le lac [Champlain]. La navigation en canot commence là. Le 8 août, Winthrop appelle en conseil de guerre les sachems des Agniers. Il les informe que les colonies anglaises l'envoient avec ses troupes pour l'entreprise contre la Nouvelle-France et contre les Indiens alliés. Il leur demande quel est ou quels sont les meilleurs moyens d'arriver à ses fins. Les Agniers ne se prononcent pas et laissent les Anglais décider. « On crut alors... que cette réponse ne les engageait pas suffisamment dans l'entreprise contre le Canada... » Les Iroquois proposent de marcher en corps jusqu'à l'île La Mothe, ce que les Anglais jugent irréalisable. Le 9 août, le général reçoit des mauvaises nouvelles d'Albany. Il est impossible de se procurer d'autres provisions. Les Tsonnontouans doivent se rendre à l'île La Motte ; et « ils m'informèrent que par suite de la petite vérole si générale parmi eux, ils ne pouvaient exécuter leur promesse d'envoyer tant de centaines de soldats, que le Dieu Puissant avait mis obstacle dans leur chemin ». C'est un autre grand désappointement pour Winthrop — et ce ne

Description par Winthrop de l'invasion ratée

sera pas le dernier. Le 10 août, des soldats laissés en arrière à La Fourche tombent malades à leur tour. Le 11, on reconnaît la petite vérole. Ce jour-là, le général expédie quand même des soldats à l'avant. Deux jours plus tard, il apprend que les contingents qui sont plus à l'avant ont à affronter une autre difficulté. L'écorce des ormes ne s'enlève plus, ne pèle plus à ce temps-ci de l'année. Il est impossible de fabriquer le moindre canot, comme on l'avait décidé. L'armée n'aura pas d'embarcations. Il aurait fallu s'y prendre beaucoup plus tôt. Le 15 août, on reçoit confirmation de l'impossibilité d'obtenir d'autres provisions. Examen fait, il n'y a pas de canots pour transporter plus de la moitié de l'armée. Alors, tous ces malheurs provenant d'une mauvaise organisation, d'une mauvaise intendance, d'une ignorance des conditions du pays et des épidémies imposent à Winthrop la décision suivante : il faut abandonner la campagne et rentrer à la base, à Albany. Il ne prend pas cette décision à la légère, sans en mesurer les conséquences sur le plan général de la campagne. Il décide donc d'envoyer Johannes Schuyler, avec quarante Anglais et cent Iroquois ; ce contingent tentera d'entrer en pays ennemi, d'atteindre la Prairie de la Madeleine et d'effectuer une attaque. Le 16 août, après avoir pris les dispositions qui s'imposent, l'armée fait demi-tour et reprend la route d'Albany. Le 19 août, elle est dans la ville où continue de sévir la petite vérole. Leisler, le dictateur de New York, tentera de rejeter sur ce général le blâme de l'échec, de n'avoir pas su organiser le ravitaillement, etc. Il semble néanmoins que le plus gros obstacle ait été la petite vérole : les Iroquois la contractent et environ trois cents des leurs y succomberont. Les survivants conserveront longtemps une certaine rancœur envers les Anglais. On dit aussi que les Anglais ne savent pas se servir des canots iroquois et n'osent pas y embarquer. Le rapport de Winthrop, à lui seul, contient assez de raisons d'échec sans chercher d'autres causes.

Chapitre 192

1690

Au printemps de 1690, la famine, résultat de la guerre iroquoise, sévit en Nouvelle-France. Dans bien des endroits, on n'a pas pu faire les récoltes l'automne précédent, après le massacre de Lachine. Maintenant, la farine et le blé manquent. Ces nouvelles parviendront peu à peu jusqu'à New York, par les prisonniers de Québec. Ce n'est pas sûr, non plus, que ce printemps-là les semailles puissent se faire normalement. Alors, de bonne heure, le gouverneur envoie en France un navire chargé de rapporter des approvisionnements.

Frontenac reçoit ensuite l'un après l'autre les partis de guerre victorieux. Le 24 juin, il part pour Montréal. Il est sur le qui-vive, devinant le danger d'une invasion. Il a fait travailler énergiquement aux fortifications de Québec et, dit Lahontan, il s'arrête en chemin aux Trois-Rivières pour y faire tracer un fort. Montréal est à l'abri derrière ses palissades. Toute la colonie se prépare, sous sa direction énergique, à faire face à la dure lutte qui s'annonce.

Louis XIV répond à Frontenac le 14 juillet. Il ne peut envoyer de troupes supplémentaires ; ainsi le gouverneur devra se défendre avec les compagnies qui sont au pays. Le monarque abandonne ensuite officiellement l'idée d'envahir New York. « Les affaires considérables que Sa Majesté a à soutenir à présent ne lui permettent pas d'envoyer en Canada de nouveaux secours de troupes ni de penser à l'entreprise qui avait été proposée l'année dernière sur la Nouvelle-York. » On a encore laissé passer une occasion favorable. La désorganisation introduite dans la colonie de New York par la révolution rendait l'heure propice. Mais ce n'était pas tant s'emparer de New York qui paraissait difficile, que de la garder. New York, comme Albany, est bien pauvrement fortifiée et semble absolument incapable en ce moment de résister à une attaque solide et bien menée. New York est située

Le projet d'envahir New York est abandonné.

au milieu des colonies anglaises, et les passions antipapistes, antifrançaises et anticatholiques de l'heure semblent capables de provoquer un mouvement d'ensemble pour chasser les Français de la ville, s'ils s'en étaient emparés. Il faut remarquer que les Français n'abandonnent pas définitivement, en 1690, le projet d'attaquer la colonie de New York : nombre d'autres projets verront le jour, tant du côté de la Nouvelle-France que de la Nouvelle-Angleterre. On y pensera continuellement. Les rumeurs à ce sujet courront presque chaque année. Des projets viendront sur le point d'aboutir, et, presque toujours, des deux côtés de la frontière, on pensera à des expéditions pour régler le problème iroquois.

Les conseils du roi   Louis XIV conseille ensuite de garder les éclaireurs en campagne pour éviter des massacres comme celui de Lachine. Tous les postes doivent être continuellement en alerte. Il faut concentrer la population, surtout au-dessus des Trois-Rivières. Frontenac doit offrir force présents aux Indiens alliés et aux Iroquois chrétiens pour obtenir leur concours militaire. Les Iroquois catholiques de Montréal qui étaient au Sault doivent y être renvoyés.

Enfin, ayant étudié les solutions possibles, Louis XIV trouve la formule suivante : « Une forte et vigoureuse défensive est plus convenable présentement à son service et à la sûreté de la colonie. [Il] ne laisse pas d'espérer que si ledit Sieur de Frontenac peut attaquer les ennemis avec avantage, il ne perdra pas l'occasion de les réduire de vive force à la paix. » Frontenac doit envoyer des partis en reconnaissance, tandis que des bateaux armés doivent surveiller les passages par où l'ennemi peut venir, construire des redoutes où c'est nécessaire, poser des gardes de soldats à l'époque des semailles, des récoltes, des travaux agricoles, lancer les Indiens alliés sur les Iroquois et les Anglais. Le roi énonce ces vues, mais il a maintenant confiance en Frontenac : « [Il] se remet à lui d'y ajouter et de faire en cette occasion ce qu'il estimera de plus convenable à son service, ne doutant point que par la connaissance qu'il a des manières des sauvages, de ses forces et du pays, il ne soit en état de prendre le meilleur parti. » Le roi approuve aussi la construction des palissades autour de Québec. Frontenac doit obliger les habitants à y travailler ; il faut même les aider à terminer cet ouvrage. Sur ce point, Frontenac n'avait pas besoin d'être aiguillonné ; dans sa lettre suivante, il dira en effet qu'il ne s'est rendu à Montréal que le 31 juillet « parce que par un pressentiment qui par la suite ne s'est pas trouvé inutile, je voulais voir achever la clôture de la ville de Québec, qui a été faite de pieux et de petites redoutes de pierre de distance en distance en moins de six semaines ». Si l'avenir projette son ombre devant lui, Frontenac avait certainement une intelligence, une sensibilité capables de la distinguer.

Négocier la paix sans qu'il n'y paraisse.   Le problème iroquois fait pourtant toujours partie des préoccupations de Louis XIV. Frontenac peut continuer ses négociations de paix, mais il doit bien prendre garde « de ne rien faire qui leur fasse connaître qu'il la désire ». Ici, le monarque répète et fait sienne une observation de Frontenac : il ne doit pas paraître craindre la poursuite de la guerre, sans quoi les Iroquois prendront avantage de cette faiblesse. « Dans l'état où est à présent la colonie, il est d'une extrême importance pour sa conservation qu'il puisse parvenir bientôt à conclure un traité avec ces Sauvages et à finir cette guerre dans laquelle par l'événement il se trouve qu'il y a beaucoup à perdre et rien à gagner. » Le roi et le gouverneur sont encore ici absolument d'accord. Toute cette guerre vigoureuse, rude et forte que Frontenac livrera aux Iroquois, il la fera en leur offrant continuellement, à plusieurs reprises, la paix. Frontenac est favorable à la paix avec l'Iroquoisie. C'est à peu près le seul grand homme de ce premier siècle de notre histoire qui le soit si profondément. Il ne fait la guerre qu'à son corps défendant. Il ne donne pas d'explication de sa politique. Comprend-il que la guerre ne peut mener à un résultat décisif ? Au règlement du problème ? Et il est du même avis que les gouverneurs anglais qui, malgré des massacres et des attaques, trouvaient qu'il y avait plus de profit, plus de bon sens à négocier et à s'entendre ? A-t-il pour cette nation une estime qu'elle méritait de plus d'une façon ? On ne le sait pas.

Frontenac a de l'estime pour le peuple iroquois.

Louis XIV conseille d'achever la démolition de Cataracoui. Sur ce point, il ne rencontrera pas la collaboration du gouverneur. Ce fort est, d'une certaine façon, la pierre angulaire de la politique de Frontenac envers l'Iroquoisie. Il n'en démordra pas malgré les rois, les ministres et les intendants. Pour un homme comme Frontenac, qui avait l'offensive dans le sang, Cataracoui était indispensable. Pour ceux qui pensaient uniquement à la défensive, c'est-à-dire à une garnison inactive, confinée entre des murs, difficile à ravitailler, le fort pouvait paraître inutile.

Le fort Frontenac, pierre angulaire de la défense du gouverneur

Les relations avec les Iroquois ne s'améliorent pas beaucoup. Il y a eu, au printemps, l'échauffourée sur l'Outaouais et le raid de Tilly de Beauvais, qui ont coûté cher à l'ennemi. Le choc de la Pointe-aux-Trembles a fait aussi bien des victimes. Frontenac rendra compte qu'on a « fait les semences et les récoltes avec assez de tranquillité par le moyen des troupes [qu'il avait] distribuées de tous les côtés, pour aider aux habitants, et par la précaution [qu'il a] eue d'avoir toujours des détachements et par terre et par eau pour croiser la rivière, et découvrir ceux qui voudraient descendre ». Ce en quoi il a bien eu raison, car « les ennemis... sont venus nous harceler en plusieurs endroits » et « nous avons toujours eu plus d'avantage ».

Aussi, lorsque, le 18 août 1690, M. de la Chassaigne découvre, au fort de Lachine, une grosse flottille de canots sur le lac Saint-Louis, il croit sans hésiter qu'il s'agit d'un autre parti iroquois. En toute diligence, il envoie un avis à Frontenac. Les canons tonnent pour rassembler toutes les troupes de l'île ; on fait des signaux. Fausse alarme. C'est la flottille outaouaise, chargée de fourrures, qui arrive en grand apparat : cent dix canots, cinq

La flottille outaouaise rapporte enfin des pelleteries de l'Ouest.

cents Hurons, Outaouais, Népissingues, cent mille écus de peaux de castor. C'est un triomphe pour Frontenac qui a reconquis les Indiens alliés et qui a trouvé le moyen de faire descendre les pelleteries en pleine guerre, en leur donnant l'escorte des Français qui sont montés au printemps — une solution à laquelle ni Denonville ni La Barre n'avaient pensé.

N'empêche qu'il importe de ne pas se réjouir plus que nécessaire. Il y aura toujours bien des malaises secrets et des menées peu loyales. Il ne faut pas trop attendre de ces peuplades que leur intérêt pousse dans d'autres directions.

Un Grand Conseil a lieu le 22 août. L'Outaouais parle du commerce, dit La Potherie. Le Baron, chef des Hurons, présente trois colliers de porcelaine. Par le premier, il exhorte à faire la guerre à l'Iroquois ; il faut mourir ensemble. Puis il remercie les Français de les avoir attirés à Michillimakinac où ils sont protégés et en sûreté. Il demande un bon prix pour les fourrures. Le chef des Népissingues se lève ensuite : il a reçu l'ordre de ne pas attaquer l'Iroquois en remontant chez lui. Est-ce la paix, est-ce la guerre ? Il s'agit des premiers discours. La foire commence.

C'est une partie de l'armée de Winthrop.

Soudain, La Plaque, un neveu du Grand Agnier, trouble l'assemblée par des cris de mort. C'est la panique. Lieutenant dans les troupes, brave, dévoué à la France, il rentre d'une reconnaissance du côté d'Albany, où il voulait faire quelque attaque. Il a découvert une grosse armée ennemie sur les rives du lac Saint-Sacrement. Les hommes construisaient des canots, dit-il. Il l'a contourné dans le but de faire des prisonniers, mais sans succès. Il a fini par laisser dans leurs cabanes trois casse-tête sur lesquels il avait inscrit des signes symboliques qui défiaient ces ennemis de venir à Montréal.

Les Français feront-ils la guerre ?

Frontenac offre aux Indiens alliés un grand festin : deux bœufs, six gros chiens, des pruneaux, deux barriques de vin y passent. La distribution de tabac est abondante. Le temps est venu pour le gouverneur de faire un discours, car les visiteurs disent qu'ils viennent voir Frontenac et écouter sa voix. Ils désirent savoir si le gouverneur les abandonnera à leur sort comme ses prédécesseurs ou s'il cédera « à de basses et honteuses négociations de paix ». « Ils venaient lui demander s'il n'était pas résolu de faire la guerre tout de bon à l'Iroquois, jusqu'à ce qu'il fut humilié, et de plus tenir en suspens le casse-tête qu'on leur avait une fois mis à la main, mais de leur permettre de continuer la guerre, et que c'était la seule chose sur laquelle ils me priaient de m'expliquer clairement. »

L'heure de la décision a sonné. Comme disent les Indiens, ce printemps encore, Frontenac leur mettait le casse-tête dans les mains, bien qu'il ait envoyé en même temps le chevalier d'Eau à Onnontaé. Depuis, ni le chevalier ni ses compagnons ne sont revenus, et des négociations qui se sont poursuivies pendant dix mois n'ont donné aucun résultat. Les partis iroquois sont venus en guerre quand même. Alors, la politique de paix étant impossible, il lui faut bien se rabattre sur la politique de guerre.

Frontenac dit alors « Qu'à l'égard de la guerre contre les Iroquois... il prétendait la leur faire sans relâche jusqu'à ce qu'ils vinssent eux-mêmes lui demander la Paix avec soumission ; que si elle se concluait ils y seraient compris... Je vous remets... présentement la Hache à la main que je vous ai fait donner par Perrot. » « Je leur mis moi-même, ajoute Frontenac, la hache à la main et chantant la chanson de guerre pour m'accommoder à leurs façons de faire, je les assurai que je ne discontinuerais point la guerre que les Iroquois ne me vinssent demander la paix, et que si elle venait à se conclure, ce ne serait jamais sans leur participation, et sans prendre autant de précautions pour leur sûreté que pour celles des Français mêmes, puisqu'ils étaient également mes enfants. »

Ainsi que le rapporte La Potherie : « Monsieur de Frontenac commença la chanson de la guerre la hache à la main, les principaux chefs des Français se joignant à lui avec de pareilles armes, la chantaient ensemble. » Le casse-tête du gouverneur passe aux Iroquois catholiques, puis aux Outaouais, aux Hurons, aux Népissingues, aux Algonquins et enfin aux Montagnais. C'est une ronde diabolique, et l'on promet la guerre aux Iroquois. Les chichicoués (tambourins) résonnent. On pousse des cris et des hurlements.

Frontenac, hache à la main, entonne le chant de guerre.

Habituellement, le séjour des Indiens alliés est très court. La traite dure quarante-huit heures et la flottille repart, car le chemin de retour est très long à parcourir. Cette fois, Frontenac réussit à la retenir vingt-deux jours entiers, c'est-à-dire jusqu'aux premiers jours de septembre. Cette présence est précieuse : les récoltes peuvent se faire en partie dans une paix relative, et, comme le dit Frontenac, « c'était un renfort de cinq cents bons hommes que je pouvais opposer à l'Iroquois ».

Le gouverneur retient les alliés : ils sont un rempart contre les Iroquois.

Il ne faut pas oublier que, pendant ces conseils, le détachement formé à même l'armée de Winthrop était en marche vers la Nouvelle-France. Le plan d'une double attaque venait, paraît-il, des Agniers. Alors, quand le général voit ses effectifs réduits par la petite vérole, l'impossibilité de se ravitailler et de construire des canots en quantité suffisante, il abandonne la partie. Parce qu'il est sans nouvelle de la flotte, il lui est difficile de combiner les mouvements des troupes terrestres et de l'armée de mer. Constatant que l'attaque contre Montréal n'aura pas lieu, Schuyler demande la permission de mener un raid avec des volontaires. D'après La Potherie, il laisse le Petit Sault, où était Winthrop avec vingt-neuf Anglais et cent vingt Agniers ; à Ticonderoga, il s'adjoint le capitaine Glen, treize autres Anglais et un Indien qui étaient là en avant-garde. C'est quelques-uns de ces soldats que La Plaque avait aperçus. Ils avaient abandonné toute idée de concerter leurs mouvements avec la flotte.

Schuyler prépare un raid.

Clermont surveille les lieux.

Clermont a reçu l'ordre de surveiller la route que doit emprunter ce détachement, c'est-à-dire le lac Champlain et le Richelieu. Il avance vers le sud. Il aperçoit bientôt des feux et entend des coups de fusil. Il pénètre plus avant et, de nuit, il voit passer huit canots iroquois, chargés de dix-huit à vingt hommes chacun, qui descendent vers l'île en face de laquelle il est posté. Comme il n'a que trente hommes sous ses ordres et qu'il craint d'être encerclé, il se retire la nuit même. Il maintient sa surveillance du détachement ennemi pendant deux jours et envoie deux canots à Chambly pour donner l'alarme, tandis qu'il reste en observation avec un dernier canot. Malheureusement, il se fait poursuivre et fuit vers Chambly. Dès son arrivée, il mandate le sieur de la Bruère, qui atteindra Montréal le 29 août. Frontenac fait aussitôt tirer quatre coups de canon pour rappeler les pelotons de soldats dispersés dans l'île. À ce signal, soldats et miliciens accourent. « Je résolus, dit Frontenac, de traverser la rivière moi-même avec toutes les troupes, et de combattre les ennemis s'ils venaient à portée. » Il ne demande pas aux Indiens alliés de le suivre et leur laisse la liberté de garder leurs marchandises. Pourtant, tous ces guerriers, qui veulent participer à la bagarre, sont bientôt sur l'autre rive. Une revue a lieu le 1er septembre. Mille deux cents hommes sont rassemblés. Pendant ce temps, une dizaine d'éclaireurs sont chargés de découvrir l'ennemi. Ils se rendent jusqu'au Richelieu, à Chambly, reviennent sans trouver la moindre piste et rentrent bredouilles. Ne sont-ils pas allés trop loin ? Ont-ils suivi la route de trop près ? On ne sait pas. Les ennemis, d'après eux, n'auraient pas dépassé le fort Chambly.

Les éclaireurs français n'ont rien vu !

Entre-temps, le détachement ennemi est à la lisière de la forêt, d'où il surveille les mouvements de l'armée de Frontenac en attendant sous couvert.

Finalement, comme les éclaireurs rapportent tous des nouvelles négatives, Frontenac ordonne aux troupes de retraverser le fleuve ; il les renvoie aux postes qu'elles occupaient pour faciliter les récoltes et protéger les moissonneurs. Frontenac revient lui aussi, de même que les Indiens alliés.

Les Anglais attaquent.

Une fois l'armée ainsi dispersée, Iroquois et Anglais attaquent « du côté de la Fourche, où tous les habitants de la garnison du Fort étaient occupés à couper les blés ; et comme tous les moissonneurs étaient écartés les uns des autres, contre l'ordre qu'ils en avaient reçu, et n'avaient auprès d'eux aucune arme à feu, l'Officier même qui commandait ayant négligé de poser des sentinelles ».

C'est une hécatombe.

Le parti anglais fait plusieurs prisonniers.

Winthrop écrit que le détachement reviendra avec quinze prisonniers, quatre prisonnières, et après avoir tué douze hommes. La Potherie dira qu'ils ont incendié des maisons, « [mis] le feu aux Récollets », ont enlevé vingt-cinq personnes, dont onze ont été brûlées, ont tué dix soldats et massacré des bestiaux avant de retraiter. Le rapport officiel parle de vingt et un hommes et quatre femmes tués ou capturés. Excès de présomption, ou plutôt inexpérience. Les habitants, pour la plupart, ne connaissent pas la façon d'attaquer pratiquée par les Iroquois et n'ont pas connu les premières guerres iroquoises. C'est pourquoi ils désobéissent aux ordres. Et bientôt, ils n'auront plus aucune prudence.

Un peu plus tard, le sieur Des Marais est tué à Châteauguay, peut-être par un groupe de guerriers de la même bande.

On tient d'autres conseils. Les Iroquois du Sault ne sont pas sûrs de la fidélité des Indiens alliés et surtout de celle des [Iroquois]. On tient une assemblée chez M. de Frontenac, qui demande qu'on parle à cœur ouvert. Manitouchagen et La Petite Racine ont été les chefs de l'ambassade qui s'est rendue chez les Tsonnontouans. Le second est mort sur les lieux, de la petite vérole. Manitouchagen raconte qu'il est exact qu'on a remis les prisonniers et que d'autres captifs devaient être libérés. Les Outaouais ont agi ainsi, « craignant que ceux qui n'avaient pu se défendre eux-mêmes ne les laissassent accabler sans les secourir » ; ils avaient par conséquent cru devoir songer à leur propre sécurité et faire un accommodement avec leurs puissants ennemis. Cette négociation n'est pas terminée. La Petite Racine est mort, puis Perrot est arrivé avec les ordres du gouverneur. Les Outaouais sont venus cet été pour connaître les sentiments du gouverneur, dont ils sont prêts à exécuter les ordres. Un puissant chef huron, Le Baron, dit que sa tribu n'a rien eu à faire avec cette négociation. Bien plus, ayant appris la volonté de Frontenac, une partie de ses guerriers a été envoyée contre les Iroquois.

Le 4 septembre, après le massacre, Frontenac tient un autre conseil avec les Hurons, puis avec les Outaouais. Il leur dit que c'est maintenant la guerre avec les Iroquois. Les Français ne les épargneront pas. Quand ils ont détruit Corlaer, ils n'ont pas attaqué un certain groupe d'Agniers « parce que Ourehouare qui avait fait savoir son retour de France aux Cinq Nations, avait cru qu'ils seraient rentrés dans le devoir et seraient venus demander la Paix à Monsieur de Frontenac, mais qu'il n'avait plus de mesures à garder avec eux ».

Corlaer = Schenectady

À partir de septembre 1690, il n'y a plus de confusion possible. Frontenac a pris personnellement une décision dont il informe les Français et les Indiens alliés. Il en parle longuement avec Ourehouare, qu'il tient en grande estime. Son premier appel en faveur d'une trêve était fondé, dit-il, sur « l'amitié que j'ai toujours eue pour eux... pendant que j'ai été maître de ce pays, j'ai fermé la porte de la guerre... les femmes ont été au bois sans crainte... il n'y eut aucun sang répandu... ». Ce à quoi il ajoute : « J'ai pleuré la désolation de Tsonnontouan.. Si vous avez été trahi pendant mon absence, vous ne l'avez jamais été en ma personne... Je ne leur ferai pas la guerre s'ils ne me la font... Les nations d'en Haut ne vous ont jamais tué depuis

Discours de Frontenac

la paix pendant que j'ai gouverné, quoique votre jeunesse égarée leur ait enlevé des villages entiers, je les ai empêchés de se venger... » Ailleurs, il dit également ceci : « Je m'imaginais qu'à mon retour toutes les nations reconnaîtraient à qui mieux mieux un père qui venait à leur secours et qui s'était allé reposer en son premier pays, croyant tous ses enfants en paix. Mes prédécesseurs avaient adopté les Outaouais et leurs alliés, mais c'est moi-même qui vous ai nommés les enfants d'Onontio, unissant vos cabanes à la mienne. Si vous avez été trahis pendant mon absence, vous ne l'avez jamais été en ma propre personne ; prenez-vous-en à l'Anglais qui a voulu séparer les enfants de leur père et renverser la terre qui, depuis, a été ensanglantée de votre sang, de celui des Français et autres qui étaient vos frères. »

Parlant ainsi à cœur ouvert avec Ourehouare, Frontenac conserve son amitié ; le Goyogouin prendra part aux expéditions de guerre contre son propre pays et il aidera Frontenac dans ses diverses rencontres. Pour Frontenac, un chef iroquois est un personnage qui mérite d'être traité en conséquence, et il obtient ainsi des résultats satisfaisants.

Le commandant du fort de Châteauguay, Des Marais, meurt le 4 septembre 1690, massacré par trois Iroquois tandis qu'il s'était éloigné du poste.

Nouvelle attaque : nouveau revers des Français

Les Français subissent un troisième revers, beaucoup plus sérieux, quelques jours plus tard. Le 22 septembre, un valet du seigneur de Saint-François découvre quelques Iroquois. Il s'empresse d'en informer le sieur de La Mothe, un capitaine réformé qui se trouve par hasard sur les lieux avec son détachement de trente-quatre hommes. Il les conduit sur place. Ils attaquent avec vigueur. Les premiers Iroquois lâchent prise très vite et s'enfuient. Mais, ce faisant, ils reculent vers deux autres cabanes d'Iroquois dont les Français ignoraient la présence. Maintenant, le nombre des guerriers iroquois se trouve triplé et dépasse de beaucoup le détachement de La Mothe. Celui-ci, à son tour, ne peut soutenir l'attaque lancée contre lui, trop engagé qu'il est avec l'ennemi. La moitié des Français sont tués, y compris La Mothe, malgré son énergique défense. Murat, son lieutenant, disparaît et on n'aura plus jamais de nouvelles de lui.

Ici encore, il s'agit de Pierre Legardeur de Repentigny et non de son frère appelé Saint-Pierre. Sans doute Alexandre Leneuf de la Vallière et de Beaubassin (1666-1712)

De La Durantaye arrive de l'ouest avec 55 canots.

Frontenac n'a toujours pas de nouvelles du chevalier d'Eau, envoyé au printemps chez les Iroquois. Alors, à la fin de septembre ou au début du mois d'octobre, il confie au sieur d'Ailleboust de Manthet un détachement de soixante hommes dont font partie Serigny, Saint-Pierre de Repentigny, De Montesson et les deux fils de La Vallière. Il leur demande de remonter le Saint-Laurent, c'est-à-dire de longer la frontière iroquoise pour reconnaître « le véritable état où était le fort Frontenac abandonné un an plus tôt » ; on cherche aussi à faire des prisonniers, à connaître les desseins des Iroquois et à savoir ce qu'est devenu le chevalier d'Eau. Ce parti ne rencontre aucun ennemi et ne distingue aucune piste. Il examine le fort Frontenac où les explosions n'ont fait que quelques brèches ; les réparations seront faciles. Les soldats marchent dans l'herbe haute jusqu'à la ceinture qui a poussé dans l'enceinte ; personne n'est passé là depuis longtemps. C'est la solitude complète. Tous les bâtiments sont cependant détruits. Frontenac écrira au ministre : « C'est une affaire à laquelle je crois toujours qu'il faudra songer avec le temps, étant plus persuadé que jamais que c'est un poste aussi utile si la guerre continue que je le crois absolument nécessaire pour maintenir la paix, si nous sommes assez heureux pour la conclure. »

D'autres partis d'Indiens vont dans la direction de la capitale iroquoise. Ils fréquentent les lieux où il y a presque toujours des chasseurs iroquois. Eux non plus ne découvrent pas d'ennemis.

Frontenac est encore à Montréal. Il assigne aux troupes leurs quartiers d'hiver. Soudain, le 10 octobre, il apprend qu'une grosse flotte anglaise a quitté Boston pour attaquer Québec. C'est Saint-Castin qui, de la frontière des colonies anglaises, surveille celles-ci. Il a eu connaissance du vaste armement que l'on préparait depuis le mois de juin et a aussitôt envoyé un messager abénaquis qui est venu à marche forcée et qui arrive assez tôt.

Jean-Vincent d'Abbadie de Saint-Castin, baron de Saint-Castin (1652-1707). Il fut, à treize ans, enseigne dans le régiment de Carignan-Salières. En Acadie, il devient la bête noire des Anglais.

Frontenac prend tout de suite les dispositions nécessaires et part en toute hâte vers Québec. Il apprend en cours de route que la flotte a atteint Tadoussac. Il presse l'allure, arrive enfin et défend la ville avec énergie, habileté et panache.

Les Iroquois avaient encouragé les Anglais à mener à terme cette entreprise. Au printemps, quand ils avaient envoyé des ambassadeurs à Albany pour pleurer la perte de Shenectady, ils avaient dit : « Nous continuerons tant qu'il nous restera un homme... Prends courage, Corlaer, ne t'enfuis pas à Manhattan, car tu donnerais du cœur à l'ennemi... Menons la guerre avec vigueur. » Ils avaient offert d'attaquer par terre et avaient également promis de fournir un gros contingent.

Cela n'empêche pas que les Anglais soient la clef de l'entreprise. Ils ont les munitions et les armes, et contrôlent toute l'affaire. Aussi, après avoir remporté la victoire à Québec, Frontenac invite-t-il le ministre à reconsidérer la conquête de la colonie de New York : « Croirait-il mal employer quelques-uns de ses escadres de vaisseaux à punir l'insolence de ces véritables et vieux parlementaires de Boston, de les foudroyer aussi bien que ceux de Manathe dans leur tanière et de se rendre maître de ces deux villes... Ce serait aussi le véritable et peut-être unique moyen de finir les guerres du Canada, puisqu'après cela on pourrait sans peine soumettre entièrement l'Iroquois en allant à la source du mal et couper tout à fait la racine. » Il résume une fois de plus le problème en termes justes et précis. Frontenac est d'avis que cette entreprise n'est faisable que par la mer. Il se

Frontenac y prononça la phrase célèbre : « Je n'ai point de réponse à faire à votre général que par la bouche de mes canons et à coups de fusil. »

rend compte qu'il est difficile, sinon impossible de concerter les mouvements d'une flotte avec ceux d'une armée de terre qui ne peuvent avancer qu'à des centaines de lieues de distance. Il l'avait dit déjà. De plus, une expédition par terre présente aussi des difficultés importantes. C'est « l'opposition que les Iroquois pourraient y apporter... » qui lui semble dangereuse. En outre, le transport des vivres et des munitions lui paraît très difficile. De la Nouvelle-France, il est facile cependant d'attaquer Albany, quoiqu'on travaille activement à sa défense et que l'on ait augmenté la garnison.

Le roi peut-il envoyer des renforts ?

Callière écrira aussi à Seignelay, à qui il souligne que la colonie a besoin de six à sept cents soldats et colons pour remplacer ceux qui sont morts depuis 1689. Peut-être le roi pourrait-il envoyer trois cents recrues et une somme suffisante pour former des compagnies avec trois cents miliciens. Ces compagnies fourniraient ensuite d'excellents soldats pour les partis de guerre qui défendent la colonie ou qui se portent à l'attaque. Callière, naturellement, aborde de nouveau l'entreprise de New York, à laquelle il a été mêlé dès le début. Il expose encore une fois ses arguments.

La famine sévit en Nouvelle-France.

À l'automne de 1690, les vivres viennent à manquer. Les guerres iroquoises ont empêché de semer et de récolter comme en temps normal, puis les pluies se sont mises de la partie et ont gâté les moissons. C'est la famine. Les soldats devront vivre chez l'habitant pendant six mois. Le vin manque ; le gouverneur devra boire de l'eau. La Potherie dira que cette famine « empêcha que l'on envoya des Partis à droite et à gauche contre les Anglais et les Iroquois..., ils ne firent pas moins à notre égard ». Ceux-ci ruminent leur échec. Une trêve s'amorce, imposée à la Nouvelle-France du moins, par la famine et le manque de tout.

Claude Trouvé (v. 1644-1704), sulpicien

Le chevalier d'Eau est prisonnier à New York.

Un ecclésiastique, M. Trouvé, vient de connaître une véritable odyssée. Il a été fait prisonnier à Port-Royal. Phips, qui s'attendait à s'emparer de la Nouvelle-France, l'a conduit à Québec à bord d'un de ses navires. Au départ de sa flotte, il y a eu des échanges de prisonniers, et M. Trouvé est demeuré à Québec. Il révèle au gouverneur que le chevalier d'Eau est à New York, en qualité de prisonnier. Les Iroquois l'ont livré à leurs alliés pour bien montrer leur volonté de ne pas faire la paix ou de ne pas négocier avec les Français. Le chevalier est bien traité. Il se peut que les Iroquois demandent qu'on le leur remette et que, puisqu'ils en sont les maîtres, ils proposent par lui un accommodement ou une paix. Frontenac écoutera alors les propositions qu'on lui soumettra « car [il] a toujours été fort résolu, comme le Roi [le lui] ordonne, quelque nécessité qu'il y ait d'avoir s'il se peut la paix, de n'en point faire qui soit honteuse ni qui puisse marquer que nous la connaissons trop ».

On apprend enfin diverses nouvelles plus ou moins exactes que les Abénaquis ou d'autres messagers communiquent. La petite vérole aurait sévi de façon grave en Iroquoisie, dont les habitants en auraient conçu une rancune contre les Anglais. Ils perdent des centaines de personnes, de même que leurs alliés, les Mohicans, dont un village serait presque complètement détruit.

Chapitre 193

1691

Les Iroquois, comme nous le savons, sont des négociateurs enragés. À la moindre occasion, en temps de paix comme en temps de guerre, ils entament des pourparlers qu'ils font durer pendant des mois. Sans doute y a-t-il beaucoup d'habileté et de ruse au fond de toutes ces démarches. C'est une bonne occasion, comme le répétera plus d'une fois La Potherie, de se rendre compte des intentions et des projets de l'ennemi, de connaître ses desseins, de se faire une idée de ses forces, d'espionner et d'asseoir ainsi sur des bases plus solides toute politique à venir. Ce qui n'empêche pas, en même temps, de voir plus loin. Les Iroquois cherchent aussi la paix, si l'on veut de façon vague et lointaine, mais ils en envisagent la possibilité. Après le

La guerre coûte cher aux Iroquois. massacre de Lachine, ils prennent conscience que le conflit commence à leur coûter cher : ils perdent des guerriers et le commerce des fourrures est réduit à rien. Ils ne peuvent plus chasser ni abandonner leurs bourgades ; n'ayant pas de castors chez eux, ils doivent se les procurer en dehors de l'Iroquoisie, soit dans le Haut-Canada, soit dans la région du lac Érié. Ce qu'ils ne peuvent faire qu'en temps de paix, car ils craignent, l'hiver, pendant l'absence des chasseurs, des incursions contre leurs bourgs ou que des Indiens alliés n'attaquent les chasseurs dispersés dans la forêt. Le commerce des pelleteries en Iroquoisie et à Albany s'effondre ; les Iroquois ne peuvent plus que se faire donner par les Anglais les marchandises, les munitions et les armes dont ils ont besoin.

Ainsi, au début de l'année 1691, de véritables négociations s'amorcent-elles en sous-main, après un hiver tranquille qui a vu les deux parties en présence vivre repliées sur elles-mêmes. La Potherie raconte comment l'affaire a débuté. Des Iroquois du Sault et de la Montagne sont à la chasse, au mois de mars, aux alentours de Chambly. Des Agniers accompagnés par certains Anglais les attaquent et réussissent à faire une dizaine de prisonniers parmi les Iroquois catholiques. Deux jours plus tard, trois Agniers arrivent au Sault, sans armes, et avec deux prisonniers qu'ils viennent élargir. Subséquemment, pas moins de quarante Agniers se présentent au même endroit, sans armes eux aussi et avec huit autres prisonniers qu'ils viennent reconduire. La Potherie affirme que cette visite est une ruse pour savoir dans quel état sont les affaires en Nouvelle-France « et pour inspirer aux Iroquois de quitter les intérêts des Français et de s'en retourner en leur partie ». Ils affirment être las de la guerre et souhaiter la paix. Callière les prend suffisamment au sérieux pour leur demander de venir à Montréal, malgré l'incrédulité des pères Bruyas et de Lamberville. On apprend par eux que deux des compagnons du chevalier d'Eau ont été brûlés, l'un dans la capitale iroquoise et l'autre, chez les Tsonnontouans. Leur désir serait encore d'engager les autres tribus iroquoises à conclure la paix. En même temps, ils disent que huit cents Iroquois envahiront la colonie, au printemps, et apporteront la ruine de Montréal aux Trois-Rivières.

Jacques Bruyas (1635-1712), jésuite et missionnaire chez les Iroquois

Jacques de Lamberville (1641-1710), jésuite et missionnaire. Il est le frère de Jean de Lamberville.

Frontenac refuse d'écouter officiellement ces Iroquois. Il se tient sur la réserve : trop montrer qu'on désire la paix, c'est la rendre par le fait même impossible. Ce qui ne l'empêche pas de demander à Callière de laisser ces Agniers conférer avec les Iroquois du Sault.

Frontenac a des idées bien arrêtées sur cette négociation. Il est loin de partager le pessimisme de La Potherie et d'autres qui n'y voient que tromperie. Il pense que ces démarches ont lieu avec le concours des quatre autres tribus « qui ont dû apprendre avec raison que je ne voulusse pas les écouter après la perfidie qu'ils ont eue de retenir le chevalier d'Eau et fait mourir deux des Français que j'avais envoyés avec lui l'année dernière pour leur dire que j'étais prêt » à renvoyer les chefs iroquois qui avaient été transportés en France pour servir sur les galères. Puis, il continue ainsi : « Il y a si peu de sûreté en toutes les paroles qu'ils donnent que je prends de nouvelles précautions pour nous garantir des surprises qu'ils nous pourraient faire afin qu'il ne m'arrive pas ce qui est arrivé à M. de Denonville qui se laissa amuser par de semblables propositions. J'ai néanmoins demandé à M. de Callière de faire continuer ces pourparlers par l'entremise de nos Sauvages du Sault, afin qu'il ne paraisse pas que je fasse de mon côté aucunes avances, puisque de l'humeur sont je les connais, le seul moyen le plus sûr de les engager à vouloir la paix, est de témoigner qu'on ne s'en soucie guère et de leur faire toujours la guerre le plus fortement qu'on pourra. » De cette façon, le gouverneur ne brise pas ces négociations, même si elles ne semblent pas devoir donner grand-chose, se réservant la possibilité de les poursuivre et de les prendre en main plus tard.

Frontenac continue les négociations.

Son attitude a pu sembler étrange ; mais, pour lui, elle s'impose. À l'époque, il a affaire à trop forte partie : Iroquoisie et colonies anglaises, c'est évidemment beaucoup trop pour une Nouvelle-France abandonnée à elle-même. D'un autre côté, comme le révéleront les documents anglais, les

Agniers étaient plus sincères que l'on ne pensait. Le gouverneur de la Nouvelle-France a un flair qui le trompera rarement. Il connaît bien la psychologie de l'ennemi. Il ne croit pas que les Agniers agissent uniquement par ruse ou pour empêcher les Français de former une expédition contre eux.

D'ailleurs, comme le dira Champigny dans une lettre du 10 mai, ces Agniers révèlent, renseignement important et précieux, que huit cents Iroquois attaqueront la Nouvelle-France. Ils disent aussi, d'après l'intendant, que cent quarante-six guerriers de leur nation campent à deux lieues. Callière veut envoyer un renfort de soldats aux Iroquois catholiques, qui déclinent son offre et répondent à leurs compatriotes que, s'ils veulent la paix, il faut d'abord cesser les hostilités et parler au gouverneur. Une partie de ce groupe quitte les lieux, et vingt-cinq hommes environ restent là. Ils racontent que les Agniers n'ont pas brûlé un seul prisonnier français depuis l'affaire de Schenectady, parce que les Français, lors du sac de cette ville, ont épargné les Agniers qui s'y trouvaient. Ils disent aussi que les Indiens alliés ont tué de quinze à vingt Iroquois, que, de toute la flotte de Phips, quatre navires seulement ont regagné Boston, et que La Plaque, qui revient d'une expédition avec cinq prisonniers, croisera ces Iroquois qui rentrent chez eux et leur remettra les captifs.

Colden parlera aussi de ces tractations qui n'aboutissent pas. Les Agniers, dit-il, avaient prêté l'oreille aux avis des Iroquois catholiques « qui, avec des arguments français, les avaient persuadé de faire la paix aussitôt que possible... ». Il affirme aussi que les Agniers avaient envoyé un de leurs sachems aux Iroquois catholiques pour le présenter à Frontenac. Celui-ci le reçoit bien, et il leur propose toujours une politique droite et honnête ; il regrette les actions de ses prédécesseurs et se montre prêt à traiter les Iroquois comme des amis si leur conduite future ne l'en empêche pas. Enfin, il remet un collier et des propositions de paix. D'après cet auteur, ce sont ces négociations qui obligent le nouveau gouverneur de New York, Sloughter, à rencontrer les sachems iroquois à Albany le 1er juin 1691.

Louis XIV est à son camp devant Mons, le 7 avril, lorsqu'il répond aux dépêches du gouverneur du Canada. Il est très satisfait des expéditions qui ont porté le massacre dans les colonies anglaises. Il félicite Frontenac et, comme il constate qu'il se sert bien des ressources mises à sa disposition,

Le roi envoie de l'argent mais pas de soldats.

il accepte toutes ses demandes. Pour fournir à Frontenac le moyen « de continuer la guerre encore plus fortement que par le passé », il « a ordonné d'envoyer tout ce que ledit Sr de Champigny et lui ont demandé et d'en assurer le passage par deux de ses vaisseaux de guerre qui doivent aussi convoyer plusieurs vaisseaux... ». Il envoie de grosses sommes d'argent, des munitions, des armes, des vivres et diverses marchandises, de sorte que le gouverneur « pourra faire des entreprises considérables », obtenir le concours actif des Indiens. Le roi agit ainsi d'autant plus volontiers que,

« n'étant plus obligé aux extraordinaires dépenses qui ont été ci-devant faites pour aller chercher les Iroquois dans leur retraite », il peut se permettre cette générosité. Ces mots signifient que les expéditions de La Barre et de Denonville lui ont coûté fort cher. Le monarque dit qu'il ne peut envoyer de soldats, mais il fournit cependant une somme supplémentaire pour retenir les services de trois cents hommes choisis parmi les Canadiens ou parmi les Indiens qui voudraient s'enrôler. Frontenac doit aussi prendre les mesures nécessaires pour engager les Outaouais et les Indiens alliés « à porter la guerre jusques dans les retraites des Iroquois », et il doit consacrer ses soins à les armer et les encadrer d'officiers. *Le Soleil d'Afrique* fera le voyage au Canada. Enfin, le roi n'autorise pas une attaque contre la ville ou la colonie de New York. Il faut réfléchir encore avant de commencer cette entreprise ; le gouverneur et l'intendant « doivent toujours s'instruire des moyens de l'exécuter et l'en informer, même disposer ce qui est nécessaire pour attaquer par terre les colonies anglaises... ». Une autre somme de dix mille livres doit servir aux fortifications de Montréal et de Québec. En outre, Tonty et La Forest, ayant obtenu en juillet passé la concession du fort Saint-Louis, chez les Illinois, doivent en retour exciter ces derniers contre les Iroquois et les lancer dans la lutte commune.

En 1690, Henri de Tonty et François La Forest obtinrent le « congé de traite » accordé à La Salle.

Le ministre écrit au gouverneur à peu près en même temps et dans les mêmes termes. Il lui annonce une gratification de six mille livres. Un peu plus tard, soit le 30 mai, il avise aussi Frontenac que, d'après les derniers renseignements, « il n'y a pas apparence que les Anglais fassent cette année aucune entreprise sur la colonie française du Canada », et qu'il peut se servir « de ce temps pour mettre le pays en état de ne les point craindre l'année prochaine » ; et qu'il serait opportun aussi de diviser les Anglais et les Iroquois, si c'est possible, et même de conclure la paix avec ces derniers.

Enfin, Champigny ne perd pas l'occasion, lui non plus, en véritable intendant qu'il est, de montrer sa petitesse d'esprit et de créer des embarras au gouverneur. Il rédige un mémoire contenant un plaidoyer contre le fort Frontenac. Il utilise les arguments habituels : le ravitaillement coûte cher, la garnison doit se tenir entre les murs et, ainsi, elle ne contrôle rien. Il ne voit pas de quelle utilité peut être Katarakouy, en temps de guerre, pour un homme actif, décidé et hardi comme Frontenac. Sans ce fort, cette base, les quatre tribus supérieures n'ont absolument rien à craindre de la Nouvelle-France puisqu'elles sont en dehors du rayon d'action des partis de guerre. Leurs propres partis de guerre peuvent circuler librement sur le Saint-Laurent, sans craindre une attaque de l'arrière.

Chapitre 194

1691

Augustin Le Gardeur de Courtemanche (1663-1717), soldat et commandant sur la côte du Labrador.

Frontenac envoie un émissaire aux Outaouais.

Le 22 avril 1691, Augustin Le Gardeur de Courtemanche quitte Montréal pour communiquer aux Indiens alliés, et en particulier aux Hurons et aux Outaouais, la nouvelle de la grande victoire que la Nouvelle-France a remportée sur l'amiral Phips et son armada. C'est un moyen de les rallier plus solidement à la cause de la France. Ces peuples observent les événements avec attention et veulent en fin de compte se trouver du côté des vainqueurs.

Courtemanche voyage d'abord de nuit, car les Iroquois se tiennent souvent en embuscade sur l'Outaouais inférieur. On a toute raison de croire que des bandes s'y trouvent en ce moment, à tel point qu'on ne fait même pas de feu. Courtemanche arrive finalement sans encombre à Michillimakinac le 3 mai. Tout de suite, « les nouvelles furent publiées dans les villages à leur manières ordinaire » ; Français et Indiens sont joyeux, car ils « appréhendaient beaucoup la perte du pays ».

Courtemanche assemble aussitôt les peuplades. Il est chargé de connaître leurs impressions sur les secours militaires qu'ils peuvent ou veulent bien fournir. Les Hurons, qui ont reçu les ordres de Frontenac, répondent : « Ma jeunesse est partie pour aller exécuter ses ordres. » Le Kiskakon est non moins direct : « Ma jeunesse est allée porter le casse-tête dans le pays ennemi. » Les Outaouais, qui se rappellent le discours d'Onontio : « Je lui tiendrai parole... » Quant au Saulteux, « il avait fait partir un nombre de ses gens pour aller faire un coup dans les villages ennemis ». Des Népissingues sont aussi partis, car ils ne s'amusent pas en vaines paroles. Les Miamis-Illinois, eux, auraient formé une armée « au nombre de plus de cinq cents hommes... ».

Enfin, le 30 mai, son devoir accompli, Courtemanche quitte Michillimakinac après avoir constaté que tous les Indiens alliés sont bien disposés envers la France. Même s'il découvre encore des pistes et des traces laissées par des Iroquois en arrivant sur l'Outaouais inférieur, il rentre heureusement à Montréal avec son groupe le 18 juin.

Bien qu'il ne faille pas trop attendre de ces promesses, il suffisait de quelques partis pour causer des difficultés aux Iroquois. La perte de quelques guerriers, pour une nation qui n'en compte pas beaucoup, était alarmante. Pendant l'hiver de 1690-1691, les Hurons et les Outaouais avaient harcelé les Tsonnontouans et en avaient tué, massacré ou capturé plusieurs. La tribu des Goyogouins avait aussi essuyé quelques coups. La Potherie dira même que les Tsonnontouans ont abandonné leur village pour émigrer chez les Goyogouins. Dans un mémoire sur le Canada pour l'année 1690-1691, on lira ce qui suit : « ... l'ennemi ayant été harassé de tous côtés, dans leurs bourgades, dans leurs territoires de pêche et de chasse, et ayant perdu un nombre considérable de gens ; de façon que les Tsonnontouans ont été obligés d'abandonner leurs bourgades et de déménager chez les Goyogouins qui ne sont pas si exposés qu'eux à l'invasion ».

Les Iroquois comptent leurs morts.

En mars 1691, l'ordre est rétabli à New York. Le gouverneur régulier, Sloughter, arrive ; appuyé de ses troupes et de la population la plus sensée, il met fin au régime dictatorial de Leisler, qui durait depuis près de deux ans. Sloughter a déjà énoncé ses projets pour empêcher la province de New York de tomber aux mains des Français : agrandir les fortifications d'Albany, bâtir des ouvrages de défense à Schenectady, « envoyer demander les sachems des sept nations pour renouveler leurs anciennes alliances et traités, car elles sont le seul boulevard contre les Français et les Indiens qui sont leurs alliés ». Le roi lui a aussi donné des instructions : « ...Vous convoquerez devant vous les cinq Nations ou Cantons d'Indiens... et quand elles auront renouvelé leur soumission à notre gouvernement, vous leur donnerez nos présents royaux que nous avons fait préparer pour eux, les assurant en notre nom que nous les protégerons comme nos sujets contre le Roi Français et ses sujets. » Les marchands anglais faisant le commerce à New York et dans les colonies adjacentes sont pessimistes et ont présenté une pétition. De nombreux Iroquois sont déjà établis au Canada. Si jamais New York, qui est au centre des colonies anglaises, tombe aux mains des Français, celles-ci seront en danger. Les marchands proposent des fortifications, des forts, à Niagara et ailleurs. Les Anglais restent sur leurs gardes et prennent des dispositions pour se protéger contre la petite colonie française de la Nouvelle-France. Dongan a habilement manœuvré face à deux gouverneurs maladroits pour avoir les Iroquois comme alliés. Il sait qu'à la fin de l'hiver, les Agniers ont négocié sournoisement et en cachette. Le 1er juin, il est à Albany. Il a appris que l'expédition stérile de Phips a endetté de quarante mille livres les colonies anglaises, qu'elle a coûté la vie à un millier d'hommes et a en plus fait perdre aux Anglais leur prestige auprès de toutes les tribus indiennes. Cela leur a été aussi néfaste que le massacre de Lachine pour les Français. Les Indiens, constatant que ces derniers atta-

boulevard = rempart (v. p. 67 et 151)

Les Anglais sortent affaiblis de l'expédition de Phips.

quent avec énergie, se défendent avec succès et que la balance penche de leur côté, inclinent du bord de celui qui semble être le vainqueur. Comme les Outaouais et les Indiens alliés, qui avaient voulu abandonner le camp français après le massacre de Lachine, les Agniers et les autres Iroquois envisagent aussi de se détourner des Anglais après la déconfiture de Phips.

Les représentants des Cinq-Nations sont à Albany.

Henry Sloughter, le gouverneur de New York, parle aux représentants des Cinq Nations le 1er juin, à Albany. D'entrée de jeu, il aborde le problème des négociations avec les Français. Les Iroquois, leur dit-il, doivent se rappeler « que les anciens gouverneurs de cet État leur ont strictement enjoint de ne pas négocier avec l'ennemi commun sans des ordres particuliers du gouvernement de New York que, maintenant, de nouveau, je dois vous conseiller d'observer d'une façon particulière ; d'autant plus que les jésuites sont trop subtils pour vous et tâchent toujours de vous tromper, comme ils l'ont fait récemment, ayant attiré quelques-uns de nos Indiens à leur religion et à leur pays ». De plus, les Iroquois ne doivent rien craindre des Français dans le moment présent : ils manquent absolument de tout, aussi bien de munitions que de vivres, et ils ne peuvent rien entreprendre. Sloughter termine son discours par une importante distribution de munitions et de présents.

Les Iroquois répondent le lendemain. Une trentaine de leurs sachems sont présents. Ils souhaitent la bienvenue au gouverneur qui vient d'arriver. Ils évoquent le souvenir des premiers traités. Ils sont heureux que les troubles révolutionnaires de New York soient terminés.

Les Iroquois sont mécontents : eux seuls font la guerre...

Une fois les politesses faites pourtant, leurs paroles se font dures et même cruelles. Les liens de l'alliance se relâchent, leur semble-t-il, « car lorsque le danger est le plus grand, les hommes qui devraient nous assister et nos protéger s'en vont à New York ». L'arbre de la paix entre les deux peuples ayant cependant été secoué récemment, les Iroquois le replantent encore plus fermement.

Après avoir exprimé le désir que Peter Schuyler et Dirck Wessels restent à Albany, ils parlent de commerce. Comme de puissants navires sont arrivés d'Angleterre, ils souhaitent que la poudre, le plomb et les marchandises se vendent moins cher et qu'il y en ait en abondance, sinon ils ne pourront pas faire la guerre efficacement. Que les Anglais envoient aussi en Iroquoisie un armurier pour réparer les fusils, les haches, etc.

En venant enfin au sujet le plus important, la guerre, l'orateur dit : « ...Nous, quatre nations, avons définitivement conclu de poursuivre la guerre avec toute vigueur, comme vous nous l'avez ordonné, et aussi longtemps que nous vivrons nous ne parlerons jamais de paix sans le consentement commun, car nous sommes tous d'un même sentiment... » On remarque ici que l'orateur parle de quatre et non cinq tribus, de sorte qu'on peut considérer que les Agniers, qui ont révélé à Montréal les plans des quatre autres tribus et l'existence d'un parti d'Iroquois de huit cents guerriers qui se porterait à l'attaque de la Nouvelle-France, ne font pas partie de cette délégation. En 1653, ce sont les quatre tribus supérieures qui avaient joué ce mauvais tour aux Agniers et voulaient la paix ; aujourd'hui, la situation est retournée, les quatre tribus supérieures voulant la guerre et les Agniers étant engagés dans des négociations de paix.

L'orateur poursuit : « ... Nous... n'avons pas pris part dans aucun traité ou aucunes relations avec les Français, ou leurs Indiens, mais nous les abhorrons... » La grande affaire actuelle, c'est la guerre contre le Canada. Que les Anglais et les Iroquois agissent en conséquence, qu'ils « mettent de côté toutes affaires et qu'ils ne s'occupent que du grand ouvrage de détruire les Français notre ennemi commun ». Que les Anglais ne gardent pas leurs soldats à l'intérieur des murs d'Albany ; qu'ils les envoient plutôt « en éclaireurs et soient vigilants sur cette rivière et dans la direction du Canada... », qu'ils « aillent à la découverte et harcèlent l'ennemi commun ». Bien plus, il faut écrire au roi pour obtenir de nouveaux secours. « ... Nous sommes dans un pauvre état faible en ce pays, et nous ne sommes pas capables de soumettre les Français sans assistance de l'Angleterre... », et le roi devrait « envoyer de grands navires avec de puissants canons pour se saisir du Canada... »

...ils exigent de l'aide du roi d'Angleterre.

Bref, les tribus supérieures, les Sénekes, veulent donc poursuivre la guerre avec la même violence et la même rage. Ils trouvent pourtant que les Anglais en font peu. Leur insatisfaction se sent dans leurs propos. Les Anglais ne sont pas là quand c'est nécessaire, ils conduisent peu de partis à l'attaque des Français et vendent leurs marchandises et même leurs munitions et leurs fusils très cher, alors que cette guerre est bien plus la leur que celle des Iroquois.

Quant aux Agniers, ils ne viennent devant le gouverneur que le 4 juin. Ils lui font cadeau d'un prisonnier de Schenectady, que les Français leur ont donné, dit Colden. Ils révèlent ensuite ce qu'ils appellent les propositions du gouverneur du Canada à certains Agniers qui se sont rendus en Nouvelle-France. Il est assez difficile de se former une opinion exacte sur ce point. La version de Frontenac, nous la connaissons. La Potherie parle de présents « sous terre », c'est-à-dire qui doivent être gardés secrets ; il ajoute que les Agniers qui ont accompagné ceux qui sont venus au Sault se tenaient sur l'Outaouais, à l'affût d'une flottille de fourrures de l'Ouest, mais que soudain on leur a dit que cent canots étaient en cours de fabrication en Nouvelle-France pour les attaquer, que les Indiens alliés donneraient l'assaut en Iroquoisie même, et qu'ils feraient donc mieux de déguerpir.

Les Agniers étaient absents du conseil.

Colden dit qu'avant ce conseil, les Agniers avaient prêté l'oreille aux conseils des Iroquois catholiques « qui, avec des arguments français, le savaient persuadé de faire la paix le plus tôt possible... ». Ils auraient envoyé au Sault l'un de leurs sachems, que les Iroquois catholiques auraient présenté au gouverneur. Celui-ci l'aurait bien reçu, aurait exprimé des regrets pour les actions de ses prédécesseurs, se serait montré prêt à les traiter comme des amis s'ils agissaient en conséquence et lui aurait remis un collier avec des propositions de paix.

Maintenant, les Agniers présents devant Sloughter rapportent que Frontenac s'est dit heureux de les voir en Nouvelle-France et content qu'ils aient épargné les Iroquois catholiques qu'ils avaient capturés. Il donnerait volontiers son consentement à un traité de paix entre les Iroquois d'Iroquoisie et ceux de la Nouvelle-France, si les Iroquois des cinq tribus et si les Anglais y consentaient. Enfin, le dernier Agnier qui s'est rendu au Canada rapporte que Frontenac regrette toujours l'affaire de Katarakouy et n'aurait jamais fait une action pareille. Les autres tribus se sont emparées de certains Iroquois catholiques, et leur libération est demandée.

Le gouverneur de New York répond le même jour. Il ne peut pas admettre les propositions de paix. Les Iroquois catholiques du Canada sont des ennemis au même titre que les Français. Il faut combattre les uns et les autres. Les Agniers et les autres tribus, surtout les Agniers, avaient pourtant ce projet de traité à cœur. Tout indique que les négociations qui avaient eu lieu au Sault avaient principalement porté sur un projet de traité de paix entre Iroquois catholiques et non catholiques. Celui-ci échoue à cause de la mauvaise volonté de Sloughter, qui s'y oppose, bien qu'il eût pu conduire à une paix plus générale. Toutes les tribus en passent par là et donnent enfin leur assentiment, désavouant les Agniers, qui l'ont négocié.

Sloughter veut continuer la guerre. Sloughter les dirige immédiatement vers la guerre. Il veut savoir le nombre des guerriers en mesure de se joindre à un parti anglais qui quitterait dans exactement deux semaines. Les Iroquois trouvent que ce délai est court. Un conseil général des cinq tribus doit avoir lieu sous peu à Onnontaé, et le gouverneur de New York devrait y envoyer un représentant. Alors Sloughter insiste : « Cette saison de l'année exige l'action plus que les conseils... » Il demande un contingent de deux cents guerriers pour son entreprise. Après s'être concertés, les Iroquois n'en promettent pas autant. Ils retourneront dans leurs bourgades le plus tôt possible et lèveront le plus grand nombre de guerriers qu'ils pourront pour l'expédition projetée. De plus, ils organiseront leur propre expédition qui se rendra en Nouvelle-France, par le lac Ontario et le Saint-Laurent.

Une expédition s'organise. Ainsi s'organise pendant l'été une expédition dangereuse pour la Nouvelle-France et qui fera bien des victimes. Le 20 juin, si l'on en croit le témoignage de deux Agniers qui arrivent du Canada, il y a encore à Caughnawaga dix Agniers qui attendent d'autres nouvelles et sont prêts à revenir. De sorte que les Agniers, apparemment, ne rompent pas toutes leurs négociations après les conseils d'Albany tenus au début de juin. Il est possible que ces personnes soient restées là plus pour espionner que pour négocier. Or, les Français semblent avoir prévu cette éventualité : ils leur communiquent de fausses nouvelles dont l'effet serait à leur avantage. C'est ainsi que l'on rapporte à nouveau que les Français construisent deux cents canots, qu'ils projettent d'attaquer les Onontagués ou bien les Tsonnontouans, et que mille Indiens alliés sont arrivés à Katarakouy. Ces canards n'auraient d'autre objectif que d'empêcher ou de retarder toute attaque.

Colden et le rapport officiel du conseil du 4 juin signalent aussi un point fort intéressant : « Les Agniers, dit Colden, le remercièrent parce qu'il les avait assurés de son assistance ; mais ils prirent note de la phrase suivante : "Vous devez tenir l'ennemi dans une alarme perpétuelle." Et ils répliquèrent : "Pourquoi ne dites-vous pas : Nous tiendrons l'ennemi dans une alarme perpétuelle ?" » Le rapport officiel rapporte que les Agniers disent ce qui suit : « Pourquoi ne pas nous laisser conjointement les tenir en alarme ? » Les Anglais doivent faire la surveillance. On doit s'avertir.

Une fois encore, les Iroquois s'inquiètent de devoir faire la guerre seuls.

Ainsi se terminent ces deux conseils qui, outre qu'ils maintiennent l'alliance et organisent une expédition de guerre en empêchant la paix entre Iroquois d'Iroquoisie et Iroquois de la Nouvelle-France, montrent aussi que déjà les Iroquois ne sont pas satisfaits du peu d'efforts des Anglais, s'aperçoivent qu'ils font la guerre presque seuls et, enfin, sèment des germes qui se développeront plus tard.

Le gouverneur de New York est bien renseigné. Frontenac manque littéralement de tout. Il en est réduit à l'inaction complète. Il a été obligé « à faire subsister les soldats chez les habitants pendant l'hiver et jusqu'au mois de juillet... » La famine règne. Les vivres se vendent cher. Faute de provisions, aucune expédition ne peut quitter la Nouvelle-France, comme en hiver et au printemps de l'année précédente. Les groupes qui pourraient harceler l'ennemi, le tenir à distance ou l'attaquer, ne peuvent partir. La situation est dangereuse. Les troupes ne peuvent tenir la campagne.

Il semble que les huit cents Iroquois dont les Agniers avaient annoncé la venue se présentent en Nouvelle-France vers le 12 mai. Champigny écrit en effet au ministre le 10 mai, mais sans en parler. Dans son autre lettre, datée du 12, il affirme cependant que les huit cents Iroquois ont paru, au sud et au nord de l'île de Montréal. Quatre cents d'entre eux, écrit-il, auraient brûlé vingt-cinq maisons, tout en ne s'emparant ou en ne tuant que deux femmes et un homme. On met les bestiaux, les provisions de grains, ainsi que les meubles à l'abri dans les forts.

Les Iroquois arrivent en Nouvelle-France.

C'est le moment le plus difficile parce qu'il est impossible de riposter. On doit réquisitionner les gouttières des maisons et les poids de plomb pour les fondre et en faire des balles.

Ces Iroquois s'établissent à l'embouchure de la rivière des Outaouais. Il y construisent des fortins, comme c'est leur habitude, et forment une espèce de camp d'où ils lancent des partis dans la campagne « pour empêcher, dit Frontenac, nos semences et nos récoltes ».

Des habitants sont victimes des maraudeurs, au bout de l'île, à Lachine, à la rivière des Prairies. Des maisons sont brûlées. Les Iroquois, qui se tiennent à distance, tirent de loin ou apparaissent en petites bandes. On les voit tantôt sur la rive nord et tantôt sur la rive sud de l'île de Montréal ; ils vont d'une rive à l'autre, tentant des attaques-surprises, de faire des prisonniers, de tuer du bétail. Même s'ils réussissent parfois, il reste que la population, bien avertie, se défend énergiquement et âprement.

Les Iroquois attaquent dans l'île.

Malgré les quelques bataillons qui font la patrouille, soixante-dix guerriers trouvent le moyen de s'approcher du village de la Montagne et d'attaquer des femmes et des enfants qui sèment du maïs dans les champs. Quelques-uns sont capturés, tandis que les autres s'enfuient entre les palissades d'où les Iroquois catholiques, ayant reçu quelque assistance de Montréal, repoussent les guerriers, en tuant un certain nombre et en en blessant deux ou trois.

Cent vingt guerriers attaquent la Pointe-aux-Trembles, y brûlent une trentaine de maisons et s'emparent de quelques habitants qu'ils torturent.

Un groupe important de deux cents Mohicans et Anglais surprend, entre Chambly et La Prairie, douze Iroquois catholiques du Sault. Ils seront reconduits chez eux le lendemain.

Le sieur Le Moyne de Bienville forme un parti de deux cents hommes composé de Français et d'Indiens. Son détachement remonte le Saint-Laurent et, près du Long-Sault, rencontre environ quatre-vingts à quatre-vingt-dix Onneiouts et Agniers. Les Iroquois catholiques refusent d'attaquer leurs compatriotes, disant que des négociations de paix sont entamées, ce qui est exact. Des membres du groupe ennemi se joignent à Bienville et l'accompagnent à Montréal. Ils trouvent que les propositions de paix du printemps étaient excellentes. Pendant cette période dangereuse et difficile, les Français laissent faire ; ils ne savent pas exactement quelles sont les véritables intentions des uns et des autres. La tribu la plus divisée entre Iroquoisie et Nouvelle-France est celle des Agniers ; et ces gens qui se connaissent voudraient bien ne pas s'entre-tuer, un sentiment bien naturel auquel Frontenac accède, convaincu sans doute qu'une paix partielle sera l'amorce d'une paix générale.

L'affaire de Repentigny

C'est alors qu'a lieu l'affaire de Repentigny, qui coûtera cher à l'ennemi. D'un côté, M. de Vaudreuil recueille des vivres de maison en maison, pour mettre en campagne un détachement d'une centaine d'hommes, soldats, volontaires ou miliciens. Il a avec lui Bienville, De Crissay et Ourehouare. D'un autre côté, le capitaine De Mine est sur le fleuve, dans les alentours de Repentigny, avec son propre détachement. On découvre quarante à cinquante Onneiouts (d'autres disent des Goyogouins) dans une maison abandonnée. De Mine se réfugie dans une île d'où il envoie demander en toute hâte du secours à Montréal. C'est alors que Vaudreuil accourt avec son parti, sans que l'ennemi ne soit averti de ses mouvements. Le 7 juin, en débarquant plus bas que la maison, les Français réussissent à la cerner. Les Iroquois, qui ne se méfient pas, y vivent, dorment, causent et flânent comme dans leurs bourgades. Les hommes de Vaudreuil exterminent tout d'abord une quinzaine d'Iroquois qui sont couchés par terre à l'extérieur. Ceux qui sont à l'intérieur se mettent en position de défense. Bienville commet l'imprudence de regarder par une fenêtre et se fait tuer. Vaudreuil fait incendier les lieux, mais le feu éclaire pendant un certain temps les assiégeants, donnant à l'ennemi l'occasion de tirer quelques coups qui portent et font des victimes ; sept ou huit Français demeurent sur le terrain. Entre-temps, huit autres Iroquois sont tués en s'enfuyant et trois périssent dans les flammes. Il existe des comptes rendus différents de cette bataille. Frontenac dira que quarante-cinq Goyogouins sont tués à Repentigny et que d'autres ont aussi été blessés. Un seul aurait réussi à s'échapper. Somme toute, il paraît établi que cette attaque imprévue fait une cinquantaine de victimes iroquoises et que, parmi elles, on compte plusieurs chefs. Pour les Iroquois, c'est un rude coup. L'entreprise, qui a duré plusieurs heures, a été conduite par les Français avec une habileté extraordinaire, ceux qui y ont collaboré ayant agi avec une intelligence remarquable. Quelques imprudences de dernière minute, qu'on aurait pu éviter, font quelques victimes, entre autres Bienville, un autre Le Moyne et Sainte-Hélène, blessé au siège de Québec, qui succombe peu après.

À la mort de François de Bienville, son titre passa à son frère, Jean-Baptiste Le Moyne de Bienville, douzième enfant de Charles Le Moyne et fondateur de la Louisiane.

Diverses tentatives sont faites pour intimider les Iroquois catholiques et les entraîner hors de la lutte pendant que les Iroquois d'Iroquoisie la poursuivraient. On ne tarde pas à apprendre que l'ennemi est posté au Long-Sault de l'Outaouais, à l'affût des flottilles qui pourraient descendre de Michillimakinac ; il ne quittera son poste d'observation que vers la fin du mois de juin. Des partis d'Iroquois rôdent encore partout dans la campagne, mais les habitants restent toujours sur le qui-vive. Les Trois-Rivières sont entourées de palissades. Bien qu'à cette époque bon nombre d'Iroquois soient retournés chez eux, la Nouvelle-France est en proie à l'ennemi.

Chapitre 195

1691

*En 1688,
Pierre Le Moyne
d'Iberville avait
déjà commandé ce
navire d'escorte.*

Enfin, le 1ᵉʳ juillet 1691, arrive un convoi de quatorze navires, protégé par *Le Soleil d'Afrique* et placé sous le commandement du sieur Du Tast. C'est un soulagement pour tous : les vivres et les munitions dont toute la colonie a un besoin si désespéré arrivent.

Seize Outaouais sont parvenus à traverser les lignes ennemies et sont à Québec. Frontenac ne laisse pas passer cette occasion. Il leur fait admirer ce puissant secours afin de les inciter à la fidélité et à la guerre. Le 12 juillet, ils assistent aux fêtes qui se déroulent à Québec en l'honneur de la prise de Mons. Trente belles dames de la société les entourent d'égards. Ils visitent les navires et reçoivent des présents. On leur porte toute l'attention possible. Frontenac ne néglige pas le moindre petit moyen pour convaincre ces visiteurs de la force des Français, de leur volonté de poursuivre la guerre, de leurs chances de victoire.

*Les convois
partent ravitailler
les postes.*

Des convois se forment immédiatement pour ravitailler tous les postes de la Nouvelle-France. L'un se dirige vers Montréal. Chambly reçoit sa part. Michillimakinac ne sera pas oublié non plus. Le sang coule à nouveau dans le corps exsangue de la Nouvelle-France.

Frontenac forme ensuite un groupe de sept à huit cents hommes à Montréal, afin de déloger les Iroquois du poste qu'ils occupent encore à la tête de l'île ; c'est inutile puisque l'ennemi déguerpit sans demander son reste. Frontenac sait maintenant que les bonnes heures de maraude sont passées. Ce départ est un soulagement pour toute la colonie. D'autre part, les Indiens alliés sont en campagne sur la frontière ouest de l'Iroquoisie, dont la position est loin d'être aussi avantageuse qu'elle semble l'être à première vue.

Louvigny commence la construction d'un fort à Michillimakinac. Un autre, plus solide encore, s'élèvera chez les Miamis. La Forest part avec des présents substantiels pour le pays des Illinois. Le gouverneur travaille avec application à former sur les arrières de l'Iroquoisie une coalition qui donnera un peu de répit à la Nouvelle-France.

Au commencement d'août, Frontenac apprend d'un prisonnier anglais qu'une autre attaque se prépare à Albany contre la Nouvelle-France. Deux cents Anglais, Agniers et Loups viendraient à l'assaut de Montréal. Frontenac ne néglige pas cette information, qui est loin de le surprendre. Il expédie dans le haut de la colonie des soldats et des miliciens de Québec. Dans une lettre du 16 juillet, Frontenac a insisté pour que la France lui envoie de nouvelles troupes l'an prochain ; il parle d'une entreprise dont les Anglais et les Iroquois menacent la colonie par Albany, la rivière Hudson, le lac Champlain et le Richelieu. Les uns et les autres, écrit-il, n'ont pu empêcher les semailles ; ils ne pourront probablement pas empêcher les récoltes.

Une nouvelle expédition se prépare à Albany.

L'expédition prévue avait continué à se préparer à Albany depuis les conseils du mois de juin, mais avec assez peu de célérité. Sloughter aurait voulu qu'elle se mette en branle le 18 juin. Dans une lettre datée du 22, Livingston lui dit que le maire d'Albany, Schuyler, a fait partir ce même jour une portion de sa compagnie et qu'il suivra le lendemain avec les autres soldats, soit cent vingt-deux hommes en tout. Comme les guerriers des Agniers ne sont pas arrivés, il leur expédie des vivres à Schenectady. De là, on tentera de les envoyer directement au combat.

Le 2 juillet, le même personnage écrit de nouveau au gouverneur d'Albany. Les Agniers, dit-il, ne se sont toujours pas montrés. M. Wessels se rend à leurs bourgades. La première et la deuxième seraient prêtes, tandis que la troisième a perdu son grand sachem, qui est mort, et elle a oublié ses engagements. Elle doit envoyer soixante-quatorze guerriers qui seront à Schenectady le 2 juillet même. Ces Iroquois, qui sont assez indépendants, disent que, puisqu'« ils ont attendu si longtemps pour les Chrétiens l'an passé, les Chrétiens peuvent attendre quelque temps maintenant pour eux ». Livingston, qui voit bien que l'on ne peut pas trop se fier à ces Iroquois, sait qu'il a besoin d'eux. Le lundi précédent, après que deux hommes se soient rendus à Canastagione, pour faire les foins, des Indiens français les ont surpris et en ont tué un ; on ignore le sort de l'autre. Un autre Anglais a été tué non loin de là.

Sloughter prépare son expédition, mais il est inquiet. Il écrit aux gouverneurs des autres provinces, du Connecticut, par exemple, et du Maryland. Il a quitté Albany le 27 juin, dit-il, et c'est « avec beaucoup de difficultés qu'il a maintenu la fidélité de nos Indiens ». Il a laissé une centaine de fusiliers en garnison à Schenectady et à Half Moon. Les Iroquois craignent que les autres colonies anglaises ne se joignent pas à la colonie de New York, bien qu'elles aient des traités avec eux contre les Français, « notre ennemi commun ». Il demande que chacune fournisse son contingent de soldats et que l'on assiste Albany, qui protège les autres colonies.

L'expédition se mettra en marche...

Cette ville maintient d'ailleurs les Iroquois dans la lutte « et si on les perdait, on perdrait tous les intérêts du Roi sur ce continent ». Le 22 juin, une centaine d'Anglais et trois cents Agniers et autres Indiens se sont mis en marche vers le Canada sous le commandement de Peter Schuyler. Les Tsonnontouans doivent envahir la Nouvelle-France en descendant par le Saint-Laurent. Les Français devront se défendre chez eux au lieu d'envahir la Nouvelle-Angleterre. Sloughter écrit encore qu'il faudrait prélever un fonds de défense et élaborer une politique de guerre « de façon... que la mémoire des Français soit déracinée de l'Amérique ». Il termine en disant, ce qui n'est pas exact, que Frontenac a reçu de nouvelles recrues et qu'il faudrait envoyer cent cinquante hommes.

Comme on le voit, le danger d'une coalition des colonies américaines contre la Nouvelle-France était toujours présent, sous Frontenac. De fait, une collaboration effective aurait pu écraser la Nouvelle-France sous des forces beaucoup plus lourdes et plus nombreuses. Elle a valu en 1690 l'attaque de Phips et le massacre de La Prairie. Elle menacera sans cesse de se former. Laissée à elle-même, la province de New York tentera conti-

...sans l'aide des autres colonies.

nuellement de former cette coalition pour alléger ses propres charges, effacer la présence française et terminer la guerre. La province fera des représentations directes auprès des autres gouvernements et du roi. Frontenac doit toujours envisager cette possibilité. Mais après le fiasco de l'expédition de Phips, les autres colonies ont perdu momentanément tout enthousiasme. Réfugiées dans leur égoïsme, elles laissent la faible province de New York mener à elle seule la guerre. Le 14 juillet, le Connecticut répond qu'il n'est pas prêt à faire toutes les dépenses qu'on lui demande chaque fois qu'il y a une rumeur d'invasion ; il n'a ni hommes ni argent pour cette entreprise et il peut être attaqué chez lui. Le 29 juillet, le Maryland répond à son tour que, sans le consentement de l'assemblée, il lui est impossible de lever des hommes et de prélever des sommes d'argent.

Pour la victoire anglaise, il faut l'union des colonies.

Pendant ce temps, Peter Schuyler organise son expédition. Les Anglais sont tenus d'agir, puisque les Iroquois leur ont dit : « Il y a longtemps, Corlaer, que tu nous jettes seuls dans le danger ; aujourd'hui tu dois marcher le premier. Pars et nous te suivrons. » Ce que confirme une lettre du 29 juillet envoyée par Sloughter au secrétaire d'État Blatwayt. À son arrivée à Albany, les Iroquois, dit-il, « ont été très froids dans leurs affections, au début, parce qu'ils ont eu de fortes tentations de la part de Français... ». Cinq cents Tsonnontouans ont promis de descendre le Saint-Laurent. Boston, le Rhode Island, le Connecticut ont refusé toute assistance. « Si les Français obtiennent leur alliance, ils obtiendront certainement toute l'Amérique. » Cent cinquante fermes sont abandonnées à Albany. Sloughter demande l'union des colonies anglaises.

Peter Schuyler a laissé un journal de son expédition. Il a quitté Albany le 21 juin, dit-il. Le 25, une quinzaine d'Agniers se joignent à lui. Le 30, les hommes commencent à peler des arbres, probablement des ormes, pour fabriquer des canots, à vingt milles de la tête du lac Saint-Sacrement. Pendant les jours qui suivent, l'expédition va mal. Des Iroquois la quittent. Il est difficile et presque impossible de peler les arbres. Les provisions apportées s'épuisent. Il faut envoyer des hommes pour en rapporter d'autres. Le 9 juillet, Schuyler reçoit avis de l'arrivée prochaine des Agniers. Les Anglais ont maintenant assez de canots pour eux. Des Agniers en fabriquent au lac, plus loin. Le 19 juillet, Schuyler est à Crown Point avec son contingent. Le 22, il fait sa jonction avec les Agniers, qui sont quatre-vingt-douze. Les Anglais ont ainsi réussi à entraîner de nouveau cette tribu dans la lutte, malgré sa tiédeur au printemps. Les Mohicans ont envoyé soixante-six soldats. Un conseil de guerre se rassemble sur les lieux. On décide d'expédier neuf hommes pour découvrir le fort La Prairie et faire un prisonnier si c'est possible. Ces éclaireurs, trois Anglais, trois Agniers et trois Mohicans, partent le 23 juillet. L'armée suit en arrière. Dans la nuit, on découvre de nombreux feux sur le rivage est ; les Anglais s'entourent d'un petit fort de pierres. Le 24, on comprend que c'était un campement d'Indiens et que ceux-ci sont partis. Le 26, ce corps est dans une île à la tête du lac Champlain, dans le fort Sainte-Anne, abandonné depuis quelques années. Le 27, il part après le coucher du soleil et voyage de nuit pour atteindre l'entrée du Richelieu. Il croit voir un canot au loin, mais continue d'avancer douze milles dans la rivière. Il découvre un autre feu et choisit de se mettre à l'abri pour le reste du jour et toute la journée suivante. Le 28, on tient un nouveau conseil de guerre dans l'après-midi. Les guerriers décident d'attaquer le fort de La Prairie et lèvent donc le camp le soir. C'est alors que le premier choc se produit. Les éclaireurs rencontrent des Iroquois catholiques qui font feu et blessent trois hommes. Il s'agit probablement du groupe que dirige le jeune Hertel, qui ne comprend que quatre Indiens en dehors de lui-même, mais qui réussit à faire un prisonnier qui révélera toute l'expédition. Celle-ci campe la nuit à dix milles de Chambly, soit à vingt-six milles de La Prairie. Le 29 juillet, Anglais, Agniers et Loups entendent tonner les canons de La Prairie et de Chambly. On donne l'alarme. Repérée, l'expédition s'empresse d'ériger un petit fort pour y enfermer ses canots et ses provisions. Elle envoie cinquante guerriers surveiller le chemin qui va de La Prairie à Montréal. Le 30 juillet, laissant une vingtaine d'Anglais et d'Iroquois pour protéger ce poste, le reste d'entre eux s'avance de onze milles en forêt et atteint un sentier où vient de passer, très récemment, un corps de troupes qui, à en juger par les pistes, semble se diriger vers Chambly. Quatre Anglais et trois Indiens sont renvoyés au fortin sur le Richelieu pour en renforcer la garnison et l'avertir d'être sur ses gardes. Quant aux autres, ils progressent encore de cinq milles et campent dans un marécage à dix milles de La Prairie.

Schuyler raconte l'expédition.

Joseph-François Hertel de La Fresnière combattait à cette époque aux côtés de ses trois fils aînés. S'agit-il ici de Zachary-François appelé La Fresnière ou de Jean-Baptiste Hertel de Rouville ?

Pendant ce temps, les Français attendent ce fort parti et le cherchent. Mis au fait de cette expédition, M. de Callière croit que le fort Chambly peut faire l'objet de l'attaque ; il y dépêche en toute hâte le sieur de Valrennes avec un détachement de deux cents des meilleurs soldats et de miliciens, commandé par Le Ber du Chesne. Les suivent également des Hurons de Lorette sous la commande de Ourehouare, des Témiscamingues et des Iroquois chrétiens. Ce détachement, s'il y avait eu des éclaireurs dans la forêt, sur ses côtés, se serait probablement heurté au parti de Schuyler, qui découvrira plus tard ses pistes. Callière n'oublie cependant pas le fort de La Prairie de la Madeleine, qui est construit sur une butte, près de la berge du fleuve. Il y place de sept à huit cents soldats et miliciens. Un ruisseau coule à gauche du fort. Le camp des miliciens et des Outaouais est là, près d'un moulin, tandis qu'à droite, c'est le camp des troupes régulières. Le 1er août, d'après le journal de Schuyler (du 10 au 11 août, d'après les sources canadiennes), après avoir inutilement cherché l'ennemi et exploré les alentours, les miliciens sont revenus trempés, fatigués. Ils dorment. Il pleut, ou bien il a plu. D'après Schuyler, son parti se met en marche pour arriver au point du jour. Il passe par un champ de maïs et atteint le fleuve à un quart de mille du fort, puis le moulin à vent. Le meunier découvre l'ennemi, tue un guerrier, mais se fait rapidement tuer lui-même. Le parti ennemi se heurte ensuite au détachement d'Indiens qui se reposent sous des canots ; il en tue quelques-uns et disperse les autres. D'après Schuyler, il atteint ensuite un corps d'environ quatre cent vingt hommes qui chargent au-dehors du fort. Les Anglais et leurs alliés reculent d'environ cent cinquante verges, jusqu'à un ravin dont ils se servent comme d'une tranchée.

« M. de Saint-Cyrque (Sircq), le vieux capitaine qui assumait le commandement à la place de Callière... Une décharge de mousquets le blessa mortellement ainsi que le sieur d'Escairac (Desquairac), et M. d'Hosta (Dasta) fut tué sur le champ. »
(DBC, II : 629)

Les sources françaises décrivent un combat moins net. Les soldats chargés de garder le moulin auraient fui tout de suite vers le fort et auraient tué par erreur, dans leur retraite, six des leurs, des Outaouais ; les miliciens auraient été surpris à leur tour et auraient reflué rapidement vers le fort. C'est alors que les soldats qui campaient de l'autre côté du fort, entendant les coups de feu, se seraient présentés au combat sous la direction de M. de Saint-Cirque. En approchant du moulin par la grève, ils seraient tombés sous le feu de l'ennemi. Une balle aurait frappé la cuisse du commandant ; le capitaine d'Hosta est tué et le sieur d'Escairac est blessé mortellement. Saint-Cirque continue pourtant à diriger l'attaque.

C'est à cet instant que les Français se seraient heurtés aux Anglais et Iroquois postés dans le ravin. Le capitaine Domergue est tué. D'après Schuyler, son parti aurait reçu de pied ferme la première attaque. Plusieurs Français auraient été tués ; les autres auraient tenté une seconde attaque de front, mais leur feu n'aurait produit que peu de dommage. Les Anglais auraient tiré après s'être levés et auraient infligé de nouvelles pertes aux défenseurs. Les Français contournent alors le détachement et cherchent à le sectionner. Les Anglais et les Iroquois, quittant le ravin pour engager le combat en terrain plat, auraient ensuite repoussé les Français en désordre dans le fort et auraient fait trois prisonniers. Les sources françaises disent que Saint-Cirque, au lieu de se faire panser immédiatement, continue à diriger le combat, empêche l'ennemi de s'introduire dans le fort et le rejette vers la forêt où il s'enfuit et se cache. Saint-Cirque mourra trois heures plus tard. Jusqu'à ce point du combat, les pertes des Français se chiffreraient, parmi les soldats, à cinq morts et trente blessés ; quatre excellents capitaines ont perdu la vie. Vingt miliciens ont succombé. Schuyler croit avoir infligé des pertes beaucoup plus considérables aux Français ou à leurs alliés. C'est ce qu'il dit, mais cette partie de son rapport indique une exagération peu ordinaire.

Quoi qu'il en soit, il apprend de ses prisonniers quelles sont les forces des Français, ce qui lui fait croire qu'il ne peut remporter la victoire. Il sait maintenant qu'un corps important de troupes est à Chambly et qu'il peut être pris entre deux feux. Il décide de retraiter, après avoir détruit le maïs, dit-il. Il se hâte, car il veut regagner sa base au plus vite. Après une marche de six à huit milles, les éclaireurs qu'il a envoyés à l'avant lui rapportent qu'un détachement de Français, dans une formation de demi-lune, est à cheval sur la route et le sentier et lui bloque le chemin du retour. C'est en effet le sieur de Valrennes qui, ayant obtenu des renseignements sur le passage de l'ennemi, est venu le prendre à revers et l'attend avec un détachement de cent quatre-vingts Français et Indiens.

Valrennes et ses hommes attendent les Anglais.

Schuyler fait un beau compte rendu de cette célèbre bataille. Il aurait dit à ses hommes qu'il n'y avait pas d'autre solution que de passer à travers cette ligne de bataille. Ses hommes se seraient avancés au pas de charge et auraient reçu une fusillade qui aurait tué presque tous ceux qu'il perdra dans l'échange. Ayant réussi à passer au fond de la demi-lune, ils seraient parvenus à l'arrière, auraient pris les Français à revers, les auraient fait reculer de cent pas et mis en retraite ; puis, contents de leur fait d'armes, ils auraient quitté le champ de bataille pour rallier leur fortin du Richelieu.

Les versions françaises racontent pourtant un récit différent, que d'autres documents, même anglais, confirment. Schuyler est plein de confiance, son parti dépasse en nombre celui des Français. Il attaque sans hésiter, ne pouvant s'en tirer autrement. Valrennes a des troupes solides, qui tiennent bien le coup. Deux troncs d'arbre renversés leur fournissent à un moment donné un point d'appui et leur permettent d'essuyer le premier feu. Cinq ou six hommes sont blessés au premier choc, tandis que Le Ber Du Chesne l'est très gravement. Le combat, très long, dure une heure et demie. Il provoquera l'enthousiasme le plus ardent de Frontenac, qui dira que Valrennes « disposa ses gens avec tant d'ordre, de conduite et d'intrépidité... » qu'il sut tenir l'ennemi en échec, et que les deux partis, après « s'être mêlés par

Bourre = ce qu'on met par-dessus la charge des armes à feu pour la retenir et la presser.

trois différentes fois, jusqu'à se mettre la bourre dans le ventre et s'y brûler les chemises en tirant... », combattirent bien. Finalement, les Mohicans ou Loups lâchent prise les premiers et prennent la fuite ; les Anglais cèdent en deuxième lieu ; et les Agniers sont les derniers à quitter le combat. Les troupes de Valrennes se reposent. Cent vingt Iroquois catholiques du Sault Saint-Louis arrivent après l'engagement, mais refusent de poursuivre l'ennemi parce qu'il y a des Agniers dans ses rangs.

Valrennes a tenu bon.

Tel est le combat qui a bien contenté le gouverneur. Celui-ci en parle dans les termes les plus élogieux : « depuis l'établissement de la colonie, dit-il, il ne s'est rien passé au Canada d'aussi fort ni de si vigoureux, et l'on peut dire que le sieur de Valrennes a conservé la gloire des armes du roi et procuré un grand avantage au pays, puisque cela nous a donné moyen d'achever paisiblement nos récoltes, sans lesquelles nous aurions été fort inquiétés, et qui, venant à nous manquer, nous auraient mis dans la dernière désolation ». D'après le gouverneur, Valrennes aurait tué plus de cent vingt hommes, entre autres cinq ou six des principaux chefs, aurait blessé nombre de gens et fait des prisonniers. D'autres sources disent soixante-cinq Anglais tués, douze Agniers, cinq Loups, outre bon nombre de blessés.

Pour sa part, Schuyler ne voudra jamais avouer rien de semblable. Il raconte qu'après la bataille, son parti se dirige en toute hâte vers son fortin. Craignant d'être poursuivis, les survivants s'installent sur l'autre rive, où ils attendent les retardataires pendant cinq heures ; la nuit venue, ils avancent d'un mille et demi et campent. Le 2 août, ils s'engagent résolument sur la route du retour ; ils atteignent Albany le 9. Schuyler affirme que son parti se composait de cent vingt Anglais, de quatre-vingts Agniers et de soixante-six Mohicans. Il prétend n'avoir perdu, en tout et pour tout, pas plus de vingt et un Anglais, seize Agniers et six Mohicans, soit quarante-trois hommes, et qu'il a eu vingt-cinq blessés. Parmi ceux qu'on croyait morts, six reviennent, de sorte que le nombre total des morts serait de trente-sept seulement. Le maire d'Albany pense avoir tué deux cents Français et Indiens. Encore aujourd'hui, on parle souvent d'un triomphe pour Schuyler et d'un désastre pour les Français.

Pourtant, cette bataille restera dans l'histoire comme une défaite française.

L'expédition, à n'en pas douter, avait été hardie. Schuyler savait que sa marche avait été révélée et, même repéré, il l'avait poursuivie. Après avoir placé son détachement dans une situation difficile, entre deux forts remplis d'armes et de munitions, il avait réussi, alors que l'alarme était donnée, une surprise complète contre les fortes troupes qui garnissaient le fort de La Prairie de la Madeleine. L'attaque livrée au même endroit, l'année précédente, avec des résultats funestes, n'a pas incité les occupants à se tenir continuellement en éveil. Les éclaireurs n'ont, pas plus que l'année d'avant, découvert le détachement ennemi qui était embusqué à portée ; sans compter que les troupes, qui savent qu'une attaque était imminente, se laissent surprendre à l'aube. Elles combattent dans la confusion, désorientées par cette attaque-surprise. Lorsque le combat est terminé, on ne suit pas les mouvements de l'ennemi, ce qui aurait permis de prendre Schuyler entre deux feux quand celui-ci se heurte à Valrennes, à deux lieues du fort. Cette partie du combat fait peu honneur aux troupes, malgré les actes d'héroïsme de Saint-Cirque et de plusieurs autres, qui rétablissent la situation, mais après des pertes. La Prairie de la Magdeleine était fatale aux Français.

L'expédition de Peter Schuyler est donc un échec. C'est ainsi que les *Les Iroquois*
Iroquois l'interpréteront, comme nous le verrons bientôt. Le 4 septembre, en *jugent sévèrement*
effet, un conseil a lieu à Albany entre les Anglais, les Tsonnontouans et les *l'expédition de*
Agniers. Les Tsonnontouans disent qu'ils ont appris en cours de route *Schuyler.*
l'affaire de La Prairie : « ...We do hereby propriate the blood of the defeated », disent-ils. Pour eux, les Anglais et les Agniers sont des gens qui viennent de subir une défaite : en allant « se battre avec de tels petits partis, ce qui n'est pas le moyen de venir à bout de l'ennemi, vous détruisez l'entente qui a eu lieu entre nous ». Ils répètent de nouveau qu'Anglais et Agniers ont eu des pertes parce que leur parti n'était pas assez considérable : « C'est votre faute si tant de sang a été répandu, parce que vous êtes allés en petits partis, en conséquence allons-y conjointement, et alors nous battrons mieux l'ennemi. »

Les Agniers donnent sur-le-champ raison aux Tsonnontouans. Le gouverneur Sloughter, qui est arrivé récemment d'Angleterre, a eu tort d'envoyer un si petit détachement ; les Tsonnontouans n'ont jamais su quand le départ de celui-ci avait eu lieu ; ils veulent l'union de tous dans la guerre.

Les Anglais se défendent. Ils rappellent à tous les conclusions aux- *Les Anglais*
quelles on était arrivé au printemps. Les Anglais, les Iroquois et les Mohi- *tentent de*
cans feraient une expédition conjointe ; de leur côté, les Tsonnontouans *s'expliquer.*
descendraient par le Saint-Laurent avec un corps considérable. Les deux détachements se rencontreraient à La Prairie. Au lieu de soixante hommes, comme convenu, les Anglais en ont envoyé cent vingt, et pas un seul Tsonnontouan n'est venu. Les Onontagués sont restés chez eux. Seize ou dix-sept Agniers du premier village ont abandonné le détachement. À l'avenir, il faudra tenir ses engagements. Les Agniers qui sont venus ne sont pas arrivés assez vite ; l'attente ayant duré trente jours, les provisions se consommaient pendant ce temps-là. Il a fallu envoyer deux fois des messagers. Les Anglais tentent de justifier leur expédition en disant qu'elle n'a pas été inutile et que les Français ont subi, eux aussi, bien des pertes. Ce n'est plus l'expédition glorieuse que Peter Schuyler a décrite dans son rapport ; c'est plutôt une expédition ratée qu'il faut excuser du mieux qu'on le peut. Évidemment, les Anglais avaient avec les Iroquois, quand il s'agissait de combiner une expédition de guerre, autant de difficultés que les Français avec

les Indiens alliés. Il faut dire aussi que les Anglais étaient peu préparés pour s'aventurer seuls, que les Iroquois supérieurs, qui avaient déjà été en campagne tout le printemps, en avaient déjà fait beaucoup plus que leurs alliés.

Les Iroquois ont aussi à ce moment-là des raisons d'être mécontents, eux qui reçoivent peu de munitions. Il est vrai que les Anglais sont en guerre et que les navires peuvent difficilement passer. On ne peut se permettre d'épargner les munitions en Angleterre. Le Maryland et la Virginie entreront-ils en guerre ? Et la Nouvelle-Angleterre ? Ils ont leur traité d'alliance avec les Iroquois. S'ils se lançaient conjointement dans la lutte, ils pourraient ruiner l'ennemi français. Les Iroquois ne semblent pas croire que la colonie de New York, même avec leur appui, peut mener cette guerre à bonne fin et lutter avec avantage contre les Français. Ils veulent l'union de toutes les colonies anglaises contre la Nouvelle-France, mais celles-ci refusent de marcher, malgré les instances renouvelées de la colonie de New York. Savaient-ils à ce moment que tous les efforts tentés dans cette direction n'aboutissaient à rien, si ce n'est à l'indifférence, à la tiédeur et au marasme. Ce n'est pas ici le temps de suivre pas à pas toutes les négociations entre les colonies anglaises ou les appels au secours poursuivis en vain par la colonie de New York ; aucun pouvoir, semblait-il, ne pouvait faire de ces fragments un tout fermement uni contre la Nouvelle-France.

Les Iroquois exigent encore une fois l'union de toutes les forces.

D'après un récit officiel de la bataille, contenu dans un mémoire sur le Canada de 1690-1691, Schuyler aurait retraité de La Prairie avec plus de trente blessés, après avoir laissé plusieurs morts sur le champ de bataille. Un éclaireur du sieur de Valrennes l'aurait découvert à une distance de deux lieues ; le détachement français se serait alors posté derrière deux arbres tombés. Schuyler et ses hommes auraient subi une première fusillade qui aurait coûté la vie à trente d'entre eux ; ils seraient revenus trois fois à la charge. Le parti français tentant de les entourer, un véritable corps à corps se serait ensuivi. De jeunes Canadiens auraient alors reculé, donnant à l'ennemi l'avantage ; ralliés par Le Ber Du Chesne, ils se battent bien. De Valrennes est superbe ; les Indiens aussi. La bataille dure une heure et demie. Enfin, l'ennemi se retire, sans que les Français ne puissent le prendre au filet et le détruire. Comme les Français marchent depuis trois jours, ils n'arrivent pas à poursuivre l'ennemi, qui a abandonné son bagage pour mieux s'enfuir. Or, ce rapport contient une inexactitude, car il parle de cinquante Agniers tués et de deux cents Anglais abattus, les Français ayant eu soixante-cinq morts. Il semble y avoir eu autant d'exagération dans ce rapport français que dans les rapports anglais. Le détachement du sieur de Valrennes a certainement livré un bon combat, mais il n'a pu intercepter l'ennemi complètement ou l'anéantir. Schuyler a réussi à passer à travers avec une partie de ses troupes. Il a pu faire une retraite honorable, mais après avoir laissé derrière lui bien des morts et bien des blessés. Quoi qu'il en soit, comme il n'y avait pas plus de cent vingt Anglais dans le détachement, les Français peuvent difficilement en avoir tué deux cents. Ce fut certes une belle action, mais elle ne fut ni concluante ni définitive.

Le 12 août, Champigny écrit au ministre. Il dit qu'il y avait six cents hommes au camp de La Prairie, que la milice a été surprise et mise en déroute, et que les soldats qui sont venus à la rescousse ont perdu plusieurs des leurs et plusieurs officiers. Le capitaine de Valrennes, qui a réparé cette perte et a taillé l'ennemi en pièces, « les a tués et blessés presque tous... ».

Pendant ce temps-là, d'autres actions se livrent ailleurs. Ourehouare, désormais gagné aux intérêts français, était parti pour faire la guerre à ses compatriotes. Il leur a livré de petites batailles au printemps et a remporté des succès. Il s'est inféodé plus tard à un groupe de cinquante Hurons qui se livre à la petite guerre contre les Iroquois. À l'époque, sept à huit cents Indiens alliés font la guerre aux Iroquois de l'Ouest, c'est-à-dire plus particulièrement aux Tsonnontouans. Ourehouare leur fait ainsi la guerre pendant quatre ou cinq mois. À son retour, il présente un prisonnier onontagué à Frontenac. Inutile de dire que ces combats à l'Ouest empêchent les Iroquois de faire la chasse et de récolter des pelleteries, les réduisant à la misère et aux expédients et provoquant un certain nombre de difficultés. Eux ne peuvent plus acheter de marchandises anglaises et, de leur côté, les marchands d'Albany reçoivent peu de fourrures. *Les Iroquois sont réduits à la misère.*

Il semble qu'Ourehouare revienne de son expédition dans l'Ouest alors que l'expédition de Schuyler vient de se terminer. Il retourne à la guerre avec des Hurons et des Iroquois catholiques. À Montréal, deux Français et une femme viennent d'être capturés à la rivière des Prairies. Ourehouare poursuit leurs ravisseurs, qu'il rejoint au Rapide Plat, où ils faisaient des canots, sur le Saint-Laurent. Il les attaque aussitôt, en tuant deux et en faisant quatre prisonniers, pour ensuite libérer les trois Français. *La petite guerre continue.*

Le sieur de Lachapelle conduit une expédition de sept ou huit Indiens sous les murs d'Albany même. Il rentre avec deux prisonniers agniers. Le lieutenant La Brosse arrivera plus tard avec quelques scalps. Le 21 août, Frontenac est de retour à Québec. Les récoltes sont bonnes et presque terminées dans la région de Montréal.

La Forest part alors avec cent dix hommes pour aller porter des présents à Michillimakinac, aux Indiens alliés, et pour accompagner les Outaouais qui retournent chez eux. Frontenac écrira ce qui suit : « Les mouvements que les Outaouais et Hurons ont faits cet hiver et ce printemps ont beaucoup embarrassé les Iroquois et les ont, en quelque façon, retenus chez eux et empêchés qu'ils ne soient descendus en plus grand nombre. » Frontenac rapporte que, lors du voyage de Courtemanche, cinq ou six partis étaient en campagne ; que d'autres, plus nombreux, s'apprêtaient à le suivre que, maintenant, avec un fort à Michillimakinac, un autre à Chicago, chez les *Courtemanche était parti à Michillimakinac.*

Miamis et encore un autre chez les Illinois, les Indiens alliés se sentiront solidement appuyés et encadrés. Avec des présents importants (ceux qu'il envoie sans aucun doute par La Forest), il y aura moyen, croit-il, d'obtenir d'eux de grandes choses : « ...J'espère faire faire une diversion considérable par ce côté-là qui produira de très bons effets, ayant déjà eu avis que les Sonnontouans qui sont la nation iroquoise la plus voisine de ces cantons avaient quitté leur village et s'étaient retirés à celui des Oyogouins disant qu'ils étaient las d'être le bouclier des autres nations, ce qui est une marque qu'on a déjà fait plusieurs incursions sur eux. »

Louvigny est alors à Michillimakinac ; Le Gardeur de Courtemanche à Chicago, avec Vincennes ; et Tonty à Saint-Louis. Les Iroquois sont pris entre deux feux, ce qu'ils ont toujours cherché à éviter avec le plus grand soin. Les Indiens alliés ne les menacent sans doute pas vraiment, même s'ils les inquiètent et les harcèlent, les empêchant de combiner toutes leurs forces contre la Nouvelle-France.

La Forest part très tard à l'automne, probablement en octobre, et Le Gardeur de Courtemanche s'en va avec lui. Le roi envoie aussi des présents aux Miamis. Dans une dépêche datée du 20 octobre, Frontenac annonce que « le sieur de Louvigny a fait un fort qui met en sûreté la maison des révé- rends pères jésuites, et que nous en aurons un autre aux Miamis », sans compter celui des Illinois.

Le récit de La Potherie

Les Outaouais rapportent dans l'Ouest la nouvelle du combat de La Prairie de La Madeleine. Voici ce qu'en dit La Potherie : « ... Ils rapportè- rent qu'il s'était donné un Combat à la prairie de la Madeleine, à trois lieues vis-à-vis de Montréal, contre les Iroquois et les Anglais, où nous eûmes tout l'avantage : on peut dire que ces derniers furent extrêmement maltraités. » C'est une preuve de plus qui contredit le rapport triomphant de Schuyler. Cette nouvelle fait une forte impression sur les Outaouais encore incertains, « mais les Miamis de la rivière Saint-Joseph oublièrent aisément ce qu'ils avaient promis d'exécuter contre les Iroquois. Ils ne songèrent plus qu'à donner entrée aux Loups qui avaient un commerce ouvert avec les Anglais... » C'est le début d'une intrigue qui durera longtemps. Les Mohi- cans, en effet, entreprennent d'établir un commerce de fourrures avec les tribus de l'Ouest, des tentatives qui empêchent naturellement ces tribus, et en particulier les Miamis, de combattre les Iroquois et font une ouverture à ces négociations de paix.

Les Outaouais et les Miamis prennent part à la guerre.

Toujours d'après La Potherie, il semble bien que ce soit à cette époque que l'« on commença de toutes parts à faire la guerre tout de bon aux Iroquois. Les Outaouais envoyèrent de tous côtés des partis contre eux, ils en tuèrent et prirent plus de cinquante pendant l'Été. Les Miamis de Mara- meg enlevèrent huit Loups auxquels les Anglais avaient donné quantité de présents... La nation des Loups était entièrement dans les intérêts des

Anglais, qui voulaient se servir d'eux pour entrer chez nos Alliés, et les Iroquois profitèrent de cette union... » On donne cinquante livres de poudre aux Miamis de Marameg qui partent au nombre de deux cents et se séparent en quatre partis. Un premier revient au bout de trente jours, ayant tué plusieurs Iroquois ; les autres seront de retour plus tard, avec des prisonniers et quelques Mohicans.

Tous ces combats, ces luttes perpétuelles, ces partis toujours en mouvement fatiguent et épuisent les détachements canadiens. Dans sa lettre du 20 octobre, Frontenac demande de nouveau grâce pour elles. Elles sont « depuis deux ans dans un perpétuel mouvement et pendant l'hiver et l'été... sans aucune relâche » ; elles « se trouvent beaucoup diminuées et que pour les rétablir il faut y en envoyer de nouvelles. J'appréhende même de vous dire qu'il serait nécessaire que le nombre en fut considérable... » Frontenac dit que mille hommes pourraient à peine remplacer ceux qui manquent dans les compagnies, les compléter et remplacer les sept compagnies qui ont été réformées en 1689, car ces dernières lui « paraissent nécessaires pour conserver un pays d'une aussi vaste étendue qu'est celui-ci et menacé de tant de côtés ». En 1690 et 1691, il aurait perdu « plus de cinq cents soldats et quantité des meilleurs Canadiens ». On considère donc, à ce moment-là, que le gouverneur a perdu depuis son retour cinq cents soldats des troupes régulières.

Frontenac implore le roi : il faut mille hommes...

Ce n'est pas tout. Frontenac ne peut plus compter sur le même nombre de miliciens qu'autrefois. De nombreux massacres ayant eu lieu et des prisonniers ayant été faits, « le nombre des habitants est beaucoup diminué par la quantité qu'on en a perdu par la guerre, les maladies et les misères que la famine leur a fait souffrir... ».

... pour remplacer soldats et miliciens.

Le gouverneur et l'intendant demandent alors mille hommes de renfort. C'est un minimum, croient-ils. Il faut aussi de l'argent pour les fortifications de Québec qu'on devra mettre au point, si l'on veut que la ville soit à l'abri d'un coup de main. Pour Québec, Trois-Rivières et Montréal, il faut des canons, des boulets, de la poudre à mousquet.

Pendant cette époque terrible, le gouverneur se souvient qu'avant 1682, il avait demandé des troupes, dans le seul but de les montrer et de maintenir la paix. Le roi ne les lui avait pas accordées mais, aussitôt après son départ, il a envoyé compagnies sur compagnies, bien plus qu'un régiment, à Denonville et à La Barre, qui voulaient faire la guerre et qui, ni l'un ni l'autre, n'ont su comment la faire et la gagner. Frontenac voudrait bien que le roi ne refuse pas une nouvelle fois cette assistance, et il lui rappelle tous ces événements : « Ma révocation... a été suivie de toutes disgrâces dont cette colonie a été accablée... » Il parle des « millions que Sa Majesté a dépensés » et signale « les troupes nombreuses que Sa Majesté a envoyées et les Canadiens qu'elle a entretenus » pour n'aboutir à aucun résultat digne de

La plaidoirie du gouverneur au roi

mention. Soldats et Canadiens ont péri « dans des entreprises mal dirigées et qui ont tourné à la ruine de la colonie dans laquelle j'ai trouvé, en arrivant, les Iroquois faisant une dévastation et des cruautés inouïes, sans résistance et à la vue des forts et des troupes... ; les habitants étaient découragés et le peu de confiance qu'ils avaient en leurs chefs avait changé leur bonne volonté... » ; et « les sauvages amis qui avaient été témoins de notre faiblesse étaient prêts à se joindre à nos ennemis ». Frontenac, avec les mêmes troupes que Denonville, sans avoir reçu un seul soldat, a tenu tête non seulement aux Iroquois, mais aux Iroquois alliés des Anglais.

Le gouverneur rappelle au roi ces vérités pour que celui-ci ne soit pas tenté d'écouter ses détracteurs. Il demande encore une fois des soldats. Il voudrait bien attaquer New York, s'emparer de toute cette province, ce qui « réduirait inévitablement à la paix les Iroquois... », car ils seraient alors « privés des moyens de continuer la guerre et leur commerce ». Sans compter que cette conquête « rendrait le Roi le maître pour toujours de toutes ces parties du monde ».

À l'automne de 1691, l'état de la colonie n'est pas réjouissant. Frontenac dit tenir les troupes en mouvement pour protéger les habitants. Le tableau est bien triste : maisons détruites, familles réfugiées dans des forts étroits, hommes estropiés, veuves chargées d'enfants, angoisses perpétuelles causées par la possibilité d'attaques en tout temps par la forêt, danger permanent représenté par des colonies anglaises si populeuses et qui ne connaissent pas leur force. Le gouverneur défend inlassablement cette colonie en danger, mais il a affaire à trop forte partie, et les désastres s'accumulent.

Chapitre 196

1691

On connaît les tentatives de paix entre les Iroquois catholiques du Canada et les Iroquois d'Iroquoisie, particulièrement les Agniers. Depuis le printemps dernier, des négociations ont eu lieu. Le conseil d'Albany avait étudié cette question. Les Anglais y étaient franchement opposés, et Frontenac laissait faire. Après le combat de La Prairie de la Madeleine, les Iroquois du Sault avaient encore refusé de poursuivre le parti de Schuyler, qui comptait beaucoup d'Agniers.

La question intéressait grandement les autorités de la Nouvelle-France. À l'automne, Champigny reconnaissait que les Iroquois catholiques étaient dans la misère ; ils avaient servi d'éclaireurs, de guides et d'avant-gardes aux partis français et à la colonie. Ils avaient formé le gros de bien d'autres détachements. Maintenant, ils étaient en difficulté. Leur volonté de ne pas combattre leurs compatriotes s'affirmait de plus en plus, ce qui constituait une perte militaire grave pour la Nouvelle-France. Champigny conseille de leur offrir quand même des présents, car « ils pourraient se retirer avec nos ennemis, qui sont leurs parents et ensuite venir contre nous, ce qui pourrait causer la destruction de tout le pays, par la connaissance qu'ils en ont ».

Les Iroquois catholiques sont affaiblis.

Juste à l'époque où Champigny écrit ces lignes, se prépare une solution favorable aux intérêts de la France. C'est en effet au début du mois de décembre que se produit l'action du lac Champlain qui, outre son importance intrinsèque, allait avoir tant de retentissement.

Vingt-deux Iroquois catholiques vont à la chasse près de Chambly, région où il leur est arrivé plus d'une mésaventure. Cette fois-là, le sort leur est encore moins favorable. Trente-quatre Agniers et Onneiouts les surprennent et les font prisonniers, à l'exception d'une femme qui s'échappe, se rend rapidement au Sault et révèle sans tarder ce qui s'est passé. Alors, quarante autres Iroquois catholiques forment immédiatement un parti et se

Au lac
Champlain, une
escarmouche
éclate.

lancent aux trousses des ravisseurs. Ils marchent si rapidement qu'ils atteignent l'ennemi au lac Champlain. Ils forcent les retranchements que celui-ci s'était érigés en toute hâte, tuent seize des ennemis et font quatorze prisonniers, tandis que quatre seulement réussissent à s'échapper. Dans cette aventure, les Iroquois catholiques ne perdent que quatre guerriers.

La version
anglaise de
l'événement

Une version anglaise de cet épisode donne beaucoup plus de détails. Dix Agniers se seraient rendus au Canada. Ils auraient capturé quatre garçons français et une femme près de La Prairie. En revenant, ils croisent vingt-neuf Agniers et Onneiouts, parmi lesquels se trouvent les principaux capitaines qui veulent se venger du massacre de leurs compatriotes venus avec Schuyler. En joignant leurs forces, il seraient maintenant trente-neuf en tout. Peut-être en part-il quelques-uns, car on parlera plus tard de trente et un guerriers au total, soit vingt Agniers et onze Onneiouts. De leur point de jonction, ils se rendent à neuf milles en amont de Chambly, où ils découvrent deux cabanes d'Iroquois catholiques, dans les montagnes où treize d'entre eux chassent avec femmes et enfants. Ils attaquent et tuent quatre chasseurs, en font prisonniers six autres et une dizaine de femmes. Ce faisant, ils libèrent deux enfants qui avaient été capturés à Shenectady et qui devaient suivre les chasseurs. Un Onneiout est tué dans l'attaque, et deux autres sont blessés.

Trois Iroquois canadiens sont quand même parvenus à s'échapper. Un parti se forme aussitôt en Nouvelle-France, pendant qu'Agniers et Onneiouts reviennent lentement dans leur pays, après avoir assouvi leur vengeance sur leurs compatriotes. Après cinq jours de marche et ayant atteint le milieu du lac Champlain, ils découvrent des pistes dans la forêt et des retranchements dans la neige. Au matin, après avoir envoyé des éclaireurs, ils se mettent en marche en donnant à quatre d'entre eux la mission de surveiller leurs arrières. Vers neuf heures, des Français et des Indiens (Iroquois catholiques, Iroquois canadiens et Indiens de la Nouvelle-France) qui sont beaucoup plus nombreux et ont, semble-t-il, devancé l'ennemi et l'ont attendu, attaquent le parti en retraite. L'attaque est si bien menée et les mesures si bien prises qu'ils tuent les vingt-six Agniers et Onneiouts qui forment le corps principal, aucun ne s'échappant si ce n'est les quatre qui étaient à l'arrière ». Deux de ces derniers arrivent à Albany le 6 décembre et communiquent la terrible nouvelle ; le 14, surviennent les deux autres, qui ont assisté de loin à la bataille. Agniers et Onneiouts, disent-ils, ont lutté jusqu'à la mort, trois seulement se laissant capturer sur vingt-six. Ils ont vu quinze cadavres de leurs compatriotes scalpés par l'ennemi. Les Français auraient brûlé leurs morts (ce qui semble improbable) ; « et alors tous les principaux capitaines de ces deux nations, les Agniers et les Onneiouts, sont tués au chagrin de nous tous... » Les Iroquois présentent leurs doléances aux Anglais : « ...Nous n'avons plus dans ces bourgades aucun homme de conduite sur lequel nous pouvons nous fier... » Les officiers civils et militaires d'Albany qui, le 30 décembre, rédigent ces nouvelles pour le commandant en chef insistent sur la consternation qui règne chez les Iroquois depuis cette action. La nouvelle est envoyée aux Cinq Tribus. Les Anglais ne veulent pas aller à la guerre, « il n'y a pas moyen d'en avoir sans argent, ils ne remueront pas un pied, à l'exception de quelques particuliers qui s'engagent pour leur solde... Les Agniers détestent beaucoup faire des excursions à toute occasion... cette grande perte de leurs hommes a imprimé une telle terreur chez eux qu'ils manquent presque de courage... ils ont rappelé ce soir que les Agniers et les Onneiouts ont perdu quatre-vingt-dix hommes en deux ans de temps. Et toutes les bourgades d'Agniers ne peuvent aligner plus de 130 guerriers. » Les Iroquois convertis à une secte protestante sont tous morts ; quinze ont été tués pendant l'été. Des prisonniers de la Nouvelle-France disent que les Français vont attaquer cet hiver. On organise en conséquence la défense et on travaille aux fortifications.

Un autre document parle de cette action où les Français, « en tuant et capturant nos meilleurs Iroquois agniers et onneiouts », ont remporté une grande victoire. Ceux qui se sont échappés sont arrivés dix jours après la bataille. On a retrouvé les cadavres de quinze Iroquois ; et, parmi eux, il y avait un sachem en chef, son fils, son frère, un capitaine d'un très grand courage, « et plusieurs autres parmi les meilleurs Indiens, et qui étaient bien connus parmi nous... ». Après cette défaite, la colonie de New York craint de nouveau une invasion qui doit se produire aussitôt que la glace sera bien formée. On demande aux Agniers de venir passer l'hiver à Albany ou à Schenectady avec leurs femmes et leurs enfants ; on leur promet des provisions.

La victoire française laisse-t-elle présager une invasion ?

Ces versions anglaises montrent que l'affaire du lac Champlain avait eu une grande importance. Elles ajoutent nombre de détails aux versions françaises, bien qu'elles en diffèrent en quelques points. La version française dit que ce sont les Iroquois catholiques seulement qui ont infligé cette fameuse défaite à leurs compatriotes. Les versions anglaises attribuent plutôt ce succès aux Français. Il faut probablement prendre dans chacune ce que leurs auteurs connaissaient bien. Toujours est-il que Frontenac tenait parole. Il avait aux Iroquois offert la paix, leur disant que cette guerre ne les concernait pas. Il leur avait dit que s'ils n'acceptaient pas la paix, il les punirait comme des enfants récalcitrants et révoltés contre leur père. L'heure de la punition était venue, et elle ne faisait que commencer. Ces tribus n'ayant que des effectifs restreints, toute perte leur était pour ainsi dire mortelle. Après deux ans seulement d'hostilité, l'une d'elles, celles des Agniers, allait maintenant à sa ruine.

Les hostilités ne faisaient que commencer.

Lorsque les officiers civils et militaires d'Albany écrivent au comman-

Un détachement iroquois au fort Frontenac ?

dant en chef de la colonie de New York, le 30 décembre 1691, ils attendent des nouvelles d'un détachement de sept cents guerriers tsonnontouans qui auraient atteint la rivière Katarakouy ou auraient marché dans cette direction. Ils espèrent que ce parti aura plus de succès que celui des Agniers qui s'est rendu au lac Champlain. Ils ont aussi appris qu'un groupe de deux cents Onontagués et de cent Goyogouins s'est séparé du parti précédent pour attaquer les Iroquois catholiques. Ils ne savent pas ce que feront les quatre cents autres. Le détachement complet aurait surveillé pendant un certain temps les ruines et les environs du fort Cataracoui.

Ces guerriers auraient dû partir au mois de juillet pour prêter main-forte à l'expédition de Schuyler, à La Prairie de la Madeleine, mais ils n'avaient pas bougé au moment prévu. D'après les nouvelles précédentes, ils s'étaient mis en marche au mois de décembre, alors même qu'ils auraient dû attaquer au début de ce mois, et il ne s'agirait plus que de cinq à six cents Tsonnontouans.

Les Iroquois seraient responsables de leurs malheurs, selon les Anglais.

Pendant les délibérations du conseil, qui aura lieu entre les Anglais et les cinq tribus iroquoises le 6 juin 1692 à Albany, il sera question de nouveau de cette affaire. Le major Richard Ingoldesby dira qu'il connaît « la grande perte que les Alliés ont faite l'hiver passé à Catarakouy », mais que ceux-ci ne doivent s'en prendre qu'à eux-mêmes ; ils ont trop longtemps reporté leur départ et se sont décidés trop tard ; les Français ont eu vent de leur présence et ils ont attaqué. À l'avenir, ils devraient agir plus rapidement et préparer plus soigneusement leurs entreprises.

Les Iroquois répondront qu'ils n'ont pas pu faire ce qu'ils voulaient et que Dieu a voulu ce qui arrive. Ils ajouteront « ...la guerre nous a tellement employés chez nous, dans notre propre pays, que nous ne pouvions pas nous éloigner... ».

Ce détachement ne serait qu'un groupe de chasseurs !

Si on en croit les documents français, le parti iroquois n'aurait pas eu le nombre d'hommes avancé par les Anglais. Il s'agit probablement et tout simplement d'un groupe de chasseurs iroquois qui se seraient rendus dans leur ancien territoire de chasse, le Haut-Canada, mais qui, au lieu de pénétrer plus avant dans les terres, comme autrefois, se seraient tenus aux alentours du fort abandonné de Katarakouy, à proximité de l'Iroquoisie et du Saint-Laurent. Car on ne voit pas bien pourquoi un groupe important de guerriers, de cinq à sept cents, se serait dirigé dans cette direction et serait resté en observation pendant des semaines et des mois. Qu'y avait-il à faire là, en décembre, janvier et février, ou même en novembre ?

Claude Guillouet d'Orvilliers (1668-1728), un officier

Une chose est certaine, c'est que les Français apprennent leur présence dans cette région car, dès février, Frontenac y détache d'Orvilliers, qui connaît ces parages, avec cent vingt Français et deux cent cinq Indiens. Il sait sans doute à cette époque que ce prétendu parti de guerre est tout simplement un groupe de chasseurs. Car si les Iroquois essaient d'empêcher les Français de faire leurs semailles et leurs récoltes, les Français, ce qui est de bonne guerre, tenteront d'empêcher les Iroquois de chasser.

D'après les nouvelles qui parviennent jusqu'à Montréal, il ne s'agit plus que de cinquante chasseurs tsonnontouans qui se trouveraient près de l'ancien fort, mais il y aurait d'autres groupes dans les environs. En outre, au printemps, ces chasseurs auraient l'intention de faire comme au printemps de 1691, c'est-à-dire de descendre le fleuve, de venir s'établir à la tête de l'île de Montréal et, selon leur tactique habituelle, de perturber les semailles.

C'est pourquoi Frontenac a décidé de prendre les devants en expédiant ce parti guerrier français. Trois jours après le départ, M. d'Orvilliers subit un accident, et M. Beaucours lui succède. On remonte lentement le long du Saint-Laurent sur la neige. Les renseignements étaient exacts, et la rencontre a lieu à Toniata, en bas de Cataracoui. Cette fois encore, les Iroquois subissent une défaite décisive. Les Français tuent vingt-quatre guerriers sur cinquante, font seize prisonniers et libèrent trois Français que les ennemis tenaient en captivité dans leurs rangs. Du côté franco-indien, seuls cinq Indiens et un Français sont tués, et cinq autres sont blessés. Les coups sont tombés durs comme la grêle sur l'ennemi, et c'est un nouveau triomphe. Parmi les Français libérés, se trouve le sieur La Plante, qui était retenu prisonnier depuis le massacre de Lachine.

Josué Dubois Berthelot de Beaucours (v. 1662-1750), officier, gouverneur des Trois-Rivières et de Montréal

Lahontan dit que Frontenac savait que les Iroquois allaient chasser à cet endroit, que les Français auraient ramené seize prisonniers, que deux seraient condamnés à être brûlés et que le supplice aurait lieu sur le cap Diamant.

Si les Français ne peuvent faire leurs récoltes, les Iroquois ne pourront pas chasser, ce qui est une punition pour les Iroquois et pour les Anglais. Sans compter que, pendant ce temps, à l'ouest, les Indiens alliés harcèlent l'Iroquoisie.

La Potherie dit que d'Orvilliers doit abandonner le commandement et revenir parce qu'il s'est renversé une chaudière d'eau bouillante sur les jambes au lac Saint-François. D'après cet auteur, le parti aurait atteint à Toniata quatre-vingts Iroquois, dont treize seulement auraient échappé à la mort ou à la captivité. Parmi les prisonniers, il y aurait eu trois femmes. Huit Indiens et deux Français auraient succombé au combat. Les Iroquois catholiques seraient revenus avec pas moins de vingt-quatre scalps, et un chef ferait partie des prisonniers. Lahontan, pour sa part, ne parle que de soixante Iroquois. Les Français découvriraient leurs pistes, attaqueraient le jour suivant et tueraient ou captureraient tous leurs adversaires. Lahontan insiste longuement sur le supplice de deux prisonniers auquel se résout Frontenac, malgré toutes les instances : « Il fallait de toute nécessité faire un exemple rigoureux pour intimider les Iroquois. » Car ils brûlaient les Fran-

Frontenac veut faire un exemple : deux prisonniers seront suppliciés.

çais sans se gêner ; et le fait qu'eux-mêmes ne subissaient aucune torture en Nouvelle-France les encourageait à attaquer les habitations françaises, ou plutôt leur permettait de les attaquer le cœur plus léger, avec moins d'appréhension. L'un des deux condamnés se serait suicidé avec un couteau qu'on aurait jeté dans sa cellule. Les Hurons de Lorette auraient torturé l'autre pendant trois heures sur le cap Diamant, avant de l'achever d'un coup de massue.

Chapitre   197

1692

L'appel passionné de Frontenac au roi de France n'obtient aucun succès. Celui-ci donne sa réponse le 7 avril 1692. Aux demandes de troupes, il oppose une fin de non-recevoir. « La situation des affaires en Europe n'ayant pu permettre à Sa Majesté de faire présentement l'envoi des soldats que ledit Sieur de Frontenac a demandés, Sa Majesté est bien aise de l'assurer qu'il sera puissamment secouru en cela et en toutes choses nécessaires l'année prochaine. » Frontenac doit donc s'efforcer de subsister une autre année avec les troupes qui sont arrivées en Nouvelle-France avant 1689. Ses dépêches pathétiques ne lui ont malheureusement pas valu un seul soldat. Cependant, Louis XIV envoie des fonds, des vivres, des gratifications, des armes et des munitions tant pour les Français que pour les Indiens. En cela, il imite jusqu'à un certain point les Anglais ; les Français paient de leur personne beaucoup plus que leurs voisins, mais ils utilisent de plus en plus, comme mercenaires, les Indiens qui font avec eux le commerce des fourrures. Au lieu d'une solde, ils leur donnent des présents et se servent de l'emprise que peut leur donner sur eux le fait de pouvoir les fournir ou non en marchandises européennes. Usant de tous les arguments qu'ils peuvent, ils canalisent leur haine.

Le roi fait encore la sourde oreille.

L'un des aspects les moins intéressants de cette lutte est le montant que l'on verse maintenant, au Canada et en Nouvelle-Angleterre, pour chaque scalp d'ennemi indien que les Iroquois, les Iroquois catholiques, les Indiens alliés ou d'autres Indiens de la Nouvelle-France peuvent rapporter. Il y a un poste dans les budgets pour cela. En Nouvelle-France, on en donne dix livres depuis 1691. Cette lutte, une lutte à mort, n'épargne rien ; pourtant, il y avait peu d'excuses à l'appliquer contre les Abénaquis ou contre n'importe qui, car on encourageait les tribus indiennes à s'exterminer entre elles.

Dix livres pour un scalp !

Le fort Frontenac pourra être reconstruit...

Dans la même dépêche du 7 avril 1692, il est aussi question du fort Frontenac et le roi confirme la permission de le reconstruire. « Ayant expliqué en particulier au Sr de Frontenac ses intentions sur la proposition qu'il a fait pour le rétablissement du fort de Frontenac, Sa Majesté désire que ledit Sr de Champigny se conforme pour ce qui pourra être en cela de ses fonctions, à ce que ledit Sr de Frontenac trouvera à propos. » La permission est donc officielle et comporte le droit de dépenser de l'argent.

...non sans appréhension de la part du ministre.

Cela n'empêche pas le ministre, dans une lettre du même mois, de faire des réserves. Il indique au gouverneur que Louis XIV a donné la permission, mais qu'il y des gens qui prétendent connaître le pays et qui ne pensent pas que cette initiative s'impose. La Nouvelle-France n'a que peu de soldats et établir une nouvelle garnison au lac Ontario, c'est affaiblir sa défense. L'ouvrage coûtera cher, ajoute le ministre, et « on n'en tirera aucune utilité considérable ». L'expérience l'aurait prouvé. Le ministre supplie alors le gouverneur de bien étudier le projet, ou au moins de s'assurer du succès, sans quoi, il vaut mieux remettre cette entreprise à plus tard.

Frontenac plaide encore sa cause : le fort est une nécessité absolue.

Frontenac a dû s'amuser. Il n'a jamais changé d'avis au sujet de ce fort. À l'image de ses grands maîtres Talon et Callière, il en a toujours vu la nécessité. Aussi, dans sa réponse du 15 septembre 1692, il dira qu'il n'a pas l'idée de remettre immédiatement le fort en état, puisqu'il n'a pas assez de soldats, avant d'ajouter, avec sa passion coutumière, les phrases suivantes : « ...Mais j'ose vous dire et le soutenir contre qui que ce soit au péril de ma tête, que quand l'occasion s'en offrira, je ne saurais jamais rendre un si grand service au Roi ni faire rien de plus avantageux pour la colonie que de rétablir ce poste, qui est également nécessaire et pendant la guerre et pendant la plus profonde paix, et que toutes les personnes qui diront le contraire, ou sont ignorantes des affaires de ce pays et n'ont guère profité du séjour qu'ils y ont pu faire, ou que des motifs d'intérêt particulier » les guident. Ce poste, dit-il encore, lui a permis de maintenir la paix durant les dix premières années de son premier gouvernement. C'est le seul moyen qu'il a employé. Les gouverneurs qui lui ont succédé ont été heureux d'y trouver une base d'opération quand ils ont voulu attaquer les Iroquois et pénétrer au cœur de l'Iroquoisie. Lui-même, depuis son retour, aurait pu, comme c'était son intention, lancer une expédition en pays iroquois, si le fort avait été maintenu. Enfin, « c'est un entrepôt nécessaire pendant la guerre pour les expéditions éloignées » ; et puis le fort servirait « de retraite pour les partis des Outaouais et des autres nations d'en haut qui viendraient plus librement et avec bien plus de confiance harceler les Iroquois dans leurs chasses et jusque... dans leurs villages... » En temps de paix, c'est un endroit où le gouverneur peut rassembler les Iroquois pour « leur remettre l'esprit quand ils l'ont gâté par de méchantes impressions que des brouillons leur ont données ». Frontenac assure au ministre qu'il ne parle pas ainsi par orgueil de fondateur, mais parce qu'il est persuadé et certain que le fort est utile et important. Il reste qu'il ne fallait pas attendre des intendants, ces êtres bornés à peu d'exceptions près, de comprendre la nécessité de ce poste, et Frontenac éprouvera encore bien des difficultés à ce sujet.

L'année 1692 est une autre année terrible, comme elles l'ont toutes été depuis 1689. Elles montrent toutes combien le père Jean de Lamberville avait raison quand il écrivait à La Barre de ne pas commencer la guerre contre l'Iroquoisie dans l'état où se trouvait la Nouvelle-France. La victoire était pensable, mais on pouvait aussi ne repousser l'ennemi qu'au prix de peines et de misères inouïes.

En avril, un Abénaquis de Saint-François est tué. Des groupes composés de trois, quatre, huit, dix ou douze Indiens partent de Montréal pour surveiller ou repérer l'ennemi et savoir s'il a envoyé des partis de guerre. L'un se rend jusque sous les palissades d'Albany, surprend et capture trois Anglais, en tue deux et ramène l'autre. Malheureusement, deux de ces partis ne se reconnaissent pas et se prennent l'un l'autre pour un détachement ennemi, avec le résultat que trois guerriers succombent inutilement.

À la fin du mois d'avril, Frontenac, qui veut envoyer ses ordres à Michillimakinac, les donne à Callière. Celui-ci ordonne à La Noue de partir avec quarante-trois Français de Montréal qui forment un détachement pour Michillimakinac, ainsi que trois Français et vingt-cinq Indiens qui sont directement sous ses ordres et servent d'escorte. Au bout d'un certain nombre de jours, La Noue revient avec l'escorte après avoir laissé l'autre détachement sur le chemin de Michillimakinac. Il n'a pas vu d'ennemis, mais le détachement est de retour car il n'a pas pu passer, ayant repéré des traces de l'ennemi à la rivière aux Lièvres. Renvoyés à nouveau, le détachement et l'escorte reviennent après avoir découvert le corps principal de l'ennemi. Les Iroquois sont sur l'Outaouais et, comme au temps des Hurons et des convois de fourrures, ils sont postés le long de l'Outaouais pour couper les communications, intercepter les Français et les Indiens alliés et, si possible, faire du pillage. Tilly de Saint-Pierre, qui suivait avec un duplicata des ordres pour Louvigny, prend des chemins écartés et réussit à passer avec deux canots. Il a aussi pour mission d'avertir les Indiens supérieurs que la route de l'Outaouais est bloquée.

À la fin du mois de mai, des Têtes-de-Boule, qui sont venus faire la traite des fourrures, cherchent à rentrer dans leur pays à bord de leurs vingt-neuf canots. On leur donne une escorte de trente-six Français. Parmi eux, il faut signaler les deux fils du sieur Hertel, et La Gemerais. Les Indiens forment un groupe de soixante hommes. Tous remontent paisiblement l'Outaouais, sans savoir que les Iroquois les attendent au Long-Sault. Suivant l'ancienne tactique, ceux-ci les attaquent durant le portage, alors que la moitié des Têtes-de-Boule se chargent des marchandises et que les autres

Zacharie Robutel de La Noue (1665-1733), lieutenant réformé et en pied. En 1706, il acheta la seigneurie de Châteauguay des héritiers de Charles Le Moyne. Il avait épousé Catherine Le Moyne, fille de Le Moyne de Sainte-Hélène.

Sans doute Pierre Legardeur de Repentigny

Y avait-il des Têtes-de-Boule à cette époque en haute Mauricie ?

sont encore dans leurs canots. Cette brusque attaque remporte un succès presque complet. Les Têtes-de-Boule se font en partie tuer, et les autres retraitent en désordre jusqu'à Montréal. Laissés à eux-mêmes, les Français se défendent vaillamment, mais ils ne sont qu'une trentaine d'hommes surpris, dans une position désavantageuse, par une bande d'environ cent quarante Iroquois commandés par l'un de leurs meilleurs chefs, le fameux Chaudière Noire. De bons soldats sont tués, alors que les autres doivent finalement s'enfuir. L'embarcation des deux Hertel chavire, et tous deux sont capturés. La Gemerais parvient à fuir avec quelques soldats. La défaite est complète : vingt et un bons soldats et trois Indiens ont perdu la vie ; quinze autres sont faits prisonniers. Les Iroquois saisissent des munitions et les marchandises des Algonquins.

Chaudière Noire, redoutable chef onontagué.

Zacharie-François s'échappera seulement en 1695.

Après ce malheureux combat, la colonie apprend que le chevalier d'Eau s'est échappé. S'ensuit un mois de tranquillité relative.

Pendant que règne une courte accalmie à Montréal, les Anglais ont un conseil à Albany avec les sachems des cinq tribus iroquoises. Sloughter est mort subitement ; Benjamin Fletcher doit le remplacer. Le 7 mars 1692, il a reçu des instructions en qualité de gouverneur de New York. Elles contiennent la même clause que celles de ses prédécesseurs en ce qui a trait aux Iroquois. Il devra appeler devant lui les représentants des Cinq Cantons et, après leur avoir demandé de renouveler leur allégeance envers l'Angleterre, les assurer au nom du roi qu'ils recevront sa protection, en qualité de sujets, contre le roi de France. Dans l'attente de l'arrivée de ce personnage, le major Richard Ingoldesby dirige la colonie.

Benjamin Fletcher (1640-1703) gouverneur de New York

Le 30 mai, le secrétaire d'État Blathwayt apprend, dans une lettre qu'il reçoit du conseil de la colonie, que tout récemment la panique a de nouveau régné. Une rumeur s'était en effet répandue à l'effet qu'une invasion était en cours, que Frontenac s'approchait à la tête de six cents hommes et deux cents autres alliés, tandis que mille Indiens alliés attaqueraient les Tsonnontouans. Tous les habitants d'Albany voulaient quitter l'endroit. Le commandant en chef a dû s'y rendre sans tarder. L'année d'avant et cette année, les Anglais ont donné de nombreux présents aux Iroquois : « Cependant, ajoute-t-on dans cette lettre, on les trouve très froids et très indifférents, et ceci est dû au fait qu'on les a négligés pendant les désordres de Leisler... » On leur donnait alors peu de présents et on leur vendait les marchandises à un prix élevé. De plus, les habitants d'Albany sont pauvres et accablés par les impôts pour le maintien d'une garnison.

Les habitants d'Albany sont pris de panique.

Enfin, le conseil a lieu le 6 juin. Les sachems des cinq tribus sont là. Le major Ingoldesby parle tout d'abord. Venu étudier les défenses d'Albany et protéger cette place, il a amené des troupes. Il rappelle l'expédition de Schuyler l'été précédent. Elle a eu un bon résultat, croit-il, parce que, « même si nous avons perdu plusieurs hommes », elle a empêché l'invasion

Ingoldesby revient sur le raid de Schuyler.

de la colonie de New York. L'échec de l'entreprise a été en partie dû au fait que, les quatre tribus supérieures ne s'étant pas mises en campagne à temps, une jonction des deux corps n'a pas pu s'effectuer à La Prairie. Puis, dur et sec, le major donne ses ordres : « Dans l'avenir vous devrez exécuter tout engagement ou entente que vous ferez avec nous. » Le major connaît aussi les pertes que ses alliés ont subies l'hiver précédent à Toniata. Dans cette affaire, ils ne doivent s'en prendre qu'à eux-mêmes. À l'avenir, qu'ils montrent plus de célérité, prennent plus de précautions et poursuivent les Français dans leur pays. Aussitôt que les troupes seront arrivées, il faudra que des éclaireurs soient en permanence en campagne et que les Iroquois « envoient continuellement des partis dans le pays des ennemis, pour les tenir en alarme et pour prendre vengeance du mal qu'il nous a fait récemment ». Les Français utilisent à nouveau leur vieille ruse de guerre : répandre de faux rapports de paix afin de les endormir pour les mieux surprendre ensuite : « C'est notre intérêt commun de poursuivre cette guerre contre les Français... » Le temps n'est pas venu de penser à la paix. Les Anglais maintiennent leur traité d'alliance avec les Iroquois. Le major aurait appris d'un Agnier et d'un Tsonnontouan qui ont été prisonniers chez les Hurons que cette dernière nation aurait refusé de se joindre aux Français contre les Tsonnontouans. Si c'était exact, il faudrait amorcer des négociations de paix, pour affaiblir les Français et renforcer les Iroquois.

Les Iroquois sont responsables de la défaite.

Le major avait parlé durement. C'est le grand sachem des Onneiouts qui répond au nom de ses collègues, et il se montre aussi dur et sec que l'Anglais. Sa réplique porte à coup sûr. Les Iroquois, dit-il, sont contents de l'arrivée du gouverneur et de la garnison. Ils ne se sentent pas responsables de la mort des Anglais de l'expédition de Schuyler ; c'est Dieu qui en a voulu ainsi. Le gouverneur, s'il parle toujours des pertes anglaises, ne mentionne jamais les pertes des Agniers : « ...Il ne prend pas note de nos alliés, les Agniers, qui ont été tués à ce moment... » Ils ont eu de la tablature dans leur propre pays de la part des Indiens alliés. Les Anglais ne doivent pas laisser les Iroquois manquer de munitions, « puisque nous sommes engagés dans cette guerre et que nous la continuons pour vous [*your sake's*] et pour vos intérêts et que nous évitons de faire la paix, que nous pourrions conclure très avantageusement... » Cette phrase est directement liée aux offres de paix et à la propagande diffusée par Frontenac depuis son arrivée et qui sont responsables des mauvais sentiments des Iroquois et ont donné naissance à un ver qui ronge l'alliance anglo-iroquoise. Les Iroquois demeureront en guerre, bien que ce soit contre leurs intérêts et que, en cas de défaite, ils ne seraient pas les seuls perdants. Ils souffrent déjà grandement de ces hostilités : « Nous déclinons chaque jour, ayant perdu beaucoup de nos gens dans cette guerre. »

Donner de la tablature = lui causer de la peine, du souci

L'orateur iroquois a réservé le plus dur pour la fin. Ses compatriotes attaqueront les Français dans leur pays, « mais vous ne nous dites pas que

Pourquoi les autres colonies ne se joignent-elles jamais aux Iroquois ?

vous enverrez de vos gens avec nous ». Bien plus, « ...vous désirez que nous tenions l'ennemi dans une alarme perpétuelle... N'est-ce pas pour que vos frontières soient en sécurité ? Pourquoi alors ne dites-vous rien de vos gens qui doivent nous joindre ? » Et le roi d'Angleterre, « s'il commandait seulement à ses sujets qui habitent ce côté-ci de la mer de s'unir, la destruction de l'ennemi serait moins que le travail d'un été ». Les Iroquois sont en effet fort mécontents du fait que, dans cette guerre, les autres colonies anglaises (pas même ces Virginiens avec qui ils renouvellent leur alliance) ne se joignent pas à la colonie de New York. De plus, le gouverneur du Canada donne plus de munitions aux Indiens qui l'assistent que les Anglais.

Voilà la réponse, dure et hautaine, de l'orateur onneiout. Les Iroquois comprennent de mieux en mieux qu'ils sont les seuls à se battre, que les autres colonies anglaises n'aident pas New York, qui n'aide pas beaucoup les Iroquois, et que ce sont toujours eux qui se font tuer et qui sont en campagne.

L'orateur agnier approuve l'Onneiout. Où sont les autres colonies ?

Le grand sachem des Agniers parle ensuite. Il met autant de vigueur dans sa harangue que l'orateur onneiout. Il est surpris que seuls les Virginiens offrent une certaine assistance. Que font le Maryland, le Connecticut, la Nouvelle-Angleterre ? Les États n'obéissent-ils plus au roi ? Ont-ils abandonné l'alliance ? L'union entre tous aurait pour résultat la défaite rapide des Français. Si les Anglais ont peur de voir les Iroquois faire la paix avec les Français, les Iroquois craignent que les Anglais fassent la paix de leur côté. Les Agniers renouvellent le traité et remercient pour les cadeaux de poudre et de plomb ; mais qu'en feront-ils sans fusils ? Il faudrait un armurier dans la capitale pour réparer les fusils brisés. Enfin, il est faux que les Hurons aient manifesté un désir de paix.

L'amertume des Iroquois est palpable.

Ainsi répondent les Iroquois au major Ingoldesby. Un mécontentement profond s'est glissé dans les relations anglo-iroquoises. Ils sont amers car ils mènent cette lutte à peu près seuls et reçoivent de rudes coups, et parce que cette guerre les fatigue. Les Indiens ne sont pas habitués à des guerres si longues et menées avec autant d'énergie. Leurs conflits se font toujours par intermittence. Ils se battent avec violence depuis maintenant trois ans, sans entrevoir la moindre issue. Tout le fardeau retombe sur eux, car les Anglais les laissent se battre. Or, le danger apparaît au bout de la route : l'ennemi s'est ressaisi et il mène une ronde endiablée qui ne semble jamais devoir finir. Les offres de paix de Frontenac reviennent constamment à la mémoire des Iroquois.

Chapitre 198

1692

Que les Iroquois soient en ce moment sincères, qu'ils veulent vraiment la guerre, qu'ils désirent à tout prix battre les Français, est bien difficile à contester. Il paraît tout à fait impossible de les accuser de jouer entre la France et l'Angleterre, entre les Français et les Anglais, pour obtenir le plus de présents possibles. Eux qui tirent franchement du collier voudraient que les Anglais en fassent autant ; ils les poussent à en faire davantage et ne ménagent pas leurs efforts en ce sens.

Il n'en faut pas d'autre preuve que ce qu'ils ont accompli depuis le mois d'août 1689 et les actions qu'ils mènent pendant l'été de 1692.

Alors qu'à Albany les sachems reprochent durement aux Anglais d'être trop inactifs et de ne pas se jeter à fond dans la lutte, Chaudière Noire, soit avec les mêmes partis de guerre, soit avec de nouveaux guerriers, reprend ses attaques. Il semble qu'entre la première action du Long-Sault et la seconde, un assez long intervalle s'écoule. À la suite de l'engagement qui a fait une bonne vingtaine de victimes françaises, Frontenac, le 29 juin, envoie cent trente Français et soixante Indiens sous la conduite de Vaudreuil pour déloger Chaudière Noire, qui attend une flottille de fourrures sur l'Outaouais. L'ennemi, pourtant, n'est plus sur les lieux du dernier engagement. Où est-il exactement ? Bien difficile à dire, si ce n'est qu'au début du mois de juillet, deux habitants sont enlevés près du fort Rolland, à quatre lieues plus haut que Montréal ; puis, quelques jours plus tard, le 15 juillet, quatorze hommes sont capturés à La Chesnaye, alors qu'ils sont occupés à faner le foin. Callière envoie un détachement de quatre-vingts hommes dans cette direction, sans que cela empêche l'enlèvement de deux autres habitants à l'île Jésus et l'incendie d'une grange pleine de foin. Le premier groupe que Callière a envoyé est commandé par Duplessis Faber et Morville ; le gouverneur de Montréal en envoie un second, de cent cinquante hommes et

Chaudière Noire est à l'affût.

François Lefebvre Duplessis Faber capitaine, décoré de la croix de Saint-Louis

S'agit-il de Claude-Dorothée Laguer de Morville ?

placé sous le commandement de Vaudreuil, pour rejoindre le premier et concerter leurs mouvements. L'ennemi retraite, abandonnant canots et bagages. Il semble bien qu'il s'agit ici d'une invasion menée par Chaudière Noire, qui disperse ses nombreux guerriers dans la colonie, mais qui rencontre presque partout des groupes qui le surveillent, une population aux aguets, une défense assez énergique et assez prudente. Le chef onontagué commet quelques massacres et effectue quelques attaques-surprise, mais rien qui corresponde aux forces qu'il a à sa disposition. On va jusqu'à dire qu'il aurait à ce moment-là six cents guerriers sous ses ordres. Duplessis Faber couvre assez bien, quoique pas complètement, les forts de la rivière des Prairies, de l'île Jésus et de La Chesnaye.

Frontenac se rend à Québec, où les arrivages sont abondants. Une petite flotte lui apporte des vivres et des munitions. Le ravitaillement est facile.

Étienne de Villedonné était prisonnier depuis 1689. Il sera commandant du fort Joseph, de 1722 à 1726.

En abandonnant l'offensive, les guerriers de Chaudière Noire ont libéré un prisonnier français, Villedonné, qu'ils traînaient avec eux. Celui-ci révèle que les Iroquois ont laissé au Long-Sault le produit de leurs chasses d'hiver, c'est-à-dire un gros lot de pelleteries ; les Onontagués les ont dissimulées dans la forêt et ils iront les chercher avant de retourner dans leur pays. Ils sont environ cent cinquante à attendre la flotte de Michillimakinac. Villedonné était prisonnier depuis trois ans.

Les Français repartent à l'attaque au Long-Sault.

Vaudreuil revient à Montréal. C'est alors que Callière forme un parti de cinq cents Français et Indiens pour attaquer Chaudière Noire au Long-Sault. Ce corps important remonte la rivière des Outaouais et, au bout de quatre jours, arrive au Long-Sault, qu'il dépasse un peu. Les Français, apercevant un canot iroquois qui franchit la rivière et se croyant découverts, abordent au rivage et se préparent immédiatement au combat. Une centaine d'hommes restent sur le lieu de l'abordage pour défendre les canots. Les autres pénètrent dans la forêt, à l'indienne, sans faire de bruit, pour surprendre l'ennemi. Alors que le jour tombe, ils entendent les coups de hache de l'ennemi qui coupe du bois. Les Français ont découvert l'antre des Onontagués. Ceux-ci poussent bientôt leurs clameurs d'alarme. Les Indiens qui suivent les Français y répondent par les leurs. Les Onontagués du groupe principal, apprenant la nouvelle de l'attaque, se mettent en position de combat. Aucune surprise n'est donc plus possible et ce n'est plus faisable d'encercler le camp. C'est dommage, quoiqu'il fallait s'y attendre, le corps français ne connaissant pas à l'avance sa situation exacte et la présence de troupes indiennes rendant difficile le maintien du silence et d'une concertation des mouvements pour une telle opération. Les Français se placent cependant en ordre de bataille et chargent aussitôt. L'ennemi, voyant le nombre d'hommes auxquels il a affaire, lâche prise tout de suite, s'enfuit et se disperse. Vingt guerriers sont cependant tués au premier choc. Beaucoup d'entre eux sont poussés vers la rivière où ils se noient. Dix-neuf sont capturés. Chaudière Noire réussit à atteindre la rive opposée, laissant derrière lui sa femme, qui est faite prisonnière ; elle sera conduite chez les Iroquois chrétiens.

Bilan de l'année 1692

Le récit des faits militaires de cette année-là établit le bilan de ce combat : vingt hommes tués ou prisonniers, neuf femmes et cinq enfants capturés, des blessés, et douze Français, en majorité capturés tout récemment à La Chesnaye, libérés. Malheureusement, les Français perdent trois bons officiers (La Brosse, Montesson et Lapoterie), ainsi que trois soldats, quatre cultivateurs, quatre Indiens, tandis que six autres sont blessés.

Le résultat du combat n'est pas aussi satisfaisant que l'on aurait pu s'y attendre, mais les Onontagués, à leur tour, apprennent qu'il n'est pas prudent et qu'il en coûte cher d'attaquer la Nouvelle-France.

La colonie vient donc de se débarrasser de ce parti qui, de son retranchement au Long-Sault, d'une part bloquait l'Outaouais et, d'autre part, s'était avancé jusqu'en bas de l'île de Montréal ; poursuivi par Duplessis Fabert et Vaudreuil, il doit regagner son camp par une autre route. Malgré ces attaques, les semailles avaient été satisfaisantes.

Les Agniers remplacent les Onontagués...

Les Onontagués ne sont pas plutôt repoussés que les Agniers entrent en scène. Le 28 juillet, le sieur de Lusignan, deux autres officiers et une trentaine d'hommes remontent en barques des Trois-Rivières jusqu'à Montréal. Ils naviguent le long des îles du lac Saint-Pierre. À neuf heures du matin, ils sont attaqués par trente-neuf Agniers et Mohicans. La surprise est si complète que le sieur de Lusignan et trois soldats sont tués et que deux autres sont blessés. Le combat a duré deux heures, et Lusignan a été abattu dès la première décharge.

...et réussissent quelques coups.

Ces mêmes Iroquois se rendent à Saint-François, où ils capturent une fille de quinze à seize ans et cassent un bras à sa mère ; un soldat parvient pourtant à blesser l'Indien qui amenait cette dernière.

Pour sauver la récolte de Montréal, Frontenac se voit obligé de conduire dans cette région environ deux cents Canadiens de Québec et de quarante à cinquante Indiens. Ce renfort aidera à protéger les travailleurs et permettra effectivement de sauver la récolte presque entièrement.

En remontant le fleuve avec ces soldats, Frontenac reçoit la nouvelle de l'arrivée à Montréal de quatre cents Indiens alliés et Français de Michillimakinac. Ils sont partis après avoir reçu de Tilly de Saint-Pierre, qui avait réussi à se rendre dans l'Ouest au printemps, la nouvelle que l'Outaouais était bloquée par les Iroquois. Venus pour traquer les Iroquois, ils ne les ont pas vus du tout, puisqu'ils avaient été chassés de leur poste, comme on l'a vu, par une expédition partie de Montréal et placée sous les ordres de Vaudreuil. Ils n'ont pas apporté de fourrures, mais ils présentent à Frontenac cinquante chevelures iroquoises. Depuis un an, leur conduite est satisfai-

Il s'agit de Pierre Legardeur de Repentigny.

sante. Ils ont envoyé de nombreux partis qui ont rôdé autour des bourgades et ont fait de nombreuses victimes. Pendant un temps, il y aurait eu huit cents Indiens alliés en campagne, écrit, de Michillimakinac, le commandant Louvigny. Ils ont retenu en Iroquoisie les guerriers iroquois des tribus de l'Ouest. C'est le fruit des présents qu'on leur a distribués. Et l'on voit que, terribles comme on le sait, les attaques des Iroquois auraient pu être plus dangereuses encore, si les Indiens alliés, dans l'Ouest, n'avaient pas occupé, jusqu'à un certain point, les tribus de l'Ouest et ne les avaient pas décimées.

Les Indiens alliés refusent de prendre part à une expédition contre les Agniers.

Frontenac voudrait profiter de la présence de ces nombreux Indiens alliés en Nouvelle-France pour organiser, comme autrefois l'avait fait Champlain, une expédition contre les Agniers. Les Iroquois catholiques et les Français se joindraient à ce gros contingent. Les Indiens alliés refusent ; redoutant les attaques contre leur propre pays et leurs propres bourgades, ils ont hâte de remonter chez eux. Pour sa part, le gouverneur croit que ses troupes sont trop diminuées pour tenter l'entreprise sans cette précieuse assistance.

François Jarret de Verchères avait élevé un fort sur ses terres pour protéger sa famille et ses censitaires.

Un peu plus tard, à son retour de France, vers septembre ou octobre 1692, La Plaque partira avec cent cinquante hommes pour effectuer cette attaque contre les Agniers.

D'après La Potherie, les Agniers ont eu plusieurs partis en campagne. Ils s'installent entre la rivière Richelieu et le fort de Verchères. À l'affût d'une occasion propice, ils suivent les mouvements des habitants qui travaillent dans les champs.

Marie-Madeleine Jarret de Verchères (1678-1747) avait quinze ans lorsqu'elle défendit avec succès le fort. Elle avait été à bonne école, car sa mère, Marie Perrot, avait soutenu deux jours durant un siège contre les Iroquois, seule avec quatre hommes !

Un jour, quarante Agniers, ayant attendu le moment favorable après s'être approchés du fort, capturent une vingtaine d'habitants. Madeleine de Verchères, qui se promenait sur le bord du fleuve à deux cents pas environ, fuit pour se mettre à l'abri. Les Iroquois tirent quatre ou cinq coups sans l'atteindre. L'un d'eux la poursuit de si près qu'il parvient à s'emparer de son « mouchoir de col ». Elle atteint pourtant la porte la première et la referme sur elle. Se saisissant d'un chapeau de soldat, elle s'en coiffe et se montre ici et là pour donner l'impression à l'ennemi qu'il y a une forte garnison dans le poste. Elle charge un canon, se servant d'une serviette comme tampon. Le canon tonne ; et de fort en fort les canons tirent pour donner l'alarme jusqu'à Montréal, à une douzaine de lieues. Aussitôt, pour chasser l'ennemi, on détache un parti de cent hommes sous les ordres de Crisafy. Cinquante Indiens s'esquivent par les terres. Pendant ce temps, Madeleine est assiégée dans le fort ; si l'ennemi s'approche, elle tire du canon et du fusil. Comme elle tire juste, elle tient l'ennemi en respect. Crisafy arrive une heure après que les Iroquois eurent battu en retraite. Cette fois-ci pourtant, les Indiens, des Iroquois catholiques, les rattrapent au lac Champlain, après six jours de marche. Ils les attaquent aussitôt et réussissent à libérer les vingt habitants qui venaient d'être capturés. Le parti

Antoine de Crisafy sera gouverneur des Trois-Rivières, de 1702 à 1709.

iroquois est complètement défait ; sur quarante Agniers, quatre seulement parviennent à s'échapper et quatre autres sont faits prisonniers. Deux chefs agniers sont tués dans cette attaque. Les négociations de paix d'autrefois ont été bel et bien abandonnées : Agniers d'Iroquoisie et Agniers du Canada se battent maintenant les uns contre les autres avec furie.

C'est probablement de cet incident dont parle Champigny, quand, dans une lettre du 30 septembre 1692, il écrit que les Iroquois du Sault viennent de saisir un nombre important d'Agniers et d'Onneiouts au lac Champlain.

La Potherie a aussi raconté l'aventure de la jeune Marie-Anne de Saint-Ours dans les mêmes parages. Alors qu'elle n'a que huit ou neuf ans, elle part en canot avec un enfant plus jeune qu'elle, vers l'île de Saint-Ours, à bonne distance du rivage. Soudain, les Iroquois surviennent et se mettent à brûler des maisons sur la terre ferme. Les enfants se cachent d'abord au fond du canot qu'ils laissent aller à la dérive. Puis, Marie-Anne se jette à l'eau du côté de l'île, avec l'idée d'aller à la nage demander du secours. Entre-temps, la garnison du fort fait une sortie et chasse les Iroquois. Marie-Anne nage vivement pour atteindre le rivage. Avant de la reconnaître, on *barbet = chien à* pense que c'est un barbet qui s'approche, la tête hors de l'eau. On va à son *long poil et frisé* secours ; elle a déjà nagé sur une distance de quelques milles. Mais au moment où un soldat qui est dans le canot se penche pour la saisir, l'embarcation chavire. Marie-Anne est forcée d'aider son sauveur avant qu'on ne la hâle par les cheveux, comme un petit chat.

Au mois d'août 1691, au conseil tenu à Montréal avec les Indiens alliés, décision avait été prise de monter une attaque contre la capitale iroquoise en 1692, si la Nouvelle-France recevait des troupes fraîches. Frontenac n'avait pas voulu résister aux demandes instantes de ses alliés, bien que ces grosses expéditions n'aient jamais rencontré son approbation totale. En 1692, le roi n'envoie pas de recrues. Il faut abandonner le projet.

Au lieu d'attaquer, la Nouvelle-France reste donc sur la défensive après l'arrivée de la flotte qui n'apporte que des vivres, des munitions et des fonds. Des renseignements arrivent-ils jusqu'aux Iroquois ou aux Anglais ? C'est possible, car de fréquentes communications ont toujours lieu soit par l'entremise d'espions, soit par celle de prisonniers capturés dans les batailles. *Les Iroquois* Aussi, l'année ne se terminera pas sans une nouvelle attaque des Iroquois, *préparaient une* qui n'ont pas encore l'intention d'abandonner la lutte. Toutes les tribus, *nouvelle* semble-t-il, y prendraient part, et elle serait dirigée non seulement contre les *expédition...* Français, mais aussi contre les Iroquois catholiques, c'est-à-dire contre toutes les forces vives de la Nouvelle-France.

Cette expédition ne donnera pas de grands résultats. Aussi, on la connaîtra moins bien que d'autres.

D'après certains rapports, c'est l'absence de troupes sur les navires venant de France qui est la cause directe de cette expédition. Les Iroquois s'imaginent que Frontenac est aux abois et que le moment est propice pour une expédition de guerre. C'est une indienne de la Montagne, prisonnière dans une bourgade des Agniers, qui s'échappe et donne les premières nouvelles de cette invasion de la Nouvelle-France. Les Iroquois auraient formé une armée de huit cents guerriers. Celle-ci se diviserait en deux corps principaux, de quatre cents hommes chacun, le premier envahissant la colonie par le lac Champlain et le Richelieu, tandis que le second descendrait le Saint-Laurent, à partir du lac Ontario. Ils seraient composés respectivement, d'une part, de Goyogouins, d'Onontagués et de Tsonnontouans qui se porteraient surtout à l'attaque des Iroquois catholiques, et, d'autre part, d'Anglais, d'Agniers et d'Onneiouts. Il semble que peu d'Anglais se soient joints à ce parti, car on trouve peu de traces de leur présence. Un Iroquois qui abandonnera le parti de Richelieu, quand ce dernier n'était qu'à quelques jours de Montréal, confirmera le récit de la femme.

...composée de huit cents guerriers.

À Montréal, M. de Callière, qui est ainsi mis au courant, donne des ordres bien précis. Chacun doit se retirer dans les forts assignés pour sa sûreté, et les garnisons doivent être sur le qui-vive. Il envoie une garnison au Sault pour aider les Iroquois catholiques à se défendre. Le marquis de Crisafy commande ces renforts. Une autre garnison est envoyée au fort de Sorel qui a été abandonné. Les postes sont donc bien garnis de troupes.

En octobre, les Iroquois apparaissent au lac Saint-François.

Le parti iroquois du lac Saint-François paraît le premier, à la fin d'octobre ou au début de novembre. Il aurait voulu, grâce à une ruse coutumière, entraîner les guerriers iroquois catholiques en dehors du fort et les massacrer. Ceux-ci, qui se tiennent sur la défensive, restent pourtant à l'intérieur de leurs palissades. De leur côté, les Iroquois ne quittent pas la forêt pour s'engager à découvert dans les défrichés. Quelques escarmouches sans grand résultat ont lieu. D'après certains rapports, il y a quelques pertes de part et d'autre, tandis que le récit officiel ne fait état d'aucune. Au bout de deux jours, l'attaquant, ayant trouvé la population sur la défensive, abandonne son projet et se retire vers le lac Saint-François. Des éclaireurs suivent sa retraite. On se demande si le parti a l'intention de chasser là et d'envoyer occasionnellement des petits partis pour harasser la colonie. Quoi qu'il en soit, il réussit à surprendre quelques habitants ; les Français ne les poursuivent pas, jugeant leurs forces insuffisantes. Prisonnière à Montréal, la femme de Chaudière Noire sera surprise en tentant de s'évader et assommée. Le parti se disperse probablement peu après, car il ne laisse bientôt plus de traces.

Le second parti est en vue.

Quant au second parti, les récits de ses actions sont plus nombreux et plus confus. Il semble qu'au mois de septembre, des Hollandais ou des Anglais, prisonniers à Québec, et même à Montréal, réussissent à s'évader. Ils le font de connivence avec deux soldats français qui disparaissent en même temps qu'eux et à qui, sans doute, on aurait promis quelque récompense. Des Français et des Abénaquis poursuivent ces fugitifs. Au cours de cette randonnée, ils se heurtent, à trois jours d'Albany, à Petit Sault, dans la région qui s'étend entre la tête du lac Saint-Sacrement et la rivière Hudson, au second parti d'invasion, composé d'Agniers, d'Onneiouts et de Mohicans. On se rappelle aussi qu'un membre de ce parti d'invasion s'est échappé et est venu donner l'alarme à Montréal. Les Français sont donc bien avertis. Maintenant après que les Iroquois ont eu constaté l'absence d'un des leurs, ils en ont conclu que les Français seraient mis au courant, que leur attaque ne serait plus une surprise et qu'elle échouerait probablement. On tient alors un conseil et l'on décide de retraiter. Il n'y aurait qu'une centaine de guerriers seulement qui rentreraient en Iroquoisie, les autres choisissant d'avancer quand même. Un jeune garçon et deux femmes qui s'évadent viennent annoncer cette dernière nouvelle. Il reste donc trois cents guerriers en marche, un détachement suffisamment important pour donner l'alarme. On ne tarde pas à les découvrir dans une île déserte du lac Champlain.

Callière pense à envoyer immédiatement un parti ravitailler Chambly. Il a appris auparavant, par un canot expédié sur le Richelieu, que des personnes ont été tuées et d'autres capturées à Verchères, que du bétail y a été dispersé dans la forêt et qu'un soldat a été scalpé à Saint-Ours. Le parti que Callière envoie atteint Chambly, où se forme un détachement composé de nombreux Indiens qui atteignent le lac Champlain et qui tuent, d'après certains rapports, un Agnier (d'autres rapports disent un Tsonnontouan). Deux autres Iroquois s'échappent et l'on découvre dans leurs bagages les scalps d'un Français de Sorel et de son fils, qui ont été tués pendant qu'ils chassaient dans les îles du lac Saint-Pierre.

Frontenac parlera de ces deux partis de guerre dans une lettre du 12 novembre 1692. Le nombre des ennemis en campagne avait été si considérable qu'il avait suscité les plus grandes inquiétudes. Frontenac affirme qu'il y avait des Anglais dans le parti du lac Champlain. Somme toute, pourtant, les ravages faits par ce corps sont peu considérables, et les victimes qu'il a faites sont peu nombreuses.

Le temps est définitivement passé où les Iroquois pouvaient s'approcher impunément de la Nouvelle-France, y entrer et y circuler sans courir de grands risques. L'histoire de ces deux partis le prouve assez clairement. Elle montre une population sur le qui-vive, des individus capables de surveiller l'ennemi dans sa progression, de le contenir et de le refouler. Maintenant aguerrie, la population fait preuve d'audace, de prudence et de sang-froid. Elle a appris les nouvelles méthodes de guerre.

La population a, elle aussi, appris les méthodes de la petite guerre.

Chapitre 199

1692

La politique de Frontenac : harceler l'ennemi.

Frontenac parle naturellement dans ses dépêches de cette autre année des besoins de la Nouvelle-France et des siens. Ma politique, écrit-il, en attendant les renforts promis pour l'année suivante « et dont nous avons un extrême besoin, est de me tenir sur une bonne défensive, de me mettre en état de repousser les ennemis s'ils nous viennent attaquer, et de faire le printemps prochain nos semences en sûreté... ». À ce moment précis de la guerre, le gouverneur est gagné à la cause des petits détachements qui sont souvent envoyés en campagne et qui harcèlent sans relâche l'ennemi, décèlent sa présence, le combattent ou le suivent à la trace. Ils dérangent davantage les Iroquois que les grosses armées qui vont attaquer les bourgades et font des campagnes blanches. Elles font moins de bruit, mais elles ont plus d'effet et elles font du mal. Par ailleurs, le gouverneur dit à ses supérieurs qu'avec le peu de soldats dont il dispose, il pourrait difficilement monter, comme Tracy ou La Barre, une attaque de grande envergure. Il lui faudrait alors priver le pays de ses troupes et le laisser ouvert à toutes les attaques. Les Indiens alliés le poussent cependant à une entreprise de ce genre. Ils voudraient porter l'attaque au cœur de l'Iroquoisie. Le gouverneur ne peut pas l'interdire, mais il repousse constamment cette action au lendemain « pour ne leur pas faire soupçonner notre impuissance... ».

La population vit désormais à l'abri dans les fortins...

Frontenac parle, et c'est l'expression qui revient sous sa plume, de « ce pauvre pays ». Troupes et colons vivent une existence angoissante, dans la hantise des attaques-surprise, dans les combats, les marches, les expéditions sans fin. Comment empêcher qu'il y ait parfois des victimes, malgré toute la prudence, les précautions et le soin dont on s'entoure ? La Nouvelle-France, en amont des Trois-Rivières, a changé d'aspect. Les habitations ne sont plus dispersées sur les rives. La population s'est réfugiée dans des fortins de troncs d'arbres où elle a sa demeure, ses granges, ses bestiaux, ses magasins. Quand elle doit en sortir, pour les indispensables travaux des champs, c'est alors qu'il y a des victimes. Victimes connues, capturées ou tuées dans les combats enregistrés par l'histoire ; mais aussi victimes inconnues, anonymes, dont on ne retrouve même pas les noms dans les récits. Les désastres sont plus grands qu'on ne peut l'imaginer à première vue, et les massacres sont plus nombreux. Les archives étant incomplètes, on ne connaît pas le nombre exact des pertes de cette période effrayante.

Disons également que les combats sont devenus plus dangereux, les Iroquois ayant bien changé depuis le jour lointain où ils avaient pris la fuite devant les premiers coups de feu de Champlain. Ils se sont aguerris, même s'ils n'ont pas la résistance énergique ou la persistance des Français. De plus, là où ils excellent, c'est quand la troupe doit « se séparer dans les bois où chacun prend son arbre ». Souvent, comme ils sont très nombreux, les Français se sentent moins sûrs de vaincre quand la bataille commence. L'ennemi est redoutable. La victoire est dans la balance. C'est pourquoi Frontenac demande encore de nouveaux soldats et des munitions pour « faire quelques entreprises qui les empêcheront de venir nous rendre de pareilles visites... ».

...car l'ennemi est redoutable et aguerri.

Les Iroquois catholiques, de leur côté, ont pris dans cette guerre, depuis 1689, une part prépondérante. Ils ont peut-être empêché la destruction de la Nouvelle-France, en remportant de belles victoires et en constituant le gros des troupes de certains partis français. Le 11 novembre 1692, ils présentent une pétition que l'intendant Champigny saura endosser. La moitié de leurs guerriers, disent-ils, sont morts à la guerre depuis trois ans. Ils ont capturé ou tué un bon nombre de leurs compatriotes. Ils ont servi d'éclaireurs et ont découvert des partis ennemis qui venaient en guerre contre la Nouvelle-France. Ils ont rejoint des partis iroquois qui retournaient en Iroquoisie avec des prisonniers français, et ils ont libéré ceux-ci. Certains de leurs chefs ont été torturés. Leurs bourgades sont maintenant remplies d'invalides, de veuves et d'orphelins. Ils n'ont plus le temps de chasser ni de cultiver le sol. Ils ont résisté aux menaces et aux séductions de leurs frères d'Iroquoisie qui voulaient qu'ils deviennent neutres. Enfin, ils demandent que les autorités françaises ne les abandonnent pas. Chaque mot de cette pétition est vrai : les Iroquois du Sault et de la Montagne sont les héros de la Nouvelle-France comme les Français.

Le rôle des Iroquois catholiques

Les Iroquois du Sault et de la Montagne sont tout aussi héroïques que les Français.

Comme tous les conflits, cette guerre oblige à des mesures inhumaines : on verse maintenant des primes pour chaque tête d'ennemi. En 1692, Frontenac et l'intendant désirent augmenter la récompense : « Nous sommes convenus, M. le Comte de Frontenac et moi de payer vingt écus blancs pour chaque prisonnier ennemi qui lui sera amené, dix écus pour chaque prisonnière et pareille somme pour chaque ennemi tué dont la chevelure serait rapportée. » Gouverneur et intendant n'ont-ils pas reçu à cette époque l'ordre du roi envoyé l'année précédente ? Sa Majesté souhaitait alors qu'ils

Augmenter les récompenses pour chaque ennemi tué !

se conforment à l'ordre donné l'année auparavant et arrêtent de verser aux Indiens ces mêmes sommes.

La prime est en bonne partie destinée aux Indiens alliés, eux qui jouent un rôle d'importance croissante dans le combat. Ne pouvant envoyer de troupes, le roi demande avec une insistance grandissante au gouverneur d'obtenir le concours de ces alliés de la France. Frontenac en est réduit de plus en plus à cette politique. Il faudrait transformer les alliés en merce-naires de la France, non seulement contre les Iroquois, mais aussi contre les Anglais. Louvigny, La Durantaye, Tonty, La Forest, et surtout Perrot, sont les artisans de cette politique parmi les plus avisés et les plus sensés. Ils surveillent sur place les intrigues qu'Iroquois ou Anglais montent pour les déjouer. Ils enquêtent sur les menées secrètes et s'efforcent constamment à unir ces tribus contre l'ennemi, à empêcher qu'elles fassent entre elles des guerres qui les détournent du grand projet. Ils organisent les voyages de traite, sous bonne protection, à Montréal, et distribuent les cadeaux du roi. Les sommes nécessaires à ces activités augmentent continuellement. Le roi veut donc que les cadeaux soient distribués à bon escient. Les chefs doivent s'assurer que les Indiens partent en guerre après les avoir acceptés. Le roi demande des détails ; il veut être mis au courant des résultats, savoir préci-sément la part que les Indiens alliés prennent dans la guerre et le nombre de leurs victimes.

Le roi ne peut rien faire, mais il tient à être au courant de tout.

Les résultats répondent assez peu aux attentes. On a déjà réussi à empê-cher les Indiens alliés d'abandonner la France pour s'unir aux Iroquois ou aux Anglais. La Potherie raconte plusieurs intrigues, mais sans fournir de dates précises. En voici une. Vers l'année 1692, les Iroquois font un prison-nier appartenant à la nation des Saulteux. C'est le fils d'un grand chef. Les Iroquois le libèrent à l'instigation des Anglais et le renvoient dans son pays avec un grand nombre de présents. Celui-ci arrive bientôt avec ses colliers « pour engager tous nos Alliés de prendre leur parti et de commercer avec eux... ». Le Saulteux rencontre des Outaouais à leur chasse d'hiver et leur explique les propositions symbolisées par les cadeaux. Il les gagne. L'in-trigue se développe. Les Outaouais veulent gagner les Sakis, qui habitent la baie Verte. Ils leur envoient des présents « sous terre », mais les Sakis refusent. Les Saulteux menacent d'attaquer les tribus qui continueront à faire la guerre aux Iroquois. Les Outaouais et bon nombre de Hurons mena-cent de les imiter. En fait, ils détournent les autres tribus de la guerre contre les Iroquois. Les Hurons renvoient même deux de leurs prisonniers avec de nombreux présents, « pour témoigner à leur nation que celle des Outaouais n'avait rien de plus à cœur que leur alliance ». En même temps, les Iroquois ne cherchent que l'occasion de surprendre des groupes de ces nations pour les exterminer. Un Français du nom de F. Dubeau, prisonnier depuis un certain temps, est forcé de suivre l'une de ces bandes iroquoises. Profitant d'une occasion favorable, il assassine l'un après l'autre huit Iroquois,

Les Sakis n'ont jamais beaucoup pris part aux guerres contre les Français.

s'échappe et rejoint une bande de Hurons. Il les met au courant des expéditions iroquoises envoyées contre eux et il les détrompe. Les Hurons expédient alors un parti qui enlève un groupe d'Iroquois venus leur faire la guerre. Cinq de ces derniers sont tués et sept autres sont faits prisonniers. Les Français en tuent deux. Pourtant, Iroquois et Hurons ont alors un accord en vertu duquel les deux peuples doivent se renvoyer leurs prisonniers. Les Hurons veulent observer cette convention, et les Français ont toutes les peines du monde à les en dissuader.

À la même époque, Perrot reçoit l'ordre de se fixer près des Indiens de Marameg. Il travaille activement dans cette région. On l'a choisi parce qu'il *Marameg =* a beaucoup de crédit auprès de tous ces Indiens et « pour mettre entre les *Maramet* Miamis et les autres nations qui pourraient recevoir les propositions des Anglais une barrière qui détruise tous leurs desseins ».

Toute la population française de l'Ouest, commandants de poste, voyageurs, missionnaires, envoyés spéciaux comme Nicolas Perrot, travaillent sur cette coalition toujours incertaine et mouvante qui, bon an mal an, occupe les Iroquois de l'Ouest et leur inflige des pertes sensibles.

À Québec, Frontenac se consacre, avec son habileté coutumière, à la même tâche. Les délégations qui viennent du Nord-Ouest ont toujours droit à la plus cordiale réception et ne manquent jamais d'attentions et d'égards. Le gouverneur, qui les harangue de façon habile et amicale, leur montre une force qu'il n'a pas souvent.

Frontenac organise des parades de matelots et de soldats et offre de *Frontenac* grands festins. Il sait qu'il est très important de protéger la Nouvelle-France, *continue, habile* du côté de l'arrière-pays. Il a toujours l'impression de ne pas y consacrer *et avisé,* assez d'attention et de soin, même si le résultat qu'il a obtenu jusqu'à *à protéger la* présent est assez satisfaisant. Le 15 septembre 1692, il affirme que les *Nouvelle-France.* Indiens alliés ont « plus de huit cents hommes détachés en différents petits partis qui tous les jours étaient aux portes des villages des Iroquois ou qui les harcelaient dans leurs chasses, ce qui les incommode à un point qu'on ne saurait exprimer, comme nous l'avons su par quelques-uns de nos soldats prisonniers qui ont trouvé le moyen de s'échapper de leurs mains. Tous ces différents mouvements ne sont que l'effet des présents qu'on leur a faits, car vous ne sauriez croire... quelle impression ils font sur leur esprit... » Il parle ensuite de certains Français de l'Ouest : « Les sieurs de La Forest et Tonty à qui Sa Majesté a accordé le fort Saint-Louis des Illinois, à condition de mettre les Sauvages en action contre ces ennemis, ont commencé de satisfaire à cet engagement, plusieurs partis ont défait des cabanes d'Iroquois qui étaient écartées de leurs villages, et ils se disposent à les faire agir plus fortement. » Le gouverneur a de grands éloges à faire pour leur politique : « C'est un des plus grands biens que Sa Majesté puisse faire pendant la guerre que d'envoyer de munitions pour distribuer aux Sauvages, puisque c'est un moyen comme assuré pour les faire agir et tenir toujours en action, en mettant quantité de partis en campagne contre les ennemis comme il a paru cette année. »

Suivent toujours de nombreux détails sur les fonds spéciaux que le roi a beaucoup augmentés parce qu'il ne peut envoyer de soldats. À leur place, on tente de trouver des mercenaires indiens. Évidemment, pas de mercenaires indiens sans de gros cadeaux. La forte augmentation des fonds à cette fin date de 1691. Les subsides ont augmenté d'un tiers. Le gouverneur est chargé de s'assurer que les Indiens ne revendront ni leurs fusils ni leurs munitions et qu'ils partent bien en guerre. En février 1692, le montant des présents à faire aux Indiens est de dix-sept mille neuf cent cinquante-huit livres.

Cette politique s'étend aussi aux Abénaquis, qui doivent s'imposer des trêves quand ils ne reçoivent pas les armes et les munitions dont ils ont besoin, mais qui, une fois armés, se précipitent en campagne et remportent de grands succès.

Les troupes indiennes alliées protègent la Nouvelle-France. De l'extrême est à l'extrême ouest, les troupes indiennes forment un rideau qui protège un peu la Nouvelle-France, lui donne un peu de répit et l'aide à subsister. Les partis de l'Est sont plus solides, plus fidèles et plus sûrs, et le gouverneur peut compter sur eux. Les Abénaquis des provinces maritimes, les Hurons et les Algonquins de Lorette, les Iroquois catholiques sont des alliés sûrs et dont les ravages, les explorations intelligentes, les actions méritent les plus grandes louanges. À l'autre extrémité, les Indiens alliés sont moins sûrs. Mais malgré tout les tracas qu'ils donnent aux Français, par leur inconstance et leurs intrigues, ils accomplissent un bon nombre d'exploits, et leur concours est précieux.

Le travail de Frontenac n'est pourtant pas achevé, le gouverneur sachant que les Anglais du Nouveau Monde peuvent monter contre lui de puissantes expéditions qui pourraient détruire la colonie. Leur union la mettrait en danger. Il fait donc travailler continuellement aux fortifications de Québec, de Montréal, des Trois-Rivières et de Chambly. Ses dépêches annuelles racontent toujours les travaux exécutés pour cette défense. Ils coûtent cher, mais l'attaque de Phips a montré qu'il fallait être prudent, toujours bien préparé et sur le qui-vive.

L'année 1692 ne se termine donc pas dans des conditions favorables ni à Albany, ni à Québec. Pour ce qui est de la colonie de New York, le nouveau gouverneur Fletcher arrive le 28 août. L'assemblée se charge tout de suite de pourvoir aux besoins d'Albany pour l'hiver prochain. Le tableau est bien triste dans la colonie : les impôts ne rentrent pas, la population est découragée, le commerce des fourrures est détruit, et le commerce en général n'est pas bon. Le peuple « est accablé par l'assistance donnée à Albany ». La prospérité de la colonie subit un recul, les colonies adjacentes sont froides, les contribuables sont pauvres. Les mauvaises rumeurs circulent : la Nouvelle-France aurait reçu de puissants renforts. M. Fletcher n'y ajoute pas foi et parle des pauvres colons de la Nouvelle-France en termes virulents : « Il semble honteux qu'une poignée de vermine se niche ainsi dans ce pays du Canada quand le Roi a tant de nobles colonies britanniques... qui pourraient la jeter toute à la mer, mais nous ne sommes pas unis et la pauvreté gagne chaque jour... »

« ...mais nous ne sommes pas unis... »

Le 11 octobre pourtant, le gouverneur reçoit des nouvelles plus encourageantes. Étant donné les grosses sommes que la colonie de New York a dépensées à Albany pour la défense commune des colonies, dans cette ville qui les protège et les couvre toutes, ordre est donné pour que la Nouvelle-Angleterre, la Virginie, le Maryland et la Pennsylvanie fournissent une contribution en argent et en hommes, quand elle leur sera demandée, pour résister aux Français et aux Indiens qui leur sont alliés. Chacune fournira son quota. Ainsi, peut se former à tout moment une coalition des colonies anglaises qui peut être dangereuse et peut détruire la Nouvelle-France.

Les colonies seront tenues de contribuer aux dépenses pour la défense du territoire.

En même temps, le chevalier d'Eau, ambassadeur malheureux de Frontenac, s'échappe de la ville de New York, où il était retenu prisonnier, et regagne la Nouvelle-France. Il rapporte des mauvaises nouvelles, que des espions ou d'autres prisonniers évadés confirment. Une autre invasion anglo-iroquoise se préparerait pour l'année 1693. Il est question cette fois d'une armée qui ne compterait pas moins de six mille hommes, dont une moitié attaquerait Québec, et l'autre Montréal.

Les autorités de la Nouvelle-France supplient qu'on leur envoie des renforts au début du printemps ou de l'été suivant.

La nouvelle semble fausse, bien que le roi tente de prendre certaines mesures qui assureraient la collaboration des États américains dans une guerre contre la Nouvelle-France, ce qui provoquerait une certaine panique au Canada. De son côté, le roi de France continue à s'amuser avec un projet d'attaque contre New York. Il a demandé à Lamothe Cadillac de passer en France pour fournir des informations à ce sujet.

Lamothe Cadillac, avec le cartographe Jean-Baptiste Franquelin, avait soumis un rapport précis de la topographie des côtes de la Nouvelle-Angleterre, cette même année.

Chapitre 200

1693

Frontenac choisit ce moment critique pour attaquer. Il doit encore utiliser les vieilles troupes qu'il surmène depuis son arrivée au pays en 1689, des miliciens qui ne suffisent plus à se défendre, cultiver leurs terres, prendre part aux expéditions, ainsi que des Iroquois catholiques et d'autres Indiens de la Nouvelle-France qui ont payé un fort écot à la guerre.

Frontenac veut attaquer les Agniers. Cette fois, Frontenac tente de porter un coup mortel à la plus faible des tribus iroquoises, celle des Agniers, qui est établie à côté d'Albany. Elle joue un rôle d'importance dans le conflit en s'unissant aux Anglais pour former ou diriger de dangereuses expéditions. Cédant en retour aux sollicitations pressantes des Anglais, elle harcèle sans arrêt les centres de colonisation qui s'échelonnent entre les Trois-Rivières et Montréal. Elle a subi de nombreuses pertes, mais revient continuellement à la charge et commet peut-être plus de déprédations à elle seule que toutes les autres tribus réunies.

La mettre hors de combat enlèverait une douloureuse épine du pied de la Nouvelle-France. Autre chose également : les Agniers et les Iroquois catholiques ont entre eux, malgré la guerre, de nombreux rapports, de « fréquentes négociations, des communications secrètes, des messages dont il est impossible pour nous d'avoir la connaissance, et qui sont beaucoup à notre préjudice... ». Frontenac veut mettre fin à cette situation dangereuse ; il *Manthet prépare son expédition.* confiera donc à Manthet le soin de monter sa célèbre expédition.

D'après les documents officiels, cette expédition se compose de cent soldats, deux cents Indiens parmi lesquels se trouvent des Iroquois catholiques, des Hurons de Lorette, des Algonquins, et environ quatre cents Canadiens choisis parmi les plus jeunes et les plus robustes de la colonie. On peut parler d'environ six cents hommes, bien que les chiffres diffèrent un peu selon les sources. Montréal sert de point de ralliement. Suivant les ordres de l'intendant, on a construit des traînes et des raquettes pour six cents hommes, les traînes devant leur permettre d'apporter des vivres et des munitions en plus grande quantité. Le sieur d'Ailleboust de Manthet conduit l'expédition, assisté de Legardeur de Courtemanche et de Zacharie Robutel de La Noue, deux vaillants commandants. Une trentaine d'officiers, qui ont tous de l'expérience de la forêt et de la neige, offrent leurs services. Il faut frapper les bourgades agnières par surprise, sinon ce ne sera qu'une campagne blanche de plus parmi tant d'autres.

Le départ a lieu le 25 janvier, en plein cœur de l'hiver, pendant la saison la plus dure de l'année. Ce jour-là, l'expédition progresse de La Prairie à Chambly, où les Indiens qui en feront partie la rejoignent. Le départ de Chambly se fera le 30 janvier. Après avoir quitté la rivière Richelieu, le groupe d'hommes en raquettes ou attelés à des traînes bien chargées longe le lac Champlain, puis suit ce qu'on appelle la piste Kayadrosseras, sous la direction de guides qui connaissent bien le pays. Les marches sont forcées, et le trajet est long.

Le 16 février, le corps d'invasion atteint les deux premières gardes. Il réussit si bien son coup de main que les Agniers sont pris par surprise. N'ayant pas été averti de la venue des Français et des Indiens, ils n'ont pas fui. Ils sont dans les bourgades, sans méfiance et n'appréhendant aucun danger.

Les Français arrivent au crépuscule. Après une brève reconnaissance, ils se divisent en deux corps principaux pour attaquer simultanément les deux premières bourgades, qui sont assez rapprochées l'une de l'autre et se trouvent à une quinzaine de lieues à peu près de la ville d'Albany. La Noue se rend maître de l'une d'elles grâce aux Indiens, qui escaladent les palissades la nuit et ouvrent les portes de l'intérieur. On n'y trouve que cinq hommes et plusieurs femmes et enfants. Manthet ne rencontre que peu de résistance dans la deuxième, plus grande, mais aussi peu peuplée que l'autre. Le détachement français brûle la plus petite et s'établit dans la seconde avec tous les prisonniers qu'il a faits depuis le début de la campagne. On établit une bonne garde pour les empêcher de s'évader. Les Français et leurs alliés se dirigent vers la troisième bourgade qui est située à sept ou huit lieues de là. Ils arrivent le soir. Ils pensent tout d'abord que l'alarme a été donnée et qu'il faudra combattre, car ils entendent des chansons de guerre. Une animation et une agitation diaboliques règnent à l'intérieur des palissades. Pourtant, le calme se fait bientôt. L'attaque se produit dans la nuit du 18 février et elle est aussi heureuse que les deux précédentes, de vingt à trente Iroquois, de même que plusieurs femmes, sont tués au premier assaut. Un Français est blessé. Le détachement canadien fait ensuite trois cents prisonniers, dont une centaine sont des guerriers, c'est-à-dire toute la force vive de la tribu des Agniers. À peu près tous les récits de cette

Les Français détruisent trois bourgades.

prise s'accorde sur ce point : le nombre des prisonniers est de trois cents ou approche ce nombre. Les chants de guerre que l'on avait entendus la veille provenaient d'une bande de quarante guerriers qui se préparaient à quitter la bourgade pour se joindre à un gros parti en formation chez les Onneiouts. Après la bataille, cette bourgade est aussi livrée au feu, et l'incendie fait quelques victimes. Les Canadiens font retraite vers la seconde bourgade, qui est encore intacte et où ils ont laissé un premier groupe de prisonniers.

L'expédition est encombrée de prisonniers.

Frontenac avait prévu l'embarras dans lequel se trouverait le détachement canadien s'il faisait un trop grand nombre de prisonniers. Il ne pourrait remporter de succès que par des marches rapides, des actions promptes et éviter ainsi, au retour, l'inconvénient habituel de la famine. Les Agniers de sexe masculin devaient être tués au combat, et les femmes et les enfants être conduits en Nouvelle-France pour vivre avec les Iroquois catholiques. Ceux-ci avaient promis d'obéir à cet ordre sans pourtant l'exécuter scrupuleusement. Se voyant entourés par des forces supérieures, surpris, désemparés, les Agniers se rendent à discrétion. Ils résistent peu, après le premier assaut qui leur coûte une vingtaine d'hommes. Ils déclarent même qu'ils sont heureux de venir vivre au Canada, avec leurs compatriotes du Sault et de la Montagne. Avec le résultat que l'expédition se trouve dorénavant encombrée de prisonniers ; car, s'il est facile de tuer des hommes dans le feu du combat et l'animation de la lutte, c'est autrement plus difficile de les assommer de sang-froid, quand ils se sont rendus et qu'ils sont désarmés. Les six cents Canadiens doivent donc veiller sur deux cent quatre-vingts à trois cents prisonniers. Le 20 février, ils rentrent à la seconde bourgade avec ce groupe qu'il faut de surcroît nourrir, alors que les vivres suffisent à peine à ceux qui les ont transportés et qui en auront besoin pour la route du retour. En plus, des Indiens alliés se sont enivrés, ont fait quelques massacres et ont retardé l'expédition déjà encombrée par ce poids mort.

Une autre anicroche se produit encore. Un Hollandais dénommé van Eps, que les Canadiens avaient amené avec eux, s'est échappé pendant le premier assaut contre la troisième bourgade. On pense qu'il a dû s'enfuir vers Albany et révéler les événements en cours.

Pourront-ils aller jusqu'à Albany ?

Le 21 février, les chefs de l'expédition délibèrent. Est-il possible d'attaquer Albany ? Les Indiens répondent, naturellement, qu'ils sont embarrassés par les prisonniers et ne veulent pas les tuer parce qu'ils sont iroquois comme eux. Et que, par conséquent, ils ne peuvent pas attaquer Orange.

Les dangers qui menacent l'expédition sont multiples. Elle est enfoncée très loin en pays ennemi et elle est sûrement repérée. Les Anglais et les Iroquois peuvent former un parti pour lui livrer bataille. Elle est aussi encombrée de prisonniers avec lesquels sympathise une bonne partie des troupes qui les gardent. Rendue très loin de sa base, elle doit y retourner

avec ces vivres déjà très entamés et qu'elle devra partager avec les prisonniers. La plupart des prisonniers sont des femmes et des enfants qui ralentissent la marche. Les guerriers indiens ne sont pas faciles à tenir en main
et à conduire. Dans ces conditions, une seule solution est acceptable : une *Il vaut mieux*
retraite rapide, immédiate. *retraiter.*

C'est donc la décision que l'on prend face à ces circonstances incon-
trôlables. La campagne qui avait débuté avec éclat et aurait pu entraîner la
ruine et la destruction d'Albany se change en une retraite difficile et lente.
Après avoir détruit et brûlé le deuxième village, celui où on avait gardé les
prisonniers, le détachement canadien prend le chemin du retour. Des Iroquois qui étaient à la chasse et dont les femmes ont été capturées viennent
se rendre. Ils disent que le jeune van Eps a donné l'alarme à Albany et que
quatre Iroquois, après avoir découvert les pistes du détachement, sont en
train d'avertir les quatre autres tribus. Sept cents guerriers seraient assemblés pour étudier la possibilité d'une campagne au printemps. Un peu plus
tard, d'autres Iroquois prennent contact avec les Iroquois catholiques. Ils
disent qu'ils ont des propositions à soumettre, de leur part et de celle des
Anglais. Ils parlent d'une paix qui aurait été conclue en Europe entre les *Des Iroquois,*
grandes puissances. Les Français comprennent que cette information n'est *par ruse, parlent*
qu'une ruse pour retarder leur retraite et permettre aux Anglais et aux Iro- *de paix entre*
quois d'atteindre l'expédition. Ce que ne semblent pas voir les Iroquois *la France*
catholiques. Ils s'arrêtent, se construisent des retranchements et attendent. *et l'Angleterre.*
Deux jours plus tard, ils sont encore là, retardant la retraite et la désorgani-
sant, jusqu'à ce que trois ou quatre cents Iroquois se présentent pour livrer
bataille avec un détachement anglais. Les Iroquois catholiques ont fait la
sourde oreille à toutes les objurgations. Ils n'ont rien voulu savoir, ni que
les vivres déjà rares s'épuisaient, ni que l'ennemi avait la possibilité de
s'organiser et de les poursuivre, ni qu'il fallait profiter de chaque minute
pour s'éloigner. Butés, ils s'étaient construit des retranchements avec des
arbres où ils s'étaient installés et avaient attendu, perdant un temps précieux. Naturellement, il est difficile, aujourd'hui, de savoir s'ils avaient
vraiment cru les propositions qu'on leur avait faites, s'ils avaient insisté
pour suivre la tactique de leur peuple qui s'érigeait un fortin en pays ennemi
dans des circonstances semblables, ou s'ils avaient hésité à conduire leurs
compatriotes à Montréal, craignant que la mort ne les y attende. Peut-être
espéraient-ils une occasion favorable pour les faire évader. Leur obstination
s'explique difficilement par des raisons de sens commun.

À cause de ces retards, voici les six cents membres de l'expédition et
leurs trois cents prisonniers, soit neuf cents personnes, cantonnés dans la
forêt avec un reste de vivres, à plusieurs centaines de milles du Canada. Le
parti iroquois se retranche en face, dans des fortins semblables. La décision
de ne pas attaquer Albany datait du 21 février ; on s'était reposé ce jour-là.

Le départ avait eu lieu le 22. Le 23 l'expédition n'avait marché que jusqu'à midi ; elle avait alors fait halte, en plein pays ennemi, et les Iroquois catholiques avaient commencé à élever quelques retranchements malgré toutes les supplications des Français. Le 24 et le 25, l'ennemi n'avait pas paru. Ce n'est que le 26 que les éclaireurs avaient rapporté les nouvelles de l'approche de l'ennemi, qui n'est arrivé que le 27. On avait donc perdu près de quatre précieuses journées dont chaque minute aurait dû compter. Sans ce retard, les Iroquois et les Anglais n'auraient probablement pas pu établir le contact avec le détachement canadien.

Quatre journées perdues.

La présence du détachement en Iroquoisie est connue à ce moment-là depuis deux semaines et demie environ. Le 11 février, le major Ingoldesby écrit en effet une lettre à ce sujet, d'Albany, à Fletcher, le gouverneur de la colonie de New York. Il a appris, le mercredi 8 février, l'approche de trois cent cinquante Français et de deux cents Indiens. Ce détachement est arrivé aux premiers bourgs des Agniers. C'est van Eps, le fugitif, qui lui a appris cette nouvelle. Prisonnier à Schenectady, ce dernier se serait échappé au moment de l'attaque des deux premières bourgades, et non de la troisième. Le major s'attend à une attaque contre Albany. Les Français étant toujours en Iroquoisie, il craint qu'ils n'aient obligé les Agniers à faire la paix ou attaqué la troisième bourgade. Quarante Agniers surveillent en ce moment les mouvements de l'ennemi. Dix Anglais ou Hollandais les accompagnent. Les Agniers voudraient que les Anglais les suivent pour attaquer le détachement canadien, mais le major ne juge pas que ce soit une bonne idée, car les Français sont postés dans une forteresse iroquoise. Aussitôt qu'ils abandonneront cet endroit, il enverra trois cents hommes pour les poursuivre. Les provisions sont prêtes. Il a envoyé cinquante hommes à Schenectady pour renforcer la garnison ; il en aura bientôt six cents et il en attend cinquante d'Esopus. L'ennemi ne semble pas se hâter. Le major demande d'autres recrues au gouverneur. Les Agniers sont indignés du fait que les Anglais n'agissent pas plus vite et ne se mettent pas en campagne sur-le-champ. Seraient-ils plus faibles qu'on veut leur faire croire ? Le major dit qu'il n'a que les hommes pour défendre la ville. Il ne peut en envoyer pour une expédition au loin. Il tiendra l'ennemi en alarme, il le harcèlera dans sa retraite. Mais il ne l'engagera pas à fond.

Les Anglais n'attaqueront que lorsque les Canadiens auront retraité.

Comme le major redoute à ce moment-là, avec raison, une attaque contre Albany, il garde ses troupes dans la ville pour la défendre. Il attaquera le détachement canadien quand il sera certain que celui-ci ne veut pas s'en prendre à la ville, c'est-à-dire quand il se retirera. Il est prêt à le poursuivre. Il faut observer que les dates entre les récits anglais et français ne concordent pas. D'après les seconds, l'attaque contre les deux premières bourgades a eu lieu le 16, tandis que d'après les premiers elle aurait eu lieu une semaine plus tôt, soit vers le 8 février. Cet écart se poursuit pendant tout le récit.

Les Anglais conserveront le calendrier julien jusqu'en 1752. L'écart est de dix jours

Il existe aussi un journal de Peter Schuyler, qui a conduit le détache-ment ayant poursuivi les Français dans leur retraite. Schuyler est maire d'Albany et il a mené en 1691 la fameuse attaque contre La Prairie de la Madeleine. Le 8 février, écrit-il, la nouvelle arrive de Schenectady à Albany que des Français et des Indiens ont pris d'assaut les villages des Agniers. Jean-Baptiste van Eps a pu échapper aux Français et donner des renseignements complets, car on l'avait forcé à accompagner l'armée d'invasion. Cinquante-cinq cavaliers se mettent immédiatement en route pour Schenectady afin d'assurer sa protection. Le 9, Albany reçoit de ce village des nouvelles voulant que les Iroquois soient furieux parce que les Anglais ne se mettent pas en campagne pour attaquer l'ennemi. Les autorités demandent que Schuyler s'y rende pour les calmer. Celui-ci part tout de suite, se faisant toutefois précéder par des éclaireurs. Le 10, Schuyler, accompagné d'un groupe, arrive aux alentours du village où sont cantonnés les Français. Le 11, dix Anglais et quarante Indiens forment un parti qui observe l'ennemi et surveille ses mouvements. Ils construisent des retranchements. Le 12, deux cents soldats venant d'Albany arrivent à Schenectady. Le même jour, à quatre heures de l'après-midi, Schuyler fait traverser l'Hudson à ses troupes. Il apprend par ses éclaireurs que le parti canadien a brûlé les trois bourgades iroquoises. Il ramène alors ses hommes dans la ville. Pourtant, le même soir, il part de nouveau avec deux cent soixante-treize soldats et effectue une marche de douze milles. Il apprend que six cents Iroquois supérieurs sont en route. Le 14, ce parti rejoint les quarante hommes qui tiennent les Canadiens sous observation depuis le début. Il se trouve alors à huit milles du détachement canadien. Il est plus faible en nombre, mais trois cents Iroquois supérieurs approchent rapidement et ne sont plus qu'à vingt milles. Le 15, la distance a augmenté entre les deux armées : Schuyler est à dix milles de Manthet. Deux cent quatre-vingt-dix Iroquois des autres tribus se joignent ensuite à lui, mais ils ne sont malheureusement pas tous armés. Schuyler est maintenant à la tête de plus de cinq cents hommes. Son détachement parcourt une dizaine de milles dans l'après-midi. Le 16, Schuyler estime qu'il y a deux jours de marche entre lui et Manthet ; mais il apprend que les Français et les Indiens qui les accompagnent ont construit un fort, ou des retranchements, et qu'ils attendent. Il demande alors à Albany des provisions et des munitions, de même que l'envoi d'autres soldats. Le même jour, il s'approche à un mille du camp français.

Le 17, à huit heures du matin, Schuyler est en vue du fort français. Il a avec lui deux cent cinquante Anglais et deux cent quatre-vingt-dix Iro-quois, ce qui représente une force un peu inférieure à celle de Manthet. Une fois les deux corps en présence, les clameurs de guerre retentissent. Les Anglais coupent des arbres et se font à leur tour un retranchement. Le dur combat qui rend cette campagne remarquable va commencer. Le détache-ment français attaque tout d'abord deux fois de suite les ennemis occupés

Le journal de Peter Schuyler

Schuyler part avec des éclaireurs vers Schenectady.

Les Anglais ne sont plus qu'à un mille.

à leurs travaux, mais sans succès. Les Anglais peuvent reprendre leur tâche. Une troisième attaque, très vigoureuse, échoue encore. Les Indiens du parti français ne combattent pas comme ils le devraient dans des circonstances aussi critiques. Les rapports français ajoutent aussi que l'ennemi est repoussé hors de ses retranchements, mais que, en profitant des arbres, il réussit à se maintenir sur le champ de bataille. Quatre soldats sont alors tués et trois miliciens partagent le même sort. Une quinzaine de personnes sont blessées.

Les Français passent trois fois à l'attaque, sans succès.

Après ce combat, les deux partis sont en mauvaise posture, bien que chacun ne sache pas à quoi s'en tenir sur les difficultés de l'autre. L'armée de Schuyler n'a pas assez de vivres et de munitions. Elle manque de tout et souffre de la faim. Le ravitaillement d'un corps aussi considérable n'a pas été préparé et il se fait mal. Schuyler demande plus de provisions et de munitions à Albany, soit pour harceler le parti français, soit pour soutenir le combat. Quant aux Français, leur position devient de plus en plus critique, à cause des nombreux prisonniers de guerre et des vivres qui s'épuisent rapidement. Ils sont encore de l'autre côté de l'Hudson, à portée d'un corps anglo-iroquois imposant qu'il n'a pas pu disperser et battre. L'aventure peut facilement se terminer en désastre. Aussi les chefs français reviennent-ils à la charge auprès des Indiens et tiennent-ils un nouveau conseil avec eux durant la nuit qui suit le combat. Cette fois, ils parviennent à leur faire entendre raison. Tous reconnaissent qu'il n'y a plus qu'à battre en retraite rapidement. Il n'était que temps.

Chaque parti est affaibli.

Schuyler apprend, à neuf heures du matin le 18 février, que le parti canadien s'est mis en mouvement et fait retraite. Il se prépare à le suivre ; il donne des ordres à cet effet, mais ses hommes se mutinent, refusant d'avancer parce qu'ils n'ont pas de provisions. Seuls une soixantaine d'Anglais et quelques Iroquois poursuivent l'aventure. Puis eux-mêmes, laissant quelques éclaireurs seulement à l'arrière de l'armée française, reviennent presque tous. Le 19, entre neuf et dix heures, des provisions et des munitions arrivent d'Albany au camp des Anglais, avec un secours de quatre-vingts hommes. La poursuite reprend. Des Anglais et des Iroquois atteignent l'arrière de l'armée française. Les Français abandonnent quelques prisonniers qui préviennent les Anglais que, si d'autres attaques se produisent, les femmes et les enfants prisonniers seront massacrés. Le gros des forces de Schuyler marchent rapidement pour atteindre le détachement canadien avant la traversée de l'Hudson. Un embâcle se produit à point nommé et les Français peuvent traverser sur la glace à cet endroit, bien qu'il y ait de l'eau libre en amont et en aval. L'embâcle se détruit ensuite, et les Anglais demeurent là, incapables de traverser le fleuve. Le 20, Schuyler veut traverser, mais la plupart de ses hommes sont fatigués, leurs chaussures sont usées, les provisions sont en quantité insuffisante, et il serait peu pratique d'aller plus loin. De plus, les Iroquois ne veulent plus attaquer pour ne pas

Les Canadiens se retirent.

Les hommes du parti anglais refusent de poursuivre les fuyards.

Les Français, par miracle, traversent l'Hudson.

être responsables de la mort de leurs compatriotes prisonniers. Aussi, la retraite s'effectue-t-elle tout de suite et, le 21, l'armée arrive à Schenectady. Elle y trouve le gouverneur de New York, Fletcher, qui arrive à la rescousse avec deux cent quatre-vingts hommes. D'autres soldats suivent. Pourtant, il n'y a maintenant plus rien à faire. Schuyler prétend que le total de ses pertes est de quatre soldats et de quatre Iroquois, plus deux officiers et douze Anglais blessés. Il affirme avoir tué vingt-sept ennemis et en avoir blessé vingt-six. Il aurait libéré également de quarante à cinquante prisonniers iroquois. D'autres prisonniers s'échappent chaque jour, et il ajoute « que tous nos hommes prisonniers, sauf cinq, se sont échappés ou ont été mis en liberté, et que peu de femmes et d'enfants sont laissés avec eux, parce qu'ils ne sont pas capables d'amener leurs prisonniers, ayant eux-mêmes des hommes blessés, ils en transportent treize... ». Il n'empêche que la nation des Agniers est dispersée à tous les vents du ciel et que leurs bourgades sont détruites. On demande au gouverneur Fletcher d'indiquer un emplacement où la tribu pourra de nouveau s'installer, endroit que l'on devra fortifier contre les attaques.

« ...la nation des Agniers est dispersée à tous les vents du ciel... »

Le 25 février 1693, un conseil a lieu à Albany. Fletcher parle aux sachems iroquois. Il rappelle qu'au mois d'octobre 1692, il est venu pour porter de l'artillerie et des munitions à Albany, et pour y conduire des soldats aussi. Il est accouru à la première nouvelle qu'il a reçue de l'attaque des Français. Il a ramené d'autres soldats encore et apporté des provisions et des munitions. Il espérait empêcher les Français de rejoindre leur pays. Il n'a malheureusement pas réussi. Cependant, Fletcher trouve le moyen de blâmer les Agniers pour ce désastre. Ils se sont attirés ce malheur. Ils n'ont pas été sur leurs gardes. Ils n'ont pas posté d'éclaireurs. Ils n'ont pas surveillé. Que ce soit pour eux une leçon : il faut être sur le qui-vive. Les Anglais sont prêts à fournir des armes. Puis le gouverneur raconte que la flotte française est détruite, que les Français fuient devant les Anglais. Il renouvellera le traité d'alliance entre les nations au début de l'été. Le major Schuyler indiquera un lieu de résidence aux Iroquois de la tribu des Agniers. Ceux-ci recevront des provisions de maïs de la part des Anglais ; les commandes à cet effet sont données. Enfin, Fletcher conseille de lancer contre les Français une attaque prompte et rapide qui les prendrait par surprise.

Une fois encore, les Anglais blâment les Agniers.

Fletcher s'était exprimé de façon très vive : « Votre honneur et votre réputation sont intéressées, avait-il dit, à faire une vive entreprise contre vos ennemis, et ceci avec tout le secret et toute la promptitude dont vous êtes capables, afin que ces gens puissent voir que vous avez gardé l'ancien courage de vos ancêtres... » Il avait été dur aussi : « La calamité est tombée sur vous par votre propre faute. » En parlant ainsi, le gouverneur de New York voulait exciter l'esprit de vengeance des Iroquois ; mais il s'attirait des ripostes, assez naturelles, que les Iroquois ne manqueraient pas de lui donner.

Les Agniers demandent une invasion par la mer...

Les Cinq-Nations répondent en effet le même jour. Leur orateur reconnaît que les Agniers peuvent être responsables dans une certaine mesure du sang versé et des malheurs qui viennent de leur arriver. Toutefois, il n'appartient pas qu'à eux de venger cet affront : leur sang a coulé aussi sur le champ de bataille, et ils ont des morts et des blessés. Les uns et les autres doivent s'unir dans ce combat. Puis le sachem poursuit en disant : « Vous nous pressez d'aller attaquer les Français au Canada par terre. Nous espérons que en conformité des nombreuses promesses qui nous ont été faites et des engagements qui ont été pris envers nous, d'entendre dire que vous avez envoyé une force considérable, avec de gros canons, par la mer... Et nous pressons d'autant plus énergiquement cette affaire parce qu'une grande partie de notre force est maintenant brisée ; en conséquence, ne prenez pas en mauvaise part que nous pressions ce point de prendre le Canada par la mer, puisqu'il est impossible de la conquérir par la terre seulement. »

...et d'être mieux armés.

Bien plus, les Iroquois auraient infligé à l'ennemi des dommages encore plus considérables s'ils avaient toujours été aussi bien pourvus en munitions et en armes que les Indiens du Canada. Les Indiens alliés qui combattent les Iroquois de l'Ouest sont eux aussi bien approvisionnés, alors que de nombreux Iroquois ne combattent qu'avec des arcs et des flèches. Si toutes les colonies anglaises s'unissaient dans la lutte, il serait facile de détruire les Français.

Fletcher répond immédiatement, mais brièvement, à la réplique iroquoise. Il encourage encore les Iroquois. Peu de Français du parti de Manthet reverront, croit-il, la Nouvelle-France. Il faut désormais être sur ses gardes. Le lendemain, les Iroquois parlent de nouveau. Que s'est-il produit dans l'intervalle ? Comment les a-t-on apaisés ? On ne sait pas trop. Mais cette fois, leur ton est plus modeste, plus humble et plus conciliant. Ils acceptent les conseils, ils remercient. N'empêche qu'il y a de fortes frictions entre les alliés. Les Anglais agissent comme si cette guerre était celle des Iroquois, et ceux-ci ont toujours en tête les propositions de Frontenac, qui leur a dit que cette guerre n'était pas la leur et qu'il était prêt à faire la guerre avec eux n'importe quand.

La retraite des Canadiens est hasardeuse.

Pendant ce temps, la retraite du détachement canadien se fait dans des circonstances qui deviennent de plus en plus difficiles. Il doit, en plus de garder les prisonniers, transporter une quinzaine de personnes blessées assez gravement. La tâche est difficile parce que tous doivent marcher, en forêt, dans la neige fondante de la fin de février et début de mars. Cependant, les marches se font en assez bon ordre. Le 2 mars, les Canadiens sont au lac Saint-Sacrement. Des Indiens quittent l'expédition pour chasser. Des prisonniers s'échappent. Trois jours se sont écoulés depuis le combat, et on parle encore d'un parti de poursuivants. Par malheur, la glace est « pourrie », c'est-à-dire gorgée d'eau, couverte d'eau et dangereuse. Les Français n'osent s'y risquer. Ils doivent suivre les rives, ce qui rallonge le trajet et rend la marche plus difficile. Les prisonniers sont presque tous abandonnés là. Une cinquantaine suivent tout de même les Canadiens. Et, assez curieusement, un certain nombre promettent de revenir au printemps.

Le 4 mars, les Canadiens arrivent aux endroits où des provisions ont été déposées dans des caches. Elles sont en mauvais état et presque inutilisables, ayant souffert de pluies torrentielles. La marche se poursuit dans des conditions terribles, toujours à cause du manque de vivres et des difficultés du terrain. Le 11 mars, c'est l'arrivée à la rivière Chasy, à l'embouchure du Richelieu. Pour demander du secours, le commandant décide d'envoyer à Montréal deux Français ou, d'après d'autres rapports, quatre Indiens et un Français. Le 15 mars, des provisions arrivent de Montréal, et les 16 et 17, presque tous les membres de l'expédition réintègrent leur demeure. Des blessés avaient cependant été laissés dans une redoute à la rivière Chazy. Courtemanche et Villedonné commandent un petit corps de volontaires chargés de les garder.

Les vivres cachés sont inutilisables.

Si l'expédition se terminait de façon pitoyable, il ne faudrait pas en sous-estimer les résultats. Toute la première partie de la marche était un véritable modèle du genre. L'attaque par surprise des trois bourgades par Manthet avait été exécutée de façon parfaite, alors que c'était la partie la plus difficile dans ce type de guérilla. Il avait capturé ou tué, d'un premier coup, tous les membres de la tribu des Agniers. Ni Tracy, ni Courcelles, ni Denonville n'avaient trouvé l'ennemi dans ces villages. Les Indiens eux-mêmes, habitués à une guerre de ce genre, ne réussissaient presque jamais de surprises aussi totales.

Une expédition presque parfaite, malgré sa conclusion tragique

L'évasion de Jean-Baptiste van Eps a été un incident malheureux. Anglais et Iroquois, mis en éveil, ont pu suivre les mouvements du détachement et rassembler des forces considérables. De plus, ce sont les Iroquois catholiques qui sont responsables de l'échec partiel de ce raid. Naturellement, on ne peut leur reprocher d'avoir assommé de sang-froid leurs compatriotes qui se rendaient à discrétion et voulaient les suivre. Ils avaient reçu des ordres en ce sens, ils s'y étaient engagés, mais personne ne les blâmera de s'être montrés humains. Là où ils sont en faute, c'est lorsqu'ils ont retardé la retraite, la rendant plus délicate, provoquant une pénurie de vivres et permettant aux forces anglaises de rattraper le détachement français. Celui-ci a dû livrer un combat qui n'a peut-être pas fait beaucoup de victimes, mais qui était inutile et ne pouvait donner aucun résultat. Tous ces retards sans nombre avaient provoqué l'évasion de la plus grande partie des prisonniers agniers.

Inutile de dire que cette expédition, si elle avait été exécutée uniquement par des troupes françaises, aurait probablement été un succès absolu et complet. Elle devait néanmoins indiquer aux commandants français la

*Une leçon
à tirer : le
triomphe ne
viendra que
de ce type
de combat.*

solution militaire de ce conflit qui durait depuis si longtemps : les Français ne pouvaient triompher des Iroquois que par des expéditions semblables, conduites par des troupes spécialisées, habituées au climat, à la forêt, au campement dans la neige et le froid, capables de raids rapides qui trouveraient l'ennemi dans ses repaires et le détruiraient. Frontenac, d'une façon peut-être un peu vague et insuffisamment réfléchie, s'orientait vers cette solution. Ses dépêches l'indiquent.

Cependant, il ne faut pas croire que, telle qu'elle a été, cette expédition a été inutile ou qu'elle n'a pas eu de conséquences importantes. Avant l'hiver de 1693, la tribu des Agniers a déjà reçu de rudes coups. Elle a perdu, au cours de divers combats, une bonne partie de ses meilleurs chefs de guerre. Les rangs de ses guerriers se sont éclaircis. L'expédition Manthet a encore fait de vingt à trente victimes. Un groupe d'une cinquantaine de prisonniers, au moins, a atteint, semble-t-il, la Nouvelle-France. Il est probable que des femmes, des vieillards, des enfants ont succombé durant la retraite et les marches forcées, ou à cause de la famine. Mais surtout, la tribu tout entière a été arrachée violemment, comme une touffe d'herbe saisie par une main puissante. Ses bourgades ont été brûlées, ses provisions détruites. Ce malheur, survenu après les autres, aura plus de portée et aura des conséquences plus désastreuses que l'attaque de M. de Tracy. La tribu ne se remettra jamais vraiment du coup formidable porté par les hommes de Manthet et elle ne redeviendra jamais non plus de ce qu'elle avait été dans le passé.

*Les Agniers
se remettront
difficilement de
cette expédition.*

Frontenac, pour sa part, sera content de cette expédition. Il écrira en France qu'elle a saccagé trois villages ennemis et ramené « près de quatre cents prisonniers ». Il semble que ce chiffre soit très exagéré. Mais la présence de ces prisonniers à Montréal paralyse les Agniers qui, craignant des représailles, doivent se tenir tranquilles. « Et, ajoute le gouverneur, je suis persuadé encore qu'elle a beaucoup contribué à faire naître aux Onneiouts qui sont leurs voisins quelques pensées de paix. » On compte encore que cette attaque portée au cœur de l'Iroquoisie aura un excellent effet dans l'Ouest et qu'elle contribuera à maintenir dans le devoir les Indiens alliés.

Chapitre 201

1693

Après le retour de l'expédition Manthet, de grands travaux de défense sont exécutés en Nouvelle-France. Frontenac continue à fortifier Québec. Cinq cents hommes travaillent pendant cinquante à soixante jours. Puis, il faut envoyer des ordres à Michillimakinac, et l'on prévoit qu'il ne sera pas facile de circuler sur l'Outaouais. D'Argenteuil et dix-huit Canadiens entreprennent d'établir le contact avec Louvigny. Il y a à Michillimakinac un prodigieux amas de fourrures. Pour escorter le parti de d'Argenteuil, le gouverneur envoie des Iroquois du Sault et vingt volontaires français qui sont placés sous les ordres de La Valtrie. Le voyage sur l'Outaouais intérieure s'accomplit sans anicroche. Mais au retour, l'escorte est attaquée aux rapides de Lachine, à la tête de l'île, par des tirailleurs iroquois placés sur les deux rives. Le canot qui porte La Valtrie est bientôt percé de balles et il doit aborder pour éviter de sombrer. La Valtrie est déjà blessé quand il touche terre. Des ennemis le rejoignent et le tuent. Un autre Français succombe en même temps. Deux autres Français sont perdus. On envoie des partis d'Iroquois chrétiens, de soldats, de colons ; des groupes de soldats protègent aussi les semailles. Puis les travaux de défense se poursuivent. Le fort de Sorel est remis en état. Des Bergères fait un excellent travail à Chambly. Il est actif et vigilant. Il exécute des travaux aux rapides du Richelieu afin que des corps ennemis ne puissent facilement les franchir. Au printemps et à l'été de 1693, on garnit le côteau Saint-Louis, à Montréal, d'ouvrages de défense. On bâtit un fort à quatre bastions tout d'abord, puis une palissade que l'on entoure d'un fossé.

Des partis indiens se rendent jusqu'à Albany, jusqu'à la capitale iroquoise, jusqu'au pays des Agniers, ils errent autour de diverses villes anglaises, et même autour de Boston. La Plaque, chef de l'un de ces groupes, surprend quatorze personnes, en pleine forêt, près d'Orange. Deux

Pierre d'Ailleboust d'Argenteuil (1659-1711), soldat, frère cadet de Nicolas d'Ailleboust de Manthet

Sans doute un fils de Séraphin de Margane de Lavaltrie, venu au Canada avec le régiment de Carignan et mort en 1699 à Montréal.

sont tuées ; une troisième est capturée. Par un hasard singulier, cette troisième personne est un prisonnier français. Il raconte que de grands préparatifs militaires se font à Boston. Une attaque contre la Nouvelle-France se produirait par la mer, et un parti de six cents hommes viendrait par le lac Champlain. Ces rumeurs arrivent après d'autres du même genre. Il se prépare une grosse expédition maritime et militaire en Nouvelle-Angleterre, cela est indéniable. Frontenac n'en peut plus douter. Le chevalier d'Eau en avait parlé l'automne précédent après s'être évadé de New York. Alors, sur réception de ces nouvelles supplémentaires, les travaux s'accélèrent en Nouvelle-France. Les hommes s'activent autour des ouvrages de fortification. Frontenac visite l'île d'Orléans, la côte de Beaupré pour y organiser la défense en cas d'invasion, préparer des refuges dans la forêt, etc. Il doit organiser des corvées, soumettre chacun à un dur travail. Des partis iroquois apportent la confirmation des nouvelles antérieures.

La Nouvelle-Angleterre prépare une grande expédition. Pour la Nouvelle-France ?

Elles étaient exactes. Cependant, les puissantes forces préparées en Nouvelle-Angleterre ne se dirigeront jamais vers le Canada. Elles vont au sud, pour surprendre la Martinique. Elles préparent un second désastre qui sera presque aussi éclatant que celui de Phips en 1690. Mais elles avaient suscité en Nouvelle-France, pendant plusieurs mois, de fortes inquiétudes.

Non, l'expédition se dirige vers la Martinique.

L'expédition de Manthet a assené à la nation iroquoise un coup si puissant que, cette fois, elle songe sérieusement, pour la première fois à faire la paix avec la Nouvelle-France. Jusqu'ici, elle n'était que tout feu tout flamme pour la guerre ; elle cherchait l'assistance des Anglais, mais si elle ne l'obtenait pas, elle lançait quand même ses partis à l'attaque, surtout au printemps, et harcelait avec brio le vieil ennemi. Mais au printemps de 1693, ses détachements ne viennent pas se poster, comme les années précédentes, à la tête de l'île de Montréal, pour faire des massacres dans les campagnes. C'est une nouveauté. Frontenac reçoit une timide offre de paix.

Les Iroquois proposent timidement la paix à Frontenac.

C'est un sujet sur lequel les contemporains de Frontenac n'ont pas tous été du même avis. Des lettres de personnages éminents révèlent ces divergences d'opinions. Quelques-unes prétendent que le gouverneur était victime des ruses des Iroquois, qui n'étaient pas sincères. Mais la publication des documents anglais prouve une fois de plus que Frontenac avait pleinement raison et qu'il avait eu en main tous les éléments pour se former une opinion juste.

Mais sont-ils sincères ?

Ainsi, dans une lettre du 13 juin, qui précède de quelques jours l'arrivée des délégués iroquois en Nouvelle-France, Fletcher, le gouverneur de New York, signale à quel point la situation devient dangereuse pour les intérêts anglais en Iroquoisie. L'État, dit-il, est épuisé, les autres colonies ne donnent aucun secours, il faudrait une union des provinces anglaises qui formerait un tout pour attaquer la Nouvelle-France. Puis il parle des Iroquois « qui semblent chanceler et sont inclinés à faire la paix avec les

Français du Canada. Suite au manque des approvisionnements et présents habituels que cette pauvre province ne peut pas supporter plus longtemps, et si on les induisait à faire une paix séparée, la ruine de tout le pays s'ensuivrait inévitablement ensuite... » Le gouverneur est très inquiet, « car si nous perdons nos Indiens, qui sont notre principal boulevard et notre boulevard le meilleur marché contre les Français... », la situation deviendra vite critique. Aussi, il s'efforce fébrilement d'obtenir l'assistance des autres colonies. Il a l'intention de renouer prochainement le traité d'alliance « avec les Indiens chancelants des Cinq-Nations... ». Il est peu sûr des Iroquois et il pèse les conséquences de leur défection. Si les Iroquois passaient à l'ennemi, la Virginie, le Maryland et d'autres provinces peut-être subiraient leurs attaques.

Fletcher, on n'en peut douter, était bien informé. Par ailleurs, des témoignages anglais permettront de suivre avec plus d'exactitude ce mouvement de paix des Iroquois. Il se développe, après l'expédition de Manthet, avec rapidité, chez la tribu des Onneiouts, qui est bien placée pour être attaquée après celle des Agniers. Et ici, la fleur de paix s'épanouit plus vite, car à la crainte des armes françaises, se joint l'action intérieure du père Millet qui est prisonnier.

Comme on l'a vu, les Iroquois supérieurs qui descendaient à Montréal pour le massacre de Lachine, avaient capturé à Cataracoui, cet ancien missionnaire des Onneiouts. Un chef de cette tribu, qui était chrétien, l'avait sauvé de la torture et de la mort. Ses amis s'étaient alliés pour lui assurer la vie sauve et même une position d'honneur dans la tribu. C'est dire que les Iroquois conservaient au milieu d'eux un homme sincèrement dévoué aux intérêts des Français et qui, l'occasion venue, pourrait intervenir. Entre les années 1689 et 1693, on a assez peu de nouvelles du père Millet, même si son nom est mentionné à quelques reprises dans les documents. Il reçoit des lettres du Canada. On se sert de son talent d'interprète. Mais il est naturellement très surveillé et n'a pas toute sa liberté d'action. Et surtout les Anglais ne sont pas contents. Le père le dit lui-même : « Les Anglais ne furent pas contents de la décision des Onneyouts en ma faveur... » Ils craignent les artifices et l'habileté du missionnaire. Ils croient que celui-ci peut agir sur l'esprit des Iroquois à leur détriment. Aussi, ils font des reproches à ce sujet à des Onneiouts qui se rendent à Albany. Ils envoient aux cinq tribus des messagers pour « raconter à toutes les nations iroquoises que j'avais écrit de force mauvaises choses ». Mais les Onneiouts s'opposent victorieusement à ces ruses. Les Anglais veulent faire intervenir les Agniers et les Onontagués dans les affaires des Onneiouts, tant pour le père Millet « que pour leur grand dessein de guerre ». Mais ils n'obtiennent aucun résultat. Un Anglais rend visite au père Millet et lui dit que l'on pense obtenir sa libération. Celui-ci refuse de quitter la tribu qui l'a adopté. « Il

Le travail du père Millet auprès des Onneiouts

interrompt ses civilités, dit alors le père, pour me dire que les Anglais ne me souffriraient pas ici ». Millet répond que ce sont les Onneiouts qui doivent régler cette affaire.

Finalement, les Onneiouts ne consentent à aucun autre arrangement que celui qu'ils ont fait. Il reçoit des lettres de la Nouvelle-France répandant la nouvelle de la victoire française sur Phips. Les Anglais recommandent aux Iroquois de ne pas écouter le missionnaire. Mais celui-ci assiste à de grands conseils parce qu'il remplace Otasseté. Les Anglais et la faction anglaise sont mécontents. Le père profite parfois de l'occasion pour parler énergiquement : « ...les sauvages, dit-il, qui dépendent des Anglais pour la traite n'osent ordinairement rien dire qui leur puisse déplaire... ». Suzanne parle avec audace. Les Anglais multiplient les intrigues, soit pour que le missionnaire leur soit livré, pour qu'il soit libéré, ou pour l'éloigner de n'importe quelle manière. « ...je leur suis ici une grande épine au pied », écrit-il. Mais ils n'y réussissent pas. Les Agniers même tentent de l'attirer chez eux, sous prétexte d'administrer des confessions à Noël, afin de le livrer aux Anglais. Mais cette intrigue ne donne rien. Le missionnaire le racontera dans une lettre écrite en 1691, et qui a été imprimée.

Otasseté était un chef héréditaire du clan du Loup.

Suzanne est une mère de clan.

Ainsi, vers la fin du mois de juin 1693, un Onneiout, du nom de Tareha, arrive à Montréal, en qualité d'ambassadeur. Il est accompagné d'un prisonnier français libéré du nom de Saint-Amour. Celui-ci avait été capturé à la Pointe-aux-Trembles. La libération d'un prisonnier est ordinairement pour les Indiens et les Iroquois le moyen d'entamer des négociations. Tareha dit qu'il vient sur les instances du père Millet qui, bien que virtuellement prisonnier, exerce tout le poids de son influence pour la paix. Il veut qu'on lui demande en échange du Saint-Amour, un Onneiout de ses parents qui est prisonnier à la mission Saint-François-Xavier. Il présente des lettres du père Millet pour l'accréditer et le recommander aux autorités françaises.

Tareha serait un membre du clan du Loup comme Millet.

Probablement Pierre Payet, dit Saint-Amour, captif des Iroquois depuis quatre ans.

Tareha est aussitôt conduit à Québec, où il voit bientôt le gouverneur. Il offre des présents symboliques. Les Onneiouts, dit-il, sont en faveur de la paix. Mais ils n'osent envoyer une ambassade car ils craignent un père irrité. Mais Tahera a dit aux autres tribus qu'il venait en Nouvelle-France pour un arrangement. L'offre de paix vient en particulier des trois principaux clans onneiouts. Le messager limite absolument l'offre qu'il apporte et il semble qu'il n'y ait pas d'ambiguïté sur ses paroles.

Clans de la Tortue, du Loup et de l'Ours

La réception que le gouverneur lui fait est assez froide, d'après tous les récits qui en parlent. Il n'offre qu'un présent. Mais il dira à l'Onneiout qu'il conserve un reste de tendresse pour ses enfants. Il veut leur donner les moyens de retrouver leurs esprits, « de retourner à leur devoir, de vomir le poison ». Si les Onontagués, les Goyogouins et les Tsonnontouans ont les mêmes dispositions que les Onneiouts, que chacune de ces tribus envoie deux de ses chefs les plus influents et que surtout, le grand chef iroquois,

Frontenac pose ses conditions à Tareha.

Teganissorens, son vieil ami se présente à leur tête. Les ambassadeurs seront en sûreté en Nouvelle-France. Frontenac les écoutera. Sinon, il reprendra la guerre et exterminera les Iroquois. En fait, il n'écoutera que les propositions formulées par les cinq tribus, c'est-à-dire par toute la nation. Les rapports qu'il a reçus du chevalier d'Eau le découragent et il n'espère pas grand-chose de ces pourparlers.

Mais tout en parlant de la sorte à Tareha, Frontenac traite cet envoyé de sa façon habituelle, c'est-à-dire avec tous les soins possibles, de manière à le gagner. C'est sa méthode habituelle. Cependant, il ne se montre pas trop anxieux de conclure la paix, car ce serait avec les Iroquois le moyen de tout manquer. Il rend à Tareha son parent. Il lui donne les cadeaux qui s'imposent.

Tareha, d'après La Potherie, serait venu pour espionner. Parlant à Frontenac, « il l'assura que les Onneyouts l'avaient en même temps conjuré de lui demander la paix ». Il aurait affirmé que les Onneiouts auraient toujours voulu la paix, que la bourgade entière était du même avis, que toutes les tribus étaient au courant de son voyage. Et Frontenac aurait rappelé le châtiment indigne aux compagnons du chevalier d'Eau et au chevalier lui-même.

Telle est cette première négociation de paix qui fera couler tant d'encre et qui sera l'objet de tant d'opinions diverses. Elle se produit avant le 25 juin, dans les derniers jours du mois. Tareha promet de revenir dans deux mois. L'affaire est donc engagée. C'est une véritable négociation de paix. La seule recommandation du père Millet suffisait pour que l'on prenne la chose au sérieux.

Celui qui a le mieux compris toute l'affaire est évidemment le gouverneur Frontenac. Son expérience, son esprit pénétrant et son sens psychologique, quand il s'agit de ces vieux ennemis de la Nouvelle-France, ne sont pas en défaut. Contrairement à une bonne partie des autres Français, il prend la négociation au sérieux. Aucune nation indienne, pas plus les Iroquois que les autres, n'avait la ténacité et la patience pour mener pendant plus de quelques années la guerre du train dont elle allait depuis 1689. Les Iroquois font des efforts pendant deux ou trois ans, puis ils s'accordent un répit. Or, les Iroquois avaient mené la guerre avec furie depuis déjà quatre ans. Maintenant, lentement mais sûrement, elle n'était plus à leur avantage. La Nouvelle-France prenait le dessus sur l'Iroquoisie et, comme un puissant lutteur, ployait son adversaire sous elle. Les derniers événements le prouvaient assez. À l'automne de 1692, deux partis de quatre cents guerriers ne trouvent pas le moyen de causer un mal sensible à la colonie ; à l'hiver de 1693, quelques semaines plus tard, l'expédition Manthet capture toute la tribu des Agniers, d'un seul coup. Ce qui marque un net changement. Frontenac commande maintenant à des troupes et à une population aguerries,

Frontenac sait que les Iroquois n'ont plus l'avantage.

inlassables, dures, prudentes, audacieuses, capables de battre l'Iroquois à son propre jeu, en utilisant les mêmes méthodes militaires. Les Iroquois ont bien compris ce qui se passait.

Mais ils savent aussi que les colonies anglaises peuvent être plus puissantes que la Nouvelle-France, car leur population dépasse de beaucoup celle de cette dernière. Ils ont compté sur l'appui des diverses colonies. Mais année après année, ils n'ont obtenu que celui de la colonie de New York, qui n'est pas suffisant pour les rendre victorieux. Comme le dit Colden, se rendant compte qu'ils reçoivent peu d'assistance effective des Anglais, ils cessent de l'espérer et ils comprennent en même temps qu'ils ne battront jamais les Français. Ils savent que seuls ils sont impuissants, que cette tâche les dépasse. Alors ils pensent à faire la paix.

Les Iroquois doivent ménager les Anglais : après tout, Albany n'est qu'à quinze lieues...

Mais ils y songent à la façon iroquoise. Car ils savent bien qu'ils sont à la porte des puissantes colonies anglaises qui peuvent leur porter un mauvais coup s'ils s'allient aux Français et transfèrent leur allégeance. Ce point n'a pas été signalé. Albany est à quinze lieues de la première bourgade iroquoise, de la limite pour la navigation océanique sur l'Hudson. La piste iroquoise part d'Albany. Le problème de la distance ne se pose pas comme pour la Nouvelle-France. Si les Iroquois n'agissent pas au gré des Anglais, les colonies peuvent facilement monter une puissante expédition qui ferait bien du mal. La Nouvelle-Iroquoisie est à portée des colonies anglaises alors qu'elle est loin de la Nouvelle-France. Elle doit donc se montrer prudente et ne pas oublier un danger toujours présent. La plus faible peut être attrapée ici par le plus fort. Il faut ménager les Anglais, procéder délicatement, lentement et manœuvrer avec soin.

...et les Anglais, des alliés de longue date.

Les Anglais ont pour les aider, dans ce moment critique, une alliance traditionnelle des deux nations. Ils sont alliés depuis 1664. Ils ont eu des relations commerciales et des conseils continuels. Les Anglais ont été très larges, ils ont accordé à ces Iroquois beaucoup de latitude. Le groupe des marchands d'Albany a toujours eu beaucoup de doigté, de savoir-faire, de tact dans ses relations avec eux. Il a une faction d'une grande importance en Iroquoisie, malgré le peu d'aide reçue dans cette guerre. Tandis que les Français sont des ennemis traditionnels. Il y a maintenant entre les deux nations du sang versé depuis un siècle. Et ce dernier obstacle est toujours l'un des plus forts qui soient.

L'Iroquoisie est la démocratie d'autrefois.

Alors, au moment où la menace française semble augmenter et devenir la principale urgence, après l'expédition de Manthet, on ne peut s'attendre à un revirement complet. L'Iroquoisie est toujours la démocratie d'autrefois, où l'unanimité règne rarement. Il faut toujours se la représenter comme deux factions dont les forces respectives se modifient continuellement. Aussi, en 1693, le parti de la paix paraît encore peu puissant ; il est né chez les Onneiouts, sous l'influence du père Millet, mais n'a pas conquis tout le pays. Mais il est plus fort qu'on le croit généralement. Il a maintenant assez de détermination pour s'exprimer. Mais ce fait, mal examiné, mal connu, conduira comme par le passé, aux mêmes appréciations. On dira duplicité iroquoise, alors qu'il s'agit tout simplement d'un peuple qui est divisé, et qui lutte pour survivre entre deux puissances plus fortes que lui. La décision, pour l'Iroquoisie, était difficile à prendre ; un mauvais choix pouvait avoir d'importantes conséquences.

Le peuple iroquois est divisé.

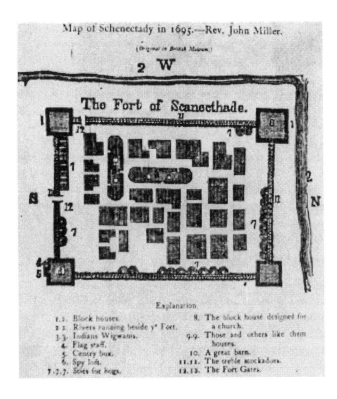

Map of Schenectady in 1695.—Rev. John Miller.

Chapitre 202

1693

Pendant que Tareha et son compagnon français approchaient de Montréal, avec leurs présents et leurs propositions de paix, les sachems iroquois et les autorités de la colonie de New York, y compris le gouverneur Fletcher, avaient un conseil à Albany, le 15 juin.

Nouveau conseil à Albany

Ce sont les Iroquois qui parlent les premiers. Les Agniers remercient les Anglais pour l'assistance qu'ils ont reçue dans leurs malheurs. Ils ont envoyé en Nouvelle-France un parti qui a rapporté trois scalps. Depuis le désastre subi l'hiver dernier, ils ont reçu des provisions et des munitions.

Fletcher donne en cadeau vingt-quatre chaudières de cuivre. Il leur affirme que la guerre ne déclenchera pas d'autres malheurs, s'ils sont sur leurs gardes. Il a reçu des renseignements, ajoute-t-il, à l'effet que les Iroquois « hésitaient et étaient inclinés à la paix avec l'ennemi commun ». Il veut connaître la vérité sur ce point. Fletcher continue en affirmant que ces idées de paix ne peuvent être nées en Iroquoisie qu'à l'instigation du missionnaire jésuite Millet ; les Iroquois supportent la présence de cet homme dans leur pays depuis trop longtemps déjà. Ils lui ont permis de vivre, et le missionnaire ne pense qu'à les trahir en retour. Fletcher les engage à ne plus supporter la présence de ce missionnaire chez eux.

Fletcher exige le renvoi du père Millet.

Enfin, le gouverneur renouvelle l'ancien traité d'alliance. Il offre des présents. Et d'après Colden, ce serait à ce conseil que les Anglais donnèrent pour la première fois à leurs alliés des présents d'une valeur exceptionnelle, en chaudières, fusils, poudre, etc. Ils sentent le danger que représenterait l'abandon des Iroquois et tentent d'y parer.

Les Iroquois mettent beaucoup de franchise dans leur réponse, semble-t-il. Un iroquois, disent-ils, est parti pour le Canada avec des lettres du père Millet.

Sont-ils au courant, en ce moment, du fait que la grande expédition préparée en Nouvelle-Angleterre a pour destination la Martinique, au lieu de la Nouvelle-France ? Il semble que oui, puisque leur orateur regrette que les Anglais ne préparent aucune grande expédition contre la Nouvelle-France ; les Iroquois étaient prêts à faire leur part.

Les Iroquois sont contents que les Chaouanons, leurs ennemis, aient demandé à l'automne de 1692, la protection des Anglais ; et que des envoyés anglais s'efforcent d'établir une paix entre les Chaouanons et les Anglais, ainsi que les Chouanons et les Iroquois, que des ambassadeurs anglais sont partis avec les ambassadeurs chouanons. Peut-être sera-t-il possible d'obtenir l'assistance de ce peuple.

Fletcher insiste fortement sur la nécessité d'expulser le père Millet. Il revient sur le sujet à plusieurs reprises. Il crie que le jésuite trahit les Iroquois. Les Onneiouts promettent à la fin d'enlever à Tareha, quand ce dernier reviendra de sa mission en Nouvelle-France, tous les écrits qu'il en rapportera pour le missionnaire, et de les apporter au gouverneur de New York. Le missionnaire doit rester dans sa présente résidence jusqu'au retour de Tareha. Les Onneiouts acceptent en retour du missionnaire, qu'ils s'engagent à livrer dans l'avenir, un jeune Indien que veut bien leur donner Fletcher. Mais celui-ci demeurera à Albany jusqu'au jour où le père Millet y sera amené. Les Onneiouts, devant les sollicitations de plus en plus présentes du gouverneur de New York, veulent gagner du temps ; ils font semblant d'accepter ses propositions, mais ils ne livreront jamais le père Millet.

Ces discussions révèlent la politique iroquoise. Elle se réserve, pour l'avenir, elle veut conserver un moyen d'entrer en relation avec Frontenac et les Français, de se ménager la possibilité de conclure une paix avec eux. Mais en même temps, il faut rendre justice aux Onneiouts chrétiens qui, depuis quatre ans, protègent fermement et audacieusement, le missionnaire qui les a conquis par ses grandes qualités de cœur et d'esprit. Ils le défendent non seulement contre les autres Onneiouts, mais aussi contre les autres tribus, et toute la puissance anglaise, résistant à toutes les menaces, promesses et autres ruses. Une femme, comme Suzanne, une sachemesse chrétienne, puissante, influente, joue dans cette affaire un rôle d'une noblesse et d'une beauté inouïes. Tout n'est pas méprisable, loin de là, dans cette race iroquoise où l'on peut trouver en même temps, Catherine Tekakouitha et ce groupe d'Onneiouts. Peu d'hommes ou de femmes, en aucun pays, auraient montré dans les mêmes circonstances, autant de détachement, de courage et un amour plus pur de leur foi.

Il faut aussi signaler que, commence pendant ce conseil, une intrigue qui donnera aux Français bien du fil à retordre. Les Onneiouts, et on peut dire, une bonne partie des Iroquois, pensent à faire la paix avec la France,

Les Onneiouts veulent faire la paix avec les Hurons de l'Ouest.

mais aussi avec les Indiens alliés qui les harcèlent dans l'Ouest. Ils avertissent Fletcher que le projet des Cinq Tribus est d'entamer des négociations de paix avec les Hurons de l'Ouest qui ont un traité d'alliance avec les Français. Les Tsonnontouans ont pris l'initiative de cette affaire. Ils reçoivent actuellement des colliers de grains de nacre des autres tribus, pour les offrir aux Hurons, le temps venu. Tous les Iroquois désirent que les Anglais approuvent cette affaire et leur fournissent leur assistance. Ils devraient eux aussi offrir des présents et faire partie du traité qui se prépare. Fletcher, naturellement, approuve chaudement ce projet. Il encourage les Iroquois et fournit son cadeau.

Ces négociations, et celle qui vise les Chouanons, causeront beaucoup d'embarras à Frontenac. Les Hurons et les Indiens alliés ont tendance à aller plus vite en affaire que lui, c'est-à-dire à faire la paix avec les Iroquois avant que lui fasse celle de la France, c'est-à-dire avant que la guerre soit vraiment terminée. De plus, quand les Indiens alliés apprennent que les Français négocient, ils ne sont pas contents et, craignant d'être abandonnés, ils se précipitent. Il n'est pas facile de les garder en ligne ; et surtout de les maintenir en guerre jusqu'au jour où la paix sera conclue. Tous comprennent que si les Iroquois concluent la paix avec les Indiens alliés, ils pourront très bien ensuite ne pas la faire avec la France, qui devra continuer seule la lutte.

Le mouvement prend forme. Le maire d'Albany, Peter Schuyler, écrit une lettre à Fletcher, un peu plus tard, le 25 juillet, pour le mettre au courant des derniers développements. Il lui communique certains renseignements qui proviennent, comme ceux des Français, d'espions, de visites entre Iroquois d'Iroquoisie et Iroquois catholiques ou de prisonniers. Un Agnier qu'il a envoyé vient d'arriver. Les Français ne lanceront pas d'attaque contre l'Iroquoisie. Le 15 juin, en effet, Fletcher avait vite congédié les Iroquois pour qu'ils puissent retourner dans leur pays et se défendre ; la rumeur court que les Français concentreraient leurs forces à fort Frontenac. Fletcher avait donné des présents aux chefs. Cette rumeur est maintenant dissipée.

Le messager du père Millet, Tareha, dit encore Schuyler, est revenu au Canada. Mais les lettres qu'il portait pour le missionnaire n'ont pas été interceptées, comme promis. Les Onneiouts n'ont pas livré non plus le jésuite. Bien plus, « Le Jésuite a autant d'autorité chez les Onneiouts que tout sachem et il gouverne les autres... » Comment attendre quelque chose de bien de ces Iroquois qui sont gouvernés par l'ennemi. D'ailleurs, Schuyler est bien placé pour le savoir, il signale « combien fatigués de la guerre sont les Cinq-Nations ». Voilà les mots dont se sert un homme qui vit parmi les Iroquois, les connaît bien, est continuellement en rapport avec eux. Il pense qu'un conseil général des Cinq Tribus, qui doit avoir lieu à Onnontaé, dans la capitale iroquoise, ne peut donner que des résultats

Les Onneiouts n'ont pas livré le père Millet aux Anglais, ni intercepté ses lettres.

désastreux. Ce conseil a lieu à la demande des Français, ou à leur instigation, ou serait un corollaire des demandes de Frontenac. Les Français demandent que les Iroquois respectent leur territoire ; ou bien ils veulent gagner du temps jusqu'au jour où ils seront prêts à attaquer les Anglais. Le messager qui s'est rendu à Québec, Tareha, probablement, fait grand état, auprès de ses compatriotes, de la force des Français. Schuyler pense qu'il faudrait dissuader les Iroquois de tenir le conseil en question, mais il a jugé préférable d'attendre sur ce point les ordres du gouverneur.

Schuyler a donc appris que Tareha était revenu du Canada, avec des lettres pour le père Millet, et des propositions de Frontenac pour la nation iroquoise. Les tribus ont décidé, comme elles le font toujours en pareil cas, de tenir un grand conseil dans leur capitale, pour étudier ces propositions. Schuyler constate que les Iroquois sont très fatigués par cette guerre et il craint les résultats d'un tel conseil.

Le 31 juillet, le père Millet écrit aussi à M. Dellius, le ministre protestant de la colonie de New York. Il lui dit que Tareha, son frère et son hôte, sont revenus du Canada ; qu'ils ont rapporté un collier de grains de nacre et une lettre de Frontenac où celui-ci affirme « qu'il n'en tient pas à lui si les Iroquois ne vivent pas en paix ». C'est dire qu'il affirme encore que cette guerre ne concerne pas les Iroquois, et qu'ils pourraient rester neutres. Il ajoute qu'il est en mesure de résister à ses ennemis et de les harceler. Pour donner aux Iroquois le temps de prendre une décision, il a arrêté tous les partis qui étaient prêts à partir. Lui-même, qui était sur le point de quitter Québec pour leur livrer bataille, s'est arrêté et n'avancera pas avant deux mois. Il invite les Iroquois à envoyer deux députés de chaque tribu pour négocier avec lui : c'est ce que demandent les Onneiouts chrétiens. Les ambassadeurs qui viendront en Nouvelle-France ne seront pas inquiétés ni à l'aller ni au retour. Le père Millet souhaite que Dellius informe les autorités anglaises de ces négociations pour qu'elles n'interviennent pas dans le but d'empêcher les conséquences bienfaisantes de cette paix générale que désirent tous les gens de bien et qu'il faut favoriser.

Godfrey Dellius, pasteur à Albany

Cette lettre vient d'un cœur bien disposé. Naturellement, les Anglais savaient déjà ce qui se tramait. La lettre du père Millet n'est pas une révélation. Cependant, le missionnaire oubliait que, depuis 1689, les Iroquois surtout menaient la guerre contre les Français ; que les Anglais y avaient pris peu de part ; que les attaques des Iroquois avaient continuellement protégé la colonie de New York, sans beaucoup de collaboration de la part des Anglais et qu'elles avaient même préservé les autres colonies anglaises. Les Anglais ne pouvaient donc pas consentir à une neutralité des Iroquois. Les Iroquois, en abandonnant la lutte, auraient permis à Frontenac de concentrer toutes ses forces contre la colonie de New York et les autres colonies anglaises ; Albany, l'Hudson seraient ouvertes à l'invasion. Les Anglais ne

Jamais l'Iroquoisie ne pourra devenir territoire neutre. Il en va de la survie des colonies.

consentiraient jamais de bon cœur que l'Iroquoisie devienne neutre. Ils seraient alors obligés de se défendre eux-mêmes. Tandis que les Français avaient tout intérêt à demander cette neutralité. Les Iroquois étaient pour eux des ennemis terribles, harassants, qui ne laissaient pas de répit et faisaient des ravages terribles. Ils étaient l'unique ennemi, est-on tenté de dire, puisqu'ils poursuivaient et menaient cette lutte à peu près seuls. L'Iroquoisie, naturellement, avait intérêt, elle, à devenir neutre. La guerre tournait contre elle. Elle y perdait chaque année des groupes importants de guerriers ; elle ne pouvait plus espérer une victoire qui lui donnerait le contrôle absolu du commerce des pelleteries et des peuplades du Nord-Ouest. Elle était engagée sur le penchant de la défaite.

C'est donc la situation de fond qui se présente. Elle est extrêmement grave pour la colonie de New York. Elle peut avoir des conséquences désastreuses. Fletcher, Schuyler et les autres dirigeants savent qu'il faut empêcher à tout prix la défection de l'Iroquoisie. Ils ne voient pas sans trembler approcher le jour où on devra prendre une décision.

D'après Colden, les Onontagués invitent les autres tribus au conseil. Les Anglais reçoivent une invitation. Les Anglais, disent encore cet auteur, ont voulu les dissuader de ce projet, mais les Iroquois y sont tellement décidés que leur attitude est menaçante.

Une bataille dont l'enjeu est l'Iroquoisie se prépare.

Alors une belle bataille se prépare. La faction anglaise et la faction française s'affrontent en Iroquoisie. Les Anglais, qui peuvent le faire plus facilement que les Français, préparent leur jeu. Leur principal atout sera une lettre que le gouverneur de New York, Fletcher, écrira le 31 juillet, qui sera la pièce principale pendant les prochaines délibérations des sachems. Dans ce document, Fletcher se dit surpris d'apprendre que, malgré les promesses faites à Albany et le traité d'alliance qui unit les deux peuples, les Onneiouts ont reçu un collier de grains de nacre du gouverneur du Canada, et proposent un conseil des cinq tribus pour étudier la réponse que la nation doit donner. Les Iroquois n'auraient pas dû souiller leurs mains en touchant à ce document ; ils auraient dû lui transmettre le collier et les lettres que le père Millet a reçues. Ce missionnaire les trahira, ajoute-t-il. Il s'attend à ce que les Iroquois refusent les propositions de Frontenac : s'ils veulent prouver leur innocence, qu'ils lui envoient le vieux jésuite avec tous ses papiers, selon leurs engagements et leurs promesses ; de cette façon, ils ne briseront pas l'entente entre de vieux alliés. Fletcher ajoute qu'à moins de recevoir sa permission, « vous n'êtes pas pour écouter le gouverneur du Canada ou

Les Anglais interdisent aux Iroquois de négocier avec les Français.

tout autre, ni entretenir aucune correspondance sans ma connaissance et mon consentement, si vous observez le traité d'Alliance ». Cette phrase, en style diplomatique est, il faut bien s'en rendre compte, un ultimatum. Les Anglais sont près des Iroquois et ils peuvent les détruire. Depuis 1684, les Anglais s'arrogent un droit de regard sur les relations extérieures des

Iroquois, principalement sur leurs relations avec la Nouvelle-France, et ils veulent être présents et conduire toutes les négociations de ce genre.

C'est l'instrument que Fletcher met entre les mains du major Dirck Wessel, qu'il charge de se rendre à Onnontagué pour le Grand Conseil iroquois.

Le major Wessel a laissé un journal de son voyage et de sa mission. Il part d'Albany le 5 août et il atteint Schenectady. Le 6, il arrive à la première bourgade des Agniers. Le 7 août, il dépasse la deuxième bourgade et il arrive à la troisième où les sachems agniers sont assemblés. Le major leur lit la lettre précédente du gouverneur de New York. Les sachems disent alors que les tribus supérieures auraient dû rejeter les propositions de Frontenac sans tenir à ce propos un grand conseil à Onnontaé. Ils n'iront pas au conseil, ils sont sur le point de conseiller aux Onneiouts de livrer le père Millet et ses lettres. Puisque l'affaire est bien avancée, ils envisagent de se rendre à Onnontagué. Mais Wessel s'y oppose, et les Agniers, qui vivent à côté des Anglais et qui ont reçu leur assistance après la terrible épreuve de l'hiver précédent, obéissent.

Wessel part le 9 août de la troisième bourgade. Il rencontre bientôt les habituels messagers iroquois qui viennent inviter les Agniers au conseil d'Onnontaé. Il les engage à ne pas aller plus loin et à revenir avec lui. Le 10 août, il arrive à la première bourgade des Onneiouts et le 11, à la seconde où il demande un conseil des sachems. Mais cet endroit est le fief du père Millet, et Wessel n'est pas reçu de façon très cordiale. Il demande que le père Millet lui soit livré, lit la lettre de Fletcher, affirme que les sachems agniers ne se rendront pas à Onnontaé. Mais les Onneiouts ne sont pas aussi faciles à manœuvrer que les Agniers. Ils répondent que, puisque les Tsonnontouans et les Goyogouins sont déjà rendus à Onnontaé pour le conseil, pourquoi ne s'y rendraient-ils pas ? Ils ne peuvent donner aucune réponse immédiate au sujet du père Millet : c'est l'assemblée générale iroquoise qui prendra une décision. Et comme Wessel redoute la présence du père Millet à Onnontaé, car ce dernier en qualité de sachem onneiout a le droit d'y assister, Wessel interdit aux Onneiouts d'amener le missionnaire.

Wessel interdit aux Onneiouts d'amener le père Millet au conseil.

Wessel part du village onneiout le 12 et, le 13, il arrive dans la capitale iroquoise, terme de son voyage. Il y trouve Tareha qui vante à ses compatriotes les forces militaires du roi de France, propagande dangereuse dans l'état d'esprit où se trouvent les Iroquois. Wessel loue alors celles des Anglais.

Wessell s'occupe activement de l'affaire en litige. Le 13, il lit la lettre de Fletcher au conseil des Onontagués, puis devant les Tsonnontouans et les Goyogouins. Son projet semble être d'empêcher tout simplement la tenue du conseil. D'ailleurs, cette lettre interdit le conseil. C'est pourquoi Wessell rencontre les représentants des diverses tribus.

Dans l'après-midi, les Onneiouts se plaignent auprès du conseil général, semble-t-il, que Wessel a empêché le père Millet de venir à l'assemblée. Les autres tribus voudraient aussi que le missionnaire soit présent. Ils veulent évidemment entendre les représentants des Anglais et des Français leur exposer pleinement leur thèse, chacun à tour de rôle. Ils aimeraient décider en toute connaissance de cause. Mais Wessel, qui semble tellement redouter la présence du jésuite, obtient gain de cause. Le père Millet ne sera pas présent et ne plaidera pas la cause de la France. Des nouvelles arrivent : un Onnontagué aurait été capturé par l'ennemi, deux Français prisonniers ont été tués, et les Iroquois catholiques auraient scalpé un prisonnier. On cherche probablement à influencer l'assemblée générale.

Le conseil a tout de même lieu.

Le conseil général siège donc les 15, 16, 17 et 18 août. Le bref rapport de Wessel indique que, même en l'absence de représentant de la France, la lutte est vive et dure entre la faction anglaise et la faction française, entre le parti de la paix et celui de la guerre. La nation donne l'impression d'être très divisée. Wessel se sert largement de l'ultimatum de Fletcher. Il lit et relit sa lettre. Elle excite des débats. On reparle de l'agent anglais, du fait que les Iroquois ont perdu de nombreux guerriers dans cette guerre, que les Anglais n'y prennent pas une part active, que les Agniers sont pratiquement détruits, qu'aucune grande attaque n'a été menée contre Québec. On se dit des vérités et même sans l'intervention du père Millet, la cause anglaise semble plus d'une fois perdue. Wessel ne sait plus à quel saint se vouer.

C'est le sachem en chef des Onontagués qui finit par gagner. Il est malade et prend peu de part aux débats, semble-t-il, mais son influence est importante. Le 17, il se fait transporter devant le conseil. Il y entonne un chant de guerre. L'agent anglais lit l'ultimatum de Fletcher. Enfin, le 20 août, les quatre-vingts sachems présents prennent leur décision. Ils observeront leur alliance avec la colonie de New York. Ils rejetteront les propositions du gouverneur du Canada. Ils sont résolus de ne pas lui envoyer la grande ambassade officielle qu'il leur a demandée. Cependant, ils veulent tout de même envoyer un message à Frontenac pour lui dire que s'il désire envoyer des ambassadeurs aux Iroquois, il doit les adresser à Fletcher, qui est leur maître, à Albany. Mais les Anglais doivent attaquer. Wessel s'oppose à l'envoi de ce nouveau message à Frontenac. Il réclame le père Millet et ses papiers, comme on lui a promis. Mais les Iroquois le renvoient simplement aux Onneiouts qui ne veulent livrer ni le missionnaire ni ses lettres. Et les Anglais n'obtiendront pas gain de cause, bien que Fletcher ait promis une somme d'argent pour que lui soit livré le jésuite.

Les Onontagués tranchent le litige.

L'assemblée en restera sur cette décision que l'on retrouvera continuellement durant les prochaines années : les Iroquois refuseront de négocier la paix sans la participation des Anglais ; et les conseils devront avoir lieu, non pas à Québec mais à Albany. Le gouverneur de New York l'exige. Les Iroquois n'osent refuser.

Colden raconte l'affaire d'une façon un peu différente, peut-être aussi moins juste. Le Grand Conseil doit communiquer les résolutions prises au gouverneur de New York qui sont les suivantes : les Iroquois ayant une alliance avec les Anglais ne peuvent être en paix avec les Français, tant que Français et Anglais ne seront pas eux-mêmes en paix. Les Iroquois disent encore aux Anglais qu'ils doivent faire la paix, car ils craignent de nouvelles attaques très violentes, les Français faisant de grands préparatifs contre eux.

Mais de façon générale, la situation présente est la conséquence de la guerre de La Barre de 1684. Pour parer au danger que représente l'armée française, les Iroquois sont devenus juridiquement des sujets du roi d'Angleterre, et l'Iroquoisie, un territoire anglais. Les Anglais, depuis ce jour, ont toujours agi d'après ce principe. Ils se sont bien gardés d'abandonner cet avantage. Les Iroquois, naturellement, s'en sont moins tenus aux conséquences de leur acte. Ils ont agi ou voulu agir parfois comme une nation indépendante. Mais les Anglais les ont toujours rappelés à l'ordre. Ils viennent de le faire de nouveau. Ils ont réussi cette fois parce qu'un Charles Le Moyne ou un père Millet n'étaient pas là pour combattre leur point de vue. Ce ne sera pas une mince entreprise de les arracher à l'emprise anglaise et de les décider à conclure directement la paix avec la Nouvelle-France.

Depuis 1684, les Iroquois sont sujets britanniques : ils doivent obéir.

Il ne faut pas croire que le conseil d'Albany, à la mi-août, dispose finalement des propositions de paix de Frontenac. Le parti favorable à la paix continue à subsister. Les événements poussent l'Iroquoisie vers cette paix. Le problème restera entier des mois et des années, car l'Iroquoisie est incapable de prendre une décision, et d'écrire le mot « Fin » à ce chapitre. D'autres développements d'une importance considérable devaient avoir lieu pendant cette même année 1693.

Chapitre 203

1693

Naturellement, les négociations de paix, dont Frontenac a compris tout de suite l'importance et la gravité, ralentissent les opérations militaires. Le 25 juin, soixante Amikoués reviennent du lac Ontario où ils se sont rendus en guerre. Ils rapportent que des Népissingues qu'ils ont accompagnés dans cette expédition, avaient rencontré trois canots montés par des Iroquois. Ils avaient réussi à en battre un. Ils ont fait prisonnier l'Iroquois qui avait tué La Valtrie et Lac, son compagnon ; ils ont libéré en même temps un Iroquois de la Montagne capturé lors du meurtre de La Valtrie.

Les Amikoués ou Nez-Percé devinrent les Saulteux.

On apprend alors en Nouvelle-France que la flotte, qui avait été préparée avec tant de soin en Nouvelle-Angleterre, était partie pour la Nouvelle-France. La population est très inquiète.

On prépare et on construit des bateaux plats, et les Iroquois se croient visés par ces préparatifs menaçants.

Puis en juillet arrive en Canada le sieur de Saint-Michel qui était prisonnier dans la capitale iroquoise depuis le fameux engagement sur l'Outaouais qui avait coûté cher aux Français et aux Têtes-de-Boule. Il a fait vingt-cinq jours de route. Il dit que les Anglais ont construit un fort à huit bastions, à double palissades dans Onnontaé qui devrait servir de refuge aux Iroquois des cinq tribus si Frontenac attaquait. Huit cents Iroquois viendraient troubler les récoltes. Tareha parlait seulement pour sa tribu ; les quatre autres sont opposées à la paix. Il ajoute peu de foi aux propositions de Tareha. Naturellement, ce prisonnier s'échappe d'Onnontaé, qui devient l'une des bourgades les plus opposée à la Nouvelle-France.

Quatre cents jeunes soldats arrivent enfin en Nouvelle-France.

Vers le milieu du mois de juillet, Frontenac reçoit la première recrue. Louis XIV s'est enfin décidé à lui envoyer des soldats. Il en arrive à peu près quatre cents. Quelques-uns sont déjà malades en débarquant ; d'autres le deviennent. Quarante sont morts pendant la traversée. Comme ils sont tous très jeunes, il faudra les entraîner et les instruire avant de pouvoir s'en servir. Les navires apportent aussi des vivres et des munitions.

Une autre rumeur court à Québec le 21 juillet. Des partis indiens auraient découvert de sept à huit cents Iroquois aux Cascades. On mandate des soldats en observation et ils croient apercevoir l'ennemi à six lieues de Montréal, sur l'île, en face de La Présentation. Frontenac envoie Vaudreuil sur les lieux avec cinq compagnies et cent cinquante recrues. Callière lève huit cents hommes, se rend aux Cascades, ne découvre aucun parti ennemi. Lorsque Vaudreuil arrive, ses troupes et celles de Callière s'unissent pour protéger le haut de la colonie pendant la récolte. Les documents anglais ne confirment pas la présence d'un parti iroquois de huit cents guerriers, dans la colonie, pendant cette période.

Le 17 août, Frontenac reçoit à Québec des nouvelles de Montréal disant que deux cents canots sont arrivés de l'ouest avec toutes les fourrures accumulées à Michillimakinac et ailleurs. C'est une joie générale dans la colonie et un triomphe. Frontenac part le 20 pour se rendre à Montréal. Les chefs du convoi de traite le rencontrent aux Trois-Rivières. Le 28, c'est l'arrivée à Montréal, et le conseil a lieu le 29 août. Deux cents Français de l'Ouest sont arrivés à Montréal.

Un convoi de fourrures arrive de Michillimakinac.

Au cours des conseils, les Hurons donnent le détail des partis qu'ils ont envoyés contre les Iroquois et des avantages qu'ils ont remportés. Les alliances sont renouvelées. Cependant Frontenac apprend que les Miamis, qui n'ont pas envoyé de chefs pour renouveler leur alliance, ont reçu des présents des Anglais par l'entremise des Mohicans ou Loups. Le gouverneur craint la défection de cette nombreuse tribu qui entraînerait des problèmes militaires et commerciaux et qui pourrait aussi faire tache d'huile. Alors il prend une décision énergique. Il envoie là-bas quelques-uns de ses meilleurs lieutenants, comme d'Ailleboust de Manthet, Courtemanche, et il les fait accompagner de soldats et de miliciens.

Frontenac envoie une expédition chez les Miamis.

Frontenac prend le soin de gagner les chefs de ces tribus lointaines. Il les reçoit à sa table, le dimanche 6 septembre, et une grande fête est donnée. Un festin monstre réunit les voyageurs de là-bas. Le 7, c'est la distribution des présents. Le départ a lieu vers le 10 ou le 11. Les Français partent ensuite sous les ordres de l'énergique Tonty. Celui-ci retourne à son fort lointain, à peu de distance du Mississipi ; mais il emmène avec lui, cette fois, Manthet, Courtemanche et d'Argenteuil qui vont essayer de garder la fidélité des Indiens alliés. Perrot, le grand artisan de l'Ouest, doit s'établir à Maramec, près des Miamis, pour les empêcher de faire faux bond aux Français et contrecarrer les intrigues anglaises. Le Sueur doit préserver la paix entre les Saulteux et les Sioux.

Pierrre Le Sueur (v. 1657-1704), donné des Jésuites et explorateur. Tout comme Iberville, il mourut à La Havane et fut inhumé dans l'église de San Cristobal.

Vers la mi-septembre, Frontenac reçoit des nouvelles de l'attaque des colonies anglaises contre la Martinique. C'est un désastre complet. La maladie s'est mise parmi les soldats.

Les négociations se poursuivent. Les Iroquois ont eu leur Grand Conseil à la mi-août. Mais Tareha ne revient qu'au mois d'octobre pour apporter la réponse au gouverneur de la Nouvelle-France.

Tareha est de retour en octobre.

Nous connaissons très précisément cette réponse. Mais, naturellement, on l'a modifiée jusqu'à un certain point. Les Iroquois ont tenu un conseil au sujet des propositions du gouverneur. Les Anglais y ont pris part. Ils ont tous décidé d'envoyer un présent à Frontenac, par l'intermédiaire de Tareha, pour lui dire que les Iroquois craignent des partis d'éclaireurs français et indiens alliés qui font la garde autour de la Nouvelle-France. Ils ne peuvent venir pour cette raison. Pendant que deux Français, munis des pouvoirs nécessaires vont chez les Iroquois, avec Tareha, les Iroquois les conduiront à Albany où les négociations auront lieu. L'arbre de la paix est maintenant planté dans cette ville.

Aller négocier à Albany, c'est admettre que l'Iroquoisie est terre anglaise !

Frontenac n'accepte ni le présent ni la proposition des Iroquois. C'est toujours le même dilemme depuis l'époque de La Barre, de Denonville ou de Dongan. Aller négocier à Albany serait pour Frontenac admettre, reconnaître que les Iroquois sont des sujets anglais, que l'Iroquoisie est une terre anglaise et que Fletcher est le chef des Cinq-Nations. Il ne le peut pas. Sans compter les autres difficultés que présenterait une semblable négociation. Puis il parle à Tareha comme il sait parler parfois : les Iroquois ont refusé de nouveau ses propositions de paix, alors il saura les y contraindre. Il épargnera cependant les Onneiouts. Puis il assure Tareha de sa plus haute considération, lui donne des présents et le traite bien. La grande protectrice du père Millet, la vieille Suzanne, est aussi venue voir Frontenac, le grand chef dont on parle tant depuis longtemps. Le gouverneur lui donne aussi des présents et il a pour elle les plus grands égards.

Enfin, les compagnies qui doivent passer l'hiver à Montréal y arrivent. La Plaque et six Indiens reviennent d'une expédition avec deux soldats de la garnison d'Orange qu'ils ont capturés et la nouvelle qu'au printemps de 1694, les Anglais, si malheureux aux Antilles, pourraient envahir la colonie. Le problème de la paix continue à agiter les milieux anglais et iroquois.

Peter Schuyler écrit à Fletcher. Il lui raconte en bref l'attaque de La Plaque qui a capturé deux soldats de la garnison. L'inquiétude règne dans les milieux anglais et iroquois. Il demande aux Agniers de s'établir près d'Albany avec leurs femmes et leurs enfants. Un Indien du Canada serait aussi venu chez les Onneiouts. Des sachems des tribus supérieures doivent se rendre chez ces derniers pour tenir un conseil.

Deux jours plus tard, il lui écrit une seconde lettre. Les Agniers sont apathiques. « ...Je n'ai jamais tant soupçonné la fidélité de nos Indiens comme maintenant. Tout se passe comme s'ils étaient disposés à s'en aller avec l'ennemi aussitôt que celui-ci viendra, ils sont fatigués de la guerre et nous ne pouvons obtenir aucun service d'eux sans une solde immédiate... » Leur ennemi vient jusqu'à leurs portes. Ils s'attendent à de grandes expéditions françaises contre eux.

Schuyler craint le pire.

Et maintenant, il faut reprendre le fil des négociations de Tareha, qui ont été souvent interrompues mais qui se poursuivent malgré tout. Le gouverneur du Canada, Frontenac, est toujours là. Avec les forces à sa disposition, il peut vaincre séparément ou ensemble la colonie de New York et l'Iroquoisie. Le danger ne vient pas de ce côté, bien que cette coalition soit menaçante et coûte cher à la Nouvelle-France, par les ravages, les morts et les blessés qu'elle amène. Le danger le plus inquiétant vient d'une intervention possible, dans un avenir toujours proche, des autres colonies anglaises, Maryland, Virginie, Connecticut, Nouvelle-Angleterre qui, joignant leurs forces à celles de l'Iroquoisie et de la colonie de New York, pourraient écraser la Nouvelle-France. Pendant toute l'année 1693, il a été question d'une expédition de ce genre. À peine celle de la Martinique terminée dans le désastre, d'autres rumeurs et d'autres nouvelles préoccupent les habitants pour l'année 1694. Fletcher apprend assez tôt, par exemple, que Frontenac a reçu cinq à six cents hommes en renfort et des provisions, pendant l'été, il pense que des expéditions seront montées, et il redouble d'effort pour obtenir l'appui des autres colonies qui sont maintenant face à un commandement qui leur impose de fournir un quota déterminé d'hommes et d'argent. Le 9 octobre, par exemple, il demande des secours, car une attaque peut venir l'hiver prochain, et « nos Indiens sont devenus très fatigués de la guerre et sont indifférents envers nous... » ; puis, « la première nation de nos Indiens, appelés Agniers, est en grande partie détruite par la guerre... ». Quelques-uns d'entre eux vont délibérément en Nouvelle-France, les Iroquois ne veulent pas rendre le père Millet, la guerre épuise la colonie de New York qui protège les autres provinces ; et celles-ci ne veulent fournir ni homme ni argent.

Schuyler demande lui aussi des renforts à son roi.

Devant le danger d'une coalition de ce genre, Frontenac doit à tout prix tenter d'évincer du conflit les Iroquois qui sont les éléments les moins résistants. Ou bien diviser ses ennemis pour en neutraliser le plus grand nombre. Au printemps de 1693, et pendant une partie de l'été, il a attendu une attaque des Anglais de toutes les colonies, combinée avec une attaque des Iroquois. Cette perspective était de nature à faire trembler, même de vieux guerriers éprouvés et endurcis comme Frontenac, Callière ou Vaudreuil. Il y a toujours une limite aux efforts que peuvent fournir environ deux mille guerriers. Six à huit mille Anglais et Iroquois pouvaient un jour se présenter. C'est pour cette raison que Frontenac ne laisse pas tomber les négociations avec les Iroquois, malgré le passé et le sang versé. Il sait que

Frontenac continue les négociations : elles sont la pierre angulaire de sa stratégie.

le moment psychologique est maintenant venu et que les Iroquois en ont assez de ce conflit. Les seules preuves que fournissent les documents anglais sont concluantes sous ce rapport. D'ailleurs, offrir la paix, même sans une seule chance de succès, était une bonne et excellente politique. Car les Iroquois, même ceux de la faction anglaise, se disent de plus en plus que cette guerre n'est pas leur guerre, qu'il serait insensé de s'y engager plus avant, et surtout de la mener seuls, ou presque seuls. Frontenac introduit des frictions entre les Alliés, qui sont mécontents que l'on puisse suivre à la trace les critiques des uns envers les autres. Mais cette fois, ce n'est pas lui qui fait des avances, mais les Iroquois.

Des documents anglais racontent de quelle façon Frontenac reçoit Tareha quand celui-ci vient en octobre pour donner la réponse du conseil tenu dans la capitale à la mi-août. Frontenac naturellement était furieux, il ne voulait pas avoir affaire à Fletcher et ne passerait jamais par lui. Il voulait traiter directement avec les Cinq-Nations. Il est peiné de voir que les Iroquois sont de plus en plus faibles, qu'ils ne prennent plus de décisions seuls, reçoivent et admettent les Anglais à leurs conseils et se soumettent à eux. Puis il devient sarcastique. Autrefois, les Iroquois formaient cinq tribus : maintenant, ils en ont adopté une sixième pour les gouverner et les conduire, parce qu'ils ne peuvent plus gouverner eux-mêmes. Est-il exact qu'ils ne peuvent plus rien faire sans le consentement et la permission des Anglais ? Et ainsi de suite. Ces arguments rendent un son connu. Frontenac emploie la même tactique que le père de Lamberville, Charles Le Moyne ou La Grande Gueule, en 1684, qui jouaient sur l'esprit d'indépendance des Iroquois, les préféraient indépendants plutôt que soumis aux Anglais. Avec une Iroquoisie indépendante, il y aurait moyen de faire la paix ; mais avec une Iroquoisie soumise aux ordres de Fletcher, aucune paix n'est possible. La tactique avait réussi instantanément en 1684, et La Barre avait pu conclure la paix directement avec les Iroquois, sans intervention anglaise. Mais elle ne donne pas des résultats aussi rapides en 1693, parce que les Français n'ont en Iroquoisie, pour les aider, que le père Millet, qui n'a pas la même liberté que le père de Lamberville, et ne peut organiser, comme lui, une faction puissante pour le seconder.

Frontenac avait refusé d'abord de recevoir le présent que Tareha apportait avec la réponse des Iroquois. Mais il consulte les jésuites qui autrefois étaient missionnaires auprès des Cinq-Nations. Puis il accepte le collier et décide d'en envoyer un autre aux Iroquois avec le même message que celui du mois de juin. Que deux Iroquois de chaque tribu viennent à Québec, reconnaissent leur erreur et demandent la paix. Teganissorens devra faire partie de cette délégation que Frontenac recevra comme si elle était composée de ses propres enfants. Frontenac ajoute « nous ne faisons que commencer la guerre ; vous, vous ne recevez pas de recrues, mais nous, nous en recevons. Nous pendrons la grande chaudière de guerre, la vraie grande chaudière, et alors je vous plains, mes enfants, j'ai compassion de vous. Et cette fois, il attendra l'ambassade iroquoise jusqu'à la montée de la sève des arbres, c'est-à-dire jusqu'aux premiers bourgeons au printemps. » L'arrivée de recrues françaises pendant l'été et de grands préparatifs de guerre soulignaient cette menace.

« Nous pendrons la grande chaudière de guerre, la vraie grande chaudière... »

Tareha revient avec ce nouveau message. Il arrive en Iroquoisie en novembre. Les Iroquois, semble-t-il, cherchent une solution qui ne leur mettrait pas à dos les Anglais. Échapper au péril français en faisant la paix avec eux, pour tomber dans le péril anglais, ne les avancerait à rien. Et c'est pourquoi ils ont adopté la solution d'une conférence à Albany, d'une paix qui se ferait avec le consentement et la participation des Anglais et des Français. Il ne faut pas oublier que c'est dans ce sens que travaille le père Millet, comme le prouve sa lettre à Dellius, le pasteur, et une seconde lettre du même missionnaire. Le père Millet joue un rôle important dans cette affaire. Aussi ce n'est pas simplement une question d'indépendance pour l'Iroquoisie. Faire acte d'indépendance, pour les Iroquois, c'est négocier directement et immédiatement avec les Français, conclure la paix avec eux, et être attaqués le lendemain par les Anglais, ce qui ne les mènerait nulle part. Ils veulent donc une paix consentie par les deux grandes nations qui les entourent. Ils ne voient pas le salut ailleurs. Il semble bien que le père Millet n'en voit pas d'autre, non plus. Mais évidemment, les Anglais ne veulent pas de cette paix.

Les Iroquois veulent une paix consentie par les deux puissances qui les entourent.

Tareha revient donc en novembre avec son nouveau message, qui ressemble comme un frère au message qu'il a apporté en juin, avec la différence, ou plutôt le complément suivant : que Frontenac ne négociera pas à Albany, ni en présence des Anglais. Tareha communique la réponse et demande de tenir un nouveau Grand Conseil iroquois à Onnontaé, pour concevoir une nouvelle réponse. Ce nouveau conseil a lieu vers le 20 décembre, mais sans que les Anglais y participent.

Les événements se déroulent de la façon suivante : Tareha, à son retour du Canada, se rend dans la capitale de l'Iroquoisie, chez les Onontagués. Le 22 novembre, ceux-ci envoient un message à Fletcher, le gouverneur de New York, pour l'aviser que Tareha est revenu, et que les Iroquois doivent tenir un Grand Conseil. Des messagers sont partis pour avertir les Tsonnontouans, les Goyogouins, les Anglais d'envoyer des représentants pour écouter les nouvelles et prendre part aux délibérations. L'affaire est de grande importance. Tareha, n'ayant rien voulu dire aux Anglais, n'est pas passé par Albany. Il est allé directement à Onnontaé, et c'est pourquoi les Onontagués convoquent ce conseil. Tareha dira au conseil les paroles des Français. Il doit avoir lieu dans dix jours. De plus, le porteur du message a instruction de voir Schuyler et de l'empêcher de s'opposer à la venue des Agniers et

Un Grand Conseil aura lieu chez les Onontagués.

des Onneiouts, comme il l'a fait au mois d'août. C'est une consultation générale et toutes les tribus doivent être présentes.

Fletcher reçoit ce message le 1ᵉʳ décembre. Il envoie aussitôt au major Ingoldesby l'ordre d'envoyer immédiatement le vétéran Schuyler à Onnontaé. Schuyler devra assister au fameux conseil. Mais Ingoldesby reçoit cet ordre le 16 décembre, de sorte que le délai de dix jours est expiré et que le conseil a eu lieu ou doit avoir lieu incessamment. Le 18 décembre, des Iroquois arrivent et disent que les sachems sont en route pour venir tenir le conseil à Albany, comme promis. Alors Schuyler retarde son départ. Le 31 décembre, deux sachems se rendent à Albany et affirment que les sachems ne peuvent pas venir, car un conseil se tient à Onnontaé, que des ouvertures de paix ont été discutées et le père Millet qui y a assisté a rédigé le procès-verbal. Ils ont même apporté ce procès-verbal, pour qu'on le leur traduise, afin de savoir si le missionnaire a bien rendu leur pensée, leurs résolutions, etc. Le missionnaire, pense le major Ingoldesby, a peut-être donné un sens plus large aux propositions, « mais en résumé ils s'étaient entendus pour envoyer des représentants au Canada et faire la paix, ce que je crois qu'ils feront s'ils ne l'ont pas déjà fait, et s'ils le font et que les Français nous attaquent, je ne peux croire qu'ils resteront neutres, mais plutôt qu'ils se prouveront nos ennemis... ». Le conseil a donc eu lieu à la date dite. Schuyler part quand même, on ne sait pourquoi, le 3 janvier avec Wessells et quelques autres. Il se rend au-delà des villages des Agniers. Il revient, soit parce qu'il y a trop de neige, comme il le dit lui-même, ou parce qu'il entend dire que les Français attaquent les Onontagués. Toutes ces notations semblent indiquer que les Iroquois désiraient qu'aucun Anglais n'assiste à leurs délibérations ; qu'ils voulaient par contre que le père Millet soit présent et qu'ils ont agi en conséquence. Ils avisent Fletcher de ce conseil, mais trop tard pour que celui-ci puisse envoyer à temps un représentant ; lorsque Schuyler est sur le point de partir le 18 décembre, une fausse nouvelle le retient sur place. Tout bien pesé, cette interprétation semble exacte.

Deux sachems apportent le procès-verbal du Grand Conseil à Schuyler.

Le message des Onontagués à Fletcher est du 22 novembre. Le conseil doit avoir lieu dans dix jours. Fletcher reçoit le message le jour même où le conseil a lieu, ou bien le lendemain.

Le 4 décembre, Peter Schuyler écrit à Fletcher. Il lui annonce que Tareha est revenu, ce que son correspondant sait déjà. Il a fait demander à Tareha de venir à Albany avec les lettres qu'il aurait pu rapporter de Québec. Deux sachems l'accompagnent pour en écouter la lecture. Mais Tareha n'a pas voulu s'exécuter. Il a répondu qu'il n'y avait pas de lettres. Il est, comme on le sait, l'hôte du père Millet, et les lettres que l'on demande, on les suppose adressées au missionnaire. Il ne faut donc pas être surpris du refus de Tareha. Mais il fait répondre à Schuyler que les sachems viendront probablement. Schuyler écrit : « ...Les Indiens en général sont inclinés à la paix avec les Français du Canada. » Il envoie un messager aux sachems d'Onnontaé pour leur demander de se présenter à Albany, selon la résolution qu'ils ont prise, de ne négocier la paix que dans cette ville et avec la participation des Anglais. Ils ne voulaient pas alors être trompés par les Français. La rumeur court, ajoute encore Schuyler, que le père Millet serait lui-même allé au Canada.

Schuyler écrivait ainsi, probablement parce que deux jours plus tôt, le 2 décembre, un Agnier qui revenait de la bourgade des Onneiouts, lui avait fait un rapport sur l'état des affaires. Cet Agnier a dit aux Onneiouts qu'ils devaient se rassembler à Albany, que Tareha devait s'y rendre, que les lettres qu'il pouvait avoir apportées devaient y être lues. Les Onneiouts ont répondu qu'il n'y avait pas de lettres. Tareha avait seulement rapporté un collier de grains de nacre, celui-ci avait été envoyé à Onnontaé où les sachems des cinq tribus devaient se rassembler. Tant que ce conseil n'aura pas eu lieu, les Onneiouts ne pourront dire s'ils iront ou pas à Albany. Suit le récit assez fidèle de l'entrevue de Tareha et de Frontenac à Québec.

Le conseil a eu lieu dans la capitale de l'Iroquoisie. On en connaît les grandes lignes, par une lettre du 12 janvier 1694, du pasteur Dellius à Fletcher, et par le procès-verbal du Grand Conseil qui a eu lieu le 2 février 1694, entre les cinq tribus iroquoises et les Anglais.

Ce conseil a lieu au début du mois de décembre, ou à la fin de novembre. Il réunit les sachems des cinq tribus iroquoises, pour étudier le refus de Frontenac d'envoyer des négociateurs à Albany, et sa proposition de mandater deux représentants de chaque tribu, dont ferait partie Teganissorens, pour négocier directement avec lui, à Québec. Il a lieu dans la capitale iroquoise, le père Millet y assiste et les Anglais n'ont pas de représentants. On y adoptera certaines propositions en réponse à celles de Frontenac.

Le Grand Conseil étudie la proposition de Frontenac.

Tout d'abord, la question, semble-t-il, se pose de transporter le conseil à Albany, pour discuter avec les Anglais, en leur présence et avec leur participation. Mais le sachem en chef des Onontagués, Aquenderonde, qui est tout dévoué aux intérêts anglais, qui a aidé Wessells à obtenir à la mi-août une solution conforme aux intérêts anglais, est toujours malade. Il ne peut se rendre à Albany. Alors Teganissorens prend la décision de tenir le conseil à Onnontaé, dès le retour de Tareha. C'est l'explication qu'il donnera aux Anglais. Est-ce un prétexte ? Il semble bien que oui. Dans tous les cas, ce sont les Onontagués qui ont pris la responsabilité de tenir ce conseil chez eux, dans la capitale, de ne pas aller à Albany, et d'élaborer la réponse à donner à Frontenac.

Quant au résultat de ce conseil, on le connaît par la lettre de Dellius à Fletcher. Le père Millet a en effet écrit au pasteur protestant pour lui donner communication de toute l'affaire. Ce dernier reçoit cette lettre le 30

Le conseil répond à Frontenac par l'entremise de trois colliers.

décembre. Elle contient l'explication des trois colliers que le conseil a décidé d'envoyer à Frontenac et qui forment sa réponse. Le conseil a fait venir le missionnaire pour écrire le message qui contient leurs propositions symbolisées par les trois présents. Le père Millet s'y rend avec quelques Onneiouts. La vieille Suzanne, qui est allée à Québec avec Tareha, fait partie du groupe. Lorsque le jésuite arrive, les sachems lui montrent les présents. La première bande de grains de nacre, composée de carrés noirs sur fond blanc, indique que les Iroquois sont unanimes dans leur résolution d'envoyer une ambassade à Québec. La signification qu'elle comporte, est la suivante : « Nous voici, pères, devant vous, sur votre natte ; et voici parmi les ambassadeurs, Teganissorens, que vous avez appelé, qui craignait pour sa vie, mais qui, à la fin, s'est exposé aux dangers pour que vive l'Iroquoisie et la Cabane Achevée. Parlez le premier, les Iroquois n'ont plus de sens, et nous verrons s'il est possible de vous satisfaire. »

Un collier a plusieurs significations. Le second collier est presque entièrement composé de grains noirs. La signification qu'en donne le père Millet à Dellius, et celle que les Iroquois en donneront eux-mêmes à Albany, plus tard, au mois de février, est totalement différente. Le jésuite dit simplement que par ce collier on demande à Frontenac de renverser la chaudière de guerre, c'est-à-dire d'arrêter la guerre, si son esprit est encore ouvert, c'est-à-dire si sa décision définitive n'a pas encore été prise. Mais quand les Iroquois en parlent devant les notables d'Albany, ils en donnent une explication beaucoup plus alarmante pour les Anglais : nous renversons, disent-ils, la chaudière de guerre, et non seulement nous la cassons, mais nous en brisons encore les morceaux. Ce qui équivaut à la déclaration suivante : nous cessons les hostilités, nous arrêtons la guerre, et tous les préparatifs de guerre. Comment se fait-il qu'il y ait une telle différence entre les deux versions ? C'est un mystère. Par la consternation qui règne à Albany, et qui s'exprimera dans le procès-verbal de l'assemblée et dans les lettres qu'écriront quelques-uns des témoins de *Les Iroquois veulent cesser la guerre...* l'incident, il semble bien que la seconde version soit exacte, et qu'au lieu de demander à Frontenac d'interrompre la guerre, les Iroquois ont décidé de lui dire qu'ils cessaient la guerre, ce qui est une position plus radicale.

...et obtenir la paix des deux puissances. On trouve aussi une différence dans l'explication du troisième collier qui est très long. À Albany, les Iroquois diront en général que ce présent signifie ceci : les Français disent qu'ils n'auront rien à faire avec Fletcher. Mais les Iroquois et les Anglais sont inséparables. Les Iroquois ne peuvent faire la paix avec les Français, si les Français ne sont pas en paix avec les Anglais. Les deux nations tombent ou meurent ensemble. Elles résistent ensemble. Enfin, le présent signale l'alliance anglo-iroquoise qui doit se poursuivre. L'interprétation qu'en donne le père Millet à Dellius exprimerait peut-être la même idée au fond : on demanderait à Frontenac d'envoyer une dépêche au roi de France, tandis que Fletcher enverrait une dépêche au roi

d'Angleterre, pour supplier chacun d'eux « de leur accorder, si c'est en son pouvoir, une paix telle qu'ils la désirent ». C'est-à-dire que les Iroquois veulent une paix qui leur serait accordée en même temps par la France et par l'Angleterre, et qui serait suivie ou accompagnée d'une paix entre Français et Anglais d'Amérique.

Naturellement, les deux explications sont proches. Les Iroquois n'osent passer outre les dictées des Anglais ; ils ne voudraient pas faire la paix avec Frontenac, sans s'occuper des Anglais, et en tournant ceux-ci à tout jamais ou longtemps contre eux. Les Anglais pourraient alors les attaquer, et les Français ne les défendraient probablement pas ; ou bien, ils leur refuseraient du jour au lendemain, marchandises et munitions, et les Iroquois se trouveraient à la merci non seulement des Français qu'ils redoutent, mais des autres peuplades indiennes. Le geste est dangereux. Le père Millet comprend sans doute très bien la position de l'Iroquoisie ; il y ajoute un autre point de vue : les deux nations européennes devraient laisser ces Indiens en dehors de leur conflit. Il comprend mieux que quiconque, semble-t-il, que les Iroquois ne peuvent facilement obtenir une paix solide sans la collaboration de la France et de l'Angleterre, de Frontenac et de Fletcher. C'est ce qu'il poursuit. Ils en ont assez de la guerre avec la Nouvelle-France, mais ils ne veulent pas, pour mettre fin à celle-ci, s'opposer aux colonies anglaises qui vivent à leurs portes, et qui sont d'autant plus dangereuses qu'elles sont plus rapprochées.

Le père Millet propose la neutralité.

Enfin, les ambassadeurs qui porteront ces présents ont un délai de cinquante jours pour se rendre à Québec. Le père Millet affirmera aussi que le conseil l'avait désigné comme l'un de ses ambassadeurs. Au conseil assistait aussi un autre prisonnier français que les Onontagués, à l'imitation des Onneiouts, avaient nommé sachem. Le conseil, qui n'a pas obéi à Fletcher, en délibérant comme une nation indépendante, sans la participation des Anglais, en n'envoyant pas Tareha à Albany, avec le collier de Frontenac, en prenant lui-même des décisions, en choisissant d'envoyer les ambassadeurs à Frontenac, finit par soumettre à ces mêmes Anglais les propositions élaborées à Onnontaé, montre les présents que les ambassadeurs doivent envoyer à Frontenac, en fait, révèle toute l'affaire.

cabane des corps a l'algonchine.

Chapitre 204

1694

Un conseil de douze jours à Albany

Le 2 février, les sachems et Teganissorens lui-même sont à Albany. Et alors s'ouvre dans l'hôtel de ville, en présence du maire, des échevins et d'un groupe de Hollandais qui conduit les relations anglo-iroquoises, un conseil qui ne dure pas moins de douze jours et qui est très important. Tous les Anglais sont pratiquement désespérés. Ils ont pendant tout le conseil, et même après, la conviction que la paix va se faire entre l'Iroquoisie et la Nouvelle-France, que c'est une affaire de temps.

Le conseil s'ouvre le 2, par un récit de toute la négociation, depuis la première visite de Tareha à Frontenac, en juin 1693, après l'expédition d'Ailleboust de Manthet. Cette histoire est déjà connue et contient peu de variantes. On y apprend cependant qu'il y a eu une autre ambassade que celle de Tareha. Une Indienne qui quitte Québec rencontre six Sénekes à la chasse ; d'une affaire à l'autre, ces Iroquois apprennent que, si leur nation ne fait pas la paix avec la Nouvelle-France, celle-ci la détruira au printemps avec une armée, qu'elle prendra possession de leur pays. On y fait actuellement des préparatifs importants. Et c'est alors que deux Iroquois vont au Canada pour dire que les Cinq-Nations enverront des ambassadeurs au printemps. La capture des Agniers des trois bourgades iroquoises a, en effet, démontré aux Iroquois, que Frontenac avait forgé une arme capable de les détruire, c'est-à-dire des troupes capables non seulement de brûler les bourgades, mais de tuer ou de capturer ceux qui y habitaient. Alors, ils sont nerveux et vivent maintenant dans la crainte d'expéditions qui détruiront d'autres tribus. Puis ils savent que Frontenac a reçu des recrues, que l'expédition des Anglais contre la Martinique a mal tourné. Ils en ont assez de cette guerre qui tourne mal pour eux et qui est en train de les détruire.

Les Anglais sont littéralement atterrés par ces récits. Ils connaissaient en gros les faits, nul doute là-dessus. Mais ils voient leurs alliés sortir de la guerre et, depuis le début, ce sont eux qui soutiennent l'effort de la guerre. Ils ne veulent pas qu'ils se retirent sous leur tente. Alors, pendant dix jours, ils manœuvreront les sachems pour arriver à leurs fins.

Les Anglais sont atterrés.

Le 3 février, Peter Schuyler prend la parole. Il attaque violemment les façons de procéder et les décisions prises par les Iroquois. Ceux-ci ont manqué à leurs engagements, ils ont été perfides et traîtres. « ...Vous pouvez être sûrs, dit-il, que son Excellence... ne sera pas satisfaite de vos excuses et de vos apologies dans une affaire aussi importante, après l'engagement que vous avez pris de ne rien faire sans sa connaissance et son consentement... » Toute discussion de ce genre devait avoir lieu à Albany et en présence des Anglais. Fletcher lui a commandé « de vous dire d'arrêter toute correspondance avec les Français, de ne pas envoyer des ambassadeurs au Canada, et, au contraire, de livrer le prêtre Millet, qui trahit toutes vos actions » . En un mot, le gouverneur de New York donne ordre d'arrêter là, et tout de suite, cette affaire.

Ils accusent les Iroquois de perfidie.

Schuyler fait ensuite un plaidoyer. Il rappelle Cataracoui et les prisonniers de Denonville ; il parle de ce qu'il appelle la perfidie française et de leurs attaques contre l'Iroquoisie. Il dit que les Anglais les ont toujours fidèlement appuyés ; que Fletcher lui-même est accouru à Albany avec des troupes pour défendre les Agniers contre l'expédition de Manthet. Puis il parle des deux Iroquois ennemis de la Nouvelle-France qui rougiraient de leurs descendants. Son discours est vigoureux et énergique. Schuyler a honte aussi de la consternation et de la confusion qu'il a constatées au début de janvier chez les Agniers. La situation ne justifie pas ce découragement. Il tente de leur redonner courage. Puis il ajoute que si les Français veulent négocier et conclure la paix avec les Iroquois, ils devront venir à Albany. Il leur donnera une passe et garantira leur sécurité. Enfin, il demande aux délégués précédents, et aux sachems iroquois en général, d'être présents à Albany dans soixante-dix jours, que Tegnissorens vienne aussi pour le rencontrer. Cependant, tant que les soixante-dix jours ne seront pas écoulés, que le conseil n'aura pas eu lieu, les Iroquois n'enverront pas l'ambassade qu'ils ont décidé d'envoyer, avec les trois présents, ils s'abstiendront de toute initiative.

Schuyler plaide une cause qui lui semble désespérée.

Par cette dernière instruction, Schuyler, comme il l'écrira lui-même à Fletcher, veut gagner du temps, car la cause lui semble désespérée. Les Iroquois ont l'air décidés à vouloir la paix avec Frontenac tout de suite et l'Iroquoisie semble à ce moment échapper aux Anglais. Si les Iroquois sont à Albany au temps dit avec Teganissorens, ils ne seront pas à Québec et Frontenac les attendra en vain. Teganissorens est présent d'ailleurs et il conduit les délibérations.

Les Iroquois commencent tout de suite à perdre du terrain. Quelles influences se font sentir ? Quels moyens met-on en action ? L'histoire ne le dit pas. Y a-t-il même autre chose que les discours et les délibérations officielles ? On l'ignore. Mais les sachems cèdent peu à peu et, arrivés avec des décisions énergiques, une volonté arrêtée, ils laissent leurs résolutions fléchir au cours des débats auxquels, malheureusement, n'assiste aucun Français. Cela se fait graduellement cependant, d'une séance à l'autre. Ils avaient avec les Anglais une longue alliance, toujours renouvelée. Comment pouvaient-ils résister à leurs objurgations, leurs ordres, leurs appels ?

Les Iroquois cèdent du terrain.

Le 5 février, ils demandent que le conseil soit rassemblé. Et alors, ils usent de finesse et de ruse. Schuyler a mis devant eux certaines propositions : il veut leur interdire l'accès au Canada, c'est-à-dire qu'ils n'aient plus le moindre contact avec les Français, que Teganissorens soit présent dans soixante-dix jours au conseil convoqué ; ces propositions sont symbolisées par des colliers qui seront déposés devant les guerriers des cinq tribus à leur retour, et ceux-ci prendront une décision soit dans l'affirmative, soit dans la négative. C'est dire qu'à une manœuvre dilatoire de Schuyler, ils répondent par une manœuvre dilatoire. Ils remettent pour ainsi dire le soin de décider cette question à ceux qui ont déjà décidé la question de fond. Ils font montre d'indépendance et ne veulent pas prendre simplement les ordres de Fletcher.

Les Iroquois reviendront dans soixante-dix jours, comme l'exige Schuyler.

Ensuite, ils acceptent sans condition de conduire à Albany touts les Français ou tous les Iroquois catholiques qui viendraient en Iroquoisie négocier. Ils sont contents que les Anglais leur accordent une passe, promettent de ne pas les molester. Ils seront ici dans soixante-dix jours. Puis ils ajoutent qu'en se rendant à Albany, ils ne s'attendaient aucunement à entendre la proposition positive qu'on leur a faite, de ne plus avoir la moindre correspondance avec les Français.

La proposition des Iroquois est ambiguë, ouverte à plusieurs interprétations, incertaine. Elle ne satisfait pas Schuyler qui leur demande, séance tenante, s'ils promettent d'arrêter toute correspondance avec les Français, soit par l'entremise des jésuites, soit autrement, pendant un intervalle de soixante-dix jours, c'est-à-dire tant qu'ils n'auront pas vu Fletcher. Teganissorens répond qu'il déposera des colliers à cet effet dans toutes les bourgades, que ce geste signifiera que tout contact sera empêché.

Mais Schuyler veut plus.

Schuyler n'est toujours pas satisfait de cette réponse qu'il trouve douteuse et pas très précise. Puis il leur dit que l'interprète Arnaut va arriver avec un certain nombre de Chouanons et les représentants de sept ou huit tribus de l'Ouest, des Indiens alliés probablement, pour faire la paix. La manœuvre semble très nette : Schuyler veut influencer les Iroquois en leur montrant des peuples qui se détachent de la Nouvelle-France pour s'unir à l'Angleterre, même si ce n'est pas tout à fait exact.

Les Iroquois sont dans un dilemme. Ils ne veulent pas mécontenter les Anglais en faisant la paix avec la Nouvelle-France ; d'un autre côté, ils redoutent une attaque de Frontenac, qui leur semble très dangereux, depuis l'hiver de 1693, et ils n'osent pas simplement laisser tomber la négociation. En effet, si Frontenac n'a pas de réponse à l'époque fixée, il peut facilement lancer immédiatement une attaque.

Les Iroquois, entre l'arbre et l'écorce.

Le 7 février, les Iroquois demandent que le conseil soit rassemblé. Ils consentent que le chemin du Canada leur soit fermé. Mais ils demandent qu'il leur soit permis d'envoyer le message suivant aux Iroquois catholiques : que les Français ne les attendent pas au printemps, car ils devront à ce moment-là se rendre aux ordres de Fletcher, et venir à Albany pour un conseil. Cependant, on remarquera que par cette proposition, de même que par les propositions antérieures, ils acceptent de ne pas aller au Canada avant d'avoir vu le gouverneur de New York, dans soixante-dix jours. Ils ne s'engagent pas pour plus tard.

Ils demandent l'autorisation d'envoyer un message à Frontenac.

Schuyler ne sait plus quoi faire. Peut-il se rendre à cette demande sans outrepasser les instructions de Fletcher ? Sur ce point, il demande l'avis du maire et des échevins d'Albany, et du groupe hollando-anglais qui mène les négociations. Ceux-ci répondent d'après le procès-verbal : « Puisqu'ils trouvent qu'il est impossible de les empêcher de faire la paix avec les Français ou d'avoir des Relations avec eux », la meilleure solution paraît être de leur accorder leur demande. Ce consentement « peut les divertir de négocier plus amplement pour le présent, et que le message soit seulement pour leur [les Iroquois catholiques] dire qu'ils ne peuvent attendre les Cinq-Nations au printemps, que si les Français ou les Indiens alliés aux Français ont quelque chose à dire aux Cinq-Nations, ils peuvent venir les voir dans leur propre pays, et qu'en attendant, il ne peut y avoir correspondance entre la Nouvelle-France et l'Iroquoisie tant que eux, ils n'auront pas vu Fletcher ».

Schuyler demande l'avis des autres membres du conseil.

Schuyler accepte l'avis de ces conseillers. Les Iroquois ont donc la permission d'envoyer un Agnier et un Onnontagué aux Iroquois catholiques pour dire à Frontenac et aux Français de ne pas les attendre au printemps, à la date prévue parce qu'ils ont en ce moment un conseil avec Fletcher. Pendant un délai de soixante-dix jours, ni eux ni le père Millet n'auront de correspondance avec le Canada ; mais que si des Français ou des Iroquois catholiques veulent les voir, ils auront un sauf-conduit pour se rendre à Albany.

Les Iroquois pourront envoyer des messagers... aux Iroquois catholiques.

Les deux messagers emporteront trois colliers symbolisant les trois propositions suivantes : 1. Les sachems ne peuvent venir en Nouvelle-France, car Fletcher les a convoqués pour la même date, à Albany, en avril prochain ; 2. Les Iroquois ouvrent le chemin de leur pays aux Iroquois catholiques et aux Français qui auraient des affaires à proposer aux Cinq-Nations ; 3. Leur hache de guerre et celle de leurs alliés seront suspendues

Ils emportent trois colliers.

jusqu'à ce qu'ils aient reçu une réponse, soit durant un délai de quarante jours, pourvu qu'en Nouvelle-France, on fasse la même chose.

Voilà la décision qui est prise, et qui est un ajournement à quarante jours de la proposition principale, celle de faire la paix avec les Français. Le 19 février, les messagers partent.

Il est évident que sous l'influence des Anglais, les Iroquois ont modifié leur première décision. La décision finale sera prise dans deux mois et demi. Et c'est probablement à ce stade des négociations que la ruse est introduite dans l'affaire. Sous l'influence de New York, les choses traînent et se prolongent, Anglais et Iroquois profitent de ce répit pour se remettre des attaques. Ce qui était une nécessité est en train de devenir un procédé avec le consentement des Iroquois qui diffèrent ainsi une attaque qui peut se produire contre eux à tout moment.

Le compte rendu de Fletcher

Le 14 février, Peter Schuyler écrit à Fletcher pour lui rendre compte des négociations d'Albany qui viennent de se terminer. « ... Les sachems des cinq nations qui sont venus ici et avec qui j'ai lutté dix jours comme Son Excellence le constatera par les procès-verbaux inclus ; et les sachems sont certainement, comme Son Excellence le constatera, en même temps frappés de terreur et fatigués par la guerre, et n'ont pas beaucoup de confiance dans notre pouvoir de les soutenir contre la puissance grandissante des Français... » Schuyler a certainement eu des nouvelles du conseil d'Onnontagué pires que celles que nous connaissons, il dit qu'il a préféré être absent loin de ces délibérations, car « Là j'aurais tout à fait désespéré de jamais obtenir ce que j'ai obtenu du conseil d'Albany... » « Toujours est-il que j'ai réussi à gagner du temps jusqu'au jour où Votre Excellence viendra, et ils se sont tous engagés à venir ce jour-là, Teganissorens en personne sera là et il est l'homme que le gouverneur du Canada désire tellement voir... » Les Français constateront, par le message qu'ils recevront, que les Iroquois sont soumis à la loi d'Albany. Schuyler s'attend à ce que les Chouanons viennent au printemps prochain avec des fourrures.

Quel soulagement ce serait si Millet partait !

« ...Le Jésuite Millet nous fait beaucoup de dommage et il a l'intention d'aller lui-même au Canada. » Schuyler le verrait partir pour le Canada avec soulagement, car après son départ, l'influence française pourrait difficilement s'exercer en Iroquoisie.

Le même jour, Robert Livingston écrit dans le même sens à Fletcher. Il croit que pour cet hiver, le danger d'une paix entre l'Iroquoisie et la Nouvelle-France est passé. Il a peu confiance cependant en la fidélité des Iroquois. « Je crains que rien n'empêchera leur inclination vers la paix avec l'ennemi... », sauf si les Anglais remportaient un grand succès, ce qu'il ne juge pas probable. Même après avoir remporté un succès temporaire, les Anglais doutent beaucoup d'une issue finale heureuse et ne sont pas du tout rassurés.

Une lettre du pasteur Dellius à Fletcher, écrite deux jours après la tenue du conseil, contient aussi des détails importants. « ...Il est presque incroyable à quel point les Indiens sont inclinés à faire la paix avec les Français... ». Dellius, pour garder dans l'allégeance à l'Angleterre, la tribu auprès de laquelle il exerce quelque apostolat, lui démontre que les tribus supérieures n'ont pas pris leur avis et ont agi indépendamment d'elle. Aux autres tribus, il affirme qu'elles ne peuvent faire la paix avec Frontenac, sans briser du même coup leur traité et leur alliance avec les Anglais ; les deux sont incompatibles. Il faut remarquer les paroles suivantes, en agissant ainsi « avec le temps, ils se rendraient ennemis tous les Indiens et tous les Chrétiens [blancs] de ce et des autres gouvernements », c'est-à-dire de la colonie de New York et des autres colonies américaines. Alors, si plus tard ils sont en guerre contre les Français, ils n'obtiendront pas d'eux des secours : « et, en conséquence, s'ils persévèrent dans ces négociations, ils les trouveraient très pernicieuses pour leur peuple et pour leur pays. Ceci et des raisons du même genre les ont convaincus pour cette fois ; mais j'appréhende que par les habiletés du Jésuite qui est dans leur pays, ils seront persuadés d'une façon contraire. » Enfin, il espère que les grandes qualités de Fletcher régleront ce problème. Dellius travaille énergiquement lui aussi pour maintenir les Iroquois du côté des Anglais ; et il se sert d'arguments singulièrement dangereux et qui sont bien de nature à arrêter les Iroquois. Le père Millet a tort de s'adresser à lui par écrit comme Tracy, comme La Barre, comme Denonville. Ne comprenant pas le fond du problème, ils comptent sur des alliés alors qu'ils ne peuvent trouver que des ennemis, ils sont trompés et joués. Tout ce qu'ils révèlent sert entre les mains de ces ennemis, la cause de l'Angleterre contre celle de la France.

Ces négociations importantes occupent une grande place dans l'histoire du Canada de cette époque. Elles éclipsent les opérations militaires qui d'ailleurs cessent presque complètement. Il y a peu d'actions de guerre pendant cette période. Cependant, dans une lettre du 31 août 1693, adressée par Fletcher à sir William Phips, on trouve un récit qui rappelle les années précédentes.

Un parti, dit-il, est récemment revenu de Nouvelle-France avec deux prisonniers qui sont le sieur Crevier, de la seigneurie de Saint-François-du-Lac et son serviteur ; il avait cinq ongles arrachés. Il est maintenant malade de ses blessures et des fatigues qu'il a subies pendant la marche. Il a donné cinquante louis pour le racheter et éviter qu'on le torture. Il a appris que Frontenac avait reçu cinq cents recrues, des munitions, des vivres.

En même temps, Fletcher fait encore des efforts désespérés pour obtenir l'assistance des autres colonies anglaises. Il échoue ; il ne peut établir le quota d'armes, de munitions, de vivres, de soldats que la Nouvelle-Angleterre, la Virginie, le Maryland, la Pennsylvanie devraient fournir pour

Jean Crevier de Saint-François (1642-1693). Enlevé au cours d'un raid en août 1693, il fut racheté par Schuyler, mais mourut peu de temps après de ses blessures.

défendre la frontière du Nord et Albany contre les Français. Il n'a pas d'argent, peu de soldats et il ne peut presque pas donner de présents aux Indiens fidèles. L'État de New York accumule lentement une dette importante. Même au Connecticutt, il obtient peu de succès.

Desrosiers écrit 1692, ne serait-ce pas plutôt 1694 ?

Le 22 janvier 1692, Fletcher écrira encore ce qui suit : « Nos Indiens étudient maintenant des ouvertures de paix avec le comte de Frontenac, et brisent tous leurs traités et engagements avec nous, ils voudraient bien être neutres, mais on doit craindre beaucoup que les Français ne le leur permettent pas, mais les fasse entièrement leurs... »

Les nouvelles françaises n'enregistrent aussi aucun fait militaire saillant. Après une vaine expédition aux Cascades et au lac Saint-François en 1693, le sieur Hertel est envoyé, avec un parti de soixante-dix Indiens et quelques Français dans la région de la rivière Outaouais, pour faciliter le passage des convois de l'ouest, qui apportent des pelleteries en Nouvelle-France. C'est ensuite au début du mois d'août, qu'un parti d'ennemis paraît à Saint-François, surprend le seigneur Crevier et quinze ou seize hommes, alors qu'ils travaillent aux récoltes. Le seigneur est capturé avec un serviteur, un habitant est tué. Les autres atteignent le fort qui est proche.

Quant à Frontenac, il ne semble pas qu'il ait eu au début confiance dans ces négociations. Il arrête les hostilités. En 1693, pendant l'été, il attend l'expédition anglaise qui tourne vers le sud et attaque la Martinique. Alors, il n'envoie pas de partis de guerre. C'est en pratique une trêve qui est brisée par l'attaque contre Saint-François. Il n'est pas satisfait des recrues qu'il vient de recevoir. Quatre cents hommes, c'est trop peu. Ce « n'est pas suffisant pour pouvoir entreprendre ce qui serait nécessaire de faire pour réduire les Iroquois à nous venir demander la paix ». Beaucoup de ces jeunes soldats ont à peine quinze ou seize ans. Et pour contraindre les Iroquois à la paix, « il n'y a pas d'autre moyen que d'aller dans le cœur de leur pays et les y forcer les armes à la main ». Il veut s'occuper plus particulièrement de cette affaire pendant l'hiver, il fera alors ses préparatifs, entraînera ses recrues « qui ne pourraient pas encore présentement rendre de grands services ». Mais il lui faudrait au moins quatre cents soldats de plus. En attendant ajoute le gouverneur, « nous nous disposerons à cette expédition qui selon toutes les apparences aura un favorable succès et humiliera tellement les Iroquois que je ne doute point qu'on ne les réduise ». Cependant, si de la France on pouvait conquérir New York ou Boston, cette victoire « mettrait cette colonie en sûreté et en repos pour toujours ».

Frontenac a obtenu 400 recrues, mais elles ont à peine 16 ans !

Cette fois, Frontenac semble modifier son premier projet. Il y a peu de temps, il mettait tous ses espoirs dans une guerre faite par des partis comme celui de Manthet, c'est-à-dire, rapides, bien entraînés, endurcis, aguerris, capables d'attaques à l'indienne, surprenant l'ennemi au gîte, ou détruisant des détachements en mouvement. Maintenant, il s'oriente vers une expédi-

Frontenac prépare une expédition à la Denonville.

tion qui, d'après des descriptions sommaires, ressemble aux grandes campagnes de Tracy, Courcelles, La Barre et Denonville.

À la fin de l'année 1693, Frontenac fait construire des bateaux plats à Québec, Montréal et à la baie Saint-Paul. Ces constructions facilitent les négociations de paix en redoublant la crainte des Iroquois. On entend parler d'une attaque contre les Onontagués, les Anglais, en même temps, pour s'assurer un peu de tranquillité, disent aux Abénaquis qu'en 1694, ils attaqueront la Nouvelle-France et que leurs navires couvriront le Saint-Laurent.

Chapitre 205

1694

On a vu Tareha revenir en Iroquoisie, communiquer le message de Frontenac aux Onontagués ; et ceux-ci rassembler le conseil des Cinq-Nations, sans participation anglaise, décider pratiquement en décembre 1693, dans leur capitale, de faire la paix avec la Nouvelle-France. Teganissorens et au moins deux sachems par tribu doivent venir trouver Frontenac avec trois propositions de paix. Mais, avant de venir en Nouvelle-France, les sachems passent à Albany où, au cours d'un conseil de dix jours, au début de février, les Anglais les persuadent de surseoir et d'attendre, avant de prendre une décision aussi radicale, de rencontrer Fletcher, au cours d'un conseil, au mois d'avril 1694. Mais les Iroquois enverront tout de suite deux messagers aux Iroquois catholiques.

En Nouvelle-France, on ne peut être que très approximativement au courant de ces décisions et de ces contre-décisions, malgré les espions et les relations entre Iroquois catholiques et Iroquois d'Iroquoisie. On les apprend plus tard.

Deux Iroquois arrivent à Montréal au mois de janvier 1694. Ils semblent bien au courant de la décision prise par le conseil des cinq tribus de faire la paix, en décembre à Onnontaé. Ils annoncent, en effet, que les chefs des Cinq-Nations viennent à Montréal, les suivent, pour connaître les intentions de Frontenac. Seront-ils bien reçus ? Ils passent environ cinq jours à Montréal. Callière transmet la nouvelle à Frontenac, et les Iroquois reçoivent l'assurance que leurs ambassadeurs seront bien reçus, qu'on les escortera jusqu'à Québec, et qu'on les écoutera attentivement.

En février, trois Agniers arrivent à Montréal. Après le départ de ces deux Iroquois, on attend les ambassadeurs. Le temps passe et ils ne viennent pas. On sait que pendant ce temps-là, c'est-à-dire du 2 au 12 février, les sachems iroquois sont à Albany, et acceptent finalement un délai de soixante-dix jours ; ils obtiennent la permission

d'envoyer des messagers aux Iroquois catholiques. En effet, trois Agniers arrivent fin février. Ils ont les présents convenus pour les Iroquois catholiques. Callière les envoie immédiatement à Québec. Et là, ils disent que leurs trois présents, au lieu d'être pour les Iroquois catholiques seulement, sont aussi pour les Français, ce qui n'avait pas été convenu avec les Anglais. On sait que par ces trois cadeaux, l'Iroquoisie annonce que ses sachems ne pourront pas venir à Québec parce que Fletcher les a convoqués à Albany pour avril, que les Français et les Iroquois catholiques peuvent aller à Albany pour négocier, et qu'une trêve de quarante jours se poursuivra. La première de ces propositions est une insulte gratuite au gouverneur de la Nouvelle-France ; il n'enverra pas d'ambassadeurs à Albany, car ce serait reconnaître la suzeraineté des Anglais sur l'Iroquoisie. Frontenac refuse alors absolu- *Frontenac refuse* ment d'accepter les colliers et les propositions qui lui sont faites. Il les *les présents.* repousse et accuse ces messagers d'être venus pour séduire les Iroquois catholiques ; il leur assure qu'ils n'auront aucun succès dans cette mission, puisque les Iroquois du Sault sont loyaux. Ils les considèrent comme des espions de Fletcher. Mais il est le père et ce sont les enfants rebelles. « Il leur accorde encore deux lunes pour rentrer en eux-mêmes. Il suspendra la hache de guerre à condition que Teganissorens soit ici avant l'expiration de ce délai, avec deux chefs de chaque tribu. Si l'on n'obtempère pas à cet ordre, *« ...Si l'on* Frontenac n'écoutera plus la voix des Iroquois, et ceux qui viendront seront *n'obtempère pas* mis à la chaudière. Le chemin qui mène de l'Iroquoisie au Canada est fermé *à cet ordre...* maintenant à tout autre Iroquois qu'à ceux qui sont nommés plus haut. » *ceux qui*
viendront seront

Deux jours plus tard, les trois Agniers sont renvoyés à Montréal avec *mis à la* cet ultimatum. La situation de l'Iroquoisie, coincée entre les deux grandes *chaudière. »* puissances européennes, est critique. Chacune, à tour de rôle, donne un tour de vis et veut l'acculer à son choix, la France à la paix, et l'Angleterre à la guerre. Il ne semble pas que l'on recule devant les moyens utilisés. Aussi, il ne faut pas être surpris si les sachems, fins politiques, recourent à toute leur habileté pour sortir de cette impasse, gagner du temps, tâcher de se dégager de ce conflit sans dommage. D'un côté, Frontenac les menace d'une expédition, qu'ils redoutent car ils l'imaginent très dangereuse ; de l'autre, la colonie de New York et toutes les colonies anglaises adoptant une attitude fortement menaçante, et une grande mauvaise volonté, le danger est peut-être pire encore.

À Montréal, les Iroquois catholiques donnent peu d'espoir à leurs com-patriotes. Ils sont soumis étroitement, disent-ils, à la volonté de Frontenac, ils ne veulent rien avoir affaire avec Fletcher. Ils suspendront eux aussi leur hache pendant deux mois.

Alors, les agents du conseil d'Albany retournent dans leur pays. L'Iro- *L'Iroquoisie est* quoisie est donc convoquée à deux conseils, sous la menace, l'un à Albany, *convoquée à* en avril, l'autre à Québec, en mai. *deux conseils*
à la fois...

Assez curieusement, les documents habituels manquent sur le conseil d'Albany, auquel Fletcher doit assister. On ne trouve aucun procès-verbal. On ne sait pas si le conseil a eu lieu au temps dit. De vagues conjonctures remplacent les froides précisions des assemblées précédentes.

Colden, cependant, dit que la promesse de l'arrivée des Chouanons, faite par les Anglais, « ne fut pas suffisante pour résister à la force de la réponse résolue que leur messager reçut des Indiens catholiques. Teganissorens et les autres députés se rendirent au Canada le printemps venu ; les autres sachems rencontrèrent Fletcher à Albany, le quatrième jour de mai 1694 ». La mise en demeure de Frontenac a donc eu un résultat. Les Iroquois ne peuvent plus tergiverser, ils envoient Teganissorens, et deux ambassadeurs pour chaque tribu, comme Frontenac l'avait demandé depuis le mois de juin de l'année précédente. Ils ont donc mis un an à se rendre à la demande du gouverneur.

...elle ira aux deux conseils.

D'après Colden, les Iroquois auraient été assez francs avec Fletcher : « Quelques-uns de nos sachems ont consenti l'hiver passé que nous n'ayons pas de relations avec les Français, nous confessons que nous avons brisé notre promesse, et que nous avons reçu un messager du Canada, et que de même nous avons envoyé là nos députés. » C'était mettre les Anglais devant le fait accompli. Les sachems se rendent compte sans doute que les Anglais ont tellement besoin d'eux, qu'ils seront indulgents et même reconnaîtront qu'ils ne pouvaient agir autrement après avoir reçu l'ultimatum de Frontenac.

Ils disent que Fletcher a eu tort de les empêcher de délibérer entre eux à Onnontagué, en décembre dernier : « Le privilège de se réunir en Conseil général, quand il nous plaira, est un privilège dont nous avons toujours joui ; aucun gouverneur précédent, du nom de Corlaer, n'a jamais obstrué ce privilège... » Cette défense de tenir des assemblées aura des conséquences malheureuses et sera un motif de conflits entre Anglais et Iroquois. Fletcher n'aurait pas dû se montrer jaloux, et les laisser se rendre auprès de Frontenac, qui « est un vieillard... On a toujours cru qu'il était un homme sage et pacifique... » Les Onontagués sont ceux qui se précipitent le plus au-devant des Français. Ils ont envoyé neuf sachems, avec neuf colliers : « ...Nous étions en hâte pour prévenir les desseins que les Français nourrissaient contre notre pays et le vôtre, et que nous avons connus par les grandes préparations militaires qu'ils faisaient en Canada. » Puis ils en viennent au fond du problème « Le seul motif... de notre ambassade pour faire la paix avec les Français, est la basse condition à laquelle nous sommes réduits, pendant qu'aucun de nos voisins ne nous envoie la moindre assistance, de sorte que le fardeau entier de la guerre repose sur nous seulement... » Aucune assistance ne vient en effet de la Nouvelle-Angleterre, du Connecticut, de la Pennsylvanie, du Maryland, de la Virginie, bien qu'ils

« Le seul motif... de notre ambassade... est la basse condition à laquelle nous sommes réduits. »

aient des traités avec les Iroquois. « Nous seuls, nous ne pouvons continuer la guerre contre les Français, parce que eux, ils reçoivent quotidiennement des recrues venant de l'autre côté du Grand Lac... » La colonie de New York et les autres colonies sont-elles résolues à poursuivre la guerre ? Si celles-ci ne le veulent pas, « nous devons faire la paix ». Cependant, les Iroquois consolent Fletcher en lui disant que leurs ambassadeurs demanderont à Frontenac d'inclure les Anglais dans leur traité. Les Anglais, diront-ils, « doivent être inclus dans ce traité ; nous ne pouvons les voir pris dans une guerre sanglante pendant que nous sommes assis dans une douce paix ». Si Frontenac répond qu'il ne peut inclure les Anglais, les Iroquois rétorqueront que, en conséquence, « le traité deviendra ainsi nul, comme s'il n'avait jamais été fait ». Les Iroquois deviendraient donc les intercesseurs des Anglais d'Amérique, et tenteraient de les sortir de la guerre en même temps qu'eux.

Voilà, d'après Colden, le contenu de ce conseil. Et d'après le même auteur, pendant qu'il a lieu, ou à peu près au même moment, à Albany, Teganissorens et deux délégués de chaque tribu arrivent chez les Iroquois catholiques. Cette fois, c'est Frontenac qui remporte l'avantage diplomatique. Apeurés par sa menace, les Iroquois viennent, et surtout le grand chef Teganissorens. C'est le mois de mai. Le père Bruyas s'empresse de conduire à Québec ces distingués visiteurs. Trois jours après leur arrivée, le 24, un Grand Conseil solennel a lieu dans la salle du Conseil souverain. Les notables de la ville et les missionnaires y assistent. Teganissorens n'est pas le premier orateur, mais ses compagnons le laissent parler, car il a l'estime de Frontenac. C'est un Iroquois de belle prestance, bien découplé, et qui fait grande impression sur ceux qui le voient pour la première fois. Ourehouare, La Plaque et ses compatriotes canadiens sont aussi présents. Alors Teganissorens se lève et, composé, respectueux, parlant avec modestie et grâce, il commence à présenter ses cadeaux en expliquant à mesure leur signification. Lui et ses compagnons, dit-il, sont venus avec l'assurance qu'ils seraient en sécurité ; ils veulent soumettre leurs propositions de paix non seulement en leur nom, mais encore au nom des Anglais, de Schuyler. Ce sont vos prédécesseurs, ajoute-t-il, en parlant à Frontenac qui sont responsables de la guerre. « Ils ont châtié trop rudement leurs enfants ; ils les ont battus de verges. Et les enfants, à leur tour, se sont impatientés, ont perdu le sens, et ont été conduits par leur colère plus loin qu'ils ne voulaient. L'Iroquois a repris la hache de guerre qu'il avait donnée à ses alliés. Que le Français agisse de même. Les Iroquois ont adopté à titre d'enfants Longueuil et Maricourt à la place de Charles Le Moyne, leur père ; ils ont adopté Le Ber comme frère. Ces personnages peuvent servir d'intermédiaires entre les Iroquois et les Français. Que les Iroquois du Sault, de la Montagne, des alentours de Cataracoui servent aussi de truchements entre les deux peuples et que leur influence soit pacifique. Il oubliera les chefs iroquois presque tous morts, il oubliera la vengeance, il donnera le pardon

Un Grand Conseil qui réunit tous les notables de Québec.

Être bien découplé = avoir un corps libre et agile en ses mouvements et de belle taille.

perdre le sens = perdre la raison

Paul Le Moyne de Maricourt (1663-1704), quatrième fils de Charles Le Moyne. Les Onontagués le nommaient Taouestaouis et, lors de leurs visites à Montréal, ils se rendaient d'abord chez lui.

Jacques Le Ber fils sans doute, qui était le cousin des Le Moyne par sa mère.

pour les massacres que pourront commettre les Indiens alliés tant que ceux-ci n'auront pas reçu des nouvelles de la paix. Les Iroquois désirent que Frontenac oublie sa rancœur. » Puis Teganissorens parle de Cataracoui et avec des mots qu'il faut retenir. Frontenac a l'esprit rapide et il retient ces phrases pour pouvoir s'en servir plus tard : « la terre est imprégnée du sang au fort Frontenac, mais il faut la fouir bien avant, la fouiller, y effacer les traces de sang ; nous nettoierons la natte de ce fort afin qu'il ne reste plus aucun vestige de sang, et que nous puissions y traiter de la paix avec notre Père, et nous y voir comme nous avons fait par le passé ». Ces mots renferment une invitation écrite implicite aux Français à reconstruire, remettre en état et reprendre possession du fort de Cataracoui. Teganissorens a-t-il ce projet en vue ? Ces expressions lui échappent-elles, ou sont-elles prononcées de façon délibérée ? Il semble plutôt que Teganissorens parlait par symboles, alors que les mots ont un sens bien exact. Ils tombent comme des belles pierres dans la mémoire du gouverneur. Teganissorens veut ensuite ouvrir le chemin de la paix jusqu'à Cataracoui qui est obstrué par les broussailles, et les rivières ne sont plus praticables. Teganissorens le débarrasse, il l'aplanit, il prépare une natte à Onnontaé, on y allumera le feu du Grand Conseil, les Français pourront s'y asseoir. Enfin, le soleil de la paix pourra luire probablement au-dessus des têtes et des relations harmonieuses s'établiront entre Iroquois et Français.

C'est le discours de Teganissorens. L'ambassade a ramené deux Français, deux Iroquoises de la Montagne, comme marque de leur bonne volonté. Ils rassembleront les prisonniers français pour les ramener.

Ainsi se termine ce premier conseil. Le père Millet avait annoncé par lettre le détail de ses présents et des propositions qu'ils symbolisaient. Tout s'est avéré exact. La Plaque avait apporté cette lettre. Frontenac offre ensuite un repas aux ambassadeurs, les reçoit à sa table, il leur répond deux ou trois jours plus tard.

La réponse   Le gouverneur est heureux de constater que les Iroquois sont enfin dans
du gouverneur   de meilleurs sentiments. Il dit qu'il est content « que vous souhaitez une paix générale ». Il est prêt, pour sa part, à oublier le passé, à suspendre la hache prête à tomber, à arrêter les partis qui sont en marche, à ajourner ses entreprises de guerre. Mais, pour compléter la négociation, Frontenac demande que dans un délai de quatre-vingts jours, après le départ des ambassadeurs de Montréal, des Iroquois ramènent le père Millet, tous les prisonniers français et Indiens assimilés vivant en Iroquoisie depuis longtemps, y compris les prisonniers des Indiens alliés. Ensuite, il libérera les Iroquois prisonniers en Nouvelle-France. Il élargit tout de suite deux Agniers, deux femmes récemment capturées et une autre femme. Il demande à la délégation de laisser deux personnes en arrière pour persuader les Indiens alliés, quand ils viendront, de la sincérité de leurs propositions,

et pour les obliger à suspendre. Vient ensuite le point délicat. Les Iroquois veulent faire la paix avec la France en même temps qu'avec l'Angleterre, ils ont même affirmé à Albany qu'ils ne feraient pas l'une sans l'autre. Dans quelle mesure ont-ils l'accord de Fletcher dans cette affaire et dans quelle mesure les Anglais ont-ils pu suggérer ou accepter cette politique ? On ne sait pas. La colonie de New York fera-t-elle la paix avec la Nouvelle-France dans le cas où celle-ci l'offrirait ? C'est un mystère. Mais le fait même que les Iroquois et leurs alliés en parlent est peut-être un indice, même incertain. Alors, Frontenac, en discutant des Anglais et des Hollandais, dit : « ...La guerre que j'ai avec eux n'a rien de commun avec celle que j'ai avec vous. » Si ces gens veulent la paix, ils doivent venir eux-mêmes la demander. Il ne peut pas écouter les Iroquois parlant en leur nom ou prendre en considération des propositions de ce genre. Frontenac, en effet, ne pourrait s'aventurer dans des négociations de paix avec les colonies sans avoir la permission de Louis XIV et de son conseil. C'est un problème international important dans lequel, pour ainsi dire, il ne peut prendre aucune initiative. Puis, il en vient à l'affaire du fort Frontenac. Il est content que les Iroquois et leurs alliés soient prêts à « nettoyer le sang qui a été répandu de part et d'autre, dans le fort Frontenac..., et que vous souhaitez qu'on y replante ce bel arbre... où l'on faisait de si bonnes affaires... Je vous assure... que j'y travaillerai aussi de mon côté ou plutôt, et d'une manière que ses racines seront si profondes et si affermies que rien ne sera plus capable de l'ébranler. » À Teganissorens qui a parlé de fort Frontenac d'une façon qui semble plus symbolique que précise, Frontenac répond tout de suite qu'il va faire rouvrir ce poste le plus tôt possible.

La guerre avec les Anglais ne concerne pas les Iroquois.

Frontenac est satisfait des paroles adressées aux Iroquois chrétiens, de l'adoption de Le Ber, Maricourt et Longueuil, qu'il emploiera volontiers à l'occasion dans ses futures relations avec les Iroquois. Il leur donne un contrepoison contre les paroles des Anglais qui tenteront de les séduire.

Les Iroquois catholiques sont présents ; ils offrent des cadeaux ; ils sont favorables à la paix, mais leur fidélité à Frontenac est inviolable.

Après le conseil, les ambassadeurs sont chez Champigny, l'intendant, pour un grand banquet auquel assistent Frontenac et les notables. Plus tard, Teganissorens et un autre ambassadeur, Onnagoga, prient en secret M. Trouvé, avec un collier, ou sous terre, comme on dit, de les conduire auprès de Vaudreuil et de Frontenac. Ce qui est fait. Ils disent alors que Garakontié, La Grande Gueule et Thonontisati, trois Onontagués dont les sentiments favorables aux Français sont connus, se rappellent au souvenir du gouverneur et lui assurent qu'ils feront tout pour gagner la capitale à la cause française.

Sous terre = en secret.

Puis vient la distribution des présents particuliers. Les ambassadeurs reçoivent des justaucorps galonnés, des chemises garnies de dentelles, des chapeaux, des hardes, des plumets, etc. En fait, c'est une lutte de libéralité avec les Anglais. Frontenac envoie aussi des présents aux trois chefs qui lui ont transmis des messages. Il a une conversation particulière avec Teganissorens, Onnagoga et le frère de Tareha pour les informer que les Anglais n'ont en vue que leur propre intérêt et « les faire rentrer dans l'Alliance qui avait été autrefois entre eux et les Français ».

Puis se produit un dernier incident. Ces négociations, comme on peut s'en douter, ne sont pas restées secrètes. Les Indiens alliés ont vite été mis au courant. D'ailleurs, elles durent déjà depuis près d'un an. Les Outaouais, en particulier, sont très mécontents et veulent connaître toute la vérité. « ...Ils étaient fort surpris qu'à leur insu le comte de Frontenac se raccommoda avec leurs ennemis irréconciliables sans le leur faire savoir. » Ils ne peuvent pas comprendre qu'on les sacrifie. Ils ne descendent pas à Québec. Louvigny apprend rapidement que les Anglais exploitent ce mécontentement, non seulement chez les Outaouais, mais aussi chez d'autres Indiens alliés. Il envoie Manthet pour en aviser Frontenac. Il assure aux Indiens que Frontenac ne les sacrifiera pas et engage les chefs à aller le voir.

Les Outaouais ne prisent pas cette négociation.

Manthet descend donc à Québec en compagnie d'un certain nombre de chefs des Indiens alliés. Alors qu'il n'est plus avec ses compagnons, qu'à sept lieues de Québec, il rencontre l'ambassade iroquoise, moins deux personnes, mais accompagnée de Maricourt qui retourne en Iroquoisie. Manthet met les Français au courant de la situation dans l'ouest ; alors Teganissorens et quelques autres rebroussent chemin et ils arrivent dans la capitale avec la délégation des Indiens alliés. On tient d'abord un conseil avec ces derniers seulement ; on les met au courant de l'alliance commune que l'on voulait faire. On leur explique la signification des colliers de grains de nacre des Iroquois. Puis un conseil rassemble les Iroquois, les Indiens alliés et les Français. Teganissorens répète en bonne partie ce qu'il a déjà dit. Les Outaouais sont détrompés et satisfaits. Le Baron, soupçonneux, demande pourquoi n'est pas présent tel grand chef onnontagué ; on lui répond qu'il est malade. Le Baron fait cependant une comparaison entre les Hurons toujours fidèles et les Français et les Iroquois. Puis, il donne un collier et demande quel est le fond de la pensée iroquoise. Teganissorens offre aussi un collier et dit qu'il fera connaître le fond de la pensée iroquoise à Montréal, dans quatre-vingts jours, et que l'on verra alors si les Iroquois sont moins fidèles aux Français que les Hurons.

Le Baron, chef huron, était favorable à une alliance avec les Anglais et les Iroquois.

Les Iroquois partent ensuite. Au passage à Montréal, ils présentent leurs colliers aux Iroquois catholiques. Le frère de La Plaque affirme que les Agniers ont formé un parti contre les Français. Teganissorens reçoit alors des reproches virulents. Mais il ne confirme pas cette rumeur ; et si, par hasard elle était vraie, les quatre autres tribus sont et demeurent fidèles.

Alors, les Iroquois d'un côté, les Indiens alliés de l'autre partent contents. Des Français vont à Michillimakinac où quelques-uns sont chargés d'expliquer toutes les négociations.

Des nouvelles d'une invasion dirigée contre Québec arrivent comme d'habitude de plusieurs endroits.

Un autre conseil doit avoir lieu dans quatre-vingts jours avec l'échange des prisonniers.

Pour le moment, Frontenac a relativement confiance dans ces négociations. On connaît sa réaction profonde par les lettres qu'il adresse au ministre. Il écrit, par exemple, « que les grandes apparences qu'il y a que les Iroquois, après les démarches extraordinaires de soumission qu'ils ont faites, voulaient effectivement la paix, nous ont fait suspendre la plus grande partie de nos desseins... ». Il parlera aussi de la façon suivante : « ...Les démarches de soumissions et d'humiliations que les Iroquois ont faites contre l'attente de tout le monde, nous ont engagés en des négociations qui ont duré tout l'hiver et tout l'été... » Et plus loin : « ...Nous avions suspendu la plus grande partie de nos desseins pour attendre quel serait le succès de tous ces pourparlers. » Ces phrases indiquent que Frontenac a maintenant confiance en ces pourparlers. Il a abandonné son projet d'attaque de la fin de l'année 1693. Une trêve presque parfaite règne maintenant, en ce mois de mai et depuis juin précédent. Tout indique que l'affaire va se terminer de façon avantageuse pour les Français. Frontenac semble toucher à l'objectif de la politique iroquoise qu'il poursuit depuis si longtemps, la paix avec l'Iroquoisie, de façon à pouvoir tourner toutes ses forces contre les Anglais. On peut même soutenir que ce conseil du mois de mai établit la paix d'une façon officielle, si l'on ne connaissait pas l'extrême lenteur et les procédures sans nombre dont s'accompagne un événement de ce genre en Iroquoisie. Teganissorens et ses compagnons doivent revenir avec des prisonniers dans quatre-vingts jours.

Frontenac a confiance : la paix est aux portes de la Nouvelle-France.

Après la tenue de ces conseils à Québec, à la fin du mois de mai, Frontenac décide immédiatement de reconstruire le fort de Cataracoui qui est en ce moment indispensable en temps de paix comme en temps de guerre. Dans ce dernier cas, c'est une base indispensable pour mener des expéditions contre l'Iroquoisie ; et, dans le premier, il peut servir au commerce des fourrures, au ravitaillement de l'Iroquoisie en munitions et en marchandises, si le mécontentement des Anglais les menait à couper les vivres de leurs anciens alliés.

Frontenac veut reconstruire Cataracoui.

Frontenac monte donc à Montréal assez tôt et prépare un convoi de vivres et de munitions. Il désigne les soldats qui composeront la garnison, prépare l'escorte dont le chevalier de Crissay sera le chef. Mais deux jours avant le départ, il reçoit des nouvelles de France qui modifient ses plans.

Le ministère lui a écrit en effet le 13 mars qu'il ne lui enverra pas de nouvelles troupes. Le 21 avril, un ordre est parti de Paris pour qu'il accorde toute son assistance à une expédition du sieur d'Iberville à la baie d'Hudson. C'est cet ordre qu'il vient de recevoir à Montréal. Frontenac constate que la saison étant bien avancée, d'Iberville et Serigny doivent partir sans délai. Il sacrifie donc son propre projet, « quoique la conjoncture fut très favorable » ; les Iroquois ont paru souhaiter cette occupation nouvelle, et « que pendant cette espèce de trêve, j'y eusse trouvé aucune opposition de leur part ». Détachant de la troupe qu'il avait formée cent vingt de ses meilleurs Canadiens et Indiens, Frontenac les met aux ordres d'Iberville. Ils partent avec lui le 10 août pour des aventures qui les conduiront très loin. Cataracoui ne sera pas réoccupé cette année.

Les Le Moyne partent assiéger le fort York, qu'ils rebaptiseront fort Bourbon, plaque tournante de la traite des fourrures à la baie d'Hudson.

Teganissorens était un grand chef et un politicien habile, et il se peut fort bien qu'il ait pensé qu'avant d'entrer dans une paix stable avec les Français, paix qui pourrait diriger les Anglais contre les Iroquois, il fallait à portée de l'Iroquoisie un fort français capable de les ravitailler et de les assister.

Une déclaration de Tonty que le gouverneur a dû connaître vers la même période, nous éclaire de façon intéressante sur la guerre à l'ouest de l'Iroquoisie. Le 28 avril 1694, Bras de Fer signe en effet une déclaration disant que les Illinois, à eux seuls, ont tué ou capturé trois cent trente-quatre hommes et garçons iroquois, cent onze femmes ou filles, depuis l'année 1687. Les Indiens alliés livraient donc un combat qui coûtait cher à l'Iroquoisie dans l'ouest, pendant que Frontenac combattait avec autant d'acharnement dans l'est.

Les Indiens surnommaient ainsi Henri Tonty parce qu'il avait un bras artificiel en forme de crochet.

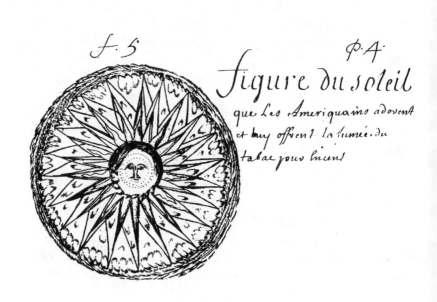

f. 5

p. 4.

figure du soleil que Les Ameriquains adorent et kuy offront la fumée du tabac pour Incent

Chapitre 206

1694

Le 13 avril 1694, le comité du Commerce et des Plantations, à Londres, fixe le nombre d'hommes que le Connecticut, le Rhode Island, le Massachussetts, la Virginie, le Maryland, la Pennsylvanie et le New Jersey devront fournir dans le cas d'une attaque contre New York. Fletcher reçoit des instructions en conséquence, mais il a peu de chance d'obtenir l'assistance dont il a besoin. En effet, chaque colonie étant férue de sa souveraineté, elles ne s'accordent pas sur la personne qui doit commander les milices, ou sur l'ampleur de l'attaque qui doit déterminer l'envoi de secours. Les documents sur le sujet sont nombreux et ce serait une histoire très intéressante à suivre.

Devant l'imminence de la défection des Iroquois, Fletcher réussit à obtenir une faible partie de l'assistance promise, et sous une forme particulière. Un Grand Conseil se tient en effet à Albany, le 15 août, qui marque le tournant de ces négociations. Fletcher, semble-t-il, l'a convoqué. Il est présent. Mais, en plus, pour impressionner les Iroquois, il s'est fait entourer d'une partie du conseil de la colonie de New York qui l'assiste dans son administration. Bien plus, il a obtenu que d'autres colonies envoient des représentants. On y remarque par exemple, Andrew Hamilton, gouverneur du New Jersey, John Pinchon, Samuel Sands et Pen Townsend, qui représentent le Massachussetts, John Hanley et le capitaine Stanley, pour le Connecticut. Fletcher a sans doute recours à cette tactique, pour montrer la force des colonies anglaises dans une lutte éventuelle contre la Nouvelle-France ou l'Iroquoisie, si celle-ci décide de s'allier aux Français.

Les colonies envoient plusieurs représentants au Grand Conseil.

D'après Colden, qui fournit le peu d'informations que l'on possède, les Iroquois abordent en premier les problèmes que posent les colonies anglaises dont les représentants sont là, à côté de Fletcher : « ...Nos voisins sont assis tranquilles et fument à leur aise. La chair est fondue sur nos os,

« La chair est fondue sur nos os, mais elle s'est placée sur les os de nos voisins... »

mais elle s'est placée sur les os de nos voisins, qui deviennent gras pendant que nous devenons maigres... Si nous nous unissions tous cordialement et saisissions la hache dans nos mains, notre ennemi commun serait vite détruit. »

Les Iroquois sont mécontents de la fuite du chevalier d'Eau. Il est maintenant à Québec, a vu les sachems iroquois, leur a dit que les Anglais l'avaient laissé fuir et qu'ils favorisaient au fond les Français.

Teganissorens raconte sa mission au Canada.

Teganissorens aurait fait un récit de sa mission au Canada où il aurait dit à Frontenac qu'il ne supporterait pas le rétablissement du fort Cataracoui : « ...Nous ne consentirons pas que vous reconstruisiez ce fort. » Frontenac aurait répondu qu'il n'était pas habilité à faire la paix avec Fletcher, que cela revenait au roi. Teganissorens raconte que finalement Frontenac aurait promis de ne rien entreprendre contre les Anglais. Il révèle aussi que les Iroquois ont quatre-vingts jours pour se décider, qu'une Tsonnontouan et un Onnontagué sont restés en otages à Québec. Ce récit semble un peu fantaisiste, peut-être volontairement déformé par les Anglais.

Un autre Iroquois rend compte des négociations que les Iroquois ont menées avec les Hurons « qu'ils ont entreprises sur l'avis du gouverneur ». Ils ont envoyé deux Hurons qui étaient prisonniers dans leur pays pour porter à Michillimakinac le collier du gouverneur. Plus tard, les Tsonnontouans ont capturé deux autres Hurons, les ont bien traités, les ont renvoyés dans leur pays avec des propositions de paix. On proposait d'ouvrir en grand le chemin d'Albany s'ils voulaient s'y rendre pour négocier la paix avec les Iroquois et les Anglais. Les Hurons auraient répondu à cette offre avec empressement. Non seulement ils déposeraient la hache de guerre, mais ils l'enlèveraient à d'autres Indiens alliés. Mais les Iroquois ne semblent pas très enthousiasmés par ces négociations entre Anglais et Indiens alliés. Ils supplient Fletcher de ne pas les faire venir trop près d'eux, « de peur qu'ils ne découvrent notre faiblesse, et à quelle condition basse la guerre nous a réduits ».

Au cours d'un conseil secret, les Iroquois auraient également dit aux Anglais qu'ils « ne pouvaient plus continuer la guerre sans assistance », et qu'ainsi le sort de la paix entre Iroquois et Français était entre les mains de Fletcher.

Les Iroquois doivent empêcher la reconstruction de Cataracoui.

Fletcher insiste pour que les Iroquois n'autorisent pas les Français à reconstruire Cataracoui : « ...Si vous permettez aux Français de construire en quelque part sur ce Lac, ce sera la fin de votre liberté... » Il est amusant de voir les Anglais qui traitent les Iroquois comme leurs sujets, et l'Iroquoisie comme terre anglaise, stimuler à leur tour l'esprit d'indépendance des Iroquois contre les Français. Ils offrent sans condition leur assistance pour empêcher la reconstruction de Cataracoui.

Il est d'autant plus malheureux que le procès-verbal détaillé de ce conseil manque, car c'est à ce moment précis que les Anglais réussissent à ramener à eux une bonne partie des Iroquois. Mais Colden ne donne de ce changement de position rien de très utile.

Puis les sachems rentrent dans leur pays où ils ont un autre conseil à Onnontagué. C'est là que l'on aurait étudié les propositions du gouverneur du Canada formulées au mois de mai et que les Iroquois se seraient divisés. La Confédération écartelée entre les deux grandes puissances européennes du moment, France et Angleterre, éclate. Les Goyogouins et une partie des Tsonnontouans sont favorables au parti de la France dont ils soutiennent hardiment la cause ; la majorité des autres est opposée au rétablissement du fort Frontenac et ne veut pas inclure dans le traité de paix tous les Indiens alliés. « Le parti qui était le plus favorable à la paix obtient la permission d'aller au Canada, pour essayer d'obtenir, s'ils le pouvaient, des conditions moins désagréables. » D'après Colden, Frontenac aurait fait du rétablissement du fort Cataracoui une condition du traité de paix en prononçant les paroles suivantes : « Enfants, allumez mon feu de nouveau à Cataracoui, et plantez là l'arbre de la paix. »

La Confédération éclate.

Il faut remarquer que c'est à partir de ce moment-là que Frontenac porte une attention menaçante du côté des Onontagués, car ils représentent le principe de pensée des opposants. Les Agniers étaient en bonne partie détruits et humiliés et les Onneiouts sous l'influence subtile et fine du père Millet.

Les Goyogouins et les Tsonnontouans, ou une partie de ces derniers, organisent une ambassade de paix qui va en Nouvelle-France. Cette ambassade ramène quelques prisonniers des tribus dissidentes, qui avaient été capturés en 1689 (treize disent certains auteurs), dont un certain Joncaire, prisonnier chez les Tsonnontouans depuis longtemps. Il avait été nommé sachem, comme le père Millet. Celui-ci revient dans son pays, après une absence de cinq ans et des aventures incroyables. On remarquait encore, parmi les prisonniers, Hertel et de La Fresnière.

Louis-Thomas Chabert de Joncaire (v. 1670-1739), appelé Sononchiez par les Onontagués.

Kondiaronk était à Montréal. Ce vieux renard voulait se rendre compte des événements et savoir si les Iroquois viendraient comme ils l'avaient promis, s'ils donneraient le fond de leur pensée, comme Teganissorens l'avait affirmé, et quelle serait-elle.

Sans doute Zacharie-François Hertel de La Fresnière qui était prisonnier depuis 1691.

C'est alors qu'Ourehouare, l'ami de Frontenac, arrive avec quelques Goyogouins qui ramènent les treize prisonniers. Il avait fait, comme on le voit, du bon travail dans l'ouest de l'Iroquoisie.

Un Grand Conseil a lieu pour eux. Des Français, des Outaouais, des Algonquins, des Abénaquis et des Iroquois chrétiens sont présents. Ourehouare, semble-t-il, est l'orateur de ses compatriotes. Il parle au nom des Goyogouins et des Tsonnontouans. Ils veulent une bonne paix ; ils ramènent les prisonniers ; ils craignent de ne pouvoir revenir dans le délai prescrit. Ils n'ont pas voulu attendre les autres tribus. « C'est tout de bon, disent-ils, que vos enfants les Tsonnontouans et Goyogouins vous demandent la paix par le moyen de votre fils, Ourehouare ». Ils enterrent la hache de guerre, pensent que les autres tribus enverront des ambassadeurs sous peu ; ils devraient être de retour dans une trentaine de jours. On est allé parler à Fletcher, on délibère à Albany sur les propositions apportées par Teganissorens. Quand ce conseil sera terminé, les ambassadeurs viendront à Québec. Enfin, ils offrent leurs condoléances aux Iroquois catholiques dont le village de la Montagne vient de brûler.

Les ambassadeurs des autres tribus viendront plus tard.

Cette ambassade a eu lieu au début du mois de septembre. Naturellement, elle ne paraît pas satisfaisante. Lorsque l'orateur termine son discours, Frontenac lui pose des questions : Quelle est la décision prise au sujet des Indiens alliés ? L'orateur consulte les autres chefs et il donne une réponse évasive. Le père Bruyas insiste à son tour : il faut une réponse claire, sinon Frontenac ne saura quoi dire aux Outaouais, Miamis, Illinois, etc, qui sont ici présents dans la salle du conseil. Que pensent les autres trois tribus de ce problème en particulier ? Ainsi mis au pied du mur, les ambassadeurs goyogouins sont consternés. Les Indiens alliés applaudissent à tout rompre. Des bruits éclatent partout. Les Indiens alliés réalisent alors que Frontenac ne les abandonnera pas et ils l'acclament.

Les Indiens alliés ne seront pas abandonnés.

Frontenac accepte le collier de la libération des treize prisonniers. Il refuse les autres. Ou plutôt, il dit aux Goyogouins qu'il répondra à leurs colliers quand les Onontagués, les Onneiouts, les Agniers viendront, comme ils l'ont promis. C'est alors seulement qu'il renversera la chaudière de guerre. Il ne la détruira pas tant que les cinq tribus ne seront pas devant lui, demandant une paix générale, y incluant les Indiens alliés. Il utilisa la même tactique qu'autrefois, avant 1660. Par une ou deux tribus, on tente d'exercer une pression sur toutes. C'est tout ou rien. On ne prend pas avantage de la division iroquoise. Par cette méthode, on refait par l'extérieur l'union des cinq tribus, on empêche la dissension de se développer, on restaure l'unité du pays. Il était difficile d'agir autrement. La Confédération n'aurait pas subsisté sans ces erreurs. On n'a jamais profité de l'occasion de la briser.

Frontenac répondra aux présents lorsque les autres tribus viendront.

Des réjouissances, des festins ont lieu pendant deux jours. Puis un autre conseil est réuni. Les mêmes personnes y assistent. Frontenac prend la parole et manifeste sa joie de voir les Goyogouins et les Tsonnontouans bien disposés à faire la paix. Il les remercie pour la libération des prisonniers. Puis il remet sur le tapis le problème que posent les Alliés : « ...Vous ne vous êtes pas expliqué assez clairement sur la Paix que je désire que vous fassiez avec les Nations sauvages qui me sont alliées. » Puis trois tribus iroquoises, au lieu d'envoyer des ambassadeurs à Québec, ont envoyé leurs députés à Albany. Frontenac ne peut rester inactif pendant que, devant

Fletcher, on délibère contre la Nouvelle-France. Il ne peut suspendre davantage la hache de guerre. Le temps est venu d'allumer un bon feu sous la chaudière de guerre. Enfin, le gouverneur dit à ses alliés qu'il faut continuer la guerre. Et celle-ci ne se terminera que les cinq tribus ne soient venues ensemble demander la paix.

Le temps est venu d'allumer un bon feu sous la chaudière de guerre.

Les Goyogouins embarrassent les Outaouais en parlant de leurs pourparlers de paix avec les Iroquois. Frontenac répond que les Iroquois ont envoyé des ambassadeurs les premiers, que ces ambassadeurs ont affirmé que les Français avaient abandonné les Miamis, ce qui était absolument faux : « Ils sont du nombre de mes enfants, je les tiens sous ma protection, il n'y aura jamais de Paix qu'elle ne soit pour tous mes Alliés... »

Le Rat demande aux Goyogouins de révéler à Frontenac la signification des présents que les Iroquois ont envoyés aux Outaouais. Une scène de confusion s'ensuit. On se fait mutuellement des reproches, des murmures se font entendre dans l'assistance.

Puis Frontenac donne des cadeaux aux ambassadeurs : chemises, capots, couvertures, mitasses, souliers, en disant que les Goyogouins et les Tsonnontouans seront frappés eux aussi à moins qu'ils ne se séparent nettement des autres tribus.

Kondiaronk prend à son tour la parole. Il exhorte les Goyogouins et les Tsonnontouans à convertir les autres tribus : quant aux Hurons, dit-il, ils exécuteront fidèlement la volonté d'Onontio. Si les Iroquois veulent la paix, ils devront rendre fidèlement les prisonniers de toutes les nations qu'ils détiennent en Iroquoisie.

Les Goyogouins demeurent là encore cinq jours, puis ils reprennent la route de leur pays. Les conditions auxquelles le gouverneur accorderait la paix sont maintenant plus nettes et plus précises : les cinq tribus doivent la demander ; tous les alliés des Français devant y prendre part et les prisonniers de toutes les nations qui sont en Iroquoisie seront libérés.

La paix, et tous les prisonniers seront libérés !

Enfin, Frontenac tient un dernier conseil avec les Alliés. Maintenant, dit-il, ceux-ci ne doivent plus éprouver la moindre méfiance, car les délibérations se sont faites devant eux, et ils savent que la paix ne se fera pas sans eux. On se préparera le printemps prochain pour recommencer la guerre. Il exhorte ses Alliés à envoyer des partis et leur demande que les Outaouais ou les autres peuplades ne partent pas en guerre contre les Sioux et les Osages, qui sont alliés aux Illinois, pour que tous tournent leurs armes contre l'ennemi commun, l'Iroquois. Il offre des présents de poudre, balles, tabac, haches. Quelques jours plus tard ont lieu des festins de guerre et on chante des chansons guerrières. Cependant, les négociations de paix ne peuvent pas en rester là, entre les mains de quelques tribus d'Indiens alliés ; les Hurons surtout, et les Anglo-Iroquois ne peuvent pas s'arrêter si vite.

Les Osages, peuple de langue sioux, vivaient au sud du Missouri, sur le cours supérieur de la rivière Osage.

Le père Millet arrive un peu plus tard, à la fin d'octobre ou au commencement de novembre, avec une délégation des Onneiouts, conduite par le chef. Il présente des colliers de la part des Cinq-Nations, principalement des Onontagués. Une audience publique a lieu. Joncaire parle au nom des Tsonnontouans. Le père Millet présente un collier au nom de tous les Iroquois chrétiens pour demander la paix. Mais il ne semble pas que cette ambassade ait changé quelque chose.

La paix était encore une fois manquée.

La paix était manquée. Frontenac le devinait, le pressentait, le savait et les documents anglais le confirment. Fletcher chantera victoire dans une lettre du 19 novembre. Il est mal renseigné sur le nombre de prisonniers que les Iroquois ont ramenés en Nouvelle-France, mais sur le reste, ses informations sont exactes. « Albany, dit-il, est maintenant bien fortifié. J'ai des espérances d'empêcher les Indiens de s'en aller du côté des Français. Un présent du Roi et l'apparition des compagnies que j'attends chaque jour, les rivera à leur alliance. Je constate que les sachems ont été tellement influencés par mon dernier traité, qu'ils ne se sont pas rendus au Canada et qu'ils ont abandonné de correspondre avec le Gouverneur français. » Une rumeur alarmante s'est récemment répandue, annonçant que trois cents Iroquois supérieurs sont arrivés pour défendre Albany. Cependant, les ordres du roi aux autres colonies anglaises n'ont pas beaucoup d'effet. Les Jerseys ont fourni une trentaine d'hommes, et c'est tout.

John Romeyn Brodhead, dans Documents relating to the colonial history of the State of New-York, *N. Y. 1853-1887.*

Nouvel essai de Frontenac

D'après des documents publiés par Brodhead, et confirmés jusqu'à un certain point par des documents canadiens, Frontenac fait une autre tentative de dernière minute. Le 31 janvier 1695, deux Iroquois catholiques se présentent à Onnontaé. Ils prétendent être envoyés par Frontenac et avoir un message pour les Iroquois. Ils offrent plusieurs présents. Tout d'abord, ils effacent, au nom d'Onontio, les larmes des Iroquois pour les pertes dont ils ont souffert. Ils ajoutent que des vents violents soufflent, que les Iroquois sont tournés dans un sens puis dans l'autre, qu'ils sont incertains. Frontenac est toujours le bon père. Que ses enfants ne soient pas effrayés et que s'ils désirent la paix, qu'ils s'adressent à lui. Enfin, Frontenac remercie les Onneiouts pour avoir renvoyé le père Millet et trois ou quatre Français prisonniers. Si les Iroquois veulent la paix, qu'ils livrent tous les Français prisonniers et qu'ils aient des ambassadeurs au Canada au printemps prochain. Lui, il s'occupera des prisonniers iroquois chez les Indiens alliés. Si les sachems viennent, ils seront en sûreté, des gardes les accompagneront. Et les Iroquois catholiques demandent à leurs compatriotes d'obéir. Ils viendront au-devant des ambassadeurs au printemps. Enfin, Frontenac envoie l'avis que, le printemps venu, Cataracoui sera réoccupé. Il fait dire que la guerre a repris contre les Anglais et que les Abénaquis ont reçu l'ordre de reprendre les armes.

Les Iroquois répondent le 4 février. Ils ne croient pas qu'Onontio, c'est-à-dire les différents gouverneurs du Canada aient été pour eux de bons pères dans le passé. Ils prétendent avoir été traités comme des porcs, frappés, honnis, tués. Ils font appel à leur passé pour trouver des preuves de ce qu'ils avancent. Ils rappellent les expéditions de La Barre, de Tracy et de Denonville, la trahison de ce dernier les a incités à se tourner vers les intérêts des Anglais. Ils sont mécontents parce que les Abénaquis ont été envoyés contre les Anglais. Ils n'enverront ni sachems ni prisonniers. Si Frontenac veut parler, qu'il leur envoie des messagers en Iroquoisie et qu'il prenne les devants dans l'échange des prisonniers en renvoyant d'abord les prisonniers iroquois. Ils sont très catégoriques au sujet de Cataracoui : « Votre feu ne brûlera jamais plus à Cataracoui ; il ne sera plus jamais allumé de nouveau ; vous nous avez volé ce lieu... Nous ne souffrirons pas que Cataracoui soit habité de nouveau... Je le répète encore et encore. »

La réponse des Iroquois est catégorique : ils n'iront pas à Québec.

C'est ce que l'on peut appeler sans doute un message ultime. Frontenac y avait-il mis un dernier espoir ? Quelle rumeur ou quelle nouvelle apportée par un Iroquois catholique ou un espion avait donc nécessité cette démarche suprême ? On ne sait pas. Mais l'état même des ambassadeurs prouve que le gouverneur avait perdu espoir.

La guerre ne recommence pourtant pas avant le retour de cette ambassade, bien que la raison évoquée soit le climat et les neiges qui empêchent toute expédition jusqu'au mois d'avril 1695. Cette petite ambassade aura un effet funeste sur les dispositions des Hurons et de quelques Indiens alliés. Quant aux Iroquois, ils ont peut-être été braves, comme le montre le procès-verbal anglais, mais tout de suite après le départ des Iroquois catholiques, ils sont pris de panique, comme le prouvent les rapports d'Arnout Viele qui est alors à Onnontaé. Ils ne vont plus chasser, car ils craignent d'être attaqués ; ils demandent de la poudre et des munitions. Ils sont aux aguets. Une femme rapporte que les Français sont partis pour Cataracoui.

Arnout Cornelissen Viele (1604-v. 1704) interprète et négociateur pour la colonie de New York

Un peu plus tard, on entend dire que des troupes françaises et des Indiens alliés seraient à Cataracoui, où ils ont fait la jonction. De là, ils doivent partir pour attaquer Onnontaé. Les Iroquois demandent trois cents Anglais et trois cents Mohicans pour les assister. C'est l'occasion pour les Anglais d'exécuter leur promesse d'assistance.

Ces négociations de paix ont été l'objet de bien des attaques. On en trouve des vestiges dans des dépêches et dans des œuvres historiques et autres. On ne connaissait alors, généralement, que la version française et les documents français. Il était difficile de se retrouver dans ce dédale de conseils qui semblaient ne rien donner de bien concluant.

Cette désapprobation se retrouve, par exemple, dans une lettre de Callière au ministre, écrite le 19 octobre 1694. Pour lui, ces ambassades « n'ont eu pour but que de nous amuser de fausses négociations, par le conseil des Anglais, pour pouvoir faire une bonne chasse afin de se mettre en état de nous mieux recommencer la guerre et leur porter beaucoup de castors, tâchant en même temps de s'attirer le commerce de nos Sauvages pour une paix séparée de nous, entre les Iroquois et nos alliés... ». Cependant, la négociation a rétabli « la confiance pour nous dans l'esprit de nos Sauvages alliés et fait perdre aux Anglais et aux Iroquois l'espérance de les détacher de nos intérêts ».

Ces négociations ne sont-elles que des ruses pour les Iroquois ?

La Potherie fait écho aux mêmes rumeurs. Les Abénaquis, dit-il, « savaient d'ailleurs par les Loups que toutes ces Ambassades des Iroquois n'étaient que des amusements pour abuser les Français... ».

On peut trouver de nombreuses expressions de cette même opinion. Frontenac recevra à ce propos, le printemps qui suit, ce que l'on peut appeler une rebuffade de la Cour.

Il faut aussi ajouter que certains prisonniers, évadés à l'époque des négociations, ajoutent leur témoignage à cette thèse. Les Iroquois auraient toujours été décidés à poursuivre la guerre et auraient toujours entretenu de violents ressentiments envers les Français.

C'est une théorie plausible. Pendant cette trêve militaire qui dure un an et demi, les Anglais envoient deux expéditions malheureuses contre la Martinique et Plaisance. Des attaques de Frontenac, qui étaient sur le point d'être lancées, sont retenues. Iroquoisie et Nouvelle-Angleterre ont dans une certaine mesure le temps de respirer.

Et pourtant, non, Frontenac avait vu juste : les Iroquois sont à bout de souffle.

Maintenant que les principaux documents anglais sont connus, la thèse de Frontenac est devenue d'une force sans précédent. C'est l'un des mystères de notre histoire que ce gouverneur du Canada ait compris, dans des circonstances difficiles, à quel point l'Iroquoisie était disposée à la paix après les coups qu'elle recevait continuellement depuis 1689. Il lui fallait toute son ancienne expérience de ces peuples, son ingéniosité hors de l'ordinaire. Il avait aussi à ses côtés, pour l'assister, des hommes comme Ourehouare ou le père Millet, qui connaissaient bien la situation et recevaient des rapports des espions et des prisonniers. Son information était exacte et sûre. Il faut noter que ces négociations marquent une rupture, et que la guerre iroquoise qui a précédé ne ressemblera pas à la guerre iroquoise qui suivra. Les Iroquois s'étaient lancés à l'assaut en 1689, avec un entrain pour ainsi dire infernal : ils ne croient pas qu'avec l'assistance des puissantes colonies anglaises, la lutte puisse être bien longue. Cet entrain se poursuit les années suivantes. La Nouvelle-France souffre terriblement de ces attaques. Les détachements iroquois s'installent pendant des semaines à la tête de Montréal et harcèlent la colonie ; les victimes sont nombreuses. En un mot, l'Iroquoisie y met toute sa force, sa furie et tout son acharnement. Mais elle ne peut frapper sa victime à mort. L'avantage change de camp, les pertes se multiplient. Les Iroquois aperçoivent qu'ils combattent seuls, que la colonie de New York n'est pas suffisamment puissante pour mater les Français, que les autres colonies sont inactives. L'expédition de Manthet lui fait craindre le pire. Elle décide alors de sortir du conflit. Mais en sortir, elle le constate vite, implique des dangers à court ou moyen terme qui sont presque aussi graves que la poursuite de la guerre. Alors, elle louvoie. À partir de ce moment-là, sans conclure la paix avec la France, elle tentera d'obtenir le plus possible des uns et des autres et d'en donner le moins possible. L'Iroquoisie d'après 1693 ne sera jamais dans la guerre l'Iroquoisie d'avant 1693. Elle a fini d'être dupe.

Les lettres que les Anglais d'Albany écrivent, les rapports des conseils, les opinions de Dellius, par exemple, de Peter Schuyler ou de Livingston indiquent qu'il s'en est fallu de peu pour que les Iroquois concluent à ce moment-là la paix avec Frontenac. L'arrivée de quelques compagnies pendant l'été de 1694 aurait pu être décisive.

Croire que toute la nation iroquoise aurait voulu décevoir en même temps les Anglais et les Français, c'est leur prêter un talent de mystificateur qui dépasse les ressources de ce peuple.

La lettre de Callière met en cause les méthodes de Frontenac. Frontenac n'a pas toujours un caractère facile. À plusieurs reprises, lorsque les Iroquois arrivent avec des réponses insultantes, il prend la mouche et il répond assez brutalement. Mais des méthodes différentes auraient-elles modifié le dénouement ?

Les Outaouais partent vers la fin du mois de septembre, après le conseil qui a eu lieu entre les Goyogouins et les Français. Lamothe Cadillac commande les Français qui vont dans l'ouest. Et lui, il va remplacer Louvigny à Michillimakinac. Un certain nombre de Français commandés par le sieur de Coulonge s'installent à l'île aux Allumettes avec des Népissingues, pour chasser, trafiquer et vivoter. Pendant une partie de l'hiver et du printemps, ces gens sont à moitié entourés et bloqués par des Iroquois hostiles. Mais aucun conflit n'éclate.

Lamothe Cadillac remplace Louvigny à Michillimakinac.

La Potherie affirme que Frontenac organise une expédition contre les Agniers. Mais les troupes, pour des raisons inconnues, ne peuvent traverser du nord au sud du fleuve, pendant un certain temps. Puis un prisonnier s'échappe et regagne l'Iroquoisie. Les Iroquois alors prévenus seront sur leurs gardes, il vaut mieux ne rien entreprendre.

Louvigny qui n'a quitté Michillimakinac que pour s'embarquer dans une brillante carrière militaire, part avec trois cents hommes pour se rendre dans les alentours de Cataracoui, le grand territoire de chasse des Iroquois. Il est arrêté dans sa marche par une tempête de neige qui dure treize jours. D'ailleurs, cet hiver de 1694 sera remarquable par la quantité de la neige tombée. Callière lui envoie de nouveaux vivres. Louvigny se rend jusqu'à six lieues du fort. En suivant des pistes il capture d'abord trois hommes, puis deux, et un homme, une femme et un adolescent. Trois sont tués à la chasse. Quatre Onontagués seront brûlés à Montréal. Louvigny doit revenir : il y a sept pieds de neige et les troupes manquent de vivres.

Frontenac rend compte des négociations.

Frontenac et Champigny écrivent des dépêches. Dans celles du 4 et du 9 novembre, Frontenac parle des négociations franco-iroquoises qui ont duré environ une quinzaine de mois. Les ambassadeurs qui sont venus à Montréal, dit-il, en septembre, ont parlé de façon à faire douter de leur volonté de paix. Ils ne veulent pas inclure dans le traité, comme il a été demandé, les Indiens qui sont des alliés des Français. En ce moment, des chefs iroquois seraient, paraît-il, en Nouvelle-Angleterre, pour s'entretenir avec le gouverneur de New York, « et ainsi... nous devons nous attendre plutôt à la continuation de la guerre qu'à une paix qu'ils semblaient ne proposer qu'en apparence ». C'est pour cette raison que le gouverneur a accepté les présents des Tsonnontouans et des Goyogouins qui lui ramenaient treize prisonniers et refusé ceux des autres tribus bien que leurs députés aient affirmé qu'ils avaient toujours le désir de négocier la paix et de venir la conclure aussitôt que seront terminés les conciliabules avec le gouverneur de New York. D'ailleurs, ils ne s'expliquent pas l'attitude des Indiens alliés. Pour sa part, le gouverneur pense que les Iroquois sont vraiment fatigués de la guerre et qu'ils désirent la paix. Ces démarches, ajoute-t-il, « n'ont servi qu'à interrompre quelque temps les mouvements et les entreprises que ledit sieur de Frontenac a accoutumé de faire contre eux ». Frontenac s'oppose vivement à la diminution de la prime accordée aux Indiens pour les Iroquois capturés ou tués. Cette prime est selon lui un moyen efficace de diminuer encore le nombre déjà restreint des prisonniers iroquois.

La population est désormais concentrée dans des fortins.

L'intendant et le gouverneur expliquent les mesures qu'ils ont prises dans les campagnes : « Nous avons rendu compte à Sa Majesté, les années dernières, de la réunion, qui a été faite en villages, de tous les habitants qui s'étaient étendus et habitués le long des côtes au-dessus des Trois-Rivières, sans quoi il n'y en aurait eu aucun en sûreté contre les incursions des ennemis ; et si la même précaution n'a pas été prise pour ceux qui sont au-dessus, c'est que nous avons remarqué le peu d'apparence, qu'il y avait, que les ennemis y pussent venir. » Et c'est ce qui explique que La Potherie, remontant le fleuve quelques années plus tard, ne verra pas sur les rives, au-dessus de Sorel, les riantes et coquettes habitations qu'il a remarquées plus bas. Toute la population s'est concentrée dans des réduits fortifiés, abandonnant à l'ennemi les anciennes maisons, granges, etc.

Callière pense qu'il faudrait à la colonie cinq cents bons soldats nouveaux avec de bons officiers. Car, comme toujours, les rumeurs d'invasion courent dans le pays, venant parfois de sources que l'on ne peut négliger. Avec les quatre cents recrues arrivées l'année précédente, les corps que commande Frontenac ne peuvent dépasser les mille quatre cents hommes,

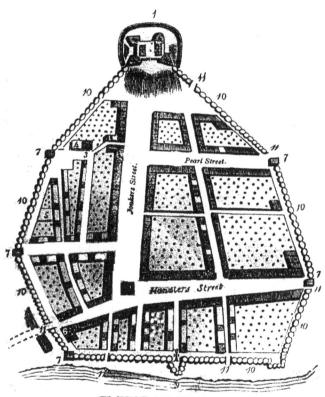

soit le nombre de soldats qu'il a trouvé en 1689. Il est probable qu'en tout
et partout, il n'y ait en ce moment dans la colonie pas plus de douze cents
à treize cents hommes. On demande des renforts pour repousser une invasion anglaise et pour monter une expédition contre les Onontagués.

Pour résumer, en 1694, on voit la fin des espoirs de paix en Iroquoisie.
Le pauvre Canada, les pauvres troupes du Canada ont eu un court répit
pendant cette trêve comme les pauvres miliciens que l'on apprécie tant en
haut lieu pour conduire les dangereuses expéditions, former des partis et sur
qui l'on peut se fier. Les uns et les autres ont pu respirer un peu.

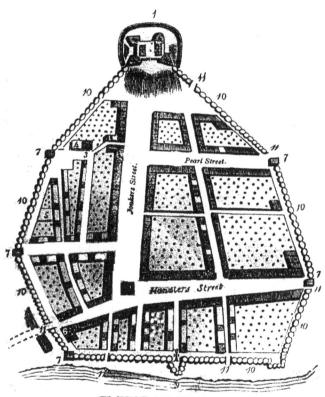

PLAN OF ALBANY. 1695.

1. The fort.
2. Dutch church
3. Lutheran church.
4. Its burial place.
5. Dutch church do.

6. Stadhuis, or City Hall.
7. Blockhouses.
9. Great gun to clear a gully.
10. Stockades.
11. City gates, 6 in all.

Chapitre 207

1695

La guerre et la paix se mêlent au commencement du printemps. Un parti d'Iroquois chrétiens va jusqu'à Albany, dès la fonte des neiges. Il en rapportera le scalp d'un Agnier et celui d'un Anglais. L'un revient le 15 avril, qui est commandé par le lieutenant Deschaillons et l'enseigne de Boisbriand, composé de quinze Iroquois catholiques dont la moitié va à Albany et l'autre moitié chez les Agniers. L'un ramènera trois Agniers et un Hollandais. Un autre fera deux prisonniers agniers. Plus tard, deux Agniers seront capturés près du village du Sault. Ils avaient enlevé deux Français à La Chesnaie et en avaient blessé un autre à Longueuil.

Pierre Dugué de Boisbriand (1675-1736). Une grande partie de sa vie se déroulera dans la région de la Louisiane.

Jean-Baptiste de Saint-Ours Deschaillons (1669-1747), lieutenant du roi

Vers la fin du mois de mars, deux Iroquois catholiques reviennent d'Onnontaé, avec un Agnier. Ce sont les Anglais, disent-ils, qui ont empêché les Onontagués de venir à Québec, en septembre, dans le délai fixé par Frontenac. Ils ont cru qu'une fois les prisonniers français et indiens alliés libérés, Frontenac les attaquerait d'abord avec l'assistance des Outaouais, puis se tournerait contre les Onneiouts. Callière pense que les Iroquois voudraient obliger les Français à envoyer des ambassadeurs chez eux pour désarmer les Abénaquis. Ils n'ont pas un désir sincère de paix. Ils sont plus attachés que jamais aux Anglais. Ceux-ci, maintenant, encouragent les Iroquois à faire traîner les négociations avec les Français pour empêcher des attaques contre leurs villages, afin de pouvoir eux-mêmes achever les négociations engagées avec les Outaouais, les Hurons et les Indiens alliés, et conclure de ce côté-là une paix particulière qui protégerait leur arrière.

Un peu plus tard, un Iroquois catholique revenant d'Onnontaé en rapporte des présents. Les Onontagués demandent à Maricourt d'obtenir pour eux la paix du gouverneur du Canada : ils lui demandent aussi, ainsi qu'à Du Planté, de conduire les prisonniers iroquois à Onnontaé au printemps. Ils veulent encore arrêter la hache des Abénaquis et des Hurons de Lorette. Ils réclament la libération des Iroquois qui sont chez les Indiens alliés. Enfin, ils prétendent que les Outaouais et les Hurons se sont rendus chez les Tsonnontouans où ils ont conclu la paix.

Ces négociations ne peuvent plus mener à rien. Il est trop tard. Aucune ambassade importante ne se présente avec des présents. En conséquence, Frontenac ne les accepte pas. Il est irrité contre ceux qui les ont reçus. Les colliers prouvent l'insolence de ceux qui les ont offerts, car ils ne correspondent pas aux conditions qu'il a lui-même fixées en septembre dernier. On ne recevra plus d'autre ambassadeur que celui qui, pour prouver sa bonne foi, ramènera des prisonniers. Les chefs des Iroquois catholiques, que cette guerre divise, auraient voulu retourner à Onnontaé, et négocier encore. Les Iroquois comptent toujours sur leurs congénères du Canada, pour persuader Frontenac de faire la paix, leur fournir des renseignements et avancer la réunion des Iroquois des deux parties. Cependant, on trace un nouveau fort au Sault en prévision des combats futurs.

Pour l'instant, Frontenac concentre son attention sur l'expédition destinée à rétablir Cataracoui. On entend dire que deux cents Tsonnontouans et Goyogouins auraient quitté l'Iroquoisie au début de l'hiver précédent pour une expédition contre les Miamis. Puis, le 13 juin, trois Français au fort La Mothe, ou Sainte-Anne, au lac Champlain, remarquent deux Indiens qui s'embarquent en canot. Ces Iroquois tirent et blessent un Français du nom de Montour. Les Français tirent à leur tour et blessent les Iroquois. Callière envoie des éclaireurs dans cette direction. Un des Iroquois blessés est capturé, plus tard, et il révèle que des Iroquois et des Anglais sont rassemblés à Orange en vue d'une attaque. On travaille aux fortifications. Vers la fin du mois de juin, Frontenac se rend à Montréal pour préparer son expédition. Il amène avec lui des miliciens de Montréal et des Trois-Rivières. En passant à ce dernier endroit, Frontenac apprend un incident. D'un fort, le sieur de Charleville aperçoit de la fumée au loin. Il s'embarque en canot avec sept Indiens, en reconnaissance. Il rencontre un canot monté par quinze Iroquois au lac des Deux-Montagnes. Imprudemment, Charleville attaque, il est tiré et est tué. Ses compagnons réussissent à s'enfuir. Callière envoie alors sur les lieux quarante Algonquins, Népissingues et autres, avec Saint-Pierre de Repentigny, La Vallière jeune, et quelques autres Français. Malheureusement, ils ne découvrent pas le parti iroquois.

Le fils du sieur de Repentigny et trois Français sont tués à deux endroits différents à la Rivière des Praires. Callière envoie là aussitôt cent vingt hommes, des Indiens et des Français, en bateau, commandés par le sieur de Saint-Ours.

En passant à Repentigny, Frontenac apprend ces mouvements de troupes. Le 8 juillet, il arrive à Montréal.

Certains Iroquois se rendent en Nouvelle-France, mais les négociations s'enlisent.

Fort Sainte-Anne

Un prisonnier iroquois révèle que les Anglais se préparent à attaquer.

Ici, il s'agit réellement de Jean-Paul Legardeur de Saint-Pierre et non de son frère Pierre.

Lequel ? On ne sait trop, Legardeur de Repentigny eut 21 enfants !

Pierre de Saint-Ours (1640-1724), chevalier, capitaine dans le régiment de Carignan-Salières.

C'est alors que l'on apprend des nouvelles de l'Ouest. Le sieur déclare que les Indiens alliés ont formé des partis de guerre comptant un total d'environ neuf cents guerriers, et qu'ils harcèlent en ce moment l'ennemi. Mais le groupe qui arrive à Montréal et qui comprend de nombreux Français et Indiens alliés a été attaqué en passant, sur l'Outaouais, par les Iroquois. Un Français et deux Indiens ont été blessés, un autre tué.

Ces gens apportent des nouvelles de l'expédition des Tsonnontouans et des Goyogouins contre les Miamis. Tout d'abord, elle a réussi à capturer trois femmes, trois à quatre enfants et le plus jeune fils d'un chef des Miamis. Puis, elle a atteint le fort Saint-Joseph où commande Courtemanche. Ils glissent leurs fusils entre les palis pour tirer sur les occupants du fort, mais ceux-ci les aperçoivent et tirent sur eux à bout portant. Des cadavres demeurent au pied des palis. Le détachement est repoussé avec vigueur et subit un feu bien nourri. Il part en retraite, tente de négocier et d'attirer Courtemanche dans son camp. Mais celui-ci ne se laisse pas piéger. Les Iroquois doivent se retirer. On raconte qu'ils transportent une trentaine de blessés, qu'ils ont perdu de cinquante à soixante hommes. Au départ, ils étaient dans les quatre cents. C'est un véritable désastre pour eux.

Pendant l'hiver de 1694-1695, les Iroquois capturent deux Hurons au Saginaw. Le Baron, l'un des chefs des Hurons, reçoit deux présents des Iroquois. Cadillac leur envoie un Français habile et ingénieux chargé de comprendre et peut-être de démêler l'intrigue. Lorsque les Hurons reviennent, Lamothe Cadillac tente de les dissuader de faire la paix. Il fait la célèbre comparaison qui est passée à la postérité : « Il y a un maître, dit-il, et un chien de garde : ce dernier est le Huron, le premier est le Miami. L'Iroquois veut détruire l'un et l'autre. Que fait-il pour y réussir ? Il amuse le chien de garde, le Huron, avec l'os de quelques présents ; pendant ce temps, il tuera le Miami, le maître. Mais quand ce dernier sera tué, l'Iroquois viendra facilement à bout du chien de garde seul, le Huron. » Puis Lamothe Cadillac les exhorte de ne pas être aussi stupides. Si les Hurons partent en guerre, les Français seront prêts à les accompagner. Que les Hurons, les Outaouais et les autres s'unissent donc aux Miamis pour une défense commune et qu'ils attaquent ensemble les Iroquois.

Les rumeurs vont bon train au pays des Iroquois.

Le 16 mai, Le Baron s'explique. Des nouvelles de toutes sortes ont couru dans l'Ouest. On dit que la paix a été conclue à Montréal. Les Iroquois ont ramené le père Millet en Nouvelle-France. Les Français n'ont pas reçu de recrues en 1694. Ils ont subi des défaites. Ils sont si pauvres qu'ils n'ont même pas d'eau-de-vie. La Potherie donne plus de détails sur ces négociations entre Iroquois et Hurons et sur ces rumeurs. « La plupart des Nations de ces quartiers, du moins les Hurons, ennuyés de prendre nos intérêts, reçurent agréablement les Députés des Iroquois. » Au cours d'assemblées secrètes, ils reçoivent des présents des Iroquois. La paix est presque conclue. Les Indiens alliés envoient aux Iroquois « un calumet de pierre rouge d'une beauté et d'une grosseur extraordinaires » ; ce sont les Outaouais qui invitent les Cinq-Nations à fumer. « Les Iroquois, ajoute-t-il, qui chassaient fort paisiblement pendant l'hiver, furent dans une grande intelligence avec les Hurons et les Outaouais, le commerce fut libre entr'eux dans les bois, ils étaient devenus les commissionnaires des Anglais. »

Cadillac tente de mettre fin à toutes ces rumeurs. Frontenac, affirme-t-il de nouveau, ne fera jamais la paix sans y inclure les Indiens alliés. Alors si la paix a été conclue entre les Français et les Iroquois, comme on le prétend, elle existe aussi entre les Iroquois et les Miamis. Si les Iroquois ont attaqué les Miamis, c'est un indice certain que la paix n'a pas été faite entre les Français et les Iroquois.

Cadillac tente de mettre les choses au clair.

Le conseil est ajourné au 16 mai. Le Baron parle encore et il explique pourquoi il a reçu le présent. Il donne sa version qui est la juste représentation des faits qui ont été déformés par l'interprétation des Iroquois. La paix, dit-il, va se négocier entre Nouvelle-France et Iroquoisie, par un Iroquois catholique qui est actuellement à Onnontaé. Les Iroquois rassemblés à Onnontaé ont décidé de ne pas attaquer les tribus des Lacs, à l'exception des Miamis. Les Outaouais ont aussi reçu des présents qu'ils doivent expliquer. Les Iroquois veulent détruire les Miamis, puis ensuite unir toutes les tribus dans une paix universelle. Les Indiens alliés sont invités par eux à un Grand Conseil général qui aura lieu à Détroit à l'automne. Que pouvaient faire les Hurons en dehors d'avertir les Miamis de se protéger par de bonnes palissades et de s'infirmer dans leurs coups ?

Le conseil débat du problème. Kondiaronk, dit Le Rat, parle dans le sens d'une union étroite de toutes les tribus. Il veut que tous les Indiens alliés entrent immédiatement en guerre. Il n'a aucune confiance dans les Iroquois. Il faut obéir aux ordres précis d'Onontio.

À partir de 1695, Kondiaronk prendra le parti des Français.

Telle paraît la décision du conseil. Les tribus dressent des palissades. On entend retentir les chants de guerre. Des partis doivent entrer immédiatement en campagne. Mais finalement rien ne se passe. Cadillac réussit à faire partir un groupe de seize hommes ; un autre de soixante le suit. À la fin, Le Baron met sur pied toute une intrigue où un vieil Indien défendrait de frapper l'Iroquois en premier. Cadillac avait un « soupçon raisonnable que le Baron avait conclu la paix aussi à bonne heure que l'année passée et l'avait ratifiée durant l'hiver ». Il le combat fortement. Ce sont des intrigues, des cabales, des contre-manœuvres, mais Lamothe Cadillac reprend le contrôle. Tous envoient des partis en guerre excepté les Hurons. Il réussit à briser dans une certaine mesure les relations avec l'ennemi. Les Indiens alliés décident aussi d'envoyer des gens à Montréal, ils arrivent avec Le Sueur. Mais ce ne sera pas la fin des conspirations.

Les représentants des Indiens alliés arrivent donc à Montréal où Frontenac termine l'organisation du convoi qui rétablira le fort Frontenac. Ils comprennent donc de façon indéniable que c'est la guerre qui se prépare et non la paix, et que toutes les nouvelles qu'ils ont eues des Iroquois sont fausses. Ils voient même partir les bateaux construits pendant l'hiver de 1693, ainsi que les sept cents hommes, miliciens et soldats, sous les ordres de Crisafy. Celui-ci amène avec lui des hommes brillants pour le seconder : le marquis de Groye, les sieurs de Noyan, La Vallière, Maricourt, Linvillier, etc. C'est une expédition à la Frontenac, bien organisée, qui se veut rapide et efficace pour atteindre son but rapidement et en revenir avec promptitude.

Pierre Payen de Noyan (1663-1707), capitaine. En 1694, il avait épousé Catherine-Jeanne de Longueuil et de Châteauguay.

Le 18 juillet 1695, Frontenac donne audience aux Indiens alliés. Il faut se concentrer sur la guerre contre les Iroquois. Cette nation est leur ennemi mortel. Les Indiens alliés doivent oublier les querelles qui les opposent les uns aux autres. Il déclare aux Outaouais qu'ils se sont laissés prendre aux artifices des Iroquois, pourtant ils auraient dû savoir qu'il n'aurait jamais signé le moindre traité de paix sans eux. Les paroles de Cadillac auraient dû aussi plus tard supprimer leurs soupçons. Les Iroquois voulaient les empêcher de poursuivre la guerre. Et Frontenac explique l'affaire des présents que des Iroquois catholiques lui ont apportés et qu'il a refusés. Le Baron les a mal renseignés. La guerre s'est poursuivie dans l'Est. Eux-mêmes ont essuyé une sévère attaque en descendant. Tous les assistants peuvent constater à quel point Frontenac est décidé à continuer la guerre. Les Indiens alliés doivent l'imiter. Puis ils repartent pour l'Ouest avec un état d'esprit différent, et manifestent l'intention de poursuivre la lutte.

L'audience de Frontenac revigore les Indiens alliés.

Le 12 août, les Iroquois paraissent à Tremblay, à deux lieues de Montréal. Ils tuent une vieille femme et un homme. Puis, ils capturent deux femmes, un homme et quatre jeunes enfants. Par contre, un parti revient avec deux Anglais, deux femmes et les scalps de deux Loups, capture sanglante qui s'est faite non loin d'Albany. C'est alors que revient Crisafy qui, au cours d'un bref voyage de vingt-six jours, a rétabli le fort Frontenac, réparé cinq brèches du fort en pierre, a abattu du bois pour la construction des logements. Il a laissé derrière lui une garnison de quarante-huit hommes. Le voyage aller et retour a duré presque dix-huit jours, le détachement a séjourné huit jours là-bas. L'ennemi ne l'a pas découvert.

Crisafy a rétabli le fort Frontenac.

Frontenac est donc décidé, depuis l'automne de 1694, à poursuivre vigoureusement la guerre. Il place ses espions pour pouvoir porter des coups à l'Iroquoisie. Les Agniers, en effet, sont à peu près les seuls que l'on puisse atteindre par la route de l'est, celle du lac Champlain et de la rivière Richelieu. Ils sont aujourd'hui à moitié détruits. Les Onneiouts sont en partie gagnés aux intérêts français ; le père Millet a fait son œuvre. Par contre, les derniers Agniers ne sont pas venus s'établir au Canada, comme ils l'avaient promis. Mais leur force est réduite. Pour porter la guerre chez les autres tribus iroquoises, il faut prendre la route de l'ouest, celle du Saint-Laurent, du lac Ontario, avoir une base militaire au lac Ontario. Maintenant, Frontenac est prêt.

C'est sans doute à cette époque qu'il reçoit des dépêches de France. La Cour, comme on le sait, a plus d'une source d'information. Elle reçoit des lettres de l'intendant, de Callière ou d'autres correspondants canadiens. On n'a pas accepté la position de Frontenac sur les négociations de paix. On n'y a vu qu'une ruse des Anglo-Iroquois. La Cour pense « que cette négociation paraît avoir été traitée par eux de concert avec les Anglais. Il semble que les uns et les autres ont eu en vue plus particulièrement de suspendre et éloigner les entreprises que vous avez mandé depuis plus de deux ans que vous deviez faire contr'eux, qu'un désir sincère de faire la paix... » Ils ont voulu pendant ce délai, par la chasse et le commerce, se procurer de nouveaux moyens de « résister plus fortement à vos desseins, même de porter la guerre jusques dans le Canada ». Le roi espère que Frontenac est maintenant désabusé ; et surtout que les intrigues des Iroquois auprès des nations alliées, commencées avant l'automne de 1694, auront fini par le convaincre.

Le roi ne croit pas aux négociations...

Un mémoire du roi du 14 juin 1695 fait à Frontenac des remontrances officielles et énergiques. Il y est question d'une année passée « en de vaines négociations avec les Iroquois pendant même que ceux-ci agissaient pour débaucher les Sauvages alliés de son service ». Il est persuadé que Frontenac a constaté, lui aussi, « leur mauvaise foi » et qu'il en est revenu à des idées de guerre. De plus, Sa Majesté est à peu près sûre « que les Iroquois connaissant la faiblesse des Anglais ont engagé de concert avec ceux-ci les pourparlers de paix pour éluder et suspendre l'exécution des desseins projetés contre eux afin de gagner du temps pour se mettre en défense, à quoi il semble qu'ils sont parvenus.

...et il fait des remontrances à Frontenac à ce sujet.

Mais le roi va être durement puni de l'erreur qu'il commet : il a nommé gouverneur du Canada un homme qui avait toute sa confiance ; puis, au lieu de lire attentivement les rapports qui lui sont envoyés, il écoute et accepte les récits et interprétations de quelques sous-ordres, de personnes sans responsabilité, qu'il n'aurait jamais nommées au poste de gouverneur. Il y a dans sa conduite un illogisme frappant. Et il va payer pour son manque de confiance en acceptant les versions d'esprits inférieurs qui déforment tous les événements.

L'illogisme du roi

Frontenac était bien placé pour suivre les événements. Il les avait correctement interprétés. Il avait recommencé la guerre au moment où les négociations de paix, cessant d'être sincères, devenaient une ruse et une tactique. L'ennemi avait ainsi obtenu un répit, mais les Français et les Indiens de la Nouvelle-France aussi. Et Dieu seul sait à quel point ils en avaient besoin pour se reposer des massacres et de l'existence affreuse qu'ils menaient depuis 1689.

Le roi se laisse séduire par d'autres rapports plus complaisants.

Frontenac reçoit des dépêches deux jours avant le départ du convoi pour rétablir Cataracoui. Il a eu plusieurs mois pour faire mûrir sa prochaine attaque. Il a décidé de réoccuper le fort. Mais la Cour de France a pris une décision contraire. Frontenac a rassemblé au printemps cent dix hommes dans les régions de Québec et des Trois-Rivières ; à Montréal, il leur adjoint trente-six officiers, cinquante miliciens, deux cents soldats et deux cents Indiens. Il désigne comme chef de l'expédition le marquis de Crisafy.

Le 22 juillet, le gouverneur reçoit des dépêches de France, et il apprend les nouveaux plans de la Cour. Dans une première dépêche du 16 avril 1695, le ministre disait qu'il fallait attaquer les Iroquois et les Anglais ; le gouverneur devait revenir à son projet initial, lancer des partis en Iroquoisie peut-être même attaquer Orange ou bien, si ces entreprises étaient impossibles, harceler les Anglais et les Iroquois « par de fréquents et forts partis, et par des détachements des soldats, des troupes des Canadiens et sauvages... ». La directive était précise. Le ministre écrivait aussi quelques lignes sur Cataracoui ; « Les choses étant en cette situation, le temps ne paraît pas convenable pour le rétablissement du fort de Frontenac dont la dépense et l'entretien causeraient une diversion trop considérable des fonds que vous avez à employer plus utilement pour la guerre, c'est pourquoi je crois que vous trouverez plus à propos de remettre ce rétablissement à un temps plus convenable. » Comme d'habitude, Frontenac recevait des conseils : attaquer Albany, qui était pour ainsi dire à la tête des colonies anglaises, attaque qui aurait probablement enfin donné à Fletcher l'assistance en hommes et en argent des autres colonies qu'il demandait, mais il n'envoyait pas de soldats. Le roi « n'a pas trouvé nécessaire de vous envoyer pour cette année des soldats d'augmentation ».

Le roi « n'a pas trouvé nécessaire de vous envoyer pour cette année des soldats d'augmentation » !

Dans un mémoire du 14 juin, le roi se dit certain qu'en 1695, pas plus qu'en 1694, les Anglais ne seront plus en état d'entreprendre la moindre chose contre la colonie, soit par terre, soit par mer. « Ainsi rien ne pourra empêcher ledit sieur de Frontenac de les attaquer aussi bien que les Iroquois. » Puis voici le veto du roi sur l'affaire de Cataracoui : « Sa Majesté ne trouve pas à propos quant à présent de rétablir le fort de Frontenac à cause de la dépense du rétablissement et de l'entretien qui diminueraient d'autant les fonds qui peuvent être bien mieux employés dans la conjoncture pour faire la guerre aux ennemis. » Venant après les instructions du ministre, l'ordre du roi est clair et net.

Le roi est clair : le fort Frontenac ne doit pas être rétabli.

D'où venaient ces directives ? Comme d'habitude, le roi avait nommé un gouverneur, qui depuis quelques années, livrait une magnifique bataille dans des conditions difficiles, et soudain, il ne l'écoutait plus ; prêtant plutôt l'oreille à Champigny, à quelques officiers canadiens qui voulaient attaquer directement Onnontaé, sans une base au lac Ontario.

C'était pure folie. Lorsqu'on examine l'affaire aujourd'hui, voici ce que l'on peut discerner. Une attaque d'Albany provoquerait probablement une union, une collaboration des colonies anglaises puissantes que le roi d'Angleterre et Fletcher cherchaient à établir. Cette cohésion pouvait, n'importe quand, constituer une menace très dangereuse pour le Canada. Les Agniers étaient presque détruits ; les Onneiouts avaient subi de rudes coups et, pour une bonne partie, étaient neutralisés par la propagande du père Millet. Il restait les Onontagués, la nation du milieu, qui avait moins souffert, car elle était protégée par deux tribus dans l'est et dans l'ouest contre les Indiens alliés. Les Onontagués étaient probablement aussi responsables de l'échec de Frontenac dans les négociations de paix. Frontenac pouvait-il les attaquer directement du Canada sans base au lac Ontario ? On se rappelle toutes les expéditions contre les Agniers, plus proches et qui se sont terminées par une famine, et pour cette raison, dans un demi-désastre. Les Onontagués, Goyogouins et Tsonnontouans étaient, en termes militaires, de l'époque hors de portée de Montréal. Il fallait donc une base au-dessus de Montréal.

Avant de poursuivre sa mission, Frontenac avait décidé d'avoir cette base. Alors, il laisse le chevalier de Crisafy poursuivre sa route vers le lac Ontario, pour réoccuper Cataracoui, et il se tourne de l'autre côté pour obéir aux ordres qu'il a reçus.

Frontenac passe outre aux ordres reçus.

Le 11 août 1695, l'intendant Champigny ne peut se retenir de faire sa cour au ministre en blâmant le gouverneur. Il n'a jamais cru que les Iroquois étaient sincères dans leurs négociations de paix. Il faut mener une vigoureuse campagne contre l'ennemi. « J'aurais souhaité que, dans cette conjoncture, M. Le comte de Frontenac n'eut pas songé à rétablir le fort de Cataracoui et que sept cents hommes, tant soldats qu'habitants et Sauvages, qu'il a envoyés à cette expédition eussent été employés à une tâche plus utile. J'ai cru être dans l'obligation de lui représenter les dangereuses suites de ce dessein pour l'en détourner... » Champigny était à Montréal avec Frontenac, lors de l'arrivée des dépêches, alors que le convoi n'était qu'à une journée de marche ; il pense que le rappeler n'est pas difficile. Mais malgré son insistance, Frontenac s'y refuse.

Chapitre 208

1695

Les lettres de Fletcher prouvent que Frontenac avait raison.

Pendant ce temps-là, on peut suivre dans les lettres de Fletcher à quel point les actions de Frontenac étaient justes. Ainsi, elles ont montré aussi à quel point les Iroquois voulaient la paix. Depuis la fin de l'année 1694, et au début de 1695, elles révèlent que les Iroquois se sont de nouveau rapprochés des Anglais, et que toute inquiétude sur leur fidélité disparaît peu à peu. Le 29 mai 1695, Fletcher écrit aux Lords du commerce. Il leur dit que depuis le dernier conseil qui a eu lieu à Albany, il trouve les Iroquois peu enclins à écouter les projets du gouverneur du Canada. Frontenac est furieux, dit-il, et il les menace de détruire la bourgade des Onontagués pour avoir manqué à leur promesse de se rendre en Nouvelle-France pour conclure la paix. Pendant l'hiver de 1694-1695, il a envoyé, dit-il, deux messagers aux Iroquois pour les avertir de sa vengeance. Ceux-ci se sont alarmés : des rumeurs ont circulé disant que les Français et les Indiens étaient en marche pour détruire les Onontagués et reconstruire le fort de Cataracoui. Les sachems étaient consternés et ont demandé l'assistance des Anglais. Il a donc fourni des munitions et ordonné à trois cents hommes d'aller à leur secours. Mais l'alarme était fausse. Les Iroquois viennent d'envoyer deux sachems pour combiner des mouvements de guerre. Ceux-ci se seraient passés à la fin de février ou au début du mois de mars.

Le 24 mai, Dellius rapporte la conversation qu'il a eue avec un Iroquois protestant qui s'était rendu au Canada. Il aurait vu Frontenac qui lui aurait révélé que les Français n'avaient plus l'espoir de conclure la paix et que Frontenac voudrait toujours récupérer Cataracoui.

Le comité du Commerce fournit deux cents louis pour payer les présents.

Le 4 juin 1695, le comité du Commerce et des Plantations, après avoir lu une lettre de Fletcher du 19 novembre 1694, c'est-à-dire de l'époque où Fletcher n'était pas absolument sûr de pouvoir conserver la fidélité des Iroquois, décide de fournir deux cents louis pour le paiement de présents dont il a fait la liste afin de retenir les Iroquois. On y trouve des pièces de vêtements, des couteaux, du tabac, une cinquantaine de chaudières de cuivre, cinquante fusils, deux mille livres de plomb, douze barils de poudre. Le comité y allait largement, car il pensait qu'il était préférable de ne rien épargner devant une situation aussi dangereuse, si ce n'est des vies.

Le 11 mai, toujours pour tenir les partis éloignés, on affiche une proclamation offrant six livres à tout Blanc ou Indien qui tuera un Français ou un Indien ennemi dans un rayon de trois milles autour de la ville d'Albany.

Frontenac avait donc menacé les Iroquois de rétablir le fort Frontenac ; les Anglais le savaient bien. Mais le gouverneur du Canada a tenu parole. L'expédition du marquis de Crisafy a remporté un succès complet. Les tribus de l'Ouest ont maintenant à compter avec une nouvelle menace à proximité.

Les personnages du Canada, les intendants, par exemple, peuvent douter de l'à-propos de la réoccupation du fort. Mais jamais les Anglais ou les Iroquois n'ont douté du danger que le fort représentait. En apprenant le fait, les Iroquois se précipitent à Albany. Leurs messagers arrivent en hâte et demandent un secours de cinq cents hommes pour déloger les soldats français. Ils veulent qu'on transporte un canon pour abattre les murs. Fletcher arrive à Albany, en septembre. Comme d'habitude, il trouve le moyen de blâmer des Iroquois qui sont toujours les coupables : « Il les blâma pour avoir été endormis. » Mais il n'accuse pas les Anglais de n'avoir rien fait alors qu'ils connaissaient le projet des Français. On aurait besoin maintenant de canons pour déloger l'ennemi de ce fort, mais comment transporter du canon au travers d'immenses forêts ? Il leur conseille d'investir le fort, en maintenant des troupes aux alentours pour empêcher les provisions d'y entrer. Il offre de beaux présents. Colden a compris le danger que ce fort constitue. Il « est situé dans le voisinage de leur principal territoire de chasse pour le castor ». De Cataracoui, on peut conduire des expéditions contre les chasseurs.

Les Français, cependant, sont très inquiets par une défection probable des Hurons et de quelques Indiens alliés « car ces tribus étant en guerre avec les Cinq-Nations, et vivant à l'arrière de ces Nations, obligent les Iroquois à tenir toujours dans leur patrie une partie très considérable de leurs forces, pour se défendre contre ces Indiens, et pour prendre une revanche des dommages qu'ils en reçoivent ». Leur présence dans le conflit empêche les Iroquois de diriger toutes leurs forces contre la Nouvelle-France. Colden a été informé des tentatives qui ont été faites pour gagner les Indiens alliés et des négociations en marche avec les Hurons ou les Outaouais.

Lorsque l'expédition de Cataracoui revient à sa base, Nicolas Perrot arrive aussi de l'Ouest. Il est accompagné de dix à douze canots chargés de Potéouatamis, d'Outagamis, de Maloumines, de Miamis de Marameg. Nous

Paradoxalement, les Anglais, eux, ne doutent pas de l'à-propos de reconstruire le fort Frontenac.

Fletcher, à son habitude, blâme les Iroquois.

Les Français s'inquiètent : les Hurons resteront-ils fidèles ?

Les Potéouatamis vivaient entre autres près de Détroit.

Maloumines = Folles Avoines (en anglais Menominee)

sommes le 14 août. Les nouvelles que ces voyageurs apportent ne sont pas très satisfaisantes. Les Outagamis ont épargné la vie de prisonniers iroquois que leur avaient donnés les Miamis ; ils veulent s'en servir pour négocier avec l'ennemi. Ils se sont temporairement dispersés par crainte des Sioux.

Outagamis ou Renards

Un projet important est en discussion dans l'Ouest. Les Outagamis veulent se retirer à la Ouabache où ils pourraient avoir des relations commerciales avec les Iroquois et les Anglais. Les Mascoutins et les Kicapous les imiteraient. Assemblés dans un même endroit, ils formeraient un village de mille quatre cent à mille cinq cent âmes. Des Hurons, ayant parmi eux un fils du Baron, ce célèbre chef, sont allés chez les Tsonnontouans pour conclure une paix sans la participation des Français. Ils ont apporté quatorze présents. Ils ont aussi conduit en Iroquoisie trois prisonniers tsonnontouans qu'ils ont libérés. Deux de ces derniers doivent rester dans leur patrie. Un troisième doit revenir avec quelques compatriotes parmi les plus influents pour tenir, à la fin d'août, des conseils avec les tribus des Lacs. Les uns et les autres ont le projet d'arriver à une alliance et à une paix durable. Cadillac espère contrecarrer ces plans.

Le 16 août, des conseils ont lieu à Montréal. Les Indiens qui sont venus accusent les autres tribus d'infidélité. Celles auxquelles ils appartiennent seraient les seules à avoir conservé pure leur allégeance.

Le 19 août, on entend dire qu'il y a sur le Saint-Laurent supérieur, un fort parti iroquois. Huit cents hommes se rendent aussitôt à l'île Perrot pour surveiller le passage.

Le 29, deux Français sont tués à La Prairie de la Madeleine. Quatre sont faits prisonniers à peu près en même temps. Un homme est tué à Boucherville, deux sont blessés le même jour. Le 31, trois des plus braves habitants de Cap Saint-Michel, dans la seigneurie de Verchères, sont capturés. Ce sont des Agniers et des Onneiouts qui sont en campagne et qui harcèlent les colonies.

Frontenac rassure encore une fois les Indiens alliés.

Tous ces événements montrent que les Indiens alliés sont toujours là, qu'ils peuvent constater que les Français sont toujours en guerre avec les Anglais. Ils partent le 3 septembre. Mais Frontenac leur a parlé auparavant. Le gouverneur leur affirme qu'il a tout fait pour soutenir et défendre les Indiens alliés. Il poursuit la guerre, ne conclura aucune paix sans y inclure les Indiens alliés, et c'est justement parce qu'il ne transige pas sur ce point, que la paix ne se fait pas entre les Iroquois et les Français. Les Iroquois refusent de faire la paix avec les Indiens alliés. Ils disent que leur tomahawk, disent-ils, doit seulement tomber sur les Iroquois. Les Français qui viennent d'être tués l'ont été justement parce que les Iroquois ne veulent pas inclure les Indiens alliés dans la paix. Que les tribus de l'Ouest vivent groupées dans des bourgades pour mieux se défendre au lieu de vivre dispersés. Le Sioux est devenu comme eux, raisonnable, il ne doit pas être attaqué. Si l'Iroquois détruit le Miami, le tour des Indiens alliés viendra ensuite. Les Miamis de Marameg doivent quitter leur habitat pour se joindre aux autres Miamis afin de mieux se défendre ensemble. La rivière Saint-Joseph est l'endroit fixé pour leur habitation. Cette réunion doit se faire car le danger est grand, mais les Miamis sont nombreux et une fois assemblés, ils peuvent vaincre leur ennemi. Le grand chef des Français est Cadillac à Michillimakinac. Courtemanche, Manthet, d'Argenteuil, De L'Isle, Vincesses, You de la Découverte et Perrot sont des subordonnés.

Pierre You (Hiou, Hyou) de La Découverte (1658-1718). Il obtint le privilège royal de prendre le titre de Sieur de La Découverte. Son fils, François-Madeleine Youville, épousera Marguerite Dufrost de Lajemmerais.

Frontenac travaille énergiquement à ressouder les lieux entre les Indiens alliés. Des partis de guerre d'Iroquois catholiques apportent deux scalps avant leur départ. Quatre autres doivent arriver sous peu. Ces Indiens partent, mais d'autres arrivent le 7 septembre. Ils forment une flotille de quatre-vingt-dix canots sous la direction de Manthet où des fourrures sont entassées. Des conseils ont lieu les 10 et 14 septembre. Le gouverneur doit à nouveau les inciter à faire la guerre, énoncer des avis, des conseils et des directives. Il les remercie de lui avoir donné leur avis sur les négociations de paix entre les Hurons et les Iroquois, sur les présents que les premiers ont envoyés et auxquels, ajoute-t-il, ont probablement contribué les Indiens qui sont en face de lui. Alors Frontenac joint ses instances à celles de Perrot : ne vous battez pas contre les Arkansas, mais contre les Iroquois ; c'est contre eux qu'il faut envoyer des partis ; le fort Cataracoui est réoccupé, il servira de base militaire ; ils partent le 16 après avoir vu arriver une jeune prisonnière, de la tribu des Mohicans.

La rumeur court qu'une cinquantaine d'Iroquois sont au lac Champlain. Frontenac envoie deux cents Français à leur poursuite sous les ordres de La Durantaye. Ce parti est composé de voyageurs, de soldats, de dix à douze Indiens. On dit que l'ennemi veut attaquer Boucherville. Un parti d'Iroquois catholiques a perdu deux hommes ; un autre est allé jusqu'à la capitale iroquoise où il a capturé deux hommes et une femme. Le parti de La Durantaye descend jusqu'à Sorel, remonte le Richelieu jusqu'à Chambly ; les éclaireurs découvrent des pistes et commencent alors une poursuite intrépide et résolue. Malgré l'automne, la pluie, les sentiers difficiles, le détachement français court sur les traces des Iroquois. Il les atteint juste à temps sur les frontières des déserts de Boucherville, à l'orée de la forêt. Il les encercle dans un bois, rendant toute retraite impossible, puis les Français attaquent par l'arrière avec furie. Non seulement le parti iroquois est mis en fuite, mais les deux tiers de son effectif sont tués. Puis les Iroquois catholiques se lancent à la poursuite des fuyards. L'engagement a eu lieu le 16 septembre, ils reviennent le 24, avec deux scalps et deux prisonniers dont l'un est gravement blessé.

Une autre victoire des Français

C'est une autre très belle victoire. La Durantaye a décimé un parti ennemi presque en entier. Celui-ci était probablement composé d'Agniers et d'Onneiouts arrivés par le lac Champlain. Ces deux tribus iroquoises, qui sont les plus faibles, paient en une seule fois, et très cher, pour toutes les attaques qu'elles ont pu faire pendant l'été. Elles perdent plus d'hommes qu'elles n'ont fait de victimes aux Français.

La flotte de France arrive tard à l'automne. Elle est composée de huit navires. Elle mouille à Québec le dernier jour de septembre. Et presque tout de suite après, arrive un messager spécial que Cadillac a envoyé en toute hâte. Les Hurons ont bien offert des présents aux Iroquois pour demander la paix. Trois ambassadeurs iroquois sont venus à Michillimakinac, apportant le même nombre de présents. Non seulement ils demandent la paix, mais aussi aux Hurons de persuader Onontio d'en faire autant. Cadillac a tout mis en œuvre pour empêcher que ces présents soient acceptés, mais inutilement. Il reconnaît son impuissance. Les autres tribus ont aussi des penchants pour la paix. Au fond de l'affaire, il y a toujours les marchandises anglaises à bon marché. Cadillac a réussi à empêcher une réponse définitive, et à ajourner la décision finale pendant que l'on enverrait des délégués à Onontio pour avoir son avis. Frontenac, naturellement, n'accepte pas des propositions de paix venant de cette manière ; il veut la guerre jusqu'au jour où les Iroquois seront réduits ou viendront lui demander la paix aux conditions prévues ; il peut poursuivre la guerre sans les Indiens alliés. Les Iroquois trahiront les Indiens alliés à la première occasion. Il les avertit que les Iroquois ne pensent qu'à les surprendre et à les trahir. Le Huron qui est venu chercher l'avis de Frontenac ne brise pas le silence, et ne donne pas d'explication, il a été envoyé pour écouter et faire son rapport. Mais la fermeté de Frontenac le surprend. Les Kiskakons déclarent qu'ils n'ont rien à voir avec des négociations. L'Outaouais Sineago est du même avis. Lorsque les Hurons se rappelleront les bons traitements de Frontenac, quand ils recevront des présents, ils modifieront peut-être leur décision. Finalement, on a encore bon espoir. On se demande si le changement d'attitude des Hurons ne peut pas être attribué au fait que les Français ne veulent plus prendre le grand castor à son poids, le recevoir aux magasins du roi, qu'ils ne leur vendent pas de spiritueux, ou pas assez parce que les missionnaires le défendent, et autres chicaneries commerciales. Les Anglais eux accepteraient le castor, le paieraient un bon prix et fourniraient des spiritueux en abondance.

Cadillac est formel : les Hurons ont bien offert la paix aux Iroquois.

Les Kiskakons sont des Outaouais.

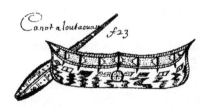

Canot a loutaouays f23

Chapitre 209

1695

Après avoir rétabli le fort de Cataracoui, Frontenac doit faire face aux ordres qu'il a reçus. Il est alors âgé, il a acquis prestige, autorité et sa violence devient de la fermeté. Il sait parfaitement ce qu'il doit faire, dût-il déplaire au roi et au ministère. Il ne reviendra pas sur sa décision. Le débat durera longtemps, et sera longuement commenté dans les dépêches, mais Frontenac ne changera pas d'avis. Il écrit à M. de Lagny : « Vous entendrez peut-être parler du rétablissement du fort de Frontenac. Je mande à Mgr de Pontchartrain les raisons qui m'y ont obligé, et quand la chose n'aurait pas été faite avant la réception de ses dépêches par lesquelles il m'ordonnait de la surseoir, je crois que j'aurais pris la liberté de passer par-dessus, dans la conjoncture présente. » Frontenac suit la voie tracée par Talon et Courcelles, il sait qu'il ne se trompe pas.

Frontenac continue de désobéir au roi.

Jean-Baptiste de Lagny, intendant du Commerce, était chargé des affaires du Canada.

Au ministre, il dira que le convoi est parti. Les Outaouais, dont la fidélité était douteuse, avaient assisté à l'événement avec plaisir. Le retenir aurait produit une mauvaise impression, aurait rabaissé les Français dans leur esprit sauvage, leur aurait fait croire qu'ils étaient trop faibles, ou trop craintifs pour une entreprise de ce genre. Les alliés indiens auraient pu croire que de nouveau les négociations de paix s'ouvraient et qu'ils feraient bien d'imiter cette conduite.

Mais, naturellement, Frontenac doit recommencer son éternel plaidoyer. Le fort s'élève le long du passage qui conduit de l'Iroquoisie au principal terrain de chasse des Iroquois, dans le Haut-Canada, et à la rivière Outaouais. Il le commande et gêne beaucoup l'ennemi en cas de guerre. Il commande la navigation sur tout le lac Ontario, fournit une base indispensable d'opérations contre quatre des cinq tribus iroquoises : Onneiouts, Onontagués, Goyogouins, Tsonnontouans. Avant d'attaquer les Agniers, Tracy avait construit une série de forts le long du Richelieu. Il lui fallait au

Frontenac explique, encore une fois, la raison d'être du fort Frontenac.

moins une base pour attaquer non plus l'est de l'Iroquoisie, mais pénétrer et atteindre le centre et l'ouest, qui étaient au sud-ouest de la Nouvelle-France. Le poste donnait un droit de regard sur les affaires de la Confédération iroquoise. Il était pour elle en quelque sorte un fouet levé, prêt à s'abattre ou un poignard prêt à s'enfoncer. Il mettait la grande force de la France à proximité de l'Iroquoisie. C'était une factorerie capable d'attirer un gros commerce. Et surtout, « ce poste bien établi et fourni de toutes sortes de munitions nous donnera moyen d'entreprendre quelque chose de plus que ce que nous avons fait jusqu'à présent ». Le gouverneur pense que le ravitaillement en sera facile, que la réoccupation ne coûtera pas trop cher et que des expéditions pourront être montées ensuite avec moins de risques. Là, il sera possible de donner rendez-vous aux Indiens alliés pour la guerre et aussi leur donner une base pour leur guérilla.

Mais ensuite, l'historien que je suis se trouve devant un problème. On note une contradiction incompréhensible dans les idées et les actions du gouverneur. Dans une dépêche du 4 novembre 1695, il explique pourquoi il n'a pas tenté une expédition de grand style dans le cours de l'année passée. Il aurait probablement fallu mille recrues de plus. Parmi les divers corps canadiens, peu de soldats sont capables d'une entreprise pareille. Toutes les troupes devraient participer à une telle campagne, laissant en arrière la Nouvelle-France sans défense ; il fallait une base d'opérations au lac Ontario. Puis Frontenac décrit les grandes expéditions qu'il envisage à la manière de Tracy et de La Barre. Si l'ennemi n'a pas le temps d'appeler les Anglais à son secours, s'il se retire dans la forêt, « nous ne pourrions au plus brûler que quelques pieux de la palissade qu'ils reviendraient planter quinze jours après, ou fourrager leurs bleds d'Inde dont les nations voisines en les assistant leur répareraient bientôt la perte ». C'est ce qui est arrivé après l'expédition de Denonville qui « fait connaître que la destruction d'un village iroquois n'est pas ce qui nous délivrera de leurs incursions, puisqu'ils seront autant à craindre pour nous quand ils se seraient retirés à trente lieues au-delà... ». Frontenac préfère la guerre des petits partis, comme celui de Manthet, par exemple, qui, utilisant des troupes spécialisées de choix, a fait un raid rapide, surprenant l'ennemi dans son nid, a capturé ou tué toute une tribu. Il pense qu'il y a moins de risques en agissant ainsi de trouver une bourgade abandonnée et des campagnes sans habitants. Il le dit en termes très clairs.

Paradoxalement, Frontenac contredit sa stratégie principale.

Mais le 10 novembre, Frontenac aurait changé d'avis. Il est indigné par les manœuvres des Iroquois envers les tribus de l'Ouest. Il pense à la façon de les humilier. En un mot, il veut aller chez eux pendant l'hiver, rester avec des grandes forces dans l'Iroquoisie, l'été suivant, « ne connaissant rien qui les puisse faire repentir véritablement de leurs nouvelles incursions que la destruction de leurs villages... ». Le gouverneur s'achemine en fait vers une expédition de grand style dont il vient lui-même de déplorer l'inutilité. C'est un revirement dont nous n'avons pas le secret. Peut-être Frontenac cède-t-il, finalement, aux prières instantes de la Cour.

En fin de compte, après des polémiques et des mémoires, Frontenac obtiendra gain de cause. Champigny aura beau expédier des mémorandums pesant avec soin le pour et le contre, le roi ne lui enverra pas l'ordre précis de détruire le fort Frontenac. Le 26 mai 1696, le ministre enverra enfin une dépêche où l'on pourra lire ce qui suit : Sa Majesté « a laissé à votre disposition de le conserver ou de le faire détruire... ». C'est à regret cependant : « ...De vous à moi, Sa Majesté ne peut et ne veut supporter » les dépenses du ravitaillement et de l'entretien. Puis il ajoute plus loin ce qui suit : « ...Car il faut absolument que vous abandonniez ce fort, Sa Majesté ne vous en laisse la disposition... que par honneur, et si vous ne le faites pas de vous-mêmes, vous devez compter d'en recevoir l'ordre positif l'année prochaine. » Le mémoire du roi n'apporte pas plus d'encouragements. Il a examiné l'état des dépenses de la réoccupation et de l'administration future du fort ; il demande à Frontenac et à Champigny de peser encore le pour et le contre « pour faire en cela ce que le Sr de Frontenac trouvera plus à propos pour l'avantage de la colonie et pour les moyens de faire une plus forte guerre aux ennemis et des obliger à demander la paix ». Ni le ministre ni le roi n'obtiendront la moindre concession de Frontenac. Le gouverneur est opiniâtre. En plus des raisons données précédemment, il pourrait dire que Cataracoui est le seul endroit où les Français et les Iroquois peuvent entretenir des relations commerciales, avec les relations sociales et internationales qu'elles entraînent ; c'est aussi le seul endroit où la France peut ravitailler l'Iroquoisie, si celle-ci rompait visière devant l'Angleterre et faisait la paix sans elle. Grâce à Cataracoui, on a la possibilité de protéger l'Iroquoisie contre la Nouvelle-Angleterre, de lui fournir les vivres et les munitions, dont elle aurait besoin. Pour Frontenac, l'affaire était sans ambiguïté.

Sa Majesté « a laissé à votre disposition de le conserver ou de le faire détruire ».

Frontenac décide, dès le départ des navires en 1695, de faire une expédition contre les Onontagués. Lourrin soutient qu'il prend cette décision parce que sa situation en Cour était compromise, soit par ses négociations de paix, soit par la réoccupation du fort Frontenac. Sur le premier point, la Cour n'avait en main que l'expression des diverses opinions qui lui arrivaient du Canada. On n'avait pas lu par exemple les documents anglais qui montraient à quel point le gouverneur avait failli réussir. Des Canadiens, comme Callière, qui avaient beaucoup d'influence à Paris, les représentaient comme un leurre. Quant au fort Frontenac, la propagande qu'on lui opposait était tout aussi violente, vive et continuelle. La Cour, en appréciant ces deux points, ne se rappelait plus qu'elle avait nommé Frontenac pour ses qualités particulières et qu'ainsi son point de vue et ses airs devaient être préférés à ceux des autres.

Les Onontagués, d'après le récit officiel pour l'année 1695-1696, étaient « les Iroquois les plus dévoués aux Anglais et ils avaient été les adversaires les plus énergiques des négociations de paix durant les années précédentes ». De plus, la tribu la plus menacée, quand une expédition partait du fort Cataracoui, était la leur à cause de sa proximité. Teganissorens était très dévoué aux intérêts anglais.

Frontenac prépare une expédition d'hiver chez les Onontagués...

...qui ne se fera pas avant l'année suivante.

Frontenac forme le projet d'une expédition d'hiver. Les préparatifs se font à l'automne pendant que la neige tombe de bonne heure et en grande quantité. Cette année-là, le Saint-Laurent est infranchissable pendant des semaines, et l'on ne peut envoyer à Québec les troupes et les miliciens de la rive sud et de l'île d'Orléans. On forme ensuite le projet de lancer un nouveau raid contre les Agniers, avec la milice de la région de Trois-Rivières, de Montréal et des Indiens. Un Agnier s'échappe du Canada et le plan est abandonné, car les Anglais et les Iroquois, une fois avertis, attendraient ensemble les troupes et l'expédition serait désastreuse.

Chapitre 210

1696

Enfin, trois cents Français et Indiens bien choisis tentent une incursion dans la région que forme le triangle entre l'Outaouais et le Saint-Laurent, à partir de l'île de Montréal. Louvigny les commande. Manthet, de Sabrevois et d'autres officiers sont de la partie. Le corps est à peine à trois journées de marche de Montréal, quand la neige se met à tomber. Cette chute de neige dure treize jours. Callière transmet de nouvelles propositions. L'expédition arrive à six lieues du fort Frontenac. Louvigny envoie quelques Français au fort. Des Indiens suivent aussi d'anciennes traces. Mais la chasse à l'Iroquois ne donne pas grand-chose. Louvigny revient à Montréal le 20 mars. Il y a sept pieds de neige en forêt. Il ramène les prisonniers que les Indiens de son expédition ont faits. Ils en ont d'abord capturé trois ; puis ensuite deux ; puis un homme, une femme, un jeune garçon ; puis ils ont dû tuer trois hommes qui se débattaient. Parmi les prisonniers, quatre sont des Onontagués et ils sont brûlés dès leur arrivée à Montréal. Il y a deux Tsonnontouans dont la vie est épargnée. Le jeune homme est donné aux Iroquois du Sault ; c'est le petit-fils de Garakonthié.

Jacques-Charles de Sabrevois (v. 1667-1727) sera commandant à Détroit de 1715 à 1717 et au fort Chambly de 1720 à 1724.

D'après Tanguay, à travers les registres, quatre Iroquois sont torturés et mis à mort en plein Montréal, au lieu de la colonne Nelson, sur le terrain qui sépare l'hôtel de ville du palais de Justice, le 3 avril 1696.

C'est donc une grosse expédition, mais qui donne peu de résultats satisfaisants. Au mois de mai 1696, un parti revient d'Albany avec un scalp anglais et un scalp iroquois. Un autre ramène deux prisonniers agniers. Les semailles se font dans la tranquillité. L'Iroquoisie est maintenant sur la défensive et ne lève plus les gros partis de guerre d'avant 1693. Ce sont les partis canadiens qui sont partout à l'attaque. Un autre amène un Anglais capturé à Corlaer et en a tué trois. On tente de tirer des prisonniers d'Albany des renseignements sur les intentions des Anglo-Iroquois. Un homme

Les partis canadiens attaquent sans relâche.

récemment capturé prétend que les Anglais et les Iroquois sont sur leurs gardes, mais qu'aucune expédition ne se prépare. Puis deux Agniers sont faits prisonniers près du Sault. Un réseau de surveillance entoure les déserts, les habitations françaises, et il n'est pas facile de le franchir sans être repéré. Cependant, des Iroquois réussissent à prendre deux hommes à La Chesnaie. Un Français est blessé à Longueuil.

C'est de la bien petite guérilla par rapport à celle d'autrefois. Le 16 juin, Frontenac quitte Québec. Il est à Montréal le 22. Et le 25, un canot de Michillimakinac arrive avec des nouvelles de l'Ouest qui sont attendues avec impatience, car celles de l'automne étaient presque désespérantes. Les messagers en apportent de bien meilleures qui rassurent le gouverneur. Lamothe Cadillac lui apprend qu'après plusieurs conseils entre Indiens alliés et Iroquois, les ambassadeurs de ces derniers ont quitté Michillimakinac. Les Kiskakons, cédant à des instances détournées, ont révélé les propositions soumises de part et d'autre. Le principal présent a été un calumet de pierre rouge que les tribus des Lacs ont donné aux Iroquois pour que ceux-ci retrouvent leur bon sens.

Les nouvelles de Michillimakinac sont réconfortantes.

Les Indiens alliés, ceux que Frontenac avait reçus à Québec, à qui il avait parlé en termes énergiques, reviennent de la Nouvelle-France. Ils disent à leurs compatriotes que les Français n'osent pas paraître en mer, que le Saint-Laurent est bloqué par les Anglais, que les magasins de Québec n'ont ni eau-de-vie ni marchandises. Cadillac est assez embarrassé. Un peu plus tard, un messager français transportant des lettres de Frontenac arrive. Elles contiennent les récits de l'affaire La Durantaye. Cadillac la raconte tout de suite aux Indiens alliés pour leur montrer l'efficacité des partis français. Il vend aussi des marchandises au même prix que les Anglais, ne sachant pas à ce moment-là que des navires français sont arrivés de France avec leur cargaison habituelle.

À Michillimakinac, Cadillac reprend la maîtrise de la situation.

Cadillac rassemble le conseil, le 24 octobre 1695, et il répète plusieurs fois aux Indiens alliés comme le gouverneur et tous les autres, que Frontenac ne fera jamais la paix avec les Iroquois sans qu'ils y soient compris. Mais maintenant il ne pense qu'à la guerre. Il a réoccupé le fort Frontenac dans ce but. Les Iroquois et les Anglais n'ont pas osé s'y opposer. Il a mis la grande chaudière sur le feu. Parlant de Cataracoui, il a dit : « Regardez avec joie, c'est là qu'est la grande chaudière, où toute la terre va prendre ce qui sera nécessaire pour soutenir la guerre jusqu'à la fin. Ne vous impatientez pas, cette chaudière n'est pas encore cuite. Elle le sera bientôt. Pour lors, Onontio visitera tous ses enfants au festin, et ils y trouveront de quoi se rassasier. Les larmes et les soumissions de l'Iroquois ne seront plus reçues comme par le passé. Leur perte est inévitable. »

Enfin, Lamothe Cadillac soutient si bien que la perte des Iroquois est inévitable, que trois chefs se laissent convaincre. Onaské, Mikinak et

Ouitamek. Onaské réussit à organiser un parti, bien qu'on lui débauche du monde, qu'on entreprenne de le détourner de son projet avec des présents, qu'on coupe ses canots la nuit. Il part et il rejoint à Détroit le fils de la Grosse-Tête. Ils y forment un parti. Là, pendant l'hiver, les Iroquois avaient traité et chassé avec des Hurons et des Outaouais. Des affidés les avertissent de la formation et de l'arrivée du parti des trois chefs. Ils partent alors en hâte. Mais les trois chefs les rejoignent. Ils ont environ deux cents guerriers. Ils les attaquent au cours d'un grand combat naval, qui peut se décrire comme suit : Les alliés voient d'abord de la fumée ; quatre hommes partent en éclaireurs ; ils tirent sur quatre Iroquois. Ceux-ci sont au nombre de trois cents. Ils se font des canots avec l'écorce des ormeaux. Mais seulement cinq sont achevés et ils en crèvent deux en voulant partir trop vite. Un bon nombre d'entre eux s'avancent dans les trois autres. L'un contient trente hommes, l'autre vingt-cinq, et un troisième, seize. Le nombre des combattants sera à peu près égal des deux côtés. Les Indiens alliés se laissent poursuivre. Ils font volte-face un peu avant d'être atteints. Le chef outaouais et le chef huron sont tués à la première décharge. Mais leurs compagnons avancent à force de rames et tirent à bout portant, en même temps sur les occupants du grand canot iroquois. Ils tuent tant d'occupants, que le canot chavire et ses occupants disparaissent dans les flots. Le canot de vingt-cinq guerriers subit ensuite le même sort, mais on fait cinq prisonniers. Le grand chef des Tsonnontouans est blessé à mort. Le rapport officiel dit que les Indiens alliés fidèles rapportent de cette magnifique expédition une trentaine de scalps, que quarante personnes se sont noyées. Le butin serait de quatre à cinq cents robes de castor, et une grande quantité de marchandises.

À leur arrivée à Michillimakinac, les prisonniers iroquois se plaignent amèrement de la trahison des Hurons. Ces derniers les avaient invités à l'automne de 1695, disent-ils, à se rendre auprès de la rivière Saint-Joseph, pour détruire un village de Miamis ; ensuite, les alliés devaient se rendre à Michillimakinac pour détruire les Outaouais. Se fiant à ces engagements, les Iroquois ont formé un détachement, c'est ce détachement que les Indiens alliés viennent de détruire.

Au cours de cette rencontre, les Iroquois ont fait preuve de grande présomption. Ils ont attaqué sans prudence, n'imaginant pas que cet ennemi méprisé leur résisterait. Mais les Indiens alliés se sont aguerris ; ils ont moins peur des Iroquois qui reçoivent de si puissants coups des Français. Enfin, il faut signaler que ce combat du printemps de 1696 met fin aux négociations de paix entre les Hurons, les Indiens alliés et les Iroquois. Pour un temps, les uns et les autres ne penseront qu'à la guerre. Ce combat semble avoir eu lieu au début du mois de mars 1696.

Lamothe Cadillac aura un plaidoyer de moins à faire auprès des Indiens, mais ce n'est pas sûr. Il encourage les bonnes intentions, détourne

Affidés = Agents secrets, espions, hommes de main

Des Indiens alliés remportent une victoire contre les Iroquois.

Les négociations sont rompues.

les mauvaises, il utilise la fermeté, donne des présents aux chefs, il doit découvrir les innombrables intrigues qui foisonnent dans ce milieu propice, en empêcher l'exécution, obtenir et garder l'assistance de toutes ces tribus diverses, les empêcher de se rendre aux Iroquois ou aux Anglais. Michillimakinac est le poste de garde par excellence. C'est par là qu'il faut passer pour avoir accès aux fourrures du Nord-Ouest.

Le conseil de Michillimakinac

Un conseil a lieu en juin à Michillimakinac. Des Indiens alliés y apprennent que Frontenac doit partir de la Nouvelle-France, avec une grosse armée, contre les Onontagués. Frontenac voulait partir l'hiver passé, mais il en a été empêché. Il est maintenant prêt. La grande chaudière de guerre, que les Indiens alliés ont souvent demandé de faire bouillir, est prête. Ils sont tous invités à y participer. Mais les chefs soulèvent différentes questions. Ils ne peuvent partir sans que des palissades protègent leurs femmes et leurs enfants. Ils se défilent un peu. Il faut aussi rappeler qu'un parti d'Indiens alliés a fait environ soixante à soixante-dix victimes tout récemment. Peut-être considèrent-ils que leur devoir est fait, ou se rappellent-ils que les expéditions de La Barre ou de Denonville n'ont rien donné. Enfin, un petit parti d'Outaouais se rend à une certaine distance ; il rencontre des Hurons, c'est-à-dire des amis, les massacre, revient avec les scalps, mais en disant que ce sont des scalps d'Iroquois. Le crime est bientôt découvert. Et c'est toute une affaire que d'empêcher à Michillimakinac la guerre entre Hurons et Outaouais. Mais les incidents se succédant aucun détachement ne s'organise. Et contrairement à La Barre et à Denonville, Frontenac n'aura pas l'assistance de quelques partis importants de l'ouest.

Chapitre 211

1696

1696 est la fameuse année où la Cour de France s'engage dans des difficultés extrêmes en Nouvelle-France, et se met en conflit avec les autorités coloniales. Celles-ci ne peuvent exécuter les ordres sans pratiquement détruire toute la colonie.

Il semblerait qu'en préparant l'expédition d'Onnontaé, Frontenac pressent les ordres de la Cour. Dès le 28 mars 1696, le ministre annonce que le roi a cédé aux instances pressantes du gouverneur. Un corps de trois cents à quatre cents hommes partira pour le Canada, « si on peut les trouver ». Deux grandes flûtes quitteront la France au début du printemps, dès la fin du mois d'avril ou au début de mai. Le secours arrivera à Québec au début de l'été. Le gouverneur devra « les employer à éloigner et attaquer sans retardement les ennemis par la plus forte guerre que vous leur pourrez faire ». Voilà ce que le roi attend de Frontenac. Il lui dit aussi « ...Vous devez particulièrement vous appliquer à faire la guerre aux Iroquois... soit par des partis, soit par invasion avec un corps plus considérable. »

« Vous devez particulièrement vous appliquer à faire la guerre aux Iroquois. »

Comme les Iroquois, dit-il, n'ont entrepris les négociations de paix que pour s'armer, solliciter l'alliance des Indiens alliés, accumuler des vivres et des munitions, il faut maintenant les attaquer avec force. En fin de compte, il ne partira que trois cent soldats. Et trente demeureront en Acadie. Enfin, le roi conseille à Frontenac de faire la paix avec les Iroquois, s'il ne peut les détruire, si ceux-ci le demandent ; et même sans se préoccuper des Indiens alliés, car ils ont montré bien peu de fidélité.

On pourrait peut-être dire que les événements projettent leur ombre devant eux. Frontenac a sans doute distingué cette ombre lorsque, contre l'opinion qu'il avait des événements, il a décidé de faire une expédition d'été contre les Onontagués, entreprise « beaucoup plus téméraire que prudente » d'après sa propre expression. À son arrivée à Montréal, il sait par les pri-

Frontenac, une nouvelle fois, met au point son expédition chez les Onontagués.

sonniers que les Anglais et les Iroquois ne préparent aucune attaque contre la Nouvelle-France. Il apprend que les Indiens alliés ont livré un fameux combat au lac Érié et remporté une belle victoire, que leur fidélité est désormais assurée. Il peut alors penser à son expédition qui consiste en un trajet de cent cinquante lieues parmi les cataractes du fleuve et dans la nature vierge, à la difficulté que représente le transport des vivres, des munitions et des armes pendant une longue campagne, à celle de la navigation sur le fleuve, le lac Ontario et la rivière des Onontagués ; la possibilité de rencontrer au bout de la route une armée iroquoise en compagnie d'un détachement anglais. « ...Et je ne m'y serais jamais déterminé si je n'eusse l'année dernière rétabli une retraite et un entrepôt qui m'en faciliterait la communication, et si je n'avais connu sans en pouvoir douter qu'il ne me resterait que ce seul et unique moyen à tenter pour empêcher la conclusion de la paix de nos alliés avec l'Iroquois, pour laquelle ils devaient incessamment se donner des otages et ensuite introduire l'Anglais dans leur pays... »

Frontenac dira de Nicolas Daneau De Muy (1651-1708) qu'il est « un des meilleurs officiers que nous ayons ».

Frontenac a même envoyé des messagers à Lamothe Cadillac, en février, sur les neiges — trois Indiens et un Français — afin de lui dire de ne rien épargner pour déjouer les plans des Iroquois auprès des Indiens alliés et pour l'avertir qu'aussitôt après la fonte des neiges il attaquerait les Iroquois dans leurs villages pour que les Indiens alliés comprennent bien qu'il ne veut pas conclure la paix sans les y inclure.

Jacques Le Picard Du Mesnil de Narrey (v. 1659-1713), major des troupes au Canada.

Après les semailles, le 22 juin, Frontenac arrive donc à Montréal avec les milices montréalaises, les Abénaquis de la Chaudière et les Hurons de Lorette. La concentration des autres troupes se fait ensuite. Frontenac est à Lachine le 4 juillet. On apporte des canons de fonte, des mortiers, des grenades. Des éclaireurs, presque toujours des Indiens, sont à l'avant de l'armée. Le 6 juillet, le camp s'établit à l'île Perrot. Cinq cents Indiens de l'Est sont au rendez-vous. Ils forment bientôt trois partis que commandent respectivement le sieur de Maricourt, Le Gardeur de Beauvais et le baron de Bécancour. Les troupes régulières sont composées de huit cents soldats, formant quatre bataillons, sous les ordres de La Durantaye, De Muy, Du Mesnil, De grais. Les milices forment également quatre bataillons commandés par MM. de Saint-Martin, de Granville, de Grandpré, Deschambault. M. de Subercase est major général. Frontenac, malgré son âge, dirige en personne l'expédition.

Alexandre-Joseph Lestringant de Saint-Martin (Viabon) (v. 1660-1722), capitaine

Jacques-Alexis Fleury de Deschambault (v. 1642-1715), fondateur de la seigneurie et du village de Deschambault.

L'armée quitte son campement le 7 juillet. Le 9, elle est aux Cèdres, le 10, à Côteau du Lac. Parfois, elle voyage en deux corps, l'un sur la rive droite, l'autre sur la rive gauche. Le 11, c'est la traversée au lac Saint-François, à la voile. Le 12, l'armée campe au pied du Long-Sault. Il faut la journée du 18 pour franchir ce pas difficile. Le 14, on arrive au pied du rapide Plat. Frontenac envoie cinquante Français en éclaireurs sous les ordres de Manthet. Le 15, on est au rapide des Galets ; le 15, au-dessus des rapides La Galette. Dans les portages, plusieurs détachements se placent dans la forêt pour protéger ceux qui font le portage. Le 17, il pleut, et le 19 juillet, l'armée est à fort Frontenac. Il lui a fallu une douzaine de jours pour faire ce voyage pénible et dangereux.

L'armée séjourne quelques jours à fort Frontenac pour atteindre les détachements de l'ouest. L'armée coupe du bois pour l'hiver, pour des ouvrages de charpente, elle fait des travaux de maçonnerie, relève une barque coulée. Mais les Indiens alliés ne se présentant pas, l'armée quitte le fort le 26 juillet. Dulhut reste là avec quarante hommes de garnison, des maçons, des charpentiers, et vingt-six personnes qui s'étaient blessées dans les rapides. On campe à l'île aux Chevreuils. Le 27, on est en vue de la rivière et de l'anse à La Famine, le 28, à la rivière des Onontagués, où l'on découvre les traces de neuf personnes. Cinquante éclaireurs se séparent en deux de part et d'autre de la rive et l'armée avance vers le sud, en direction de la capitale iroquoise. Ce cheminement commence le 29. L'armée divisée en deux corps chemine sur chaque rive dans la futaie, dans et le long de cette rivière étroite. On découvre les pistes de trente à quarante hommes, et le peu d'espoir que l'on pouvait avoir de surprendre les Onontagués s'évanouit en fumée. L'armée ne franchit que deux lieues. Le 30, il faut portager encore. Une cinquantaine d'Indiens soulèvent l'embarcation dans laquelle se trouve le vieux gouverneur, et la portent, lui dedans, en criant, en chantant et en riant. Le 1er août, ils progressent sur une étendue de vase profonde. Ils en ont parfois jusqu'aux genoux, et la rivière ne cesse de rétrécir. Sur un morceau d'écorce, on trouve inscrit en hiéroglyphes indiens la description de l'armée française et que mille quatre cent trente-quatre guerriers l'attendent. On voyage maintenant dans ce que l'on appelle Le Rigolet, très étroit, qui conduit à la rivière au lac Gannentaa. Et, comme autrefois, aux jours bien lointains où les jésuites venaient établir la mission de Sainte-Marie de Gannentaa qui ne connut qu'une brève existence, la flottille traverse le lac en ordre de bataille le 1er août. Le 2 août, Levasseur fait le plan d'un fort pour les canots ; on doit transporter d'une demi-lieue le bois nécessaire. L'ouvrage sera terminé le jour même. Les éclaireurs rapportent que les femmes et les enfants ont probablement quitté la bourgade pour se rendre chez les Goyogouins et les Onneiouts et que les guerriers de ces deux tribus sont probablement arrivés. Le 3 août, on laisse Crisafy et Des Berges au fort avec cent quarante miliciens et soldats. Ce n'est pas une petite entreprise que de transporter des canons et des mortiers dans des marécages et de leur faire franchir deux ruisseaux. On campe aux Salines. On voit des grandes lueurs rouges du côté de la capitale. Ce jour-là, deux prisonniers ont déserté : un Tsonnontouan, capturé au début de l'hiver par un parti que Louvigny commandait ; il paraissait s'être si bien adapté aux Français qu'on l'envoie en reconnaissance ; mais il ne revient pas. Un autre Tsonnontouan déserte la même nuit. Enfin, le 4 août, l'armée

Frontenac est alors âgé de 74 ans !

Le 4 août, après près d'un mois de marche, l'armée française est prête à attaquer.

se range en ordre de bataille sur deux lignes au lever du jour. Callière commande la première et Vaudreuil, la seconde. Frontenac est au centre, porté dans un fauteuil, derrière le canon. Il a autour de lui ses gardes, son état-major, ses canotiers. L'armée s'ébranle. La marche est difficile. Il faut franchir des défilés, des ruisseaux, circuler sous les arbres. Une journée est nécessaire pour atteindre la capitale, sur la montagne. Soudain, elle apparaît, presque entièrement brûlée et détruite. Les Tsonnontouans qui se sont échappés ont donné une telle description de l'armée française, qu'il a été décidé d'évacuer la bourgade. Les évadés ont aussi raconté que les Outaouais attaqueront l'Iroquoisie par l'ouest, de sorte qu'il y aurait peu d'assistance à espérer de ce côté-là.

Onnontaé était pourtant fortifiée à cette époque. Elle était entourée de trois palissades. Deux étaient faites de palis de la grosseur d'un mât, les troncs se touchant l'une, l'autre, la troisième, à l'extérieur, de palis plus petits, mais de quarante à cinquante pieds de haut. Quatre bastions d'une forme régulière ; évidemment inspirés des Anglais, flanquaient la capitale au-dehors. L'armée passe la nuit autour de la capitale brûlée et déserte, à l'intérieur des champs de maïs. Il se produit quelques alarmes, mais sans suite.

Les Onontagués sont seuls face à l'ennemi.

Le 5 août, deux Iroquois catholiques et un enfant arrivent, disant que la fuite de la population remonte déjà à cinq jours. Les Onontagués, pas plus qu'autrefois les Tsonnontouans, n'ont obtenu l'assistance des autres tribus ou des Anglais. Ils sont seuls à l'heure du danger. Ils n'ont pas plus osé tenir tête aux Agniers qu'autrefois. Puis une femme onnontaguée est massacrée dans la forêt. Dans l'après-midi, un Français prisonnier chez les Onneiouts, et un Indien arrivent avec un présent, pour demander la paix pour leur tribu. Frontenac promet de la leur accorder à condition qu'ils viennent s'établir à Montréal où on leur donnera des terres et des semences. Si les familles ne sont pas prêtes à déménager, cinq chefs devront se livrer comme otages. L'armée se rendra dans leur pays.

« Alors commence la destruction du maïs ancien et nouveau. »

Le 7 août, un Français, prisonnier des Onontagués depuis 1689, s'échappe d'un groupe d'éclaireurs et rentre dans les rangs français. Les Onontagués, dit-il, sont à vingt lieues. Des éclaireurs voltigent autour de l'armée française et informent la tribu en fuite de ses mouvements. Ils sont prêts à fuir plus loin si c'est nécessaire. Ils ont apporté très peu de maïs et commencent à souffrir de famine. Les Français cherchent les provisions de maïs et les découvrent bien dissimulées et bien cachées. Ils trouvent aussi des trésors plus précieux, la richesse de la tribu, des fusils, des chaudières et des colliers de grains de nacre. Alors commence la destruction du maïs ancien et nouveau. Les champs s'étendant sur une lieue et demie à deux lieues autour du fort, sous une forme circulaire, autour et sur les flancs de la large colline qui porte la capitale iroquoise.

Vaudreuil était parti le 6 août, pour se rendre dans la bourgade des Onneiouts, celle qui est la plus rapprochée de la capitale. Il conduisait six à sept cents des meilleurs soldats miliciens et indiens, soit quatre cents et trois cents Indiens. Il a avec lui Louvigny, Linvilliers, Desjordy, Soulanges, Sabrevois, Dauberville. Des éclaireurs précèdent son détachement, suit un peloton de cinquante hommes, le gros du détachement étant à l'arrière-garde. Des ambassadeurs l'arrêtent à l'entrée des champs de maïs ; ils demandent qu'on épargne leur récolte ; ils sont prêts à se rendre en Nouvelle-France, selon les conditions de Frontenac. Il n'y a que quarante à cinquante personnes dans la bourgade. Vaudreuil répond qu'il va détruire le maïs et la bourgade puisque la tribu veut émigrer au Canada. Il demande qu'on envoie des gens pour ramener les fugitifs. On trouve là un jeune Français qui raconte que trois cents Agniers et Anglais viennent au secours ; mais ce rapport est controuvé. Vaudreuil commence immédiatement la destruction systématique de la récolte, des approvisionnements et du village. Il repart le 8 août, traînant à sa suite trente-cinq Onneiouts, les principaux chefs de la tribu, quatre prisonniers français qu'on a trouvés là. Le 9 au matin, il est de retour, ayant franchi aller et retour quatorze lieues, dans les montagnes sur la grande piste iroquoise.

François Desjordy (Sourdy) Moreau de Cabanac (1666-1726) fut commandant des fort Frontenac et Chambly.

Après le retour de Vaudreuil, un conseil de guerre a lieu, semble-t-il. Quelle fin donner à cette invasion ? Le gouverneur propose une expédition contre les Goyogouins à l'ouest. Tous se rallient à cette proposition. Les plus enthousiastes proposent de construire un fort sur le site de chaque bourgade détruite afin de chasser et d'expulser à jamais les Iroquois de l'Iroquoisie. Callière s'offre pour rester dans le pays. Le gouverneur accepte ces plans. Il désigne Maricourt et quelques officiers pour passer là l'hiver avec des troupes. Mais le soir même, il change d'avis et il donne l'ordre du départ. Quelques officiers veulent au moins châtier les Goyogouins. Le gouverneur ne veut rien entendre. Le père Marest prétend que cette expédition aurait été utile. « On délibéra d'aller aux Goyogouins, Monsieur le gouverneur et Monsieur de Callière en étaient d'avis mais on prit la part de revenir au lieu de pousser jusqu'à Oioguen, ce qui aurait bien avancé la paix. » On donne comme excuse l'usure des souliers des soldats et que les miliciens devaient revenir pour les récoltes. Frontenac ne fournit pas d'explication de sa volte-face. Il est clair que passer l'hiver en Iroquoisie n'était pas très pratique, c'était dégarnir la Nouvelle-France de troupes, enfermer les petites garnisons dans des forts d'où, harcelées par l'ennemi, elles n'auraient pas facilement pu sortir et se ravitailler. À Niagara, le scorbut s'était déclaré dans des conditions semblables. Il aurait fallu des approvisionnements. Quant à la bourgade des Goyogouins, elle est plus éloignée d'Onnontaé que celle des Onneiouts et l'expédition aurait pris plus de temps. On va jusqu'à attribuer l'abandon de ce projet à une jalousie de Frontenac contre Callière.

Joseph-Jacques Marest (1653-1725), jésuite et missionnaire. Il était supérieur de la mission outaouaise à Michillimakinac.

Le retour est décidé.

L'heure du départ est arrivée. À quoi pense Frontenac, le vieux gouverneur, au déclin de sa carrière, âgé et affaibli ? Il est dans la capitale iroquoise, celle de ses enfants comme il l'a toujours dit ; il est le père et il est venu les punir comme il l'avait promis, avec des verges de fer et des fouets de feu. Il a puni les enfants rebelles. Son ressentiment augmente. Il a frappé à mort la tribu des Agniers ; il décime maintenant celles des Onneiouts qui inclinaient vers la paix ; il désorganise aussi celle des Onontagués, sur leur montagne. Il a rétabli le fort Cataracoui. Il a affaibli et ensanglanté l'Iroquoisie, avec ses soldats et ses Indiens, malgré lui, offrant toujours une paix qu'elle a refusée. Mais c'est une nation difficile à détruire. Comment se lancer à la suite des Onontagués en fuite dans la forêt ? Cette tâche demanderait des provisions, du temps, des marches difficiles et où pourrait-elle conduire si ce n'est entraîner les soldats loin de la Nouvelle-France qui pendant ce temps-là serait sans défense. On lui propose d'attaquer la tribu de l'ouest, celle des Goyogouins. Il refuse. Quelques-uns disent qu'il est jaloux de Vaudreuil qui a fait la belle campagne des Onneiouts. Mais vraiment à quoi bon les Goyogouins. Ourehouare son grand ami était de cette tribu, et il le croit mort. Les Goyogouins n'ont jamais été très actifs depuis les négociations de paix. Pourquoi brûler une autre bourgade, d'autres moissons ? Ce serait une autre campagne blanche. La tâche est vaine.

Frontenac donne l'ordre du départ. La campagne entreprise sur les ordres de la Cour, contre son intime conviction, est terminée. Il est venu lui-même, portant tout au long de sa carrière la lourde charge de cette meute de dogues que sont les calomniateurs et les médisants, qui le déprécient en Cour et qui, par leurs manœuvres l'ont obligé à ce voyage supplémentaire. Sa vieille âme irascible, passionnée, violente et énergique, peut encore supporter ce surcroît de fardeau. L'Iroquoisie, qu'il avait gagnée et gardée pendant dix ans, qu'il avait attachée à la France, que ses successeurs ont perdue, et qu'il doit maintenant frapper et punir sans relâche, au lieu d'attaquer le peuple avec qui la France est en guerre, le peuple anglais.

Vaudreuil était arrivé au matin du 9 août. Le départ a lieu le même jour, et trois Indiens sont tués dans une brève escarmouche. Puis on détruit le fort qui protégeait les embarcations. Le 11, l'armée campe en bas du portage et le 12, à dix heures du matin, c'est l'entrée dans le grand lac Ontario. Le 14, tout le détachement est rassemblé, la flotille quitte l'embouchure de la rivière, par vent d'ouest, sur des vagues courtes. Le 15, elle atteint fort Frontenac, les maçons ont bien travaillé. Un édifice de cent vingt pieds de long s'élève maintenant dans le fort. Il y a une chapelle, un mess pour les officiers, une boulangerie, des magasins. L'armée y laisse d'abondantes provisions et ses pièces d'artillerie. Le 17, elle se repose. C'est ensuite la descente du fleuve, des cataractes et des rapides. Le 18, Frontenac est à La Galette, le 19 au lac Saint-François. Là se produit une petite attaque

Le 20 août, l'armée est de retour à Montréal.

iroquoise. Un soldat se noie, un autre est blessé et l'ennemi perd trois guerriers. Le 20, on arrive à Montréal. Trois miliciens de plus se sont noyés pendant le trajet.

On peut imaginer que les Onontagués auront du mal à subsister pendant plusieurs mois et même plusieurs années, comme les Tsonnontouans avant eux, après l'expédition de Denonville. Les autres tribus ne sont pas très prodigues de leurs provisions, elles les vendent plutôt un bon prix. Des Anglais pourront-ils les assister beaucoup ? Tout est rare et cher chez eux en ce moment, et la distance est un obstacle important. Les Agniers ont peu de maïs. La récolte des Onneiouts est détruite. Les Tsonnontouans se rappelleront peut-être qu'à l'époque de leur malheur, en 1687, les Onontagués les ont exploités en les faisant payer le prix fort et en exigeant leurs plus beaux colliers. Seuls, les Goyogouins peut-être... Puis, les partis de la Nouvelle-France les harcèleront dans leur chasse et leur pêche. On suppute ainsi les conséquences de cette expédition, s'efforçant de croire que les Iroquois seront acculés à la paix aux conditions fixées. Sinon, plus tard, avec le concours des Indiens alliés, il faudra bien tenter de terminer leur destruction.

Les mois qui viennent seront durs pour les Onontagués.

Les Iroquois ne semblent plus avoir l'ardeur et l'énergie suffisantes pour des actions en force. Le 22 août, treize Algonquins apportent deux scalps agniers ; ils ont capturé aussi deux jeunes filles et une femme. Puis sept Iroquois catholiques capturent un Onneyout qui est brûlé à Montréal. Des petits partis iroquois viennent rôder de loin sur la rive sud ; mais ils ne s'exposent plus, se tiennent éloignés, fuient rapidement et ne font aucun mal. Ils savent qu'il n'est pas prudent d'errer comme autrefois dans le cœur des habitations françaises. L'Iroquoisie est sur la défensive depuis le printemps de 1693, car Frontenac maîtrise la situation.

La *Relation* de 1696 dira, par exemple, que Tsonnontouans, Goyogouins et Onontagués avaient décidé de se battre ensemble. Mais un Iroquois prisonnier, s'enfuyant environ trois mois avant l'expédition, leur aurait dit que non pas deux mille deux cents hommes, mais bien six mille, attaqueraient simultanément les trois bourgades des trois tribus. Les Goyogouins et les Tsonnontouans abandonnent alors la capitale à elle-même. Les Onontagués se seraient préparés une autre bourgade à vingt-cinq lieues au sud où ils auraient fait quelques semences et transporté leurs meilleures marchandises.

L'expédition a coûté trente milles écus au roi.

Dans les ruines de la capitale, l'armée trouve un vieillard de cent ans. La relation du père Marest, publiée par Jean-Marie Shea, prétend que ce sont les Français qui voulurent brûler ce centenaire, qui, paraît-il, avait été baptisé, et avait même nourri le missionnaire qui l'assista au dernier moment. Cependant, Frontenac aurait voulu lui épargner la peine de mort. Les docu-

Les Français brûlent un vieillard !

ments officiels disent que ce sont les Indiens alliés qui demandèrent sa mort.

Il subit la peine du feu et des invectives s'échappent de ses lèvres : « Chiens de Français, apprenez comment un homme doit souffrir, et vous, qui vous êtes baissés à devenir leurs alliés, vous qui êtes les chiens de ces chiens étrangers, souvenez-vous de ma mort, quand à votre tour, vous serez attachés au poteau. »

Le père Marest assure aussi qu'au retour de l'expédition, un ou des partis agniers capturent vingt ou trente personnes entre les Trois-Rivières et le lac Saint-Pierre, que des bestiaux nombreux sont abattus, des maisons et des granges brûlées. Les documents officiels ne confirment pas cette assertion.

Mais en cette même année 1696, la situation en Nouvelle-France risque de prendre une mauvaise tournure. Agissant encore sous l'influence d'on ne sait quels conseillers plus ou moins autorisés, sous la pression de la guerre en Europe qui déséquilibre les finances et absorbe toutes les ressources, la Cour adopte une mesure radicale : elle « a résolu, comme disent les dépêches, de faire abandonner Michillimakinac et les autres postes occupés dans les profondeurs des terres, à la réserve du fort S. Louis des Illinois ».

Cette décision qui pouvait avoir des répercussions dans de nombreux domaines, mais surtout un effet immédiatement désastreux concernant la guerre avec les Iroquois. On n'aurait pas fait mieux si on avait désiré la destruction de la Nouvelle-France.

On veut ainsi réunir en Nouvelle-France tous les Français dispersés dans les terres de l'Ouest, et les utiliser « à faire la guerre aux ennemis » ou à d'autres besognes. Les Indiens apporteraient leurs fourrures à Montréal ; les Français n'iraient plus les chercher.

C'est toujours l'affaire du prix d'achat des fourrures. L'éternel problème de cette époque, celui qui a des conséquences tragiques et qui engage la France dans d'étranges aventures. On sait bien en Nouvelle-France que si les fourrures des Indiens alliés arrivent à Montréal, c'est parce qu'on va les chercher, qu'on y a des établissements, des missionnaires, des forts, des coureurs de bois, et qu'on défend les tribus contre les iroquois. On sait que le jour où l'Ouest se videra des Français, les Indiens, comme une eau qui suit sa pente naturelle, iront chez les Anglais qui achètent les fourrures à un prix plus élevé ; que l'influence anglaise se substituera automatiquement à l'influence française, et que la première chose que l'on apprendra, c'est que les Anglais alliés aux Iroquois, aux Miamis, aux Hurons et aux Outaouais, etc. formeront une alliance serrée, commerciale et militaire, autour d'une Nouvelle-France, isolée dans son coin. On tient ces Indiens alliés en utilisant nos plus habiles négociateurs, en leur donnant des présents, en les défendant contre les Iroquois. Malgré tous les hommes, l'argent, les ressources employées, on ne réussit que de justesse.

De plus, la France ne veut plus de peaux de castor. Il y a une crise des pelleteries. Les traitants canadiens ont accepté des fourrures de mauvaise qualité, et surtout celles des régions du sud qui ont moins de valeur. Le marché étant saturé, les traitants doivent se montrer sévères et refuser toute peau imparfaite. Cette crise dure depuis un certain temps déjà. Mais en Nouvelle-France, on sait bien que si nos traitants agissent ainsi, les Indiens se tourneront vers le marché anglais, et leurs guerriers vers les partis anglais ou iroquois.

Le marché des fourrures est saturé.

L'étude de toute cette affaire nous mènerait trop loin. Inutile de dire que Frontenac, confronté à des ordres directs et précis, n'a qu'une chose à faire : louvoyer, prendre des mesures dilatoires, obéir à moitié, chicaner, mais quelles que soient les bonnes raisons de désobéir, son crédit à la Cour n'en sera pas rehaussé pour autant. On dirait que les obstacles se multiplient sur sa route, au cours des dernières années de sa vie.

À son retour d'Onnontaé, Frontenac doit donc encore obéir à l'ordre si dangereux de sauver la Nouvelle-France. Il sait décrire les Hurons et les Outaouais, intermédiaire dans le commerce des pelleteries de l'Ouest, qui désirent depuis longtemps faire le commerce avec les Anglais, se hâter de faire une paix particulière avec les Iroquois associés aux Anglais. La France devra renoncer à un commerce important qu'elle ne conserve, depuis plusieurs années, que par les intrigues et les manœuvres habiles de Louvigny, de Lamothe Cadillac, de Perrot, des autres Français de l'Ouest. Il s'ensuit nécessairement que les Iroquois et les Indiens alliés « se lieront si étroitement par les intérêts communs qu'il sera impossible aux Français, s'ils abandonnent une fois la partie, de la pouvoir renouer... ». Les Indiens de l'Ouest forment des nations instables, et « à moins d'avoir parmi eux des personnes habiles et intelligentes qui veillent continuellement sur leurs démarches et renversent les méchantes impressions que quelques fois les nôtres donnent... il est impossible de les contenir... ». Il est certain qu'une alliance commerciale entraînera une alliance militaire contre la Nouvelle-France : « ...Si on abandonne tous les postes occupés par les Français aux Outaouais, le commerce non seulement se perdrait entièrement, mais encore toute la colonie, par la liaison des Anglais et des Iroquois, avec tous nos Sauvages alliés qui deviendraient comme eux nos ennemis... » Un cercle de tribus hostiles se formera autour de la Nouvelle-France ; les alliés d'hier seront les ennemis de demain.

Abandonner les forts, c'est donner la Nouvelle-France aux Anglais !

Le vieux gouverneur se défend avec une ardente énergie que les années n'ont pas diminuée. Il défend toujours son fort Frontenac. Comment aurait-il entrepris son expédition d'Onnontaé sans cette base d'approvisionnements ? Au printemps de 1696, un parti d'Outaouais s'y est réfugié, quand il s'est vu poursuivi par les Iroquois. Sinon, il aurait été anéanti, ce qui a fait bonne impression. Frontenac ne détruira pas le fort sans un « ordre positif ».

Sa tâche n'est pas facile. Combattre militairement et avec diplomatie, résister à la Cour et y conserver son crédit, frapper à gauche et à droite, lutter de toutes parts, voilà son lot.

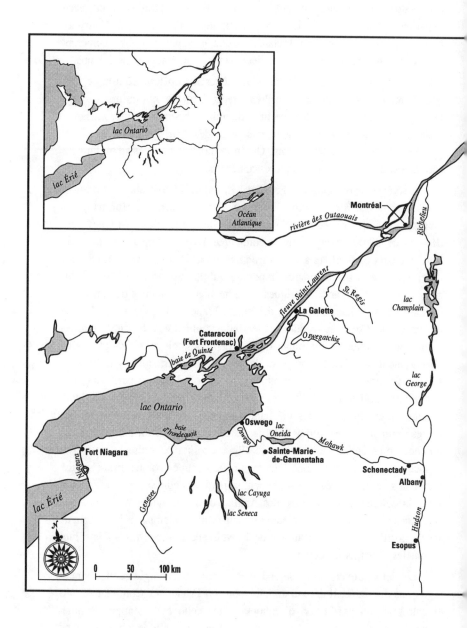

Chapitre 212

1696

Ce que Frontenac ignore cependant, c'est que la position de Fletcher n'est pas meilleure. Chaque année, on entend dire que les Anglais et les Iroquois envahiront le Canada. Frontenac doit toujours s'attendre à cette possibilité. À l'automne de 1696, il conseille d'annexer New York, « parce que ce serait couper la racine d'où nous vient le mal ». Cet ancien projet n'est pas abandonné.

Chez les Anglais, la situation est, là aussi, explosive.

Fletcher cependant est mal en point. En 1696, il écrit des lettres presque désespérées. Il doit donner continuellement des présents importants aux Iroquois. Les forces de la colonie de New York sont réduites à seulement quatre cents soldats, pour la plupart stationnés à Albany ! Certains sont malades, d'autres désertent. La Virginie et le Maryland ont fourni un peu d'argent pour la cause commune. La Pennsylvanie, le Connecticut, le Rhode Island n'ont envoyé ni hommes ni argent, malgré les ordres du roi ; « ...Il n'y a rien a obtenir d'eux si ce n'est des mots. »

Le 30 mai, il décrit l'état d'esprit des Iroquois : « Les Indiens, dit-il, ont beaucoup souffert de cette guerre, et ayant perdu un grand nombre de leurs guerriers, commencent à en être fatigués, et sont inclinés à faire la paix avec les Français, et s'ils agissent ainsi et si les Français les gagnent à leurs intérêts, l'événement sera fatal pour les colonies anglaises. Si ce petit nombre d'Indiens [les Iroquois catholiques] des Cinq-Nations que les Français ont attirés auprès d'eux ont tellement terrifié Albany, les conséquences seront nécessairement désastreuses si les Français gagnent toute cette nation. » Les Iroquois « sont maintenant très pauvres, parce que la guerre a troublé et empêché leur chasse au castor, leur principal moyen de subsistance... ». Depuis la réoccupation de Cataracoui, « les Indiens des Cinq-Nations ont paru beaucoup plus froids dans leur amitié envers les Anglais ». On s'attend non seulement à ce qu'ils fassent la paix avec les Français, mais

Fletcher est réaliste : les Iroquois n'en peuvent plus !

aussi qu'ils se tournent contre les Anglais, car ils sont très sensibles au danger que représente pour eux Cataracoui ; une forte garnison y étant stationnée, ils sont alors portés à écouter les Français.

L'été avance. On apprend assez tôt en Nouvelle-Angleterre qu'on se prépare, au Canada, à éliminer les Iroquois. Le 9 juillet, alors que Frontenac vient tout juste de s'ébranler avec ses troupes, le conseil de New York délibère au sujet de cette attaque. La milice a reçu ses ordres, les Indiens alliés sont rassemblés, les soldats sont prêts. Fletcher conseille d'envoyer quatre cents soldats anglais au secours des Onontagués pour les encourager et les aider à résister. C'est aussi l'avis du conseil, mais l'argent manque et les autres colonies refusent leur aide.

Il n'y a pas d'argent pour défendre les Onontagués.

Le 27 juillet, alors que Frontenac quitte le fort Cataracoui, le conseil de New York a reçu des renseignements plus précis. On lui a appris que mille Français et deux mille Indiens alliés marchent contre les Iroquois. Des renseignements venus de la capitale iroquoise l'ont informé qu'une armée de Français et d'Indiens alliés avance depuis 11 jours. Fletcher veut aller défendre la frontière et envoyer un détachement à Onnontaé pour soutenir les Iroquois. Le conseil fait valoir à nouveau son manque de fonds, de soldats de contribution de la part des autres colonies, et que de surcroît c'est le temps des récoltes. Il conseille de transmettre aux Iroquois une lettre d'encouragement disant que le roi d'Angleterre a envoyé des présents et les conseillant d'être sur leurs gardes.

Le 31 juillet, alors que Frontenac approche de la capitale, le conseil délibère de nouveau. Fletcher lui communique les nouvelles de la frontière à l'effet que les ennemis sont là, et « que les Indiens des Cinq-Nations ont envoyé un appel pour obtenir l'assistance de troupes blanches et il affirme qu'il est prêt à se rendre à Albany ». Il n'y a pas d'argent mais certains membres du conseil sont prêts à fournir chacun deux cents louis.

À ce que l'on sait, Fletcher part pour Albany le 2 août. Le 7, il y tient un conseil avec des gens de l'endroit, Bayard, Peter Schuyler, le pasteur Dellius, R. Ingoldesby, etc. Le gouverneur écrit que juste après avoir appris l'expédition de Frontenac, il a écrit au Connecticut et au Jersey pour obtenir une assistance en hommes. Ne pouvant raisonnablement retirer des troupes de la ville de New York, il est venu avec une partie de sa compagnie. Il désire un avis du conseil sur les moyens à prendre pour garder les Iroquois de son côté. Il parle d'une attaque probable des Français contre un port voisin de New York, et donc de l'impossibilité de dégarnir cette ville. Il propose d'envoyer un détachement de cent dix soldats pour couvrir la retraite des Iroquois. À cette proposition, les conseillers répondent qu'il est trop tard et que Frontenac a quitté l'Iroquoisie, tandis qu'en réalité, il est sur le point de quitter Onnontaé. Les gens d'Albany ne veulent pas laisser partir les soldats. Fletcher doit donc se borner à donner rendez-vous aux Iroquois dans deux mois à Albany, pour y tenir un conseil. Puis, il nomme un comité composé de trois personnes, Peter Schuyler, Godfrey Dellius, et Dirck Wessells, trois vétérans des relations franco-iroquoises, pour négocier et tenir conseil avec les sachems périodiquement afin de s'assurer de leur fidélité. La date fixée pour le conseil est le 11 octobre.

Ce manque absolu de secours envers des Alliés actifs est bien de nature à perdre à jamais l'Iroquoisie. Aussi, le conseil de New York n'ose en rester là. Il se réunit le 18 août et décide d'approvisionner à ses dépens, l'hiver suivant, les Onontagués et les Onneiouts dont les provisions ont été détruites par l'ennemi. Il ordonne qu'aucune quantité de maïs ne soit transportée hors d'Albany et des alentours, tant que les Iroquois n'auront pas tout le stock dont ils ont besoin. Le comité des trois à Albany achètera du maïs en quantités nécessaires. Ainsi, les Onontagués et les Onneiouts ne mourront pas de faim. Mais leur pays étant loin d'Albany, s'ils veulent les vivres, ils faudra qu'ils les transportent.

Ne pas aider l'Iroquoisie, c'est la perdre à jamais !

Le 26 août, deux éminents Anglais écrivent aux lords du Commerce et des Plantations. Ils exposent leurs doléances. Les Iroquois catholiques viennent en petits partis jusque sous les murs d'Albany ; dernièrement, ils ont tué cinq ou six hommes. Le commerce au castor n'existe plus, il est ruiné. Les Anglais d'Amérique pensent qu'il faut envahir à tout prix le Canada. Sinon, il n'y aura jamais de paix, les Iroquois sont prêts à s'unir à eux. C'est le même plaidoyer que l'on fait depuis 1689, et qui ressemble si étrangement à celui que les Français font auprès de leur roi pour la destruction de New York.

Le 17 septembre, Fletcher écrit à ces mêmes lords qu'un parti d'Iroquois est revenu du Canada avec un prisonnier et un scalp. Le 10 septembre, des Indiens du Canada ont tué un homme et en ont blessé un autre à Schenectady. C'est un parti d'Iroquois supérieurs, revenant du Canada, qui a attaqué quelques hommes à l'arrière de l'armée de Frontenac, au retour, et en ont tué aussi quelques autres. Fletcher part le jour même pour Albany. Les Onontagués veulent le voir. Il apporte pour cinq cents louis de présents fournis par la province. New York fournira aussi du maïs aux Iroquois. On craint continuellement à Albany une attaque des Français.

Le lendemain, il écrit à Blaithwayt : « Et je n'ai pu obtenir un seul homme après des demandes répétées aux colonies voisines, quand j'ai eu l'information que le comte français était en marche... ». Au début, il croyait que l'attaque était dirigée contre Albany. Les munitions attendues ne sont pas arrivées.

Comte français = Frontenac

Le 24 septembre, John Nelson écrit une lettre très intéressante. Les Français ont plus de succès avec les Indiens parce qu'ils leur offrent des présents, donnent une solde aux notables en leur accordant le titre d'enseigne ou de lieutenant, accordent une prime pour les scalps, entretiennent des coureurs de bois, conduisent des Indiens ou même des Iroquois en France pour les éblouir et leur montrer la puissance de la France ; six sagamos sont en France à l'heure actuelle, dit-il, et les Iroquois eux-mêmes sont fascinés. Les Français ont aussi des missionnaires chez les Indiens et ils y acquièrent de l'influence, pendant que les Iroquois n'en ont pas. Enfin, des Français accompagnent les Indiens dans leurs expéditions, forment des partis avec eux, pour les aider, les assister, les conduire, tandis que les partis iroquois n'ont jamais d'Anglais dans leurs rangs : « ...Il ne faut pas penser qu'ils doivent s'exposer eux-mêmes toujours dans ce qui est notre guerre, pendant que nous demeurons près de nos feux, et dans le même temps notre ennemi accorde toujours l'assistance en personne à ses Indiens... »

« Il ne faut pas penser qu'ils doivent s'exposer eux-mêmes toujours dans ce qui est notre guerre, pendant que nous demeurons près de nos feux... »

Cette lettre décrit clairement le contraste entre les deux pays, les deux races, les deux méthodes de guerre.

En partant de New York, le 17 septembre, pour rencontrer les Iroquois, Fletcher avait dit : « J'espère les river à leur alliance par les présents envoyés par Sa Majesté et en plus par ceux que la province a fournis ; tout de même, je manque de l'argument le plus au point : un bon corps de troupes. » Puis il s'embarque à Greenwich et le 22 septembre, il atteint Albany, où il inspecte les fortifications. Le 27, les sachems des Onontagués et des Onneiouts arrivent au rendez-vous, et partagent un festin avec le gouverneur et le 28 se présentent les sachems des autres tribus.

Le 29, commencent les étranges conseils qui éclairent singulièrement cette malheureuse époque. Fletcher parle le premier. Il offre ses condoléances. Il raconte qu'il est venu quand il a appris l'expédition de Frontenac. Mais il était trop tard, les Français étaient partis. Puis il distribue les cadeaux, les magnifiques cadeaux par lesquels, semble-t-il, il garde l'alliance de l'Iroquoisie. D'après les documents, il semble qu'à ce moment précis, fin septembre 1696, les Iroquois font part de leur volonté de rester dans l'alliance anglaise, moyennant des cadeaux fréquents, mais qu'ils ne participeront pratiquement plus à la guerre. Ils en ont assez depuis 1693. Les cadeaux et peut-être une vague crainte les empêchent d'aller trouver Frontenac pour faire la paix. Sans doute, ce sont les sachems qui sont ainsi choyés, et ils semblent agir à l'encontre des intérêts de leur nation. Mais de l'avis de beaucoup d'observateurs, cette Iroquoisie-là n'est plus l'ancienne Iroquoisie. L'eau-de-vie, les malheurs, la disparition des grands chefs, l'influence des Blancs commencent à avoir raison de cette forte constitution. Ils la minent. Les Iroquois ont appris au contact des Anglais à être sur le pied de guerre, mais sans la faire, à être payés pour la faire et s'abstenir, à monnayer la crainte des Anglais de les voir passer du côté des Français. L'époque héroïque où l'Iroquoisie envoyait des centaines de guerriers contre le Canada est révolue à jamais. L'heure est aux trafics louches.

Les Iroquois en ont assez de cette guerre.

Les sachems répondent le 1ᵉʳ octobre. Ils veulent que l'Angleterre attaque la Nouvelle-France avec sa flotte de guerre. Ils demandent que l'on écrive immédiatement au roi à ce sujet. Ils conseillent une grosse expédition où, concertant ses mouvements avec la flotte, une armée anglo-iroquoise ira porter le fer et le sang en Nouvelle-France. On referait l'expédition de Phips en 1690, mais avec l'apport de la flotte anglaise.

C'est aux Anglais d'attaquer...

« Car, de nous-mêmes, nous ne pouvons les détruire [Français et Indiens du Canada]. Nous sommes devenus un petit peuple et bien diminué par la guerre. Si les habitants de la Virginie, du Maryland, de la Pennsylvanie, des Jerseys, du Connecticut et de la Nouvelle-Angleterre, qui font tous partie de l'alliance, se joignaient aux habitants de cette place, nous sommes prêts à partir et à déraciner les Français du Canada de même que tous nos ennemis. » « Ils aiment l'alliance de paix. Mais où sont-ils maintenant ? Ils n'aiment pas prendre part à la guerre avec nous. Ils sont tous endormis. Ils ne viennent pas à notre assistance contre l'ennemi. Leurs mains pendent, toutes droites et leurs bras sont impotents. » Il faut informer le roi du petit nombre des Français et de la force des Anglais. Le Roi enverra-t-il ses navires pour détruire la Nouvelle-France ? S'il ne veut pas les envoyer, qu'il nous le dise « de façon que nous fassions la paix pour nous-mêmes, soit pour toujours, soit pour quelque temps ». « Nous sommes tombés maintenant sur nos genoux, mais nous ne sommes pas encore tombés par terre... »

... « Car, de nous-mêmes, nous ne pouvons les détruire. »

Les Iroquois envoient aux Anglais et à Fletcher un ultimatum : soit une expédition de grande envergure, l'an prochain, pour détruire la Nouvelle-France, soit une paix franco-iroquoise. La décision est remise à plus tard. Les Anglais respirent. Avec des délais, ils ont empêché en 1693, 1694 et 1695, une paix de ce genre. Ils ont donc du temps devant eux. L'alliance est renouvelée le 2 octobre, mais Fletcher sent qu'il doit encore discuter avec les chefs. Il leur dit qu'il écrira au roi, que les Iroquois doivent s'armer de patience. Le voyage pour l'Angleterre est long. Il leur conseille de retourner dans leurs bourgades et d'être sur leurs gardes. Il les verra l'été prochain. Les Iroquois ne veulent plus cependant que l'on prenne pour excuses des tempêtes ou des naufrages. Il faudra attaquer.

Une expédition ou alors les Iroquois signeront la paix avec les Français.

Naturellement, on se pose la question de savoir si toutes ces paroles venaient directement des Iroquois, ou si Fletcher les leur avait inspirées. Les Anglais de la colonie de New York, tout comme les Iroquois, étaient dans une situation délicate. Ce que les Iroquois demandent, les idées qu'ils proposent sont aussi les demandes et les projets de Fletcher. Ils semblent alliés dans un jeu commun, voilà ce que l'on pense souvent.

Le 9 octobre, Fletcher est à New York. Le 9 novembre, il transmet en Angleterre les demandes des Iroquois. Le 16 octobre, à l'ouverture de la session à New York, il a déclaré qu'à moins d'être encouragés, les Iroquois peuvent être réduits par la pauvreté à faire la paix avec les Français. Le 10 novembre, le gouverneur part pour Albany, où il veut passer l'hiver. La crainte d'une attaque des Français y règne. Les habitants veulent émigrer ailleurs.

C'est au tour d'Albany de vivre dans l'angoisse d'une attaque. Albany vit maintenant dans l'angoisse, comme autrefois Montréal et les Trois-Rivières, à l'époque où les partis iroquois tournaient autour des postes. La terreur règne. Fletcher envoie des éclaireurs composés de Blancs et d'Indiens jusqu'au lac Champlain. Il fait savoir aux Iroquois qu'il est là pour les aider. « Les Français tentent de les terrifier et de les acheter. » L'Iroquoisie et la colonie de New York vivent dans la crainte d'une invasion. Il semble que Fletcher soit accablé par des ennuis et de nombreux problèmes.

Les lords du Commerce tentent de l'aider. Le 30 septembre 1696, ils étudient les effets du contingentement et des quotas établis en 1694. Ils ne semblent pas très brillants. « Sa Majesté a assez de sujets dans ces parties de l'Amérique, non seulement pour se défendre contre toutes les attaques qu'ils peuvent appréhender des Français du Canada, et des Indiens unis à eux, mais même pour les chasser de leur pays... » Il y a en effet une quarantaine de mille habitants en Nouvelle-Angleterre alors que la France n'en compte qu'environ dix mille. Mais ils sont si démunis que le gouverneur de New York ne peut compter que sur quatre compagnies pour défendre le pays. Le Comité propose d'unir militairement les colonies qui obéiront à un commandant unique. Mais il faut savoir qu'à l'époque, elles sont jalouses de leurs droits, à cheval sur leurs chartes, indépendantes. Instituer et organiser une résistance commune est pratiquement impossible.

On pourrait aussi raconter la malheureuse histoire d'un parti de vingt et un miliciens et soldats partis pour Montréal le 24 septembre dans l'espoir de faire quelques actions d'éclat autour d'Orange : faire prisonniers ou tuer des Anglais. Rendus très loin, là-bas, ils se divisent en deux groupes de force égale. Huit reviennent bredouilles à Montréal. Mais soudain, ils sont attaqués par un parti d'Iroquois catholiques qui ne les ont pas reconnus. Deux soldats sont blessés et les Français tuent Tatatiron, le principal chef de la Montagne.

Les autres continuent à roder en pays ennemi. Ils livrent un combat victorieux contre les Loups. Mais leur chef, du nom de Dubeau, est blessé au bras. Il est incapable d'aller plus loin. Deux de ses compagnons ne voulant pas l'abandonner, ils se rendent ensemble à des habitants anglais qui les conduisent à Albany. Le 16 octobre, Dubeau subit un interrogatoire et raconte qu'il est parti avec vingt et un Français et un Indien sur trois canots, qu'ils ont laissé leurs embarcations à la Pointe-à-la-Chevelure, au lac Champlain. Après une course de huit jours, ils sont arrivés aux Flatts, près d'Albany. Conduisant un parti de 12 hommes, ils ont été attaqués et après une vive fusillade, ils ont dû battre en retraite. C'est là que blessé, il a été obligé de se rendre.

De ce parti, il ne reste plus qu'une dizaine d'hommes. Fletcher dira, dans une lettre du 9 novembre, que sept des compagnons de Dubeau ont été tués par un parti d'Indiens et de Blancs. La capture des trois premiers avait en effet alerté les autorités qui ont lancé à leur poursuite des hommes exercés. On n'aura plus jamais de nouvelles de Dubeau et de ses deux compagnons.

En septembre, les Iroquois capturent un soldat à Cataracoui. Par contre, un chef onnontagué est pris aux portes de Schenectady et revient prisonnier en Nouvelle-France.

Dans un mémoire du 25 octobre 1696, le gouverneur affirme que les Iroquois n'ont rien entrepris contre la Nouvelle-France depuis sa dernière campagne et qu'il met tout en œuvre pour les harceler : « Nous avons encore actuellement douze petits partis en campagne », écrit-il. Cette simple phrase éclaire peut-être mieux qu'aucune autre l'intense activité que Frontenac déploie, pendant cette période, pour protéger la population de la Nouvelle-France. Le gouverneur multipliant les partis de tous genres, Iroquois catholiques, Algonquins, miliciens, Français, pour tenir l'ennemi en respect, pour l'empêcher de faire des massacres, pour le repérer. Avec ces méthodes efficaces, il obtient des beaux succès.

Frontenac continue la petite guerre.

À son retour en Nouvelle-France, Frontenac doit affronter une pénurie de vivres. Les denrées se vendent à prix d'or. Il est difficile de nourrir les troupes. La disette semble encore pire dans le district de Montréal, et M. de Callière est obligé d'envoyer une partie de ses troupes à Québec et même aux Trois-Rivières.

Vers la fin de la saison, Frontenac écrit qu'il a reçu cent vingt-trois soldats, dont la plupart, de jeunes recrues qui semblent en bonne santé. « ...Ils sont à la vérité fort jeunes, mais nous avons l'expérience que les jeunes gens se font mieux au pays que les autres. » Le chiffre est loin des cinq cents qu'on lui a laissé espérer. Mais cette arrivée fait bonne impression : on dira bientôt en Iroquoisie et à Albany que Frontenac a reçu cinq cents hommes et l'on sera impressionné d'autant.

« ...nous avons l'expérience que les jeunes gens se font mieux au pays que les autres. »

Chapitre 213

1697

Le 5 février 1697, de trente à quarante Onneiouts viennent s'établir à Mont-réal. Ils avaient promis d'émigrer en masse après l'expédition de Frontenac.

Comme prévu, des Onneiouts viennent s'établir à Montréal.

Mais les Onontagués et les Agniers retiennent les autres et les empêchent de partir. Ils demandent des terres, veulent de l'aide pour couper le bois dont ils ont besoin, construire une bourgade qui portera, elle aussi, le nom d'On-neyout. Ils demandent que le père Millet soit leur missionnaire. On peut peut-être imaginer que la petite église du missionnaire est transportée en Nouvelle-France. Les Onneiouts disent que les Onontagués chassent au sud de l'Iroquoisie, sur la rivière Susquehannah, l'ancien domaine des Andastes.

Soudain, deux Agniers arrivent vers le milieu du mois de février, ils ramènent madame Salvaye et sa fille, capturées l'été précédent à Sorel, et trois colliers pour Frontenac. Ils veulent savoir s'il peut y avoir des négo-ciations entre l'Iroquoisie et la Nouvelle-France. « Le chemin est-il bou-ché ? » demandent-ils dans leur langage concret. On décide de garder ces Agniers jusqu'au printemps pour qu'ils ne révèlent pas ce qu'ils ont vu.

Les mois passent sans rien apporter de nouveau. Vers la fin du mois de mai, la nouvelle court qu'il y aura une autre invasion anglaise au courant de l'année présente ou encore que Frontenac attaquera Albany. Il est de nou-veau question d'une attaque française contre New York. Le 20 janvier 1697, par exemple, Lagny dans une lettre à Pontchartrain parle d'une expédition contre Boston et New York. D'Iberville serait le meilleur homme pour con-duire une entreprise de ce genre. C'est ce grand homme de guerre qui a tracé le plan de l'attaque contre Pemaquid. Lamothe Cadillac et Callière ont

Pemaquid, entre la Penobscot et la Kennebec

aussi exposé des projets. Le nom de d'Iberville soulève des espoirs. Tous pensent que rien ne peut résister à cet aventurier de génie.

Divers indices, aussitôt interprétés, donnent lieu à des rumeurs. On construit et réquisitionne des canots.

Pendant ce temps, les Agniers qui ont ramené madame Salvaye et l'enfant capturés à Sorel en 1696, sont rentrés chez eux. Un Iroquois catholique semble-t-il, qui est retourné en Iroquoisie en même temps qu'eux ou peu de temps après, a parlé à Frontenac et il lui a exposé son projet. Le gouverneur n'y a rien trouvé à redire. Il a ajouté qu'il lui donnerait un collier pour les Iroquois. Il veut « montrer aux Cinq-Nations l'inclination qu'il y a à faire la paix avec eux ».

En conséquence, les sachems des Onontagués sont à Albany le 9 juin. Ils racontent toute l'affaire à Fletcher. D'après eux, Frontenac aurait été très conciliant. Il aurait demandé que les Iroquois envoient des ambassadeurs de chaque tribu, quelques grands hommes de la nation, ou des hommes du commun pour discuter des conditions de paix.

De nouvelles
négociations

L'Iroquois catholique a donné le collier à sa bourgade. Ses compatriotes disent qu'ils n'iront pas s'établir en Canada. Mais ils convoquent les cinq tribus et ils envoient des messagers. Avant leur retour, les Français tuent un Onnontagué. La tribu de ce dernier n'estime pas qu'il faille arrêter pour cette raison la négociation en cours. Des délibérations ont lieu. Tsonnontouans, Goyogouins et Agniers leur laissent l'affaire entre les mains.

L'orateur prétend maintenant que, deux ans auparavant, Fletcher a donné la permission aux Iroquois de faire la paix avec Frontenac. Les Onontagués ont pris la décision d'envoyer des émissaires au Canada avec un agent. Ceux-ci poseront la question suivante à Frontenac : « Est-il vrai, père, que vous êtes inclinés à la paix et que vous désirez que les Iroquois se rendent au Canada pour négocier la paix ? Père, est-ce vrai ? Nous ne connaissons pas votre cœur, vous parlez en faveur de la paix et vous envoyez des négociateurs pour la paix, mais dans le même temps, vous assommez nos hommes. Dites la vérité, père. »

Lorsque Frontenac aura donné sa réponse, les émissaires diront : « Nous transmettrons avec exactitude votre message à notre peuple qui le prendra en considération. »

Voilà ce que disent les Onontagués. Mais ils parlent des deux Agniers qui sont venus en Canada comme ayant été envoyés par « notre Père », et l'on se demande si cette appellation, répétée deux fois, signifie autre chose que Fletcher lui-même le gouverneur de New York. Finalement, les Onontagués demandent l'assistance des Anglais pour reconstruire leur bourgade ; et on se demande s'ils ne font pas simplement mine de négocier la paix avec les Français pour obtenir plus facilement des Anglais l'assistance promise.

D'après la réponse des Hollandais, car Fletcher n'est pas présent à ce conseil, le collier de Frontenac aurait été envoyé au début de mai, ou à la fin d'avril. Les Iroquois ont eu en effet le temps de se rassembler et de tenir un conseil. Les Hollandais leur disent maintenant que ce conseil a eu lieu malgré l'interdiction du gouverneur. Ce sont les Onontagués et les

Onneiouts seuls, qui sans la participation d'un émissaire anglais, ont pris la décision d'envoyer des députés à Frontenac. C'est une rupture de la promesse qu'ils ont faite, une brèche dans l'alliance. On avait convenu que les Anglais et les Iroquois s'assisteraient mutuellement dans cette guerre. Les Anglais, affirme l'orateur du groupe d'Albany, sont entrés dans cette guerre pour les Iroquois qui ont promis de ne pas négocier la paix avec Frontenac si ce n'est par les Anglais. Un présent est offert pour que les Onontagués n'envoient pas leurs messagers. Ils doivent au moins attendre que les cinq tribus se soient consultées en présence de Fletcher à Albany. « Onontio n'est pas votre père, mais bien votre ennemi. »

« Onontio n'est pas votre père, mais bien votre ennemi. »

On apprend, par des allées et venues au cours de ces négociations, que Le Baron, qui était le chef des dissidents de Michillimakinac, et surtout des Hurons qui voulaient l'alliance avec l'Iroquoisie et la colonie de New York, a quitté sa tribu pour s'établir près d'Orange. Il a amené avec lui une trentaine de ses compatriotes.

Des partis quittent Montréal pour Albany, Schenectady, Esopus. Frontenac veut sans doute des renseignements et maintenir la pression qu'il exerce sur les Anglais.

Quelques petits partis iroquois sont évidemment en campagne aussi à ce moment-là. Le 2 juillet, six Iroquois paraissent à sept heures du soir dans le voisinage de la ville aujourd'hui appelée Saint-Lambert, et ils tuent un homme et sa fille. Ils blessent à mort un jeune garçon. Fin juin, un parti canadien a capturé une femme près de Schenectady.

« Les chefs des Agniers qui étaient las de la guerre ne savaient... comment faire savoir au Comte de Frontenac, l'envie qu'ils avaient de se détacher des Anglais. »

Un Agnier du Sault s'est aussi rendu chez ses compatriotes, les Agniers. Il avait l'intention de savoir ce qu'il s'y passait. Il revient à Montréal et dit qu'il a vu le grand chef iroquois, Teganissorens, qui a prononcé des paroles de paix : « Teganissorens... l'assura que les Iroquois étaient sur le point de faire une députation générale de la part des Cinq-Nations pour conclure La Paix avec nous ; que, sur ce qu'un ministre Anglais qui était chez les Agniers leur avait reproché qu'ils la négociaient sans la participation du gouverneur d'Orange, des Sauvages avaient répondu qu'ils imitaient en cela les Anglais. Les chefs des Agniers qui étaient las de la guerre ne savaient... comment faire savoir au Comte de Frontenac, l'envie qu'ils avaient de se détacher des Anglais. » Cet Iroquois est prié de se charger d'un collier pour les Iroquois catholiques. Les Agniers d'Iroquoisie ont des velléités de s'établir eux aussi au Sault. Mais ils veulent que Frontenac l'apprenne secrètement.

Ainsi vont les négociations, elles s'entrecroisent et de nombreuses personnes y sont mêlées. L'Iroquoisie, c'est évident, ne fait plus la guerre à la Nouvelle-France. Seuls quelques dissidents peuvent occasionnellement former un parti. La guerre est terminée pour le peuple iroquois. Il ne veut plus se mêler de cette affaire. Mais soit par crainte des Anglais, ou par peur de

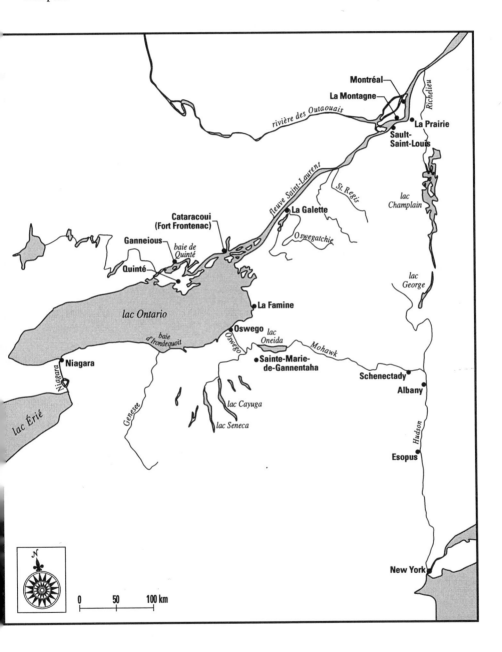

rompre son alliance avec eux, il n'ose négocier directement avec Frontenac, et faire la paix directement avec la Nouvelle-France, la seule qu'elle peut accepter.

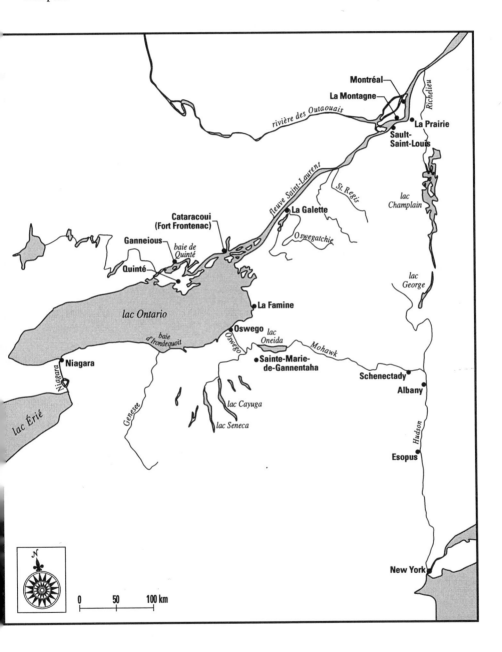

Chapitre 214

1697

Le conflit franco-iroquois : un feu qui s'éteint lentement.

Mais pendant ce temps, des ombres planent au-dessus du conflit franco-iroquois qui n'est plus qu'un feu qui s'éteint lentement. Le 6 mars 1697, en effet, le roi demande à son ministre d'écrire à Frontenac pour lui annoncer que les habitants de la Nouvelle-Angleterre vont tenter d'envahir la Nouvelle-France au cours de l'été 1697, et, en particulier, qu'ils attaqueront Québec. Il est aussi question qu'ils attaquent Plaisance et la côte est de Terre-Neuve. Si les Anglais se rendent à Québec, « Sa Majesté attend aussi avec confiance que vous les renvoierez aussi honteusement que vous avez fait il y a six ans ». Frontenac doit en conséquence appliquer les mesures appropriées et ne pas envoyer dans l'ouest des miliciens ou des soldats.

Naturellement, Louis XIV avait ses espions, ou des personnes bien placées pour le renseigner. On se demande ce qui a bien pu provoquer cette lettre, même si Fletcher avait fait nombre de démarches dans ce sens. Le 3 novembre 1696, il écrit au duc de Shrewsbury pour lui annoncer qu'il est à Albany depuis près d'un mois « pour renforcir l'amitié et l'alliance des Cinq-Nations d'Indiens. Je les ai trouvés fidèles aux Anglais, mais inclinés à la paix. » Il a transmis l'ultimatum des Iroquois qui demandent une invasion de la Nouvelle-France par la flotte anglaise ainsi qu'une attaque massive contre Québec. Sinon, ils feront la paix, et les Iroquois « sont une barrière entre les Français et nous ». Il supplie le duc de soumettre cette affaire à Sa Majesté. Il demande des munitions et de l'argent, parlant de la possibilité d'une attaque pendant l'hiver.

Fletcher demande des soldats.

Le même jour, il écrit aux lords du Commerce. Après leur avoir raconté la destruction du parti de Dubeau dont il semble beaucoup se vanter, il répète en substance la lettre qu'il vient d'écrire au duc de Shrewsbury. Il écrit dans le même sens à Blathwayt. Deux agents de la province de New York sont aussi à Londres, et ils demandent une assistance pour New York, qui, en protégeant sa frontière, protège aussi toutes les colonies anglaises, mais ils n'obtiennent pas l'appui escompté.

On a brossé au roi et à ses ministres un tableau assez clair de ce qui se passait en Amérique. Fletcher est révoqué. Le 16 mars 1697, le roi annonce qu'il a nommé l'Earl of Bellomont, gouverneur de la colonie de New York, de l'État de Massachussetts Bay, du New Hampshire, et en même temps capitaine général en période de guerre de toutes les forces de Sa Majesté au Connecticut, au Rhode Island et dans les Jerseys. C'est une autre tentative, que l'on juge habile à Londres, pour unifier l'effort militaire des différentes colonies, et pour les forcer à fournir, chacune sa contribution. Bellomont sera gouverneur dans trois colonies et capitaine général dans quatre autres. Toute cette réorganisation pouvait donner à penser qu'une attaque considérable se préparait contre le Canada.

Richard Coote, premier comte de Bellomont

Mais les dépêches du roi contenaient un autre mystère. Frontenac devait tenir prêts trois cents canots capables de porter de quatre à cinq hommes chacun. Il devait préparer autant de vivres que ces canots en pouvaient transporter. Et ceux-ci devraient suffire pour un mois à mille ou mille cinq cents soldats et miliciens. Toutes les embarcations devaient être aptes à naviguer sur des petites rivières. Le gouverneur, à la tête de cette armée, se tiendra prêt à marcher sur les « ordres que vous en recevrez précisément dans le temps convenable au dessein de Sa Majesté qu'elle ne peut vous expliquer ici ». Frontenac doit se tenir prêt à commander ses troupes ; et, s'il en est incapable, il en donnera le commandement à Vaudreuil. Tous ces préparatifs doivent se faire avec discrétion, rester inconnus de l'ennemi.

Frontenac doit tenir prêt trois cents canots...

Dans une lettre subséquente datée du 21 avril, le roi donne au gouverneur la clef de cette énigme. Il s'agit d'une expédition maritime visant à détruire les établissements de « la Nouvelle-Angleterre et même ceux de la Nouvelle-York.... » La Cour reprend donc le projet de 1689, celui que Frontenac avait dans ses papiers lorsqu'il s'est embarqué pour la Nouvelle-France. C'est l'aventure conseillée par Champlain, il y a bien longtemps, et par presque tous les hommes éminents qui sont passés en Nouvelle-France depuis cette période lointaine. Ce serait une façon de couper à la racine les guerres iroquoises.

...pour une expédition en Nouvelle-Angleterre.

Voici les grandes lignes du projet. Le roi envoie une puissante escadre sous les ordres du marquis de Nesmond pour empêcher le succès de l'entreprise anglaise qui vise le Canada et pour s'y opposer fermement. Après avoir réussi cette mission, l'escadre s'attaquera aux colonies anglaises. Mais elle ne sera pas assez puissante pour cette dernière tâche. Elle aura besoin des soldats et des miliciens canadiens. C'est pourquoi le gouverneur doit avoir sous la main mille cinq cents hommes prêts à partir en campagne, dès que Frontenac en sera avisé par le marquis de Nesmond. Aussitôt cet avis reçu, les soldats sauteront dans les canots et tenteront de se rendre à

Pentagouet où ils s'embarqueront sur les navires pour atteindre leur destination et le lieu du combat.

Au début de l'été, le gouverneur doit donc faire face à une double tâche : fortifier la colonie contre une attaque possible et tenir toutes les troupes disponibles en cas de raid contre la Nouvelle-Angleterre. Dans ce dernier cas, la Nouvelle-France serait dégarnie de troupes pendant plusieurs mois et les partis iroquois auraient beau jeu ; d'où nécessité pour Frontenac d'engager l'Iroquoisie sur la voie des négociations de paix et de l'y mainte-nir tant que la situation ne sera pas réglée.

Il faut engager les négociations en vue du raid sur la Nouvelle-Angleterre.

Alors commence une période d'attente pendant laquelle Frontenac prend les mesures appropriées. La Potherie raconte que l'état-major s'est rassemblé à Québec. Les capitaines de la garnison sont là. Il leur com-munique les nouvelles qu'il peut dévoiler. Il leur dit que si les Anglais n'attaquent pas, les Français le feront probablement. L'ingénieur Levasseur prépare des plans des fortifications, puis conduit les travaux. Les soldats s'y mettent. Les bourgeois fournissent du blé pour six compagnies. Les habi-tants fournissent la main-d'œuvre qui est d'un homme par maison. Le gou-verneur envoie des éclaireurs, en l'occurrence des Abénaquis, des Népis-singues et d'autres partis. Delestre en conduit un, semble-t-il. Ils se tiennent à l'affût sur les chemins de l'invasion, mettent sous observation Albany, Schenectady, le pays des Agniers. Ils rapportent des scalps, deux pri-sonniers, mais aucune nouvelle alarmante et disent que la Nouvelle-Angleterre s'attend à une invasion française. Aucun danger ne se dessine. Puis le gouverneur achète tous les canots d'écorce du district de Montréal. Il convoque à Québec toutes les troupes qu'il devra conduire, si le cas se présente. Il donne des ordres pour qu'ils puissent être exécutés au premier mot. L'intendant apporte les vivres, les munitions, les canots. On prend ces mesures pour que huit jours après avoir reçu l'avis de Nesmond, l'armée puisse commencer sa marche à travers la forêt et le long des rivières.

Jacques Levasseur de Néré, (v. 1662-1723), ingénieur militaire, a travaillé en France sous les ordres de Vauban de 1691 à 1693, et il a été nommé ingénieur du roi en Nouvelle-France en 1693.

Ainsi se passe la plus grande partie de l'été. Non pas dans l'inaction, car il faut sans cesse être prêt à se défendre ou à partir. Ce n'est que le 8 septembre 1697 que Frontenac apprend, par M. des Ursins, qui se présente en navire, que l'expédition est manquée. La Cour avait confié au marquis de Nesmond un trop grand nombre d'objectifs, et chacun d'eux comportait des risques. Elle lui avait confié dix navires de guerre, une galiote et deux brûlots. Il devait se rendre tout d'abord en ligne directe à Plaisance et empêcher les Anglais de reprendre ces établissements : tel était leur projet d'après ce que l'on avait appris. Après avoir défait la flotte anglaise, il devait se rendre à Pentagouet, embarquer le contingent canadien que lui aurait amené Frontenac, puis attaquer Boston. Il pourrait aussi attaquer New York, s'il en avait le temps. Enfin, le marquis de Nesmond avait reçu l'ordre d'intercepter dix-huit navires anglais chargés de sel qui se dirigeaient vers

À cause d'un trop grand nombre d'objectifs, l'invasion est ratée.

Terre-Neuve. La première et la troisième mission comportent un but évasif. Il faut trouver sur la vaste mer, avec les moyens du temps, une flotte qui est supposée devoir attaquer Plaisance, et ensuite en trouver une autre transportant du sel. À force de chercher l'une et l'autre, la flotte française épuise ses provisions. Elle doit retourner en France, et laisser en plan l'attaque des côtes de la Nouvelle-Angleterre.

Il est évident que la colonie de New York n'était pas en mesure d'opposer une très forte résistance. La ville elle-même, d'après les renseignements disponibles, était à peine défendue. Une attaque conduite par la route du lac Champlain se serait heurtée à Albany. Cette ville avait des fortifications de bois, mais remaniées et renforcées fréquemment depuis 1689. Quatre ou cinq cents hommes de troupes pouvaient la défendre. Sans canon, il aurait été difficile de s'en rendre maître. Et transporter du canon de gros calibre entre le lac Saint-Sacrement et la rivière Hudson n'était pas facile. Une expédition de cette sorte conduite par d'Iberville aurait probablement donné des résultats. Il avait la rapidité de la conception et de l'exécution, un élan endiablé, des mouvements vifs et sûrs. Si Nesmond avait attaqué la ville de New York, comme il le pouvait très facilement avec ses navires, remonté ensuite l'Hudson, pendant que Frontenac aurait établi le siège devant Albany, la colonie de New York pouvait facilement passer aux mains des Français. Mais il ne fallait pas oublier que l'on se serait alors trouvé au milieu d'une population anglaise de quarante mille personnes et cette occupation aurait sans doute uni la population anglaise. Ce n'était rien de conquérir New York, il aurait fallu s'y maintenir.

Conquérir New York, peut-être : mais s'y maintenir ?

Vers la mi-août, Frontenac se rend aux Trois-Rivières. Il y reçoit des nouvelles de Callière annonçant qu'un Onneyout s'est présenté. La tribu dont il fait partie, dit-il, songe sérieusement à immigrer au Sault. Il ramène un prisonnier français et apporte aussi trois colliers que les Onontagués envoient. Ce sont les mystérieux préparatifs faits en ce moment en Nouvelle-France qui effraieraient les Iroquois.

La Potherie parle de cet incident. « Les Onneyouts qui avaient une forte passion de faire la paix avec nous », envoient Otaxesté, un de leurs chefs. Sa tribu veut s'établir chez les Français et elle renvoie un jeune prisonnier pour faire preuve de bonne volonté. Les Onontagués voulaient voir Otaxesté à son retour ; ils avaient pris la décision d'envoyer deux chefs « pour apporter des Colliers au nom de toutes les nations ». Mais un événement survient qui fait obstacle à ce projet. Un parti français tue un chef de leur nation, et les Algonquins tuent encore six Onontagués. L'esprit de vengeance s'empare d'eux et retarde le départ des ambassadeurs. Mais comme ils ne sont pas tout à fait rassurés, ils confient trois colliers à Otaxesté. Le premier pour expliquer les causes de leur retard ; le deuxième pour signifier qu'ils souffrent des coups qui leur sont assénés ; par le

Les Onneiouts veulent émigrer en Nouvelle-France.

troisième, ils demandent s'ils seront bien reçus. Ils retardent le départ de leurs ambassadeurs jusqu'au jour où ils recevront des nouvelles favorables du gouverneur. La réponse doit être apportée par trois Onneiouts du Sault, des compagnons d'Otaxesté. Ils parlent aussi des ambassadeurs des quatre autres tribus qui doivent venir avec les leurs. Enfin, il y a un collier destiné aux jésuites pour leur demander de prier pour la paix et d'assurer aux Iroquois les bonnes grâces de Frontenac.

Ce sont probablement les circonstances qui ont amené ce geste. Mais La Potherie dit qu'en Nouvelle-France, on a tellement pris l'habitude de ces colliers qui ne mènent à rien qu'on croit généralement qu'il ne s'agit que d'amusements vains. « Les Anglais venaient toujours à la traverse pour les troubler. »

Frontenac renvoie ces Onneiouts avec un seul collier : les ambassadeurs iroquois peuvent venir au plus tard à la fin de septembre. La paix ne se fera cependant qu'aux conditions déjà posées. Les Iroquois n'ont qu'à faire ce qu'on leur demande depuis si longtemps. On apprend aussi à cette occasion que pour éviter la défection des Iroquois, les Anglais leur ont promis de livrer une vraie guerre aux Français. Mais avec le temps, les Iroquois peuvent constater que leur ultimatum reste lettre morte. Aucune grande expédition ne se prépare contre Québec. Alors mettront-ils leur menace à exécution ? Faire une paix particulière avec les Français. Quelques-uns pensent, d'après les paroles d'Otaxesté, que leur désir de s'entendre avec les Français est plus sincère qu'autrefois.

Les Iroquois tiendront-ils l'ultimatum lancé aux Anglais l'an dernier ?

Comme c'est arrivé si souvent dans notre histoire, cette tentative de paix est suivie d'une attaque par un parti iroquois. C'est l'œuvre, probablement comme toujours, de dissidents, probablement soudoyés. C'est un petit parti d'Onontagués ; il veut venger ses morts. Le lieu de l'attaque est La Prairie de la Madeleine. Un homme est tué, deux sont scalpés ; cependant, l'un de ceux-ci ne succombe pas et, scalpé, il tue deux Iroquois qu'il scalpe à son tour. Non seulement les Onneiouts, mais encore les Agniers, fatigués de cette guerre qui les décime, songent à venir s'établir à La Prairie. Les Iroquois du Sault ont envoyé par Otaxesté une réponse aux Agniers pour leur dire que s'ils veulent venir, ils doivent venir tôt, sinon, ils ne seront pas reçus.

Lamothe Cadillac arrive de Michillimakinac le 29 août, avec deux cents Indiens alliés et des Français. C'est une flottille considérable. La confusion la plus extrême règne dans l'Ouest depuis l'automne. Les tribus n'ont pensé qu'à guerroyer entre elles. Les Sioux ont attaqué deux fois les Miamis et les Saulteux ont aussi attaqué la même tribu. Le Baron est allé chez les Miamis pour s'y établir avec trois ou quatre familles de race huronne, puis il poursuit des négociations avec les Anglais ; les Hurons qui veulent s'installer aux environs d'Albany sont de sa famille. Perrot, le grand Nicolas Perrot, qui a joué un rôle si important dans l'Ouest, a failli être brûlé par les mêmes Miamis ; mais les Renards et les Outagamis s'y sont opposés. En même temps, les Outaouais, les Potéouatamis, les Sakis, d'autres tribus sont restées fidèles, et ont énergiquement attaqué. « Nous ne laissâmes pas, dit La Potherie, d'avoir toujours pour amis les Pouteoutamis, les Saxis et les Hurons, qui tuèrent en cinq à six mois de temps plus de cent Guerriers Tsonnontouans. » Les rapports officiels mentionnent aussi ce nombre en parlant des personnes tuées et capturées. Il ne faut pas oublier que dans cette guerre indienne, chaque fois que les pertes dépassent le nombre de trente et de quarante, elles sont considérées sérieuses. La Confédération ne compte pas beaucoup plus de deux mille guerriers et quand elle en perd cent en un hiver, c'est une affaire grave. Il faut noter aussi que depuis l'an passé, si la guerre est presque complètement calmée dans l'Est, elle se poursuit dans l'Ouest, où les Indiens alliés, maintenant plus aguerris, attaquent avec entrain et une grande détermination. Lamothe Cadillac rapporte des nouvelles du dernier combat qui s'est livré au lac Érié. Des troupes, en bonne partie outaouaises conduites par le célèbre chef Kondiaronk, ont livré un combat de deux heures à un parti iroquois. Elles ont taillé l'ennemi en pièces. Cinquante-cinq Iroquois auraient été tués alors que les Indiens alliés n'auraient perdu que quatre hommes. Ce coup aurait empêché l'attaque et la destruction des Miamis que les Tsonnontouans harcèlent depuis plusieurs années et dont ils projettent toujours la dispersion. Le Baron était chez eux, et par ses intrigues avec les Iroquois et les Anglais, il avait préparé ce coup.

Pour la Confédération, perdre cent guerriers par hiver est très grave.

Des grands conseils se tiennent à Montréal. Les Kiskakons craignent que les Miamis introduisent les Anglais dans leurs quartiers. Ils plaident pour que la traite se fasse à Michillimakinac. Les Indiens alliés prévoient la destruction du commerce avec la Nouvelle-France. Ce plaidoyer leur a-t-il été inspiré par le gouverneur pour renforcer le sien ? C'est fort possible. D'un autre côté, c'est peut-être une réaction naturelle à la nouvelle que Frontenac vient de leur apprendre.

Les Outaouais se méfient des Miamis.

Frontenac prend la parole le 10 septembre. Il les invite instamment à tourner leur tomahawk contre le seul Iroquois. Ils ne doivent pas entreprendre une guerre contre les Miamis. Il s'occupera des Miamis et s'interposera entre eux et les Anglais. Frontenac leur fournira des armes et des munitions. Il médite toujours la destruction des Iroquois, mais il est contraint de composer avec les ordres du roi qui a demandé de faire partir les voyageurs et les garnisons l'année prochaine, et de ne pas envoyer de marchandises. Il a dit qu'il a besoin des Français de l'Ouest auprès de lui, cette année, pour poursuivre la guerre. D'Argenteuil prend le commandement des soldats qui vont à Michillimakinac. Vincennes doit désormais commander le poste. Antoine Lamothe Cadillac y était depuis 1696. Le convoi de ravitaillement est composé de cent cinquante personnes, avec à

Frontenac s'interpose : seul l'Iroquois est l'ennemi.

Frontenac passe outre aux ordres et ravitaille Michillimakinac.

sa tête La Gemerais. En un mot, la guerre doit se poursuivre, et les ordres du roi passer au second plan. Alors les coureurs de bois de Frontenac restent en Nouvelle-France.

Dans sa lettre du 27 avril 1697, le roi écrit ce qui suit après avoir décrit les projets du marquis de Nesmond : « Ces entreprises et les efforts extraordinaires que Sa Majesté a fait pour les exécuter tendent uniquement à leur préparer les moyens de réduire les Iroquois à quoi elle s'assure que led. Sr de Frontenac concourra de sa part en leur faisant la plus forte guerre qu'il pourra. » Il ne donne pas à Frontenac d'ordre précis, lui laissant le soin de poursuivre la lutte après son entreprise contre Boston. Frontenac n'a pas beaucoup aimé qu'on fixe comme objectif Boston. Il aurait préféré une attaque directe contre New York. Elle « serait beaucoup plus utile pour la sûreté de cette colonie et la délivrer des Iroquois », écrit-il ; elle « serait beaucoup plus aisée à exécuter », si les navires se présentaient devant la ville et les Canadiens devant Albany. Il soumet un plan idéal à la Cour de France.

Pourquoi viser Boston quand c'est New York qu'il faut enlever ?

Cet été-là, la guerre contre les Iroquois couve et tout reste en attente. On s'est contenté de partis de reconnaissance qui font peu de victimes. Les négociations de paix ont entravé les opérations militaires. Les efforts faits en Nouvelle-France pour tenir une armée prête ont fait avancer les négociations de paix. Puis plus rien ne bouge et c'est le *statu quo*.

Mais le 28 septembre 1697, Schuyler, Dellius et Wessels écrivent à Fletcher que des ambassadeurs goyogouins sont venus à Albany. Ils se disent pauvres, sans armes et sans munitions, et que deux puissants ennemis les menacent : les Miamis et les Français. Ils racontent que les Tsonnontouans ont perdu de nombreux guerriers lorsqu'ils ont lancé une expédition de guerre avec un certain succès contre les Miamis. Puis, les Tsonnontouans ont pris la route de l'Iroquoisie. Au cours de leur retraite, les Miamis les ont attaqués, ont fait à leur tour plusieurs victimes, ont tué en particulier plusieurs chefs. Les Anglais s'étonnent que des Iroquois viennent leur demander des armes et des munitions, alors qu'ils sont déjà engagés dans des négociations de paix avec les Français malgré l'interdiction qui leur a été faite. Les Iroquois comprennent qu'ils ne peuvent passer outre les défenses des Anglais sans bien y penser, car des sanctions graves peuvent en découler.

Des ambassadeurs goyogouins demandent des armes aux Anglais.

Les Goyogouins répondent qu'ils n'étaient pas au courant des négociations de paix ; que des messagers sont partis pour le Canada pour gagner du temps et tromper Frontenac. C'est du moins ce qu'on leur a dit lorsqu'ils sont allés chez d'autres tribus. Ils promettent de ne pas faire la paix sans en parler à Fletcher. Alors les Anglais d'Albany leur donnent des munitions et des armes. Ils avaient promis au printemps d'assister les Onontagués dans la reconstruction de leur bourgade, mais on ne sait en quoi consistait cette aide. Ils promettent une nouvelle expédition contre le Canada, l'année prochaine. Des Tsonnontouans se présentent à leur tour. Ce sont les mêmes discours avec les mêmes résultats. Les Tsonnontouans, eux aussi, rapportent des munitions.

Les Tsonnontouans veulent eux aussi des munitions.

Otaxesté revient au commencement du mois de novembre 1697, accompagné de deux Onneiouts, d'un chef de guerre et d'un sachem onnontagué.

Otaxesté, d'après La Potherie, est venu « comme médiateur de la Paix entre nous et les Iroquois... ». Il insufflait à ses compatriotes le désir de se réconcilier avec les Français. « Il avait été assez heureux pour fléchir une partie de sa Nation, et il engagea les Onontagués, les Goyogouins et les Tsonnontouans à envoyer au Comte de Frontenac deux députés des plus considérables pour parler d'un véritable accommodement. » Arrahtio, un sachem des Onontagués, se fait le porte-parole de tous. Il est arrivé tard, dit-il, car les Tsonnontouans pleurent la mort de leur chef tué par les Outaouais. Il apporte plusieurs bandes de grains de nacre. Tout d'abord, les Onontagués et les Onneiouts viennent pour « nettoyer le chemin » entre les deux nations ; ils veulent effacer toute amertume des cœurs, et ils ont enterré la hache de leur jeunesse. Le châtiment qu'ils ont reçu l'année précédente, en 1696, les a rendus sages. Ils n'ont plus que des pensées de paix. Ils enterrent les morts, pour que leur vue ne soit plus un obstacle à la paix, même si ce sont des chefs, des hommes considérables. Les Onontagués et les Onneiouts tenteront de rallier les autres Iroquois à leur point de vue. Puis, s'adressant aux jésuites, il dit : « Nous avons résolu d'embrasser la foi. »

De nouveaux ambassadeurs arrivent en Nouvelle-France.

Voyant qu'aucun prisonnier n'est ramené, Frontenac n'a aucune confiance dans l'ambassade qui se présente. Mais ayant de l'affection pour Otaxesté, il épargne les ambassadeurs à cause de lui. Au cours d'une seconde audience, cet Iroquois tente de persuader Frontenac de la sincérité des hommes de sa tribu. Il lui parle de la tristesse qu'ils éprouvent d'avoir perdu tant de chefs et s'offre comme otage. Frontenac les autorise à partir et Arrahtio reste en otage. Les Agniers n'ont pris aucune part à cette ambassade, ils se targuent de la protection des Anglais.

Frontenac décide de ne pas rompre la négociation qui s'amorce. Les ambassadeurs partent avec un nouveau délai jusqu'au printemps. Leur otage demeure « pour être garant des paroles qu'ils me réitéraient ».

Un nouveau délai est fixé : printemps 1698.

La Potherie dit que Frontenac se prépare à envoyer Louvigny en guerre avec un parti de cinq cents hommes. Malheureusement la neige vient de tomber en trop grande quantité.

Chapitre 215

1698

Depuis le mois de juin 1693, la guerre bat de l'aile en Nouvelle-France. Les négociations de paix lui ont porté, semble-t-il, un coup dont elle ne se relève pas malgré la grande expédition de Frontenac contre les Onneiouts.

La paix entre la France et l'Angleterre est proclamée.

Maintenant, au moment où les négociations entre Iroquois et Français n'ont encore donné aucun résultat précis, la guerre entre l'Angleterre et la France s'achève. La paix est proclamée à Londres le 19 octobre 1697, c'est-à-dire un peu avant la visite au Canada, de quelques autres ambassadeurs onneiouts. La grande ambassade promise depuis si longtemps, et qui devait venir au mois de septembre, ne s'est pas présentée. Les Onneiouts sont arrivés en novembre et ont obtenu un autre délai jusqu'au printemps. Ils avaient été envoyés par les Onneiouts et les Onontagués, c'est-à-dire par seulement deux tribus.

On apprend la signature de la paix plus rapidement à New York qu'à Québec où les navires de France ne peuvent se rendre à cause des glaces. Le conseil de cette colonie décide de communiquer aussitôt la nouvelle à la Nouvelle-France.

Des subordonnés de Fletcher apportent la nouvelle à Frontenac.

Il charge Abraham Schuyler, M. Vroman, et un dénommé Jean Rosie, demeurant à New York depuis vingt-six ans, de porter le message. Un Agnier et un Mohican les accompagneront dans ce pénible voyage. Ils partent d'Albany le 29 décembre avec une lettre de Peter Schuyler, le commandant d'Albany, et de Dellius à Callière. Fletcher n'a pas écrit, mais il a envoyé les articles du traité de paix. Frontenac est offensé par son comportement : ce sont des subordonnés, Schuyler, Dellius, puis Callière, qui communiquent ensemble pour des événements si importants. Alors le gouverneur du Canada interprète cette lettre « comme n'étant pas une signification suffisante du traité de paix ». Les envoyés ajoutent qu'on attend un nouveau gouverneur à New York. On a arrêté la hache des

Indiens, c'est-à-dire des Iroquois. On les a avertis de la fin de la guerre. Mais Frontenac est réservé. Il poursuit ses préparatifs pour un parti qui doit quitter la Nouvelle-France en canot.

La signature de la paix en Europe pose un problème de grande envergure à Frontenac. Comment forcer maintenant les Iroquois à conclure une paix dont on parle depuis si longtemps ? Le gouverneur interprète aussitôt cette paix. Elle ne saurait couvrir les Iroquois qui forment une nation indépendante. Ils doivent conclure directement leur paix avec les Français. Tant que celle-ci n'est pas signée, les Français et les Indiens alliés sont en guerre avec les Iroquois. Le gouvernement va donc agir en fonction de cette interprétation.

Les Iroquois ne sont pas concernés par cette paix.

Pendant ce temps, trente à quarante Iroquois traversent le lac pour aller à la chasse dans le Haut-Canada. La Chaudière Noire, le célèbre chef de guerre Onnontagué est à leur tête. Ils s'arrêtent en passant au fort Frontenac. Le gros du parti est composé d'Onontagués. La Gemerais qui commande le fort informe Callière en invoquant des messagers spéciaux. Les Onontagués ont dit que leurs chefs devaient incessamment quitter l'Iroquoisie pour aller conclure la paix avec Onnontio. Ils voulaient ainsi probablement se garder le droit de chasser en sécurité, sans être attaqués. Mais en même temps, ils ont parlé d'une attaque contre les Outaouais. Ils s'en allaient attaquer les Outaouais pour se venger de la défaite qu'ils avaient subie le printemps précédent des mains de Kondiaronk.

La Chaudière Noire veut attaquer les Outaouais...

Frontenac envoie l'ordre à la garnison de se tenir sur ses gardes et même de capturer, si possible, les chefs de l'expédition iroquoise qui chasse dans la région de Quinté.

Et c'est alors que se produit un événement qui est peut-être dû à l'intervention de Frontenac. On apprend que trente-quatre Algonquins chassent sur le même territoire. Ces Algonquins sont presque tous jeunes, audacieux et énergiques. Ils capturent d'abord une Iroquoise. Immédiatement après se produit un sérieux combat entre les deux détachements. Les Algonquins, semble-t-il, ont pu prendre des mesures qui s'avèrent excellentes. Les Iroquois perdent vingt de leurs meilleurs guerriers, six sont capturés, ainsi que deux Iroquoises. Le fameux chef la Chaudière Noire est parmi les morts. Il a prononcé en mourant la célèbre parole : « Faut-il que moi qui ai fait trembler toute la terre, meure de la main d'un enfant. » Quatre autres chefs succombent. Les Algonquins ont six morts et quatre blessés. La victoire est éclatante.

...mais il rencontrera plutôt les Algonquins... et la mort.

Cette défaite, après plusieurs autres, consterne les Iroquois. C'est « un prétexte pour différer l'exécution de la parole qu'ils avaient donnée de venir au printemps achever ce qu'Arrahtio et Otaxesté avaient proposé l'automne dernier... » et un délai supplémentaire dans les négociations de paix.

Le 4 avril, quatre messagers goyogouins et tsonnontouans arrivent à Albany. Ils racontent que des Onontagués et des Onneiouts sont allés au Canada l'automne précédent et en sont revenus à l'exception d'Arrahtio qui est resté en otage. Ils n'ont pas conclu la paix, car ils ne représentaient que deux tribus. Si les Iroquois veulent la paix, ils doivent envoyer des représentants d'au moins quatre tribus. Frontenac ne tient pas particulièrement à une représentation des Agniers. Il s'en passerait volontiers.

Les Anglais, à leur tour, convoquent un Grand Conseil.

C'est alors que, suivant leur pratique habituelle, les Anglais ont demandé à ces deux tribus de ne pas faire d'action immédiate. Ils ont convoqué les sachems iroquois à un conseil qui aurait lieu dans quarante jours. Les Anglais débattraient de la paix avec les Iroquois. Ils ont « plusieurs conférences avec lesdits messagers pour les dissuader d'avoir des négociations particulières avec les Français, et se sont servi de toutes sortes d'arguments... ». Ils demandent donc aux sachems d'assister à un Grand Conseil, où sera présent, le nouveau gouverneur de New York, l'Earl de Bellomont, qui vient d'arriver dans les limites de son gouvernement.

Ourehouare fut inhumé avec tous les honneurs militaires.

Au printemps, Ourehouare, le fidèle compagnon de Frontenac depuis 1689, celui qui s'est montré aussi bien un guerrier redoutable qu'un négociateur zélé, revient de son petit pays natal, la bourgade des Goyogouins. Il dit que cette tribu est favorable à la paix. Mais il tombe malade dès son arrivée, et meurt rapidement d'une pneumonie, semble-t-il.

Chapitre 216

1698

Le comte de Bellomont arrive à New York le 2 avril, après un très long voyage. Vingt jours plus tard, il écrit à Frontenac ; dans sa lettre, il donne son avis sur l'effet que pouvait avoir sur les Iroquois le traité de paix conclu en Europe entre la France et l'Angleterre. S'applique-t-il à l'Iroquoisie, et l'Iroquoisie est-elle en paix depuis la date de la signature par les puissances européennes ? Ou bien l'Iroquoisie est-elle un pays indépendant et ne peut-elle faire la paix avec la France qu'en venant conclure une paix particulière à Québec ? Ou bien encore, les Iroquois sont-ils des sujets français révoltés et ne peuvent-ils arrêter le bras punisseur de Frontenac qu'en se soumettant ?

Bellomont s'excuse de l'impolitesse de son prédécesseur, Fletcher, qui n'a écrit qu'à Callière et non au gouverneur du Canada. Il annonce de nouveau, officiellement, à ce dernier, que la paix a été conclue avant son départ de Londres. Il lui envoie les articles. Schuyler et Dellius lui porteront ce message et ramèneront les prisonniers français qui sont en Nouvelle-Angleterre ; lui-même s'interposera pour obtenir l'élargissement des prisonniers français qui sont en Iroquoisie. En retour, il espère la libération « de tous les sujets de Sa Majesté, tout aussi bien les Chrétiens que les Indiens », c'est-à-dire des Anglais et des Iroquois capturés pendant la guerre.

Dans ses instructions aux deux messagers, Bellomont déclare que Dellius et Schuyler partent, au nom du gouverneur de New York et de son conseil, pour communiquer officiellement à Frontenac les articles du traité de paix, en français et en latin, pour que Frontenac ne puisse plus les ignorer, en tienne compte et arrête tout acte d'hostilité. Ils se rendront à Albany, prendront en charge les prisonniers français qui veulent retourner dans leur pays et ceux qu'ils pourront obtenir des Iroquois. Après avoir organisé cette expédition, ils partiront rapidement pour avertir Frontenac le

Bellomont annonce que la paix a été conclue.

Les traités de Ryswick avaient été signés entre la France, d'une part, l'Angleterre, les Provinces-Unies, l'Espagne et l'Empire, d'autre part, le 20 septembre et le 30 octobre 1697. Ils mettaient fin à la guerre de la Ligue d'Augsbourg.

plus tôt possible. Une fois à Montréal, ils demanderont à être conduits promptement à Québec. Ils devront livrer au passage une lettre pour Callière. À Québec, ils donneront leur lettre au gouverneur, disant qu'en exécution du traité, ils ramènent les prisonniers et que Bellomont est désireux de maintenir de cordiales relations entre les deux pays. Ils demanderont les prisonniers de guerre anglais qui sont entre les mains des Français ou des Indiens qui leur sont alliés, la liberté de commerce comme autrefois, l'arrêt de la guerre que les Indiens alliés font aux Iroquois, l'arrêt des actes d'hostilité et l'observation de la paix.

Dans sa lettre à Callière, Bellomont se montre surpris que Fletcher ne l'ait pas informé dûment par écrit de la paix signée en Europe. Ce fut une négligence blâmable. Il répare cette faute ; il a donné des ordres pour la libération des prisonniers qui sont aux mains des Anglais ou « des Indiens sujets du Roi », c'est-à-dire aux mains des Iroquois.

Pour Bellomont, l'Iroquoisie est terre anglaise ; elle est donc, elle aussi, en paix.

En se fondant sur l'ancienne théorie de Dongan, qui veut que l'Iroquoisie soit terre anglaise, et les Iroquois des sujets anglais, Bellomont conclut que la paix entre la France et l'Angleterre s'applique à l'Iroquoisie. Si ce pays est, en effet, une partie du royaume anglais, il entre automatiquement en paix lorsque l'Angleterre entre en paix ; et il doit rendre ses prisonniers quand l'Angleterre rend les siens. Le pays avec lequel l'Angleterre a fait la paix, la France dans ce cas, doit non seulement rendre les prisonniers anglais, mais aussi les prisonniers iroquois. C'est ce que Bellomont demande. Il veut les prisonniers iroquois capturés par les Français et ceux qui l'ont été par des alliés de la France, soit les Indiens alliés, les Abénaquis, etc.

Bellomont peut donc dire aux Iroquois de ne pas se rendre au Canada pour faire une paix particulière ; que la paix conclue en Europe les couvre ; qu'ils sont déjà en paix à l'heure actuelle ; que leurs prisonniers leur seront remis ; qu'ils n'ont pas à s'occuper de Frontenac. Son plaidoyer aura une bonne chance de réussir, puisque, déjà, les Iroquois refusent de venir trouver Frontenac.

Mais pour Frontenac, l'Iroquoisie est terre indépendante.

De son côté, la France ne peut reconnaître l'Iroquoisie comme une terre anglaise, et les Iroquois comme des sujets anglais. Que survienne une autre guerre, et alors les Anglais lâcheront de nouveau ces dogues iroquois qui ont tant fait de mal à la Nouvelle-France de 1689 à 1693. À défaut d'une Iroquoisie qui lui soit soumise, elle préfère une Iroquoisie indépendante. Si c'est le cas, si elle constitue un pays indépendant, elle doit venir signer elle-même un traité de paix. Autrement, l'état de guerre subsiste toujours entre l'Iroquoisie et la Nouvelle-France. Les prisonniers iroquois ne peuvent être remis, pas plus que les prisonniers français en Iroquoisie ne peuvent être remis par Bellomont et les Anglais ; ils le seront par les Iroquois eux-mêmes, directement, à Frontenac, qui leur fera remettre en retour les prisonniers iroquois en Nouvelle-France et dans le pays des Indiens alliés.

Les Français sont des champions de l'indépendance en Iroquoisie, et l'Iroquoisie sera indépendante, qu'elle le veuille ou non. Frontenac dira aux Iroquois que la guerre continuera à moins qu'ils ne viennent signer leur propre paix à Montréal.

Ce sont les deux théories qui vont s'affronter durant presque trois ans en Amérique. Frontenac et Callière seront inébranlables. Ils prévoient l'avenir et tâchent d'empêcher une autre guerre semblable à celle qui vient de se terminer. Aucune bataille ne sera jamais aussi rude, aussi dure, ni ne sera menée avec autant de violence.

Schuyler et Dellius laissent un journal de leur voyage au Canada. Ils partent d'Albany le 8 mai. Le 15, ils sont à la Pointe-à-la-Chevelure, au lac Champlain. Schuyler note rageusement que des Indiens du Canada s'en vont à la traite à Albany. Le 16, ils en rencontrent d'autres et ils les ramènent avec eux. Le 19 mai, ils sont à Montréal où ils remettent vingt prisonniers à Callière. Ils lui transmettent aussi la lettre de Bellomont. Le 20 mai, ils se rendent à la prison, où ils voient six Iroquois qui ont été blessés à la fameuse bataille entre Algonquins et Iroquois. D'après eux, vingt-quatre Iroquois auraient été tués et six autres blessés ; les Algonquins auraient eu dix blessés et deux tués. Les Anglais demandent la libération de ces Iroquois. Callière les renvoie à Frontenac. Il leur dit que le gouverneur attend les ambassadeurs des Iroquois, d'un jour à l'autre, pour demander la paix ; ces ambassadeurs ramèneront leurs prisonniers dans leur pays. Puis, Callière et les deux agents de Bellomont reprennent l'éternel débat qui dure depuis 1684 : l'Iroquoisie est-elle un pays anglais ou non ? Cette discussion peut durer indéfiniment, tout comme autrefois ; et l'on utilise les mêmes arguments, les mêmes mémoires, les mêmes faits. Les deux théories, celle de Frontenac et celle de Bellomont, s'affrontent directement pour la première fois.

Le voyage de Schuyler et Dellius en Nouvelle-France

Les agents partent de Montréal le 21 mai et arrivent à Québec le 25 ; ils y remettent leur lettre à Frontenac, qui fait preuve d'une grande courtoisie. Le 26 mai, ils reçoivent la visite des jésuites qui parlent de renvoyer des missionnaires en Iroquoisie. Les Anglais protestent. Les Iroquois ont Dellius comme missionnaire. Ils soutiennent que les jésuites veulent surtout séduire les Iroquois, les attirer au Canada, affaiblir les Anglais, etc. Le 27 mai, ils demandent au gouverneur les prisonniers anglais et iroquois. Frontenac accepte de rendre les Anglais, mais pour les Iroquois, « il ne pouvait se résoudre à les élargir tant que les députés des Cinq-Nations ne seraient pas venus pour faire leur paix, en conformité de la promesse qui lui avait été donnée par d'autres agents », qui avaient laissé un otage. Les Anglais qui sont venus demander la paix, répondent les agents, étaient des particuliers et n'étaient pas autorisés ; ils citent à leur appui des déclarations faites à Albany. C'était une ruse d'Otaxesté, un ami du père Millet. La discussion

Frontenac ne rendra que les prisonniers anglais.

reprend : les Iroquois sont-ils des sujets anglais, des sujets français ou des êtres indépendants ? Comme ses prédécesseurs avant lui, Frontenac dit à la fin que cette question de fond ne peut être tranchée ni par Bellomont ni par lui-même, mais bien par les deux rois. Le débat reprend exactement au point où il était en 1689, avant la guerre qui vient de se terminer. Non seulement Frontenac refuse la libération des prisonniers iroquois, mais il déclare que, si les Iroquois ne viennent pas demander la paix, il saura retrouver le chemin de leur pays qu'il connaît bien. Puis on se dispute au sujet des Abénaquis. Une partie des prisonniers anglais refuse de quitter la Nouvelle-France. Enfin, le 31 mai, les agents quittent Québec avec une lettre de Frontenac pour Bellomont.

Cette lettre et la réponse de Bellomont, et toute cette correspondance, nous ramèneront dix ou quinze ans en arrière. On pourrait se croire revenu à l'époque de La Barre, de Denonville et de Dongan, tant on emploie les mêmes termes et les mêmes arguments. Frontenac est prêt à renvoyer les prisonniers anglais et hollandais. Il ne comprend pas que Bellomont ait demandé la libération des prisonniers français chez les Iroquois. Ceux-ci sont venus négocier et ont laissé un otage ; il les attend pour les négociations finales. Alors seulement aura lieu entre la Nouvelle-France et l'Iroquoisie un échange direct de prisonniers. Bellomont n'a rien à voir dans cette affaire ; les Iroquois sont des enfants désobéissants qui ont été punis. Frontenac dit qu'il a des ordres précis là-dessus, qu'il ne peut pas les transgresser, que les rois doivent trancher le débat de fond, soit directement, soit par l'intermédiaire de commissaires.

Les autres prisonniers s'échangeront entre Iroquoisie et Nouvelle-France.

Dellius et Schuyler partent avec ce message qui décrit nettement les positions des deux gouverneurs. Le 2 juin, les agents sont aux Trois-Rivières, où on leur remet des prisonniers anglais ; le 4 juin, ils sont à Montréal, où on leur en remet d'autres. Ils quittent cette ville le 8 juin, mais non sans avoir, disent-ils, trouvé le moyen de voir des Iroquois catholiques, de les avoir encouragés à revenir dans leur pays, de leur avoir donné rendez-vous à Chambly. Le journal dit que quarante Iroquois sont en effet au rendez-vous à Chambly, avec cinq à six cents castors. Le 11 juin, le commandant de Chambly observe l'arrivée de ces gens ; il envoie un messager au gouverneur de Montréal, qui aussitôt délègue deux Indiens pour persuader les fuyards de rester. Enfin, le départ de Chambly a lieu le 12 juin, avec vingt-cinq prisonniers anglais, des Iroquois catholiques ou non, des renseignements sur les fortifications des villes, le nombre des troupes, la situation de Québec, etc. Ce sont des choses ordinaires, mais qui paraissent assez révoltantes par écrit. L'arrivée à Albany est datée du 22 juin. Schuyler conseille à son gouvernement de trouver rapidement des ministres protestants pour s'occuper de l'âme des Iroquois, car les jésuites connaissent un immense succès et les Iroquois pourraient un jour tous être perdus.

Schuyler propose de trouver des pasteurs pour les Iroquois.

Comme au bon vieux temps, on signe à Albany des affidavits stipulant que les Anglais et les Hollandais, après avoir tenu des conseils, ont renouvelé leur traité d'alliance depuis 1639 ou 1658, etc.

Chapitre 217

1698

Un tableau de la population iroquoise, dressé sur les ordres de Fletcher, à Albany, le 19 avril 1698, aidera à mieux comprendre l'état d'esprit des Iroquois au moment où s'engage, entre les deux grandes puissances européennes, ce grand conflit sur l'Iroquoisie. Il semble bien que les chiffres soient exacts.

L'état des forces en présence Les Agniers, qui avaient deux cent soixante-dix guerriers en 1689, n'en ont plus que cent dix ; ils en ont donc perdu cent soixante. Les Onneiouts, qui en avaient cent quatre-vingts, n'en ont plus que soixante-dix ; ils en ont perdu cent dix. Les Onontagués, qui en avaient cinq cents, n'en ont plus de deux cent cinquante ; ils en ont donc perdu la moitié. Les Goyogouins, qui en avaient trois cents, n'en ont plus que deux cents ; ils en ont perdu cent. Les Tsonnontouans, qui en avaient mille trois cents, n'en ont plus que six cents ; ils en ont perdu sept cents. En résumé, le nombre des guerriers iroquois, qui était de deux mille cinq cent cinquante en 1689, serait descendu à mille deux cent trente en 1698. Les Iroquois ont donc perdu la moitié de leurs effectifs durant les neuf années de guerre, malgré la progression démographique naturelle, c'est-à-dire l'inclusion des adolescents qui atteignaient l'âge d'aller à la guerre. De même, les Mohicans sont passés de deux cent cinquante guerriers à quatre-vingt-dix, soit une perte de cent soixante hommes. La population d'Albany a elle aussi baissé considérablement. Il y avait six cent soixante-deux hommes ; il n'en reste plus que trois cent quatre-vingt-deux. Il y avait trois cent quarante femmes ; il n'en reste que deux cent soixante-deux. Il y avait mille quatorze enfants ; il n'en reste que huit cent cinq. On compte quatre-vingt-quatre personnes tuées par l'ennemi.

Ce tableau explique pourquoi l'Iroquoisie a pratiquement cessé toute activité militaire depuis le mois de juin 1693, pourquoi elle n'enregistre plus que les coups puissants qui lui sont portés maintenant par les Indiens alliés.

Elle n'est pas vraiment hors de combat, mais elle est épuisée, désorganisée par la destruction de six bourgades et par l'impossibilité d'aller à la chasse. Elle ne peut plus aller ni dans le Haut-Canada ni dans la région du lac Érié sans danger. Elle n'est plus vraiment dirigée, car ses meilleurs chefs militaires sont morts. Bref, elle souhaite conclure la paix.

Son amitié pour l'Angleterre s'est aussi affaiblie. Elle s'aperçoit qu'elle a soutenu presque seule le poids de cette dure lutte et elle conserve un peu de rancune envers ces alliés. Le 8 juillet 1697, trois des spécialistes d'Albany en affaires iroquoises, Peter Schuyler, Godfrey Dellius et Dirck Wessels, ont réussi, par des manœuvres frauduleuses, à acheter le pays de la tribu des Agniers, qui est aux trois quarts détruit. S'alliant à deux autres compères, ils ont vu des Indiens séparément, leur ont prédit que c'était la guerre, qu'ils défendraient et garderaient plus sûrement leurs territoires en les confiant à des Anglais et ont obtenu l'approbation de plusieurs. Peu de jours après son arrivée le 31 mai 1698, Bellomont, le nouveau gouverneur, étudie cette affaire qui semble déplaire aux Iroquois. Un certain Bayard avait déjà extorqué d'immenses portions du pays.

Les Anglais ont acheté le pays des Agniers !

Les Iroquois veulent la paix, c'est certain, depuis longtemps et de tout leur cœur.

Chapitre 218

1698

Les mêmes difficultés réapparaissent donc après la paix de Ryswick. La guerre a été longue, sanglante, mais elle n'a pas réglé le problème de l'Iroquoisie.

Le gouverneur de New York, Bellomont, continue les menées de Dongan et de ses prédécesseurs. Les Iroquois leur ont été tellement précieux pendant la dernière guerre que personne ne songe à les abandonner. Garder l'Iroquoisie est vital pour les activités de New York.

Condition vitale de survie d'Albany : garder l'Iroquoisie !

Le 16 mai, quatre tribus envoient des représentants à Albany. Les Onontagués, les Onneiouts, les Goyogouins et les Tsonnontouans sont représentés. Les Anglais leur disent que la paix règne pour eux comme pour les autres et qu'ils n'ont pas à s'inquiéter car la paix est signée. Pourtant, les ambassadeurs de ces tribus viennent pour s'excuser. Ils n'ont jamais eu l'intention de conclure une paix séparée avec le gouverneur du Canada. Ils sont décidés à maintenir leur alliance avec l'Angleterre : « ... Nous sommes encore un corps, une tête et un même sang. » Les Anglais se déclarent satisfaits de ces engagements ; ils demandent instamment aux ambassadeurs de ne recevoir ni d'envoyer, directement ou indirectement, des ambassadeurs du Canada ou au Canada, avant d'avoir consulté le nouveau gouverneur.

Le comte de Bellomont rencontre les sachems iroquois pour la première fois au mois de juillet à Albany. Un Grand Conseil a lieu. Dans une lettre du 14 septembre, Bellomont dira que les Iroquois étaient d'abord froids, mornes, mal disposés. Il lui faut beaucoup de patience pour les mettre à l'aise. Il réussit finalement, mais avec des présents d'une valeur de mille deux cents louis. Les Iroquois promettent de ne pas négocier avec les Français. S'il y a des pourparlers avec eux pour la libération de leurs prisonniers, ceux-ci auraient lieu à Albany. On avertirait les sachems des cinq tribus et ils enverraient leurs ambassadeurs.

Dans la même lettre, Bellomont parle de Dellius, Schuyler et Wessels qui, avec quelques autres, ont réussi « à obtenir du colonel Fletcher la concession de tout leur pays ». C'est une affaire frauduleuse, passée avec six ou huit Agniers. Les Iroquois sont mécontents : après avoir été décimés pour s'être battus à la place des Anglais, l'une de leurs tribus est spoliée par quelques Anglais. De plus, les Anglais, qui ont si peu combattu, jouissent de la paix, tandis qu'eux, qui comptent toutes les victimes, sont encore en guerre.

La vente du pays des Agniers est une spoliation, selon les Iroquois.

Le 13 août, après ce conseil, Bellomont répond à la lettre de Frontenac du mois de juin. Les Iroquois, dit-il, « m'ont demandé instamment de les garder sous la protection du Roi, mon maître, et ils ont protesté en même temps de leur inviolable fidélité et de leur soumission à Sa Majesté ». On sait ce qu'il en a coûté à Bellomont. Les Iroquois se sont plaints des attaques des Français et des Indiens alliés « faites en violation du Traité de Paix, dans lequel ils se croient compris, en vertu de l'hommage qu'ils doivent au Roi en qualité de sujets ». Environ quatre-vingt-quatorze guerriers iroquois ont été capturés ou tués depuis la signature du traité de Ryswick. Bellomont se dit surpris parce que les Iroquois ont toujours été considérés comme des sujets anglais. Frontenac doit être au courant du fait que « les actes et les hostilités de votre peuple envers nos Indiens avant la dernière guerre ont été la cause principale pourquoi notre Roi a déclaré la guerre à la France, comme ceci est exposé dans la déclaration ». Il est étonné que Frontenac veuille déclarer la guerre aux Iroquois, ou la poursuivre, puisque c'est une infraction au traité. Le roi d'Angleterre ne renoncera pas à ses droits sur l'Iroquoisie. Il ne supportera pas une attaque contre les Iroquois, ni même que Frontenac les traite comme des ennemis. Il leur a dit d'être sur leurs gardes, de repousser la force par la force. Il leur a promis son assistance en cas de besoin et leur a fourni des armes et des munitions. Il est sur le point d'être appuyé par son roi dans cette affaire. Les Iroquois lui ont demandé l'expulsion des jésuites. Il agira contre eux s'ils se présentent en Iroquoisie en se servant de toute la rigueur des lois anglaises. Si Frontenac persiste à faire la guerre aux Iroquois, il devra en accepter la responsabilité. Il défendra les Iroquois contre les attaques. De plus, ceux-ci sont prêts à lui remettre la centaine de prisonniers français qui sont entre leurs mains à condition qu'il les « assure de la libération de leurs gens que vous retenez ». Voilà le point faible de Bellomont. Les Iroquois veulent à tout prix le retour de leurs prisonniers. Pour l'obtenir, les Iroquois sont toujours prêts à de grandes concessions. Bellomont ne peut pas leur remettre ces prisonniers. Frontenac est seul maître en la matière. Bellomont ne peut donc pas assurer aux Cinq-Nations que Frontenac et ses alliés remettront leurs prisonniers iroquois. Il renvoie cependant quatre prisonniers français que les Iroquois lui ont ramenés à Albany. Si Frontenac consent à un arrangement, il fera ramener tous les prisonniers français qui sont en Iroquoisie ; Frontenac, pour sa part,

Selon Bellomont, Frontenac contrevient au traité en combattant l'Iroquoisie.

Les Iroquois exigent le retour de leurs prisonniers !

pourra livrer tous les prisonniers iroquois qui sont en Nouvelle-France ou aux mains des Indiens alliés.

Ainsi écrit Bellomont, gouverneur de New York.

Comment Frontenac va-t-il se tirer d'affaire ? Il est vital pour les intérêts français que la position des Anglais ne soit pas acceptée, que les Iroquois agissent comme une nation indépendante et qu'ils viennent demander et signer la paix. Mais comment le gouverneur du Canada les y forcera-t-il ? Par des menaces ? C'est un moyen trop utilisé depuis 1693. Par la guerre ? Frontenac n'a pas d'autorisation particulière à cet effet, et la guerre avec les Iroquois peut entraîner un nouveau conflit avec les Anglais. En retenant leurs prisonniers ? C'est un excellent moyen. Pour tout dire, pour un homme plein de ressources, les procédés ne manquent pas. Mais il ne lui est pas facile d'agir, car la Cour de France n'a pas donné d'instructions.

Le gouverneur apprend la nouvelle du traité de Ryswick par une source française, en juillet, alors que le capitaine d'un petit navire de Bayonne lui dit que la guerre est terminée depuis plus d'un an. Ce n'est qu'à la fin du mois de juillet qu'arriveront les nouvelles officielles de la Cour. De nombreux Outaouais ou Indiens alliés sont alors à Montréal. Plusieurs se rendent à Québec, où Frontenac reçoit le texte du traité en leur présence. De nombreux conseils ont lieu vers le milieu ou la fin de juillet.

Une autre période troublée sévit dans le Nord-Ouest. Les Indiens alliés ne sont plus d'accord : « ... La plus grande partie voulaient abandonner nos intérêts. » Le chef des Outaouais, Sinagos, vient chercher des directives. Il parle des tribus qui veulent abandonner Michillimakinac et se séparer les unes des autres. Frontenac conseille l'union. « ... Je suis résolu de les frapper plus fortement que jamais s'ils n'exécutent pas bientôt ce qu'ils m'ont promis, c'est-à-dire de me ramener tous mes prisonniers et les vôtres... je ne ferai jamais de paix avec eux que tous mes enfants n'y soient compris... » Fin juillet, Frontenac donne directement l'ordre aux Indiens alliés de poursuivre la guerre contre les Iroquois et il promet de la continuer lui-même.

« Je ne ferai jamais de paix avec eux que tous mes enfants n'y soient compris... »

Dans l'Ouest, l'harmonie ne règne pas. Des Indiens alliés veulent se rendre chez les Iroquois. Plusieurs Hurons se sont joints à des Tsonnontouans pour une expédition au cœur même de Michillimakinac. Ils tuent deux personnes occupées aux travaux de la terre et un enfant. Alors les chefs organisent un parti et les poursuivent. Ils les atteignent à la rivière Michigan, les capturent ou les tuent, à l'exception de quatre qui s'enfuient en canot. L'un des prisonniers sera brûlé à Michillimakinac.

Cet automne-là, Frontenac doit annoncer le rappel des Français de l'Ouest, c'est-à-dire les officiers, les soldats et les voyageurs. Mais il doit cacher la vérité et lutter contre la propagande sournoise de Champigny qui, comme d'habitude, ne voit que les mauvais côtés des choses sans être capable de discerner les bons.

Plus tard, un Iroquois catholique du Sault revient d'Iroquoisie. Il avait accompagné Otaxesté à son retour. Il apporte un collier que lui aurait confié le Grand Conseil d'Onnontaé. Les Onontagués, dit ce messager, sont occupés à pleurer la perte de la Chaudière Noire et de ses compagnons. Ils n'ont plus la force de marcher. Leurs hommes les plus importants et les plus habiles sont morts. Ils demandent qu'on renvoie leur otage, Arrahtio, et les prisonniers pris à la dernière bataille, proche du fort Frontenac. Les Onontagués voudraient aussi que Frontenac leur envoie le Petit Oiseau, Maricourt, qui pourrait ramener les prisonniers français. Le messager ajoute même « que les Iroquois lui avaient paru résolus de faire la paix avec nous » ; mais qu'ils ne semblaient pas disposés à la faire avec les Indiens alliés. La France s'étant défaite à l'Ouest de ses soldats et voyageurs, le moment était mal choisi d'abandonner les Indiens alliés aux prises avec les Iroquois. Aussi, comme l'incident se passe en présence des Indiens alliés, Frontenac agit énergiquement. Il les rassure en rejetant « ce collier au nez de celui qui s'en était chargé ». Il déclare qu'« il leur donner[a] bientôt matière de pleurer d'une autre sorte », et « leur ferait encore sentir la pesanteur de son casse-tête ». Pour qu'ils soient inclus dans la paix, Frontenac poursuivra la guerre contre l'Iroquoisie. Leurs prisonniers seraient ramenés comme ceux des Français. Il leur donnera de la poudre et des balles pour lutter contre les Iroquois.

Taouestaouis, nom donné à Maricourt par les Onontagués, semble signifier Petit Oiseau.

Les dates étant peu précises dans les rapports, il est difficile de savoir si cet Iroquois catholique qui revient de l'Iroquoisie a obtenu son message des Iroquois après ou avant l'entrevue des Iroquois avec Bellomont, celle où le gouverneur de New York prétend les avoir gagnés avec des présents. Les conseils à Albany et à New York ont eu lieu également en juillet.

Frontenac s'est fâché en présence des Iroquois, mais il s'est radouci plus tard. Les Iroquois du Sault obtiennent que le même messager retourne en Iroquoisie. Il apportera trois branches de grains de nacre destinées symboliquement à dessiller les yeux des Onontagués et leur permettre de bien voir leurs intérêts, nettoyer leur gorge afin de leur permettre de bien parler et effacer le sang répandu. De plus, Frontenac charge aussi le même messager d'un collier : les Iroquois doivent renvoyer tout de suite les prisonniers français et indiens, « et ceux qui n'écouteront point cette parole sont morts ». Que les Onontagués descendent à Montréal avec leurs prisonniers, même si les autres Iroquois ne viennent pas. Qu'ils n'écoutent pas les Anglais, sinon ce sera la guerre.

Vers le 21 août, Frontenac apprend que les Iroquois ont eu un conseil avec Bellomont. Des Iroquois catholiques apportent la nouvelle. Les renseignements qu'ils donnent correspondent assez peu aux documents officiels. Un peu plus tard, les Agniers renvoient quatre prisonniers français avec une passe de Bellomont. Sept ou huit autres Français ont été si bien assimilés

*Des prisonniers
français refusent
de revenir
dans la colonie.*

à la tribu qui les a capturés qu'ils ne veulent pas revenir, ayant presque oublié leur famille et leur langue. Des familles de la tribu des Agniers viennent visiter des parents au Sault et se promener à Montréal. Personne ne s'occupe d'elles ; on dirait que la paix est revenue.

Un peu plus tard, le 8 septembre, le frère de Peter Schuyler revient avec cinq Anglais et des lettres pour Frontenac.

C'est la fameuse lettre du 22 août. Deux Onontagués, dit Bellomont, se sont rendus auprès de lui. Ils l'ont avisé du fait que deux Iroquois catholiques étaient arrivés du Canada. Ces derniers ont dit aux Onontagués de même qu'aux autres tribus, sauf aux Agniers, que, s'ils n'envoyaient pas des ambassadeurs dans un délai de quarante jours pour demander la paix, ils devaient s'attendre à voir les troupes françaises envahir leur pays pour les y contraindre par la force. Bellomont ajoute qu'après avoir reçu ce message des Onontagués, il a envoyé son lieutenant-gouverneur pour se joindre aux Iroquois avec des troupes et s'opposer à une invasion si nécessaire. Il armera tous les hommes de son gouvernement pour repousser les Français et exercera des représailles pour les dommages occasionnés aux Iroquois. Il donne avis de son action au gouverneur du Canada.

C'est le fameux message porté par un ou deux Iroquois catholiques qui a suscité une forte émotion en Iroquoisie et en Nouvelle-Angleterre. La menace de Frontenac a été prise au sérieux. Bellomont écrit la lettre précédente au gouverneur du Canada. Le même jour, il ordonne à John Schuyler de se rendre en toute hâte au Canada pour l'apporter à Frontenac et lui demander une réponse sur-le-champ. Il s'informera en plus des préparatifs faits pour envahir l'Iroquoisie et tâchera de connaître le sentiment des Iroquois catholiques. Seraient-ils prêts à revenir ? Il doit observer les forces militaires de Frontenac. Au cas où une invasion serait en préparation, Schuyler doit envoyer un messager très rapide.

Dans les instructions données le 25 août par Bellomont au capitaine John Nanfan, on trouve un récit de cette affaire. La veille, dit le gouverneur, il a reçu la visite de Teganissorens lui-même et d'un de ses compagnons. Ils ont révélé que Frontenac avait envoyé deux Iroquois catholiques pour menacer les Tsonnontouans, les Goyogouins, les Onontagués et les Onneiouts d'envahir l'Iroquoisie s'ils ne venaient pas, dans un délai de quarante-cinq jours, se soumettre et faire la paix. Bellomont donne alors l'ordre à Nanfan de se rendre à Albany avec sa compagnie d'infanterie. Si ce dernier apprend qu'une invasion se prépare, il marchera avec toutes les forces d'Albany et de Schenectady, se rendra à la bourgade menacée, fera une jonction avec les guerriers des Cinq-Nations et combattra au besoin. « Vous devrez flatter et montrer votre amitié pour les Cinq-Nations d'Indiens par tous les moyens que vous pourrez inventer. »

*Si dans quarante-
cinq jours
les Iroquois
n'envoient pas
d'ambassadeurs
en Nouvelle-
France, ce sera
la guerre.*

Le 22 août, Bellomont a aussi ordonné à Derick Wessels de retourner à Albany en hâte, de partir avec Teganissorens, les autres Iroquois et l'interprète, et de se rendre au Grand Conseil iroquois qui doit être tenu à Onnontaé. Il dira à son arrivée dans la capitale que Bellomont prend en bonne part le message que les Iroquois ont envoyé par Teganissorens ; qu'il approuve leur résolution d'adhérer à l'alliance conformément à la promesse faite en juillet à Albany. Wessels dira « avec les meilleurs arguments qu'il pourra inventer les conséquences dangereuses qui accompagneraient leur négociation d'un traité de paix séparée avec les Français... ». On a bien lu : « conséquences dangereuses ». Pour retenir des alliés si précieux et qui ont fait un tel travail de 1689 à 1697, les Anglais, comme on voit, sont résolus à se rendre à de telles extrémités. Les Iroquois sont menacés par les Anglais et les Français. Chacun les somme de faire sa volonté, sinon gare. Wessels devra leur répéter qu'à l'avenir, les Iroquois ne doivent pas recevoir de messages de Frontenac sans les lui communiquer, comme ils viennent de le faire. Il leur rappellera encore que « comme ils sont et ils ont toujours été les sujets du roi d'Angleterre », ils sont sous sa protection. Le roi les défendra contre les Français. Wessels dira encore que Bellomont a envoyé un messager à Frontenac pour réclamer les prisonniers iroquois. Si celui-ci refuse, il s'adressera au roi de France. Dans l'éventualité où les Français les attaqueraient, que les Iroquois les repoussent s'ils sont les plus forts ; mais, s'ils sont plus faibles, qu'ils s'en viennent à Albany où Bellomont leur fournira assistance, refuge et protection. Ensuite, il envahira la Nouvelle-France. Les Iroquois doivent donc maintenir leur alliance et ne plus communiquer avec les Français. S'ils désirent quelque chose d'eux, ils doivent s'adresser à Bellomont pour l'obtenir.

Les Iroquois sont menacés de toutes parts.

Wessels part de nouveau sur les grandes pistes iroquoises. Le 27 août, il quitte Albany. Le 28, il est chez les Agniers, qui envoient deux sachems avec lui ; le 31 août, il est chez les Onneiouts, qui envoient aussi deux sachems. Le 1er septembre, il quitte cette bourgade et arrive dans la capitale. Le conseil a lieu le 4 septembre. Wessels donne aussitôt les instructions qu'il a reçues. À ce moment-là pourtant, après une expérience de dix ans, les Iroquois savent ce que vaut la protection des Anglais de New York. Ils n'ont plus d'illusions et sont mécontents. S'ils sont attaqués, ils savent bien ce qui se produira. Mais par-dessus tout, ils veulent la paix, qui est pour eux comme une oasis qu'ils ne peuvent pas atteindre. « Si nous devons faire la guerre de nouveau, quel bénéfice retirons-nous de la paix faite par le Grand Roi ? » Wessels dit que c'est une loi naturelle que de se défendre et qu'ils doivent le faire. Les Iroquois ont refusé de livrer leurs prisonniers français à Bellomont. Ils racontent que des messagers français sont venus deux fois, mais que leurs prisonniers à eux ne sont pas revenus du Canada. Ils ne connaissent pas le sort de leurs propres prisonniers, ne savent pas s'ils sont morts ou vivants ; et c'est pourquoi « ils ont pensé qu'il était nécessaire

« Si nous devons faire la guerre de nouveau, quel bénéfice retirons-nous de la paix faite par le Grand Roi ? »

d'aller eux-mêmes au Canada, pour voir où en était cette affaire ». Wessels répond qu'en même temps qu'il venait ici, John Schuyler partait pour le Canada : si, cette fois, Frontenac ne renvoie pas les prisonniers iroquois, il aura manqué au traité de paix. Ce à quoi les Iroquois répondent « que cela ne leur apportera aucune satisfaction ». Ils ne veulent pas savoir si Frontenac respectera le traité ; ils veulent revoir leurs prisonniers en chair et en os. Les mots ne les intéressent pas.

Les Iroquois se consultent entre eux pendant deux jours. Écartelés entre les deux grandes puissances qui les entourent et qui se battent pour eux et sur eux, ils ne savent pas ce qu'ils vont devenir. Ils étudient la proposition de Frontenac d'envoyer quatre ambassadeurs de chaque tribu, de renvoyer les prisonniers français, d'aller au Canada, de faire la paix et de revenir avec leurs propres prisonniers. Ils décident d'observer les ordres de Bellomont. Ils n'iront pas au Canada par Cataracoui. Mais dans dix-huit jours ils seront à Albany ; ils y amèneront les prisonniers français qui veulent retourner chez eux ; et alors, ils iront tous au Canada et parleront à Frontenac face à face. Ils veulent eux aussi jouir de la paix et du repos dans leur propre pays.

Les Iroquois iront à Albany. Ils n'accepteront pas les colliers du Canada et laisseront le messager sans réponse. Ils ne supporteront pas que les jésuites viennent chez eux. Cependant, si les Français les attaquent, les Anglais devront en porter la honte « parce que vous nous empêchez d'aller au Canada maintenant ». En fait, ils vont et viennent, piétinent, ne savent que faire. Plus tard, ils font dire à Frontenac qu'ils ne ramèneront aucun prisonnier et qu'ils iront à Albany.

Wessels revient après avoir exercé de nouveau la forte pression des Anglais contre les négociations directes entre Français et Iroquois. Il a trouvé chez les Iroquois des prisonniers ramenés par un groupe de vingt-quatre guerriers, parti depuis un an ; celui-ci avait rencontré quatre Français, trois Indiens et une Indienne qui se rendaient dans l'Ouest pour avertir les Français de revenir. Un Français avait été tué.

Un Anglais qui écrit à cette époque semble exprimer très bien les sentiments des Iroquois : « ..Ils étaient fatigués de la guerre et très effrayés par les menaces qu'ils recevaient quotidiennement des Français. » Pourtant, ils « ont livré vaillamment nos batailles pour nous ». Tous les Anglais s'attendent à ce que Frontenac envahisse l'Iroquoisie. On craint la concession désastreuse que se sont arrogée certains Anglais du pays des Agniers.

Si les Agniers abandonnent le pays, Albany sera à la merci de la Nouvelle-France. « Les conséquences en seraient désastreuses pour toute la province de New York », car si les Agniers, dépossédés, abandonnent leur pays, les Anglais devront à l'avenir se défendre eux-mêmes. Aussi, Albany s'oppose à la concession et demande qu'elle soit rayée. Car toute la province serait alors exposée aux attaques françaises.

Ces documents et quelques autres, d'un égoïsme féroce, montrent pourquoi la colonie de New York se bat des pieds et des mains pour conserver l'alliance des Iroquois, et pour les empêcher de traiter directement avec la Nouvelle-France. Elle perdrait ses mercenaires, son rempart, sa défense. Mais il est tellement dangereux pour les Iroquois d'abandonner cette alliance qu'ils ne s'y décident pas. Le conseil d'Onnontaé auquel Wessels vient d'assister ne règle rien.

Pendant ce temps, John Schuyler arrive à Québec et remet à Frontenac la lettre citée précédemment. Celui-ci y répond le 21 septembre. Tout indique que Frontenac ne préparait aucune expédition contre l'Iroquoisie et qu'il parlait pour menacer. En réponse à Bellomont, il répond qu'il apprend que les rois ont décidé de nommer une commission pour régler le problème des frontières. On a laissé un otage. C'est une affaire distincte du traité de Ryswick, où Bellomont ne peut intervenir. Autrement, celui-ci troublerait la bonne entente prescrite par le traité. Frontenac dit qu'il connaît trop bien les Iroquois pour admettre que ces tribus désirent vivre sous la suzeraineté anglaise. Au contraire, les preuves des Français confirmant que les Iroquois sont sous leur juridiction sont claires et convaincantes. Frontenac suivra sa politique sans dévier. Il prie Bellomont de ne pas s'y opposer par des mesures inutiles. Tout secours qu'il accordera aux Iroquois sera une contravention au traité. Cela ne l'alarmera pas, ni n'altérera ses plans. Il ne sera que plus porté au contraire à les exécuter. Et Bellomont sera responsable des résultats. Frontenac ajoute cependant que ce sont les Algonquins et les Outaouais qui ont fait des victimes chez les Iroquois depuis la signature de la paix de Ryswick. Si les Iroquois ont gardé leurs prisonniers, c'est que Bellomont s'est opposé à la volonté des Iroquois de les ramener. S'ils les ramènent, ils obtiendront les leurs.

La réponse de Frontenac à la lettre de Bellomont

Évidemment, si Frontenac accepte maintenant la théorie anglaise et la thèse de Bellomont, il affaiblit le cas de la France devant les commissionnaires. Si les Iroquois agissent maintenant en effet en tout comme des sujets anglais, c'est qu'ils en sont, conclura la commission. Frontenac, homme retors, refuse toute particule de la théorie anglaise. Il veut que les Iroquois viennent, comme des hommes appartenant à un pays indépendant, ou encore mieux, comme des enfants rebelles qui font soumission. Bref, il faut que la paix se fasse directement entre l'Iroquoisie et la France, pour que la cause de celle-ci ait une certaine force devant la commission.

Les négociations traînent, mais ne rompent pas. John Schuyler est à peine parti de Québec avec sa lettre que le frère de l'Iroquois catholique qui a laissé la Nouvelle-France en juillet, porteur d'un message de Frontenac, message qui a fait tant de bruit en Iroquoisie, en Nouvelle-Angleterre, et qui a excité l'ire de Bellomont, revient maintenant au Canada. Une rencontre a lieu. Il est accompagné d'un jeune Onnontagué qui ramène deux Françaises et un enfant prisonniers depuis dix ans. Ce sont les Onontagués qui envoient leur compatriote. Celui-ci dit que les chefs des quatre tribus arriveront dans dix jours avec les prisonniers français, sauf les enfants qui sont presque

Les ambassadeurs des Onontagués arrivent en Nouvelle-France.

devenus iroquois. Son frère accompagnera ces chefs. Ceux-ci l'enverront au-devant d'eux pour savoir si Frontenac remettra tous ses prisonniers iroquois. Cette ambassade viendra pour négocier la paix sans la connaissance des Anglais, à qui ils ont refusé leurs prisonniers français. Teganissorens sera parmi les visiteurs.

Tout cela se passe à la mi-septembre. Dans son journal, John Schuyler dit en effet qu'il part d'Albany le 27 août, que le 2 septembre il est au fort La Mothe, à l'entrée du Richelieu, le 3 à Chambly, le 5 à Montréal ; le 9 septembre, il arrive à Québec, où il donne à Frontenac la lettre de Bellomont du 22 août. Le débat habituel sur la nationalité de l'Iroquoisie se répète. Schuyler, d'après ce qu'il a vu, croit qu'une invasion est possible, qu'elle est même en cours. Pour l'empêcher, il dit que Nanfan s'est rendu à Albany avec trois cents soldats et que six cents pourront suivre. Des dîners, des banquets ont lieu. Le 14 septembre, il part de Québec en compagnie de trois hommes chargés de le conduire à Chambly. C'est en cours de route qu'il rencontre le jeune Onnontagué et l'Iroquois catholique qui apportent le message de l'arrivée des ambassadeurs iroquois dans dix jours. Il semble que ce messager a pu partir de la capitale iroquoise après le Grand Conseil où Wessels a exposé les menaces de Bellomont.

Il se découvre pourtant en fin de compte que les ambassadeurs iroquois étaient en route, non pas pour Québec, mais bien pour Albany. Ils y sont le 8 octobre. Teganissorens y déclare que les Iroquois, sauf les Agniers, ont *Les quatre tribus,* maintenant nommé un Iroquois par tribu pour se rendre au Canada. Ils *sauf les Agniers,* demandent maintenant aux Anglais de nommer, eux aussi, un ambassadeur *veulent envoyer* qui accompagnera les ambassadeurs iroquois et sera témoin de ce qui se *des ambassadeurs* passera. Il est venu avec ses compagnons pour soumettre ce plan et élaborer *à Québec...* les propositions à soumettre à Frontenac. Les Iroquois cherchent évidemment une formule acceptable aux Français et aux Anglais pour enfin sortir de la guerre, vivre dans la tranquillité et reprendre leurs chasses interrompues depuis si longtemps.

Le conseil reprend le 15 octobre. Les Anglais ont alors reçu les instructions de Bellomont. Schuyler fait le récit de sa visite au Canada. Jan Nanfan, l'assistant de Bellomont, parle ensuite. C'est lui qui commande les troupes à Albany et qui a été envoyé pour assister les Iroquois en cas de besoin. Il les supplie de nouveau de ne pas briser l'ancienne chaîne *...mais les Anglais* d'alliance. Il leur demande de ne pas entreprendre de voyage au Canada. Il *supplient les* les assure encore et encore de la protection de l'Angleterre et que Bellomont *Iroquois de n'en* obligera Frontenac à leur remettre ses prisonniers iroquois. Il va même *rien faire...* jusqu'à leur dire que, s'ils retournent paisiblement chez eux, ils trouveront ces prisonniers dans leurs bourgades en arrivant. Il n'épargne rien, en vérité, ni promesses ni mensonges, pour empêcher Teganissorens et ses compagnons de se rendre au Canada et d'y conclure la paix.

Encore une fois, les Iroquois cèdent. Ils acceptent de ne pas envoyer à Frontenac les ambassadeurs promis et même déjà choisis. Ils se laissent détourner de cette route. Ils laissent à Albany les cinq prisonniers français que ces ambassadeurs devaient conduire au Canada. Ils retournent dans leurs bourgades, Gros Jean comme devant, sans paix, sans prisonniers, toujours dans leur situation incertaine et dangereuse. Le problème n'est jamais réglé, il est simplement ajourné.

...Les Iroquois se rendent aux arguments des Anglais.

Maintenant, Bellomont est rassuré. Il écrit aux lords du Commerce que « les Français ont abandonné, pour le moment, leur dessein d'envahir nos Indiens ». Le 22 octobre, Nanfan lui fait rapport qu'il a dissuadé une fois de plus les Iroquois d'envoyer des ambassadeurs à Frontenac. John Schuyler s'est rendu en Nouvelle-France afin de « pouvoir assurer ensuite aux Cinq-Nations qu'il n'existait rien du genre d'une armée venant contre eux, comme Teganissorens et les autres sachems l'appréhendaient ». C'est donc la menace d'invasion de Frontenac qui a manqué avoir son effet. Teganissorens et les autres abandonnent plus facilement leur projet, quand on les assure que l'invasion n'aura pas lieu.

Et pourtant, ces mêmes Iroquois, s'ils avaient eu accès aux documents anglais, quelle aurait été leur désillusion. Qu'ils viennent de New York ou de Londres, ils trahissent, révèlent, étalent l'égoïsme le plus féroce, le plus forcené, le plus démesuré qui soit. Les Anglais veulent garder les Iroquois dans leur alliance, pour que ceux-ci continuent de défendre les colonies anglaises qui devraient se défendre elles-mêmes si ces mercenaires n'existaient pas, devenaient neutres ou s'éloignaient. C'est la préoccupation unique, constante. C'est une hantise crasse de faire livrer aux Iroquois leurs propres batailles, de leur confier leur propre défense, de mettre ce peuple entre eux et les Français, et de prendre tant de moyens pour en venir à cette fin. Ainsi, le 8 décembre, les lords du Commerce, après avoir rédigé un sobre récit des événements précédents au secrétaire d'État, concluent ainsi : « Il est absolument nécessaire, pour la sécurité de la province de New York et des autres provinces de Sa Majesté dans cette partie de l'Amérique, que les Cinq-Nations d'Indiens soient préservées et maintenues dans leur soumission à la couronne d'Angleterre, comme autrefois, en étant compris dans la paix générale et en étant aussi protégés, de la façon que Sa Majesté jugera convenable. »

« Il est absolument nécessaire... que les Cinq-Nations d'Indiens soient préservées et maintenues dans leur soumission à la couronne d'Angleterre... »

Et Fletcher doit se défendre. S'il a laissé des Anglais acheter le pays des Agniers, c'était pour exclure les Français. D'autres ventes se sont faites de cette façon. En outre, l'une des principales accusations qu'on porte contre lui, c'est d'avoir laissé réoccuper le fort Cataracoui, de ne pas l'avoir rasé pendant la période où il a été abandonné. Ce fort, répond-il, est à quatre cents milles d'Albany. Il est en pierre, construit d'après les règles, sur une pointe de terre, en partie défendu par un marais. Fletcher avait donné des armes et des munitions aux Iroquois pour s'y loger, s'y défendre ; il leur avait demandé d'être sur leurs gardes car les Français publiaient leurs intentions de le réoccuper. Il enverrait du secours au besoin. Malgré tout, les Iroquois ont été pris par surprise. Quand Fletcher a été averti, il était trop tard. La Cour n'est pas satisfaite. Fletcher avait promis de détruire Cataracoui. Il pouvait le faire facilement avant la réoccupation. Quelques charges de poudre auraient suffi. Il est resté inactif. Maintenant, on ne sait pas ce que feront les Iroquois « qui ont toujours été et sont encore notre meilleure défense contre les empiétements et les invasions des Français dans cette partie de l'Amérique ».

Les Iroquois « qui ont toujours été et sont encore notre meilleure défense... »

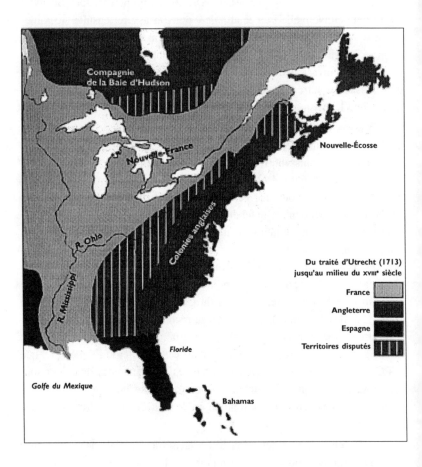

Chapitre 219

1698

Le 12 mars 1698, le roi écrit à Frontenac pour lui demander de faire chanter un *Te Deum* en Nouvelle-France, pour la paix conclue en Europe l'automne précédent. Le même jour, le ministre écrit au gouverneur. Il dit que l'Angleterre et la France ont convenu de nommer une commission pour délimiter les frontières des possessions des deux Couronnes en Amérique. C'est dire que rien n'est déterminé. On ne sait à qui appartient, ni à qui appartiendra l'Iroquoisie. Celle-ci, en attendant, doit-elle être traitée comme pays indépendant ? N'appartenant ni à la France ni à l'Angleterre ? Il semble bien que oui. Le ministre ajoute que, quelles que soient les conventions auxquelles on en vienne pour les Iroquois, les Anglais ne doivent plus leur fournir aucune assistance pour faire la guerre ; et alors, dit le ministre, « je ne doute pas que ces Sauvages ne viennent vous demander la paix. Sa Majesté trouve bon en ce cas que vous la leur accordiez, et Elle désire même que vous fassiez en sorte de les engager à nous la demander parce que cela éviterait un embarras si elle pouvait être faite avant qu'on eût achevé de régler les contestations que nous aurons avec les Anglais sur la domination de ces Sauvages... » L'affaire est tellement importante que Frontenac devra envoyer une nouvelle exprès s'il réussit dans ce dessein.

Une commission délimitera les frontières.

Ce désir d'une paix est fort compréhensible. La France sera en mauvaise posture pour réclamer un pays avec lequel elle sera en guerre, pour réclamer pour sujet les Iroquois si ceux-ci, en guerre avec la France, se rejettent du côté de l'Angleterre.

Le 21 mai 1698, le roi revient lui-même sur cette question qui est maintenant d'une importance internationale. Il écrit qu'il n'a « aucun lieu de douter que les Iroquois ne la [la paix] soient venus demander avant la réception de ce mémoire ». Il ne doute pas « que la paix soit faite à présent ou du moins en terme de l'être incessamment », bien qu'il envoie encore des fonds pour la guerre. Il ose même espérer que la paix conclue avec les Iroquois comprend les Outaouais, les Hurons, les Miamis, les Illinois et autres Indiens alliés, « estimant de sa justice aussi bien que de sa dignité que ces Sauvages que les gouverneurs de la Nouvelle-France ont engagés dans la querelle des Français en reçoivent cette marque de protection ». Puis, persévérant dans son plan de dégarnir tout l'Ouest, le roi donne l'ordre, si la paix se fait, d'abandonner et détruire le fort Frontenac : « Il n'y aura qu'à en retirer la garnison et à le démolir aussi tôt que la paix sera conclue. »

Aussitôt la paix conclue, il faudra détruire le fort Frontenac.

La Cour de France voit tout simplement le problème comme Frontenac : le sort de l'Iroquoisie n'étant pas décidé, ce pays doit être traité comme pays indépendant, et il ne peut être en paix avec la France sans venir la négocier ou la signer. Traiter l'Iroquoisie comme terre anglaise dès aujourd'hui, comme Bellomont le fait, c'est manquer au traité, puisque celui-ci prévoit la formation d'une commission pour décider ce point. Bellomont est aussi dans l'illégalité chaque fois qu'il traite les Iroquois comme sujets anglais ou qu'il leur dit qu'ils le sont. Les dépêches françaises guidaient bien le gouverneur du Canada qui tente, comme on l'a vu, d'obtenir la paix. Cependant, si on comprend bien que la Cour de France veuille améliorer sa cause auprès de la commission franco-anglaise, en faisant tout de suite une paix séparée avec les Iroquois, on comprend aussi bien que les Anglais ont intérêt, pour améliorer leur cause à eux, à empêcher cette paix et à laisser l'état de guerre subsister, comme ils l'ont fait durant tout l'été et l'automne.

Aussi, à l'automne, Frontenac, qui a bien compris le jeu anglais, qui consiste à empêcher le plus longtemps possible, sinon à tout jamais, une paix directe franco-iroquoise, écrira à ce sujet au gouverneur de New York : « Il est aisé de juger qu'il traverse autant qu'il peut la conclusion de cette paix, et que son intention est de les obliger à ne la faire que par son entremise, espérant que cela lui procurera une espèce de titre de supériorité sur eux... » Les Anglais sont les fournisseurs attitrés de vivres, de munitions et d'armes aux Iroquois ; ils sont donc en mesure d'exercer des pressions sur eux. Actuellement, ils exercent ces pressions pour empêcher la paix de se conclure. Frontenac représente alors à Bellomont que le titre de suzeraineté sur l'Iroquoisie qu'il réclame « est tout à fait chimérique, et qu'il ne saurait soutenir comme je lui en avais déjà par avance marqué quelque chose par la réponse que j'ai faite à sa première lettre, et comme je m'en explique bien plus positivement dans celle que je fais à ces deux dernières, ainsi que vous le verrez par les copies de ses lettres et de mes réponses que je vous envoie ». Cette suzeraineté est illusoire en effet, parce que justement, une commission sera formée en Europe pour décider qui est suzerain de l'Iroquoisie. Frontenac ajoute encore que les pièces à l'appui de la thèse de la France sont à Paris depuis que Denonville est rentré du Canada. C'est là qu'on déterminera les droits de la France sur l'Iroquoisie.

En même temps, il devient impossible, ou difficile, de mener à bonne fin la guerre avec les Iroquois. Ayant appris la paix de Ryswick tôt en 1698, Frontenac n'a pris aucune mesure pour de nouvelles expéditions, « même sur les Iroquois ». Ces derniers ne semblent pas complètement déterminés à la paix, « et j'ai mieux aimé prolonger encore pour quelque temps la voie de la négociation que de songer à de nouvelles entreprises ». Les principaux chefs iroquois doivent venir à Québec, mais ils tardent ; Frontenac croit que le retard est dû aux intrigues anglaises. Frontenac et Champigny disent encore dans leur mémoire d'octobre 1698 qu'ils comprendront certainement les Indiens alliés dans le traité avec les Iroquois. Ils ajoutent que ces Indiens *Les Indiens alliés* « n'ont point discontinué de les harceler par de continuels partis qu'ils ont *continuent de* envoyés contre eux avec assez de succès ». Comme cette guérilla poursuit *harceler les* les Iroquois dans leur désir et leur hantise de paix, elle ne peut que les *Iroquois.* pousser à venir faire la paix au Canada. Dès lors, tard à l'automne, les autorités canadiennes ont pris le parti « d'attendre l'avènement des dispositions où peuvent être l'Iroquois et l'Anglais et nous tenir sur la défensive ». Elles croient avoir suffisamment de troupes « pourvu que ces alliés ne fussent pas dégoûtés par le changement qu'on apporte au commerce, et que les Anglais ne se mêlassent pas avec les Iroquois, comme ils nous en menacent ». Alors, il faudrait des recrues.

Inlassablement, patiemment, Frontenac reprend la défense du fort qui *Frontenac défend* porte son nom. Il peut diminuer la garnison, c'est tout ; c'est le poste d'où *sa politique.* l'on peut surveiller les Iroquois, être averti de leurs desseins. C'est la base de toute expédition militaire future, les Agniers étant pratiquement détruits ; c'est le lieu où Français et Iroquois peuvent se rencontrer en temps de paix pour cultiver des sentiments d'amitié, l'harmonie, la bonne intelligence, la bonne entente, comme Frontenac l'a fait lui-même de 1672 à 1682, « pendant dix ans que le sieur de Frontenac a toujours maintenu cette union avec eux et les a retenus en respect par les voyages qu'il y faisait tous les ans et le rendez-vous qu'il leur y donnait ».

Non content de défendre le fort Frontenac, le gouverneur peint les suites néfastes de la politique actuelle de la France, quant aux postes éloignés et à l'arrêt des achats de peaux de castor, politique qui est en train de réduire, et à jamais, les possessions françaises en Amérique à la seule vallée du Saint-Laurent et à mettre aussi en danger la colonie.

Frontenac apprend d'autres renseignements. Les Iroquois se sont déclarés peuple libre ; ils ne sont sujets de personne. Ils ressentent de la mauvaise humeur contre les Anglais, qui veulent négocier pour eux et faire la paix pour eux. Ils sont nés avant les Anglais, ont-ils ajouté. Ce serait au cours d'un conseil tenu par le gouverneur, celui de juillet probablement, que les Cinq Cantons auraient ainsi affirmé leur indépendance, leur liberté, auraient repoussé toute suzeraineté étrangère et proclamé leur liberté à la face même de Bellomont, qui les réclame comme sujets. « L'Iroquois, en un mot, dit Frontenac, n'a jamais voulu avouer qu'il fut sujet des Anglais, mais seulement qu'il les reconnaissait comme amis, qui sont effectivement les dispositions dans lesquelles est cette nation qui veut, par elle-même et indépendamment de l'Anglais, faire sa paix avec nous... » Le gouverneur, comme on le voit, est bien informé. Dans sa dernière dépêche, celle du 25 octobre, il revient sur ce grand problème de la politique canadienne. « Les Iroquois, qui avaient promis de venir conclure la paix et de ramener nos prisonniers ne l'ont pas encore fait, ce qui ne nous laisse pas douter qu'ils n'en soient détournés par le comte de Bellomont, gouverneur général de la Nouvelle-Angleterre, qui voudrait qu'elle ne se fît que par lui, les regardant comme sujets de son Roi, et nous ne croyons pas que désormais il y ait lieu de faire venir ces Sauvages à la raison, qu'en faisant quelque entreprise sur leurs villages... » Bellomont a spécifié à Frontenac qu'il avait défendu aux Iroquois d'attaquer les Français ; mais il a dit aussi que, si les Français attaquaient les Iroquois, les Anglais viendraient au secours de ceux-ci. Frontenac demande donc s'il faut réformer les troupes qui sont au Canada, les établir sur des terres, ou bien si le roi de France ne devrait pas envoyer des recrues ? Dans le cas où le roi pourrait obtenir que le roi d'Angleterre donne ordre à Bellomont « de ne se point mêler des affaires des Iroquois », les forces actuelles du Canada seraient insuffisantes « pour les réduire bientôt dans le devoir ». Frontenac attendra les ordres du roi « afin que ce que nous pourrions faire ne puisse être imputé à aucune infraction du traité de paix, et cependant nous tiendrons toutes choses prêtes pour les pouvoir exécuter ». Il supplie le roi de lui envoyer des ordres qui arriveront au pays en mai.

La dernière dépêche de Frontenac à Louis XIV

Pourtant, le vieux, le dur, le puissant gouverneur ne sera plus là pour les recevoir. Après cette lutte de géants, qui a duré dix ans, il meurt à Québec, le 28 novembre, après une brève maladie. Il avait passé, en deux périodes, dix-neuf ans en Nouvelle-France. Le problème iroquois l'avait poursuivi. Dans son premier gouvernement, il avait trouvé un *modus vivendi* assez satisfaisant. Deux gouverneurs avaient ensuite repoussé l'Iroquoisie dans les bras des Anglais. À son retour, Frontenac avait dû leur livrer une guerre à mort. Tout en se rendant compte que, par la maladresse de ses prédécesseurs, les Anglais, les véritables ennemis, pouvaient maintenant se réfugier derrière eux, et que, pour les atteindre, il fallait passer sur leur corps. C'est ce rideau protecteur, ce bouclier que ses prédécesseurs avaient donné aux ennemis de la France.

Frontenac, âgé de 76 ans, serait plutôt mort de suites de l'asthme dont il souffrait. Il fut inhumé dans l'église des Récollets à Québec.

Frontenac eut peu contre eux cette haine que l'on retrouve si souvent dans notre histoire, pas plus que la volonté ou bien encore la velléité de les détruire. Au lieu de voir la nation, il voit les individus qu'il peut manœuvrer ou qui sont manœuvrés par d'autres. Il voit chez eux la dupe des Anglais. Ou bien leur victime, pour être plus exact.

Frontenac meurt sans avoir atteint la paix avec les Iroquois qu'il poursuivait depuis le mois de juin 1693, soit au-delà de cinq ans. Il sait que les Iroquois sont désormais mûrs pour la paix. On peut dire qu'il n'a épargné pratiquement aucune démarche pour y parvenir. Il a usé de la menace, des ambassades, de tout. Il se rend compte que la partie est difficile et tient à quelque chose de profond. Que l'Iroquoisie, en un mot, peut difficilement échapper à l'étreinte puissante qui l'enveloppe dangereusement. Sans doute, les Anglais sont mieux placés pour agir sur les Iroquois. Chaque rapprochement rencontre leur opposition acharnée, tenace, habile, qui recourt aux arguments, aux présents et, elle aussi, aux menaces. Mais l'heure devient plus propice. Depuis le traité de Ryswick, le désir de paix des Iroquois se change en véritable hantise.

Frontenac avait préparé minutieusement le chemin de la paix.

Chapitre 220

1699

La bataille diplomatique s'engage.

C'est de « bataille royale » qu'il faudrait qualifier la période qui débute à la mort de Frontenac et se termine à l'été de 1701. Bataille non pas sanglante, mais diplomatique, que se livrent le deux plus puissants pays européens de l'époque auprès d'une tribu américaine. La bataille était engagée depuis cinq ans déjà, mais, de 1693 à 1698, les Français avaient lutté dans des conditions désavantageuses : c'était la guerre et, incapables d'envoyer leurs compatriotes auprès des Iroquois, ils ne pouvaient que menacer, argumenter, discourir de loin et par intermédiaires. Les Iroquois catholiques les avaient aidés, mais leur présence n'avait pas l'autorité d'ambassadeurs français. En 1698, chacun est occupé à définir sa position en regard du traité de Ryswick. On en développe les conséquences américaines. On ne se trouve pas d'accord. Pourtant, quand Frontenac meurt, ces problèmes sont réglés, et l'ossature de l'antagonisme entre France et Angleterre est nette et distincte.

Pour la Nouvelle-France, il s'agit d'éviter d'autres années de guerre.

Alors, la bataille s'amorce. Les Français veulent absolument, fermement, à tout prix, une paix distincte avec l'Iroquoisie. Ils veulent réparer l'erreur de La Barre et de Denonville qui ont jeté ce pays et ce peuple entre les mains des Anglais. Ils y tiennent parce qu'ils veulent éviter, dans un avenir qui semble rapproché, les années de massacres et de malheurs semblables à celles qui se sont déroulées de 1689 à 1693. Années semblables à celles qui ont marqué toutes les périodes de l'histoire de la Nouvelle-France, de 1641 à 1665. Ils y tiennent parce que, si une autre guerre s'ouvre entre Anglais et Français, ces derniers ne veulent pas trouver les premiers devant ou à côté de leurs ennemis. Ils n'ont aucun désir de laisser passer à l'Anglais ce pays riche et ce peuple belliqueux. Ils ne veulent pas que cet instrument reste entre les mains de leurs ennemis. Ils désirent enlever ce dogue dangereux à l'influence anglaise, protéger leur commerce du castor, amener une ère plus pacifique, plus tranquille.

Les Anglais, eux, veulent conserver leur emprise sur les Iroquois et l'Iroquoisie pour se défendre contre les Français sans y mettre du leur. Bien qu'ils soient déjà quarante mille âmes contre une population de dix mille âmes sur les rives du Saint-Laurent, ils ne se sentent pas en sécurité sans ce rempart. Ils n'osent envisager la possibilité de se trouver face à face avec des Iroquois hostiles et alliés aux Français. Cette perspective les terrifie. L'alliance c'est aussi pour eux leur commerce des fourrures, leur expansion vers l'Ouest. C'est le moyen de harceler et de tenir en échec les Français. C'est le pion qu'ils manœuvrent et qui leur vaut de belles victoires.

Quant aux Iroquois, peuplade belliqueuse, douée d'un grand instinct politique, ils subissent tour à tour les assauts de ces deux grandes puissances. Chacune y emploie sa rudesse, ses menaces, ses souplesses, ses habiletés, ses roueries. L'idée d'existence nationale qui aurait pu leur être un fil conducteur n'est pas vive chez eux ; elle n'a pas la force qui aurait pu les guider. Iroquois catholiques se sont battus contre Iroquois catholiques. Ils signent sans trop de révolte des papiers où ils sont traités comme sujets anglais et où l'Iroquoisie devient terre anglaise. Ce sont les Français qui soufflent sur ce feu. L'intérêt est leur meilleur guide. Ils pèsent attentivement le pour et le contre. Mais bien des grands chefs sont morts, et d'autres sont incorruptibles. La nation, prise alors dans les violents remous de cette lutte entre deux puissances européennes, est souvent comme une grosse épave ballottée d'un côté à l'autre, entraînée par ce courant, ramenée par ce vent, sans assez d'énergie pour se diriger elle-même tout droit vers son propre but.

Pour l'Iroquoisie, il s'agit de survivre.

Alors, durant ces trois dernières années, c'est, entre les deux puissances, un jeu vif, rapide, étincelant, qui rappelle celui de l'escrime. Jamais aucun récit n'en pourra rendre tout l'intérêt passionnant. Chaque mouvement est suivi d'une contre-manœuvre prompte de la part de l'adversaire, et l'on se demande toujours qui gagnera cette superbe partie. Ce n'est qu'à la fin que le sort se prononce et favorise certainement celui qui, d'après toutes les lois du jeu, aurait dû perdre.

Provisions = lettres par lesquelles un bénéfice ou un office est conféré à quelqu'un.

Quand Frontenac meurt, Callière a en main des provisions de commandant général justement libellée en vertu de ces décès. Il saisit donc les rênes du pouvoir et il conduit les affaires du pays, tout en prenant des mesures rapides pour sa nomination subséquente de gouverneur général. Il doit s'occuper assez tôt des affaires iroquoises.

Le 26 décembre, les notables d'Albany décident d'envoyer un message aux Cinq Tribus. Ils veulent leur dire que Frontenac est mort, que des Français sont passés à Albany, se dirigeant vers la France, et que Callière a pris charge de l'administration. Mais le point principal est le suivant : les Anglais ont appris par ces Français de passage que, contrairement à leurs promesses, quelques-unes des cinq tribus ont envoyé un ambassadeur au

Callière avait remis sa requête, en secret, à Augustin Le Gardeur de Courtemanche qui se rendit en France par les colonies anglaises. Il arriva quelques heures avant l'émissaire de Vaudreuil. Il remit la lettre à François Callière, secrétaire de Louis XIV, qui la lui porta.

gouverneur du Canada, avec des colliers, pour traiter avec lui. Ils veulent savoir la vérité sur cette affaire. Que les tribus coupables envoient un sachem pour rendre compte de cette négociation. Un messager portera ces propositions. Les gens d'Albany le prennent de haut, comme on voit, avec les Iroquois et ils donnent des commandements sans se gêner le moins du monde.

En conséquence, le 3 février, Teganissorens est à Albany. Il parle devant les commissaires. Un Onontagué, dit-il, a eu des rencontres avec les sachems de sa tribu. Puisque c'était la paix, il voulait se rendre au Canada pour y voir son père chez les Iroquois catholiques. Les sachems discutent de l'affaire. Quelques-uns voudraient qu'il apporte des colliers pour le gouverneur. Mais d'autres s'opposent : ils rappellent l'engagement pris envers Bellomont de ne pas négocier directement avec le gouverneur du Canada, de ne lui envoyer ni ambassadeurs ni colliers sans passer par Albany. Cette opinion prévaut. L'Onontagué part avec son frère, mais comme simple citoyen et sans apporter de colliers. Ils arrivent au fort de Lachine. Ils y voient une femme qui fabrique des souliers indiens et qui leur dit qu'il s'en fabrique partout, comme si une expédition se préparait. Ils arrivent au Sault. Les chefs des Iroquois catholiques demandent « pourquoi les sachems n'étaient pas venus traiter avec les Français ». Les Onontagués répondent que Bellomont l'a défendu et que les neiges extraordinairement épaisses les ont empêchés de venir. Les Onontagués se rendent à la maison de Maricourt, où arrive un envoyé du gouverneur. Celui-ci sait que ces gens sont rendus.

Stow-Stow, autre surnom de Maricourt ?

C'est alors que s'engagent les premiers pourparlers qui vont réellement changer la face des choses. Stow-Stow, comme l'appellent les Iroquois, ne manque pas de finesse et d'adresse. Teganissorens raconte en effet, par questions et réponses, la conversation de l'Onnontagué avec Maricourt. Elle ne manque pas de piquant, comme il se peut qu'elle ne soit pas exacte du tout au tout. N'empêche qu'elle est divertissante et que Stow-Stow a dû beaucoup s'amuser. Il aurait dit que John Schuyler se serait opposé au renvoi des Iroquois prisonniers, parce que les Iroquois sont désobéissants, et qu'il a assimilé les Iroquois à des Nègres envers lesquels tout mépris est

« On vous appelle Frères, mais vous êtes traités comme des serviteurs... »

permis : « On vous appelle Frères, mais vous êtes traités comme des serviteurs, oui, plus mal que des soldats qui son punis pour la moindre offense. » Puis, parlant des prisonniers : « Pourquoi vos sachems ne viennent-ils pas ici et ne les libèrent-ils pas, mais vous n'êtes pas mieux que des esclaves pour votre gouverneur de New York, vous n'osez pas venir. »

C'était piquer l'Iroquois à l'endroit sensible. Les phrases portaient juste et ferme.

Alors Maricourt dit à l'Onnontagué de prendre conseil auprès des Iroquois catholiques. Celui-ci revient à la bourgade. Les Iroquois catholiques lui donnent deux colliers pour les quatre tribus. Ils veulent « leur dire que c'est la dernière fois qu'on leur demande de venir et de négocier avec le gouverneur du Canada, et qu'ils les avertissaient pour la dernière fois ». Qu'ils n'en parlent ni aux Agniers ni aux Anglais, mais qu'ils viennent traiter comme des hommes.

Quand l'Onontagué repart, il s'arrête encore au fort de Lachine. Le commandant lui dit que les Indiens alliés ont toujours la hache de guerre en main contre eux.

Ainsi, quand ces Onontagués sont revenus, ils ont raconté tous les événements de leur voyage. On se consulte sur ce que l'on doit faire. Tega-nissorens dit alors aux commissaires d'Albany que les sachems ont décidé d'envoyer trois ambassadeurs au Canada, un Onneyout, un Onnontagué et un Goyogouin, pour traiter avec le gouverneur de la Nouvelle-France au sujet des prisonniers. Il porteront trois colliers et conduiront quatre prisonniers français. En même temps, les Anglais et les Français pourront nommer des commissaires qui régleront à Albany la question de la paix pour les Iroquois.

Les sachems enverront des émissaires pour traiter avec le gouverneur.

Les commissaires font la grimace. Cette décision ne fait pas leur affaire. Ils demandent à Teganissorens si ces agents sont partis, si des Iroquois se sont oubliés jusqu'au point de manquer à leurs promesses et à leurs engagements. Le grand Teganissorens, qui a sans doute été très heureux de dire quelques vérités en les mettant dans la bouche de Maricourt, répond que les ambassadeurs n'étaient pas partis quand il a quitté Onnontaé, mais qu'ils étaient sur le point de le faire. Si on veut les arrêter, il n'y a pas de temps à perdre. Les commissaires décident d'envoyer tout de suite un interprète en compagnie d'un Indien pour demander aux sachems d'Onnontaé de retenir ces ambassadeurs, de les poursuivre et de les ramener s'ils étaient partis, et que des Anglais viennent pour discuter avec eux. Ils devront inviter les Iroquois à un autre conseil à Albany.

Les Anglais essaient d'arrêter cette ambassade.

Le 4 février, ils rédigent des instructions pour le colonel Schuyler, Wessels et le maire Hanse, qui doivent se rendre dans la capitale iroquoise. Étant donné, disent ces magistrats, qu'Onneiouts, Goyogouins et Onontagués ont résolu d'envoyer des ambassadeurs et des prisonniers au Canada, contrairement aux « commandements exprès » de Bellomont et aux engagements des Iroquois, il est jugé nécessaire que les personnages précédents se rendent à Onnontaé ; et là, disent les magistrats, « vous emploierez tous les arguments auxquels vous pourrez possiblement penser pour dissuader ces Indiens d'avoir aucune relation avec les Français du Canada ». Puis, ils dressent une belle liste de ces arguments : les Iroquois briseraient ainsi l'alliance qui unit les deux pays ; Albany doit être le lieu des négociations et des traités ; la promesse a encore été faite durant l'été de 1698 de négocier à Albany pour les prisonniers iroquois, et ce après une convocation solennelle et générale des tribus ; cinq prisonniers français ont déjà été

Les commissaires donnent des arguments et des instructions aux émissaires anglais.

livrés à Albany en conformité avec cette décision ; les Anglais ont toujours été fidèles à la parole donnée aux Iroquois, à leurs promesses ; les Français ne les ont jamais respectées ; le gouverneur du Canada veut faire d'eux ses esclaves, ses enfants, mais il craint leur force ; les Français ont toujours commencé les troubles, la guerre entre les deux pays ; les Iroquois sont des sujets anglais et, ainsi, ils n'ont pas besoin de négocier leur paix particulière pour avoir la paix ; il est contraire à leur honneur de négocier de cette façon ; il ne faut pas laisser des particuliers aller au Canada, car ils reviennent la tête remplie d'histoires et de chimères ; les Indiens alliés ne leur feront pas la guerre ; comme le gouverneur du Canada retient les prisonniers Iroquois contrairement au traité de paix, que l'on attende au printemps afin que Bellomont puisse agir ; amenez les sachems agniers à vos conseils ; enfin, ces agents d'Albany tâcheront de laisser deux Anglais à Onnontaé pour surveiller les Iroquois et les empêcher d'envoyer des ambassadeurs au Canada, ou d'en recevoir. Si les ambassadeurs sont partis et qu'il soit impossible de le rattraper, il faut demander aux Cinq Tribus d'envoyer leurs sachems à Albany dans un délai de six mois. Les magistrats, non contents d'avoir élaboré toute une série d'arguments, recommandent encore à leurs agents de se servir de tout leur art et leur habileté et de remporter un succès « par moyens équitables ou autrement » sur la question d'empêcher toute communication entre Français et Iroquois.

Les envoyés partent. D'où l'on voit que, si Bellomont ne parvenait pas à faire remettre aux Iroquois leurs compatriotes qui étaient prisonniers en Nouvelle-France, comme il l'avait promis maintes fois, il voulait quand même que les Iroquois n'envoient pas des ambassadeurs en Nouvelle-France. Pourtant, durant l'été et l'année écoulés, les Iroquois avaient dit : si vous nous remettez nos prisonniers, nous n'irons pas en Nouvelle-France.

Les ambassadeurs avaient déjà pris la route de la Nouvelle-France.

Mais, trop tard ! Les ambassadeurs étaient partis, ainsi que les envoyés anglais devaient l'apprendre au pays des Agniers, en cours de route. Depuis une semaine déjà, ils marchaient vers Montréal. Maricourt avait remporté un succès diplomatique.

Le 5 mars, Otaxesté et trois chefs sont à Montréal, où ils demandent à parler à M. de Callière. Ils apportent des colliers et donnent l'explication des présents qu'ils transportent. Tout d'abord, disent-ils, toute la Cabane vient pleurer la mort de Frontenac et présenter ses condoléances. Ensuite, elle veut saluer celui qui l'a remplacé. Ils veulent aussi discuter la question importante de la paix qu'ils considèrent comme faite en pratique. D'après les rapports que les Iroquois ont reçus, les Français maintiennent toujours sur le feu leur chaudière de guerre ; ils veulent savoir si c'est exact ou non. Leur ambassade représente les Cinq Tribus. Elle ramène trois Français, et une femme a été remise avec sa fille. Elle est disposée à rendre les autres. Elle invite enfin Maricourt à se rendre à Albany, où ceux-ci seront élargis et la paix conclue officiellement. Elle laisse aussi une invitation au père Bruyas, ainsi qu'à leurs compatriotes les Iroquois du Sault, de se rendre en leur pays. Il faudrait aussi faire revenir de France le père de Lamberville. Ces deux demandes sont faites sans doute, soit pour plaire aux Français, soit pour empêcher leurs compatriotes catholiques de quitter l'Iroquoisie.

Jean de Lamberville était retourné en France depuis 1689 à titre de procureur de la mission canadienne des jésuites. Malgré ses vœux, il ne reviendra jamais « finir le peu de jour qui me restent dans nostre cher Canada ».

D'ailleurs, le père de Lamberville, c'est celui « qui a toujours entretenu la Paix entre le Comte de Frontenac et nous ». Enfin, ils demandent aussi de transmettre des nouvelles de la paix aux Hurons, Outaouais et autres Indiens alliés afin de n'être plus attaqués à l'avenir. Pour l'instant, l'appréhension d'une attaque de la part de ces Indiens est forte et vive. Les Français et les Iroquois catholiques l'entretiennent à plaisir pour forcer les Iroquois à venir conclure la paix. D'après les discours de ces derniers, il y a toujours des troupes considérables d'Outaouais et de Hurons rassemblées pour attaquer l'Iroquoisie avec les Français. En outre, certains indices indiquent qu'ils maintiennent une guérilla fort active.

Callière ne parle pas non plus de façon à les rassurer. La chaudière de guerre est suspendue et demeurera suspendue ; et les rapports que les Iroquois ont reçus sont exacts. Les Français ne se rendront pas à Orange : « Le feu des affaires a toujours été allumé à Montréal » et non dans cette ville de Nouvelle-Angleterre. Après la paix, la porte sera ouverte à tous les prisonniers, et l'échange général pourra se faire. Le père de Lamberville pourra revenir, le père Bruyas et Maricourt pourront se rendre en Iroquoisie. Quant aux Indiens alliés, les Iroquois doivent faire la paix avec eux en même temps qu'ils la feront avec la France. On leur demande de revenir dans quarante jours pour cette paix générale, de donner leur réponse, et ensuite on fera les préparatifs d'une grande paix entre toutes les nations. Pour les encourager, les Français leur remettent quatre prisonniers capturés dans le combat où la Chaudière Noire a été tué. Les Iroquois cherchent évidemment, pense La Potherie, à remettre la main sur leurs prisonniers et à connaître et pénétrer les intentions de Callière. Mais c'est toujours la même politique, et les événements se déroulent insensiblement, sans brisure, tout comme si Frontenac n'était pas mort. Callière a les deux atouts de son prédécesseur : les prisonniers iroquois, les attaques des Indiens alliés et, dans une certaine mesure, la menace d'une attaque des Français qui plane sur l'Iroquoisie.

Seule la paix ouvrira la porte à l'échange des prisonniers.

Au début de février, en apprenant de la bouche de Teganissorens venu à Albany que les Onontagués et les Onneiouts avaient envoyé des ambassadeurs au Canada, les magistrats de cet endroit avaient décidé de mandater immédiatement des agents à Onnontaé pour empêcher ces ambassadeurs de partir et ils leur avaient donné des instructions. Mais Teganissorens avait transmis la nouvelle trop tard. Les agents avaient appris, pendant leur voyage, que les ambassadeurs étaient partis.

Les agents se nommaient Johannes Glen et Nicholas Bleeker. Avaient-ils rebroussé chemin et avaient-ils reçu de nouvelles instructions de continuer leur route pour apprendre à Onnontaé les nouvelles que les ambassadeurs rapporteraient de là Nouvelle-France ? Il semble bien que oui. Toujours est-il qu'ils arrivent dans la capitale iroquoise le 20 mars avec la charge de surveiller les Iroquois et de savoir ce qui se passe dans les conseils. Ils apprennent que les ambassadeurs arrivent du Canada avec cinq colliers, comme on l'a vu. C'est Otaxesté et un compagnon qui les ont apportés. Le 21 mars, des influences nouvelles se font sentir. On envoie un message aux autres tribus et un message à Bellomont pour dire que les Onneiouts et les Onontagués sont revenus avec cinq colliers. On en donne la signification. On demande aux tribus de venir en conseil dans vingt-cinq jours et à Bellomont d'envoyer Peter Schuyler et Dirck Wessels. C'est un succès des agents anglais. Les Iroquois ne seront plus seuls, entre eux, à leur grand conseil. Quand ils prendront en considération les propositions de Callière. Schuyler et Wessels seront là.

Les Anglais envoient Schuyler et Wessels assister au Grand Conseil.

Jean-Baptiste van Eps part pour Albany, laissant Glen en arrière de lui pour tenir les Iroquois sous observation.

Le 28 mars, deux Indiens du Canada arrivent à Onnontaé avec deux prisonniers indiens et deux femmes, de même qu'un Onnontagué établi au Canada depuis deux ans. Il reste encore deux prisonniers onnontagués au Canada, note Glen.

Le 9 avril, deux messagers indiens du Canada, des Iroquois catholiques qui doivent apparemment rapporter des nouvelles, commencent à se faire des canots et se rendent à cet effet en dehors de la capitale. Ils reviennent le 13. Le 14, les sachems s'informent auprès de Glen. Pourquoi Eps ne revient-il pas ? Le délai de vingt-cinq jours est expiré. Glen, qui est anxieux, dit qu'Eps s'est rendu à New York pour s'entretenir avec Bellomont. Les Onontagués convoquent les Goyogouins et les Tsonnontouans, leur demandant de venir dans la capitale dans huit à dix jours.

Le 15 avril, les sachems onnontagués tiennent conseil pour communiquer les nouvelles du Canada aux Goyogouins. Glen leur dit de ne rien faire avant le retour d'Eps. Il leur demande pourquoi ils se rassemblent. Lui et les autres Anglais ont une attitude dictatoriale et donnent des ordres. Un autre messager indien arrive du Canada ce jour-là.

Le 16 avril, une autre réunion des sachems a lieu. Glen demande des nouvelles aux Goyogouins. « Nous n'avons pas pu nous entendre », lui est-il répondu brièvement.

Le 17 avril, les sachems disent à Glen que le messager indien retournera au Canada dans sept jours. Glen espère qu'ils ne feront rien de définitif sans la participation ni le consentement de Bellomont. Les sachems répondent que le messager ne veut pas attendre plus longtemps. Glen résout de se rendre à Albany pour avoir des nouvelles de son compagnon, Eps, qui n'est pas revenu dans le délai prescrit.

Glen s'inquiète du retard de van Eps.

Les sachems l'approuvent d'entreprendre ce voyage. Glen dit qu'il reviendra dans quelques jours et de ne pas laisser partir le messager. Ce dernier n'est pas de cet avis. Teganissorens dit alors à Glen de partir, que le messager lui ne peut quitter la capitale avant une dizaine de jours, et que lui, Glen, sera alors revenu. Les Goyogouins rentrent chez eux. Glen retourne à Albany.

Pendant que tout cela se passait dans la capitale iroquoise, Jean-Baptiste van Eps avait fait diligence vers Albany, ensuite New York, transportant avec lui le message iroquois qui convoquait les Anglais dans vingt-cinq jours et donnait en détail les propositions de Callière. À New York, le conseil et l'Assemblée sont saisis de toute l'affaire. Ils donnent des instructions à des agents qui se rendront à Onnontaé. L'un et l'autre sont infiniment inquiets du tour que prennent les négociations. Ils sentent qu'ils perdent du terrain, que les Iroquois leur échappent. Ils examinent à fond la question pour trouver une solution. Ils veulent corriger tout ce qui peut leur nuire dans ce suprême combat.

À Albany, on s'inquiète aussi de la tournure des événements.

Alors, les agents ont instruction de dire aux Iroquois que la décision d'avoir envoyé des agents au Canada sans la participation de Bellomont « est très mal prisée par Son Excellence, car elle attirera de mauvaises conséquences ; et de se servir de tous les arguments possibles pour les dissuader fermement des mauvais procédés semblables pour l'avenir ». Le conseil de New York copie en bonne partie les instructions que les magistrats d'Albany ont déjà données à Glen et à Eps avant leur départ. Les agents de New York aussi doivent « se servir de tout leur art et de toute leur habileté, par moyens équitables ou autres... pour mettre obstacle et empêcher toute communication avec les Français du Canada ». En un mot, c'était une bataille de style libre, où toutes les prises étaient permises, une vraie bataille, sans règlements et sans loi. Effrayés du retour des jésuites en Iroquoisie, horrifiés de la demande faite par les Iroquois à Montréal, New York offre des missionnaires protestants et ajoute, dans ses instructions aux agents : « Vous devez les persuader par tous les moyens de ne pas souffrir que des Jésuites vivent parmi eux, car ce gouvernement ne peut permettre une chose semblable. »

Puis, les instructions essaient de soutenir le moral des Iroquois. Les agents devront dire que les Algonquins ne les attaqueront pas au nord du lac Ontario, que les Outaouais seront pacifiques ; que les rumeurs d'attaques sont répandues par les Français pour les empêcher de chasser et les maintenir dans la pauvreté. D'ailleurs, s'ils sont attaqués, pourquoi ne pas se défendre ?

Arnout Cornelissen Viele part donc de New York le 14 avril, comme envoyé spécial du gouverneur et du conseil de la colonie de New York. Le 21, il est à Albany, où arrive le même jour d'Onnontaé, Johannes Glen, qui est venu voir pourquoi Eps ne revenait pas avec des instructions précises d'Albany ou de New York. Le lendemain, un messager part en toute hâte pour avertir les sachems d'Onnontaé que les agents de Bellomont suivent. Plus tard, le même jour, partiront à loisir les grands acteurs de ce drame, du côté anglais : John Schuyler, John Bleeker, Jean-Baptiste van Eps et Viele lui-même. Le 24, ces représentants se présentent à la dernière bourgade des Agniers. Ils déclarent aux sachems que la fameuse concession du pays des Agniers à Dellius, Schuyler et autres a été annulée. Cette déclaration ne suffira pas. On l'annoncera d'une façon plus officielle encore, dans un effort de dernière minute, pour détruire le mécontentement qui, de ce chef, aurait pu se former dans l'âme des Agniers et des autres Iroquois. Par ailleurs, comme les Anglais sont aussi alarmés par le désir d'avoir des jésuites, de Bruyas et Lamberville, parmi eux, les agents anglais annoncent que des missionnaires protestants viendront et auront soin de leurs âmes. Les Agniers, ou ce qu'il y a d'Agniers dans la bourgade, ce qui fait peu, se disent du même avis que le gouverneur et que les Iroquois ne doivent pas envoyer d'ambassadeurs au Canada pour négocier directement. Le 27 avril, les agents sont à Onneyout. Ils y apprennent que, lors du passage du messager qu'ils ont envoyé auparavant, on a convoqué toutes les tribus iroquoises.

La concession du pays des Agniers est annulée.

Enfin, le 28 avril, les agents sont dans la capitale iroquoise pour discuter avec les Iroquois de la réponse qu'ils doivent donner aux cinq propositions de Callière. Le même jour, le messager qui a convoqué les Goyogouins et les Tsonnontouans revient. Le lendemain, 29 avril, deux sachems tsonnontouans arrivent. Le 30, on envoie un second messager aux Goyogouins. Celui-ci raconte au retour que ces messieurs de la noblesse goyogouine sont partis pour la chasse aux jeunes pigeons, probablement aux tourtes, qu'ils sont en pleine forêt à l'heure présente, qu'on tentera de les ramener en leur disant que les agents de Bellomont sont arrivés. Les 1er, 2 et 3 mai, les agents attendent avec impatience. Un Onneiout, probablement Otaxesté, fait de la propagande à Onnontaé dans un sens contraire à celui des agents. D'après les agents anglais, il veut être le messager que les Cinq-Nations enverront en Nouvelle-France. Il voudrait être le libérateur des deux prisonniers. Mais l'arrivée des Anglais compromet son œuvre et, le 3, il quitterait la capitale. Ce qui signifie probablement que le vent tourne en faveur des Anglais.

Les messages et ambassadeurs arrivent dans la capitale iroquoise.

Le 6 mai, les Goyogouins ne sont toujours pas arrivés. On leur envoie de nouveau deux messagers qui, le soir même, ramènent les sachems.

Enfin, le 7 mai, le fameux conseil peut avoir lieu. Les représentants de quatre tribus seulement sont venus ; les Agniers ont envoyé avis qu'ils se

Le conseil s'ébranle.

rangeaient du côté des ordres de Bellomont. Les agents anglais prononcent leur discours, conforme sans doute aux longues instructions qu'ils ont reçues. Puis, Teganissorens leur pose quelques questions : ils n'ont pas mentionné le fait de ramener les prisonniers français à Albany, pour qu'ils soient ensuite échangés avec la France, comme il en a été souvent question. Les Anglais répondent qu'ils peuvent les amener quand ils le voudront. Il demande ensuite ce que l'on a fait des cinq prisonniers français qu'ils ont ramenés à Albany. Les agents répondent que les Iroquois le sauront quand ils viendront à Albany. Teganissorens répond qu'on a vu de ces prisonniers au Canada. Schuyler finit par avouer que l'un des cinq s'est évadé. Les Iroquois ne sont pas très contents sans doute, car d'après leurs promesses, les Iroquois ramèneraient les prisonniers français à Albany, où Bellomont les échangerait contre les prisonniers iroquois au Canada. Comme ont le sait, cet arrangement ne peut marcher, Frontenac et Callière n'en voulant pas. Les Iroquois comprennent probablement maintenant qu'il n'y a rien à faire de ce côté. Les Anglais ne peuvent faire l'arrangement.

D'après ce récit anglais, un sachem demande alors que l'on produise les cinq colliers de Callière. Un jeune homme les jetterait à terre devant le sachem. Un autre les pousserait du pied jusqu'à lui. Mais la fin n'est pas si plaisante : un Iroquois récite, comme c'est l'habitude sans doute, les cinq propositions représentées par les cinq colliers. D'indignation à l'idée d'entendre ces paroles sacrilèges, messieurs les agents anglais quittent le conseil. Ils ne veulent pas se rendre coupables de cet acte prohibé : écouter les propositions d'un Français. Ils ne veulent rien avoir à faire avec cette matière. Car l'ordre de Bellomont est précis : toute communication avec les Français est interdite.

Les sachems sont moins scrupuleux. Ils écoutent et discutent. Une heure plus tard, Teganissorens sort du conseil et leur dit : nous nous consultons. Quand nos délibérations seront terminées, nous vous donnerons notre réponse. Le conseil dure tout l'après-midi. La réponse ne viendra même que deux jours plus tard, soit le 9.

Les sachems écoutent les propositions de Callière.

C'est toujours Teganissorens, le vieux chef, qui la donne. Elle est d'une dignité et d'une justesse admirables. C'est avec chagrin et douleur, dit-il, que les Iroquois apprennent l'ordre que Bellomont leur mande de ne pas envoyer d'ambassadeurs au Canada pour réclamer leurs derniers prisonniers. Quand ils s'y sont rendus en février, leur libération avait été décidée en principe ; mais maintenant, s'ils n'y retournent pas, les prisonniers demeureront au Canada. Les Iroquois obéiront à la volonté de Bellomont, mais ils se permettent de lui dire qu'il est bien lent à échanger les prisonniers. L'été passé, les tribus ont insisté dans leurs propositions pour que l'échange général soit fait aussi tôt que possible. Mais l'événement ne s'est jamais produit. Si les Anglais avaient le moindre regard pour les Iroquois, ils organiseraient cet échange eux-mêmes, et, s'ils ne le peuvent pas, ils souffriraient que les Iroquois le fassent.

À l'automne de 1698, les Iroquois avaient décidé d'aller au Canada. Pourtant, les Anglais les ont arrêtés à Albany. Le lieutenant-gouverneur leur a dit que l'affaire était réglée, que Maricourt viendrait du Canada pour y mettre la dernière main. En conséquence, les Iroquois ont laissé cinq prisonniers français à Albany pour être échangés. Cependant, ils s'aperçoivent maintenant que, comme Maricourt n'était pas venu, tout n'était que mensonge.

Les Indiens alliés continuent la guerre.

Les Iroquois avaient appris avec joie l'arrivée de Bellomont à New York. Ils espéraient secouer le joug français. Ils croyaient que la fin de leurs malheurs était arrivée. Mais le temps passe, les Français gardent leurs prisonniers. Bellomont devrait aussi obtenir pour eux la paix, la fin de cette guerre. Elle occasionne quotidiennement de grands dommages aux Iroquois. Ce sont les Indiens alliés qui la continuent ; ils viennent encore jusqu'à deux pas des bourgades. Ils agissent à l'instigation des Français. Bien plus, ces derniers menacent les Iroquois d'hostilités nouvelles ; ils ne déposeront pas les armes tant que les Iroquois n'enverront pas d'ambassadeurs au Canada pour établir la paix, ramenant du même coup eux-mêmes leurs prisonniers iroquois.

Par ailleurs, si ces ambassadeurs se rendent au Canada, les Iroquois, d'après les agents anglais, brisent leur alliance avec le peuple anglais. L'alliance pourtant ne doit pas être brisée pour une affaire de ce genre ; elle existe depuis de longues années. C'est une chose dure à dire que cette alliance ancienne sera brisée parce que les Iroquois tentent de libérer leurs compatriotes. La cause n'est pas assez importante pour justifier cette fin.

Les forts de pierre sont inutiles en temps de paix.

Les agents anglais ayant dit que leur nation construirait des forts de pierre autour des principales villes, comme Albany et Schenectady, afin de rassurer les Iroquois sur leur capacité de résister aux attaques françaises, Teganissorens répond durement : ce n'est pas en période de paix que ces forts sont nécessaires ; c'était durant la guerre. Aujourd'hui, ils seront inutiles.

Les Iroquois repousseront sans doute la force par la force. Encore aujourd'hui, des Outaouais ont paru à deux jours de la capitale. Que les Anglais envoient des armes et des munitions.

Quant à la question des missionnaires protestants, les Iroquois l'étudieront quand les autres questions seront réglées.

« ...que nous ne soyons pas inondés par des faussetés comme nous l'avons été autrefois ».

Les agents ayant répété au conseil que les Iroquois sont sujets anglais, Teganissorens leur fait la réponse suivante : « ... qu'il en soit ainsi, mais si les Français nous font la guerre et nous molestent... je vous en prie, que nous recevions une assistance réelle et que nous ne soyons pas inondés par des faussetés comme nous l'avons été autrefois ». La réponse était dure.

Enfin, Teganissorens dit qu'il y aura conseil des cinq tribus à Albany. Dans deux semaines, les Iroquois seront là. Ils n'iront pas au Canada. Mais rien ne les vexe autant que le fait que leurs prisonniers soient détenus au Canada.

Naturellement, on voit les Iroquois réclamer de plus en plus énergiquement leurs prisonniers, désirer de plus en plus frénétiquement la paix, la tranquillité. Bellomont ne peut leur donner satisfaction. Alors ces désirs montent et montent en intensité. Mais d'un autre côté, il devient clair qu'à eux seuls, les Iroquois ne peuvent sortir de l'emprise anglaise, s'en échapper. Les vieux agents d'Albany, interprètes et autres, agissent sur cette démocratie et savent toujours, à la dernière minute, imposer la volonté du gouverneur de New York et détourner le coup. Ils sont là, deux, trois, quatre et plus, qui exercent leur influence, manient leurs hommes. Que manque-t-il ? Qu'est-ce qui pourrait libérer la volonté iroquoise ? Vingt fois, les Français ont été sur le point de réussir, vingt fois, l'effet de la décision a été arrêté. Sans doute, il faudrait que le ravitaillement de l'Iroquoisie soit organisé par le fort Frontenac, en armes et munitions, pour que les Anglais ne puissent plus exercer sur eux cette pression particulière, celle de cesser de vendre ces marchandises. Mais encore quoi ? Car l'Iroquoisie glisse lentement, peu à peu, des mains des Anglais.

Bellomont s'en rend compte. Il le dit dans une lettre du 13 avril : « Les Indiens sont très terrifiés et très troublés par les Français... leur propre diminution en nombre et force, ayant environ trois mille cinq cents guerriers au début de la guerre, il ne leur reste qu'environ mille cent hommes maintenant. » En outre, le fort Frontenac les inquiète, car il est aux confins de l'Iroquoisie « de façon qu'il incommode extrêmement en temps de guerre... ». Bellomont reviendra souvent sur ce point. Ces paroles sont une justification posthume de la politique de Frontenac, qui a insisté pour que Cataracoui soit réoccupé. « De façon que, dit-il à la fin, sur toute cette affaire, les gens qui s'y connaissent le mieux ici appréhendent que nous perdions entièrement les Cinq-Nations d'Indiens, à moins que l'on adopte immédiatement une politique affective pour recapturer leur affection. »

La politique que Bellomont élabore, on en connaît les grandes lignes. Il s'agit de remettre aux Agniers les territoires qui leur appartiennent. On a déjà vu que des messagers leur ont annoncé cette nouvelle. De plus, le 19 mai, MM. Hanse et Schewerhorn reçoivent instruction de se rendre aux bourgades de la tribu agnière. Là, ils rappelleront que, l'an passé, les Agniers se sont plaints au conseil de la grande violence et de l'injustice qui leur ont été faites par Dellius ; que ce pasteur et d'autres associés leur avaient fait signer, par ruse, l'achat de leur pays sous prétexte de les garder en fidéicommis pour eux ; d'autres Anglais avaient agi de même, pour d'autres terrains, avant eux. Les agents ajouteront que l'Assemblée de New York

Dellius a été trouvé coupable et démis de ses fonctions.

a examiné l'affaire, trouvé Dellius coupable, annulé l'acte, censuré l'homme et l'ont suspendu de ses fonctions. Les terres sont remises aux Agniers.

Bellomont veut construire deux forts de pierre.

La politique de Bellomont prévoit ensuite la construction de nouveaux forts de pierre à Schenectady, Albany et d'autres lieux pour inspirer aux Iroquois l'idée frappante de leur force et leur faire comprendre qu'ils sont plus puissants que les Français. Plus encore, Bellomont veut construire des forts solides en Iroquoisie même pour empêcher, de force, la défection des Iroquois. Il en placerait un en pays agnier et un autre en pays onnontagué, en face de Cataracoui, probablement. Ainsi, il tiendrait l'Iroquoisie, bon gré mal gré, et l'assujettirait aux Anglais.

Les pasteurs anglais, contrairement aux jésuites, répugnent à se rendre en Iroquoisie.

Cette politique comprend en plus l'envoi de missionnaires protestants en pays iroquois. Voyant que ses habitants ont demandé des jésuites français, Bellomont va demander à Londres des missionnaires. Toute une correspondance s'échangera à ce sujet, qui sera curieuse sous certains rapports, car elle indiquera qu'il est à peu près impossible de trouver des pasteurs prêts à s'exposer aux intempéries, aux misères, aux difficultés de la vie indienne, tandis que les Français trouvent dans les jésuites des hommes qui aspirent continuellement à ces sacrifices.

Dans la bataille en cours, les Français n'ont pas à faire face seulement à des adversaires qui agissent rapidement pour déjouer chaque tentative de leur part, mais à des hommes réfléchis, posés, qui étudient chacun des griefs des Iroquois pour les corriger et leur donner satisfaction.

Pour remettre en état leur commerce détruit par la guerre, Livingston conseillera même d'établir un poste anglais à Détroit. Les chasses des Iroquois seraient ainsi protégées, elles qui, encore en 1699, sont réduites à rien. Car les Indiens alliés sont là ; ils menacent les Iroquois ou les attaquent encore à l'ouest de Niagara et au nord du lac Ontario. Sur ce point, les Anglais s'aperçoivent aussi que les tribus de l'Ouest ont acquis une assurance qu'elles n'avaient pas autrefois. Alors qu'auparavant elles fuyaient, éperdues devant les bandes iroquoises, aujourd'hui, elles font face résolument et attaquent avec succès. La victoire change de camp. Les Iroquois affaiblis deviennent peu à peu la victime poursuivie. Voilà qui est nouveau dans l'histoire.

Chapitre 221

1699

Les chances de succès des Français augmentent du fait que, en premier lieu, ils peuvent recommencer chaque jour la guerre contre les Iroquois et, en second lieu, parce que les Indiens alliés peuvent la continuer. À Montréal, on brandit sans cesse cette menace au-dessus de la tête des ambassadeurs officiels ou officieux en provenance de l'Iroquoisie. Elle pèse lourd dans la balance, car les Iroquois souhaitent frénétiquement la paix.

Cependant, l'une de ces ressources leur est enlevée très tôt. La Cour de Versailles reçoit les dernières dépêches de Frontenac. Elle ignore encore la mort du gouverneur quand, le 25 mars, le roi de France prend une résolution qui rendra bien difficile la situation de Callière. Voici ce qu'écrit le roi : « ...Afin que les choses n'aillent pas jusqu'aux voies de fait, je suis convenu avec mon frère le roi d'Angleterre, en attendant que les commissionnaires que nous avons nommés en exécution du traité de Ryswick en aient fait un qui serve de règle à l'avenir, que si on en était venu jusqu'aux actes d'hostilités, ils cesseront de part et d'autre dans l'instant que vous recevrez cette lettre... » Si aucun acte d'hostilité ne s'est produit et si les Anglais ont obtenu des avantages sur les Français, ou vice-versa, « les choses seront rétablies sur le pied qu'elles étaient au commencement du mois d'août dernier ». Ensuite, Louis XIV s'attaque résolument au problème de l'Iroquoisie. C'est la partie qui est d'un grand intérêt et d'une grande actualité, et qui porte sur le fond de la question. Pour empêcher, dit le roi, les disputes survenues au sujet des Iroquois et pour les régler momentanément, « j'ai consenti qu'ils demeureront en repos et qu'ils jouiront de la paix conclue à Ryswick de même que les Indiens avec lesquels ils ont été en guerre... seront désarmés autant qu'il sera jugé à propos par vous et par ledit de Bellomont pour les contenir dans la tranquillité dont on est convenu qu'ils jouiront... ». Cela dans le cas où ces tribus se feraient la guerre entre elles

« [les actes d'hostilité] cesseront de part et d'autre dans l'instant que vous recevrez cette lettre... »

ou la feraient, soit aux Anglais, soit aux Français, selon le cas. Louis XIV ajoute que le roi d'Angleterre envoie les mêmes ordres à Bellomont. De plus, les deux gouverneurs, Bellomont et Callière, devront s'envoyer réciproquement copie de cet ordre, pour que nul n'en ignore la teneur.

La paix de Ryswick est imposée aux Iroquois.

Plus simplement, la paix de Ryswick est imposée aux Iroquois mais, cette fois, par les deux parties contractantes en même temps, de façon à n'être pas une confirmation de la théorie anglaise voulant que les Iroquois aient été sujets anglais. Ceux-ci obtenaient la paix, non plus du seul avis de Bellomont et du roi d'Angleterre, mais parce que les deux rois, conjointement, simultanément, prenaient la décision de donner la tranquillité à ces peuples dont la nationalité était en litige entre eux et dont les terres étaient convoitées par les deux nations.

ukase = décret

Pourtant, l'effet de cet ukase, quel était-il ? Les Français, pour obliger les Iroquois à venir négocier la paix au Canada, ne pouvaient plus les menacer de la guerre, ni les menacer de la guerre par les Indiens alliés, ni retenir leurs prisonniers et refuser de les échanger, en bref de tous les principaux arguments dont ils s'étaient servis jusqu'à ce jour. Bien plus, Bellomont pourrait se vanter auprès d'eux d'avoir triomphé sur toute la ligne, de leur avoir procuré leurs prisonniers et la paix sans qu'ils aient à se rendre à Québec. C'était en fait une victoire pour Bellomont. Il pourrait profiter de cette occasion pour mettre les Iroquois, une fois encore, dans ses intérêts, et s'assurer peut-être aussi leur fidélité. Naturellement, Louis XIV semble avoir bien sauvegardé ses intérêts de fond mais, en pratique, c'était un avantage déterminé pour Bellomont.

Pus tard, au début du mois d'avril 1699, une autre dépêche apporte de nouveaux renseignements : on a ouvert à Londres des conférences « pour le règlement des limites et des affaires des colonies de l'Amérique, on a commencé par celle de la souveraineté des Iroquois ». Pourtant, rien n'est terminé encore, et rien ne le sera avant longtemps.

Callière devient officiellement gouverneur.

La commission de gouverneur de Louis-Hector de Callière est subséquente. Elle est datée du 20 avril 1699. Le nouveau gouverneur recevra donc en même temps les dépêches qui sont de nature à paralyser son action et sa nomination.

En mai, à Onnontaé, les Iroquois avaient donc résolu de nouveau, sous la surveillance des agents anglais, de ne pas envoyer d'ambassadeurs au Canada, comme ils l'avaient promis en février à Callière. Teganissorens avait dit ensuite que les sachems se rendraient prochainement à Albany pour discuter de nouveau toute la question des prisonniers. Car rien n'était jamais fini, dans ces éternelles négociations, et rien non plus n'était jamais définitivement réglé.

Les conseils reprennent à Albany.

Comme question de fait, les conseils reprennent à Albany le 12 juin. Les négociateurs anglais ont l'ordre d'insister sur la même politique : défendre toute communication entre Iroquois et Français. Par contre, si les Iroquois sont fermement résolus à se rendre en Nouvelle-France, il faudra tâcher de leur imposer la compagnie de deux agents anglais ; et, avant le départ, il faudra élaborer, rédiger, mettre au net les propositions que les Iroquois soumettront.

La question se résout mieux qu'on ne le pensait. Pourquoi désirez-vous tant vous rendre au Canada pour conclure un traité ? leur demande-t-on. Et Teganissorens répond : « Vous avec bouché le chemin du Canada, nous n'irons pas. » Le même débat se présente. Les Iroquois ne veulent obtenir rien d'autre que la libération de leurs prisonniers. S'ils ne peuvent se rendre au Canada, les Anglais ne peuvent s'y rendre non plus. Les Iroquois ne voient aucun signe de l'échange général des prisonniers iroquois et français tel qu'ils le demandent depuis longtemps, qu'il soit fait par eux-mêmes en s'y rendant seuls, ou en s'y rendant avec les Anglais. « Nos prisonniers français, disent-ils, sont remis peu à peu ; les cinq qu'ils avaient conduits à Albany ont été livrés et remis. Mais nos prisonniers iroquois sont toujours au Canada. Les Iroquois éprouvent de la peine qu'on ne s'occupe pas de leurs prisonniers. Il n'y a encore pas de vraie paix entre les Français et les Iroquois ; la chaudière est toujours sur le feu. Que Bellomont obtienne au moins de Callière qu'on la renverse. »

La chaudière est toujours sur le feu.

On tourne toujours en rond, dans le même cercle vicieux, et il ne semble pas du tout qu'on ait eu connaissance encore de l'ordre donné par les deux rois.

Une conférence particulière a lieu entre cinq Anglais et cinq sachems. Il y est question d'un projet qui enverrait deux Iroquois au Canada pour favoriser l'évasion des deux prisonniers onnontagués. Les Anglais en reviennent à la politique des cadeaux. Ils donnent dix barils de rhum, cinq rôles de tabac, des sacs pour mettre deux cents livres de poudre et du plomb en conséquence, etc. Après ces libéralités, le conseil poursuit ses débats. Le chemin du Canada demeure bloqué pour les sachems et pour les particuliers, afin de ne pas exposer les uns et les autres aux artifices des Français.

Les Anglais offrent des cadeaux.

Un Tsonnontouan communique une nouvelle : les Hurons, comme les Iroquois d'ailleurs, ont reçu l'ordre de se rendre en Nouvelle-France à l'été. Si ceux-ci refusent, Callière prendrait la décision d'ordonner la guerre contre eux. D'ailleurs, Lamothe Cadillac a établi un poste à Détroit, à la même époque que Bellomont songeait à en établir un. Ce qui veut dire que les Français sont installés de nouveau à proximité des terrains de chasse de l'Iroquoisie, dans la région du lac Érié. Les Iroquois craignent fortement une invasion des Français. Ils parlent avec appréhension du rassemblement qui aura lieu à Montréal. Mais, malgré toutes les plaintes, toutes les rumeurs, toute la répugnance de tous les Iroquois, on conclut quand même que le chemin du Canada sera bouché pour tous, qu'il sera fait exception peut-être

Lamothe Cadillac a établi un poste à Détroit.

à cette règle pour ceux qui vont voir leurs parents, que les sachems devront être vigilants pour que ces derniers visiteurs n'apportent pas de colliers.

Ces promesses valaient littéralement ce qu'elles avaient coûté. Les Iroquois cédaient plus aux sollicitations, aux prières, aux objurgations, aux cadeaux, qu'ils ne cédaient à des raisonnements ou à une conviction. Aussi, chacun ne s'y fiait pas trop.

Les instructions des rois d'Angleterre et de France arrivent un peu plus tard, ce qui fait que chaque gouvernement doit au moins réarranger ses affaires en conséquence. Le 3 juillet, Callière reçoit une lettre du lieutenant-gouverneur Nanfan, qui demande la libération des prisonniers iroquois. Il *Nanfan demande* envoie des sachems avec ses propres agents. Callière a le devoir d'élargir *l'élargissement* des prisonniers. Nanfan donne également des instructions écrites à ses agents, *des prisonniers.* et il insiste sur le fait que ces Iroquois sont des sujets anglais, que leur pays est en territoire anglais, etc., mais que, dans tous les cas, des commissaires ont été nommés pour régler la question des frontières, et que la question des prisonniers doit être réglée.

La réponse de Callière date du 6 août. Le gouverneur précise bien que, malgré toutes les instructions, la frontière n'est pas fixée encore, pas plus que la nationalité des Iroquois. Sur ce point, on ne peut soulever des chicanes et des difficultés tant que les commissaires des deux pays sont au travail. Il renvoie les deux compagnons de la Chaudière Noire qui étaient détenus à Montréal.

Un peu auparavant, le 22 juillet, Bellomont avait écrit aux lords du Commerce. Il se montrait à ce moment-là plus confiant. Callière, mentionnait-il, avait libéré les prisonniers iroquois qu'il détenait à Montréal. Les Iroquois étaient heureux. De quarante à cinquante sachems étaient venus récemment à Albany. Ils ne songeaient même plus à se rendre chez les Français. Bellomont leur avait fait dire qu'il pensait à construire un fort en pays onnontagué et à y tenir une garnison qui les protégerait contre les *« ...mais je ne* incursions des Français de Cataracoui, ce fort « qui est une grande terreur *voudrais pas* et un grand trouble pour eux » ; les Iroquois auraient été favorables à une *qu'ils connaissent* telle proposition. Ils auraient désiré que Bellomont l'exécute, « mais je ne *le peu de moyens* voudrais pas qu'ils connaissent le peu de moyens que j'ai de l'exécuter... » *que j'ai de* De plus, le gouverneur semble marcher sur une fausse supposition, car cet *l'exécuter... »* assentiment est loin d'être donné.

C'est précisément à ce moment que Bellomont, dont la politique avait été si puissamment assistée par les ordres venus de Paris et de Londres, se remet à perdre du terrain devant la politique avisée, prudente, énergique de Callière. Un terrain qui, cette fois, ne sera pas facile à regagner.

Le 21 septembre 1699, un message des Onontagués arrive à Albany. Il dit que cinq jours plus tôt, soit le 16, le sachem en chef des Tsonnontouans est venu dans la capitale iroquoise. Il y a raconté qu'un parti de ses compatriotes était à la chasse non loin de leurs bourgades quand, tout à coup, ils ont été attaqués par des Indiens alliés. Cinq Tsonnontouans ont été tués et scalpés. Le sachem désire par conséquent que l'on envoie des ambassadeurs à Callière pour lui demander pourquoi et de quel droit les Indiens alliés viennent ainsi les attaquer et les détruire en temps de paix. Toutefois, les Onontagués se rappellent, eux, les promesses faites à Bellomont de ne pas envoyer de députés au Canada. Ils croient que c'est bien à l'instigation des Français que ces attaques ont lieu et qu'il faut aller se plaindre, non pas à Québec et à Callière, mais à Bellomont, à Albany. Car c'est la quatrième fois que ces attaques se produisent malgré la conclusion, depuis longtemps, de la paix en Europe. Ainsi, l'hiver prochain, les Iroquois veulent-ils retourner à leurs anciens terrains de chasse dans le Haut-Canada, autour de Cataracoui ; ils appréhendent d'autres mauvais coups des Algonquins ou d'autres Indiens du Canada. Ils veulent que Bellomont insiste pour que la paix soit observée et qu'il demande aux Français d'empêcher ces manquements continuels à la paix générale.

Pourquoi les Iroquois alliés attaquent-ils les Iroquois si la paix a été signée ?

C'est à Bellomont, selon les Iroquois, de régler ce problème !

Le massacre des Tsonnontouans aurait été commis par des Indiens dans le territoire desquels se trouve Tonty.

Cette attaque et les précédentes étaient-elles inspirées en sous-main par les Français ? Frontenac avait-il dirigé en secret les Algonquins qui avaient mitraillé la Chaudière Noire et sa bande ? Les gouverneurs français agissaient-ils ainsi pour refuser la paix, refuser la tranquillité, au peuple iroquois démoralisé et le forcer à venir conclure la paix au Canada ? C'est très possible et très probable. Par les réactions que ces coups excitent en Iroquoisie, on voit bien qu'ils favorisent étrangement la politique de la France. Les Iroquois sont affolés, terrifiés. Ils ne peuvent plus chasser que dans leur pays et, même là, ils ne sont pas en sécurité. On ne laisse pas l'Iroquoisie tranquille ; on lui refuse la paix dont elle a la hantise depuis 1693, dont elle a besoin pour se relever, pour respirer.

Les Iroquois sont terrifiés.

D'un autre côté, il faut signaler aussi que, durant les dernières négociations officielles, les Iroquois avaient bien voulu faire la paix avec les Français, mais qu'ils n'avaient pas voulu la faire avec les Indiens alliés, contre ces Sauvages méprisés auxquels ils conservaient trop de rancune et qu'ils espéraient pouvoir se retourner et les battre un jour. Alors, de ce côté-là, la lutte n'avait jamais pris fin. Les événements récents ne surprennent donc pas ; comment aurait-il pu en être autrement ? Les Indiens alliés connaissaient les sentiments des Iroquois et ils n'avaient pas de raison de cesser une lutte où ils avaient dorénavant l'avantage.

Enfin, un peu plus tard, Albany apprend par un Indien que Maricourt, Stow-Stow, est à Onontagué, dans la capitale iroquoise, avec une compagnie de Français. Ces visiteurs ont d'importantes propositions à soumettre. Les sachems des Cinq-Nations sont tous rassemblés pour les entendre. On a même rappelé les chasseurs. Les Anglais d'Albany s'empressent de

Maricourt arrive à Onontagué.

demander qu'on leur envoie des Français après s'en être emparé et ils insistent pour qu'on n'accepte pas les propositions et qu'on ne conclue aucun traité en leur absence.

Les Français étaient bien renseignés sur les agissements des Anglais auprès des Iroquois. Ils savaient que ces derniers prenaient des mesures pour venir conclure la paix et que les Iroquois les détournaient ensuite de leur devoir, en faisant largement usage de présents pour les corrompre.

Après s'être laissé gagner de nouveau au début de l'été, les Iroquois, comme on l'a vu, avaient reçu de beaux présents sous forme de munitions, surtout de poudre et de balles. En les armant ainsi, Bellomont observait-il l'ordre des deux rois qui avaient demandé le désarmement des Indiens qui voudraient continuer la guerre ? La Potherie affirme que les Iroquois organisent sur-le-champ des partis de guerre contre les Indiens alliés, surtout les Miamis. Mais leurs expéditions tournent mal.

Les Iroquois font volte-face et envoient des ambassadeurs à Québec.

C'est alors que les Iroquois changeraient leur fusil d'épaule. Lors même que Bellomont commence à être sûr de leur fidélité, ils enverraient en Nouvelle-France des ambassadeurs qui arriveraient à Québec le 20 septembre et viendraient de la part des cinq tribus. On possède assez peu d'explications sur ce retournement, une volte-face si secrète et si bien conduite que les Anglais ne l'apprennent pas assez tôt pour intervenir.

Massias, un Iroquois de la Montagne qui a joué un grand rôle dans les négociations antérieures et qui en tiendra un plus grand encore dans celles à venir, serait cette fois l'orateur des Iroquois. Le conseil se tiendrait à Québec, vers le 20 septembre, et les propositions sont les suivantes.

En premier lieu, les Iroquois veulent qu'un Français se rende en leur pays pour décider les prisonniers que réclame Callière à revenir en Nouvelle-France. C'est une situation qui paraît étrange, mais qui est tellement bien établie qu'on ne peut la mettre en doute. Une bonne partie des Français qui ont été capturés ont tellement pris goût à cette Iroquoisie que nos historiens vouent aux gémonies depuis le début de notre histoire qu'ils préfèrent demeurer là-bas. Ils ont été conquis par l'attrait de la vie d'aventure, au grand air, et par l'existence sous un climat plus doux. Certaines pages des Mémoires de Radisson peignent bien cette attraction et, malgré leur écriture fruste, on y sent parfois passer un goût de douceur et de jouissances profondes.

Pierre-Esprit Radisson (v. 1640-1710) explorateur et pionnier de la Hudson's Bay Company. Il écrivit ses Mémoires en 1668-1669. Seule une traduction anglaise nous est parvenue.

Les ambassadeurs affirment ensuite qu'ils ne remettront pas les prisonniers à Bellomont, à Orange, comme ils l'ont fait pour les cinq premiers, mais aux Français directement. Les cinq tribus sont d'accord sur ce point.

Par leur second présent, les Iroquois demandent aux Français de se défier des faux rapports que font parfois les Iroquois de la Montagne, qui se rendent chez les Anglais et en rapportent des versions fausses des événements. Enfin, les députés demandent que les Français arrêtent les coups des Indiens alliés.

Les Français se rendent bien compte, depuis longtemps, que les Anglais veulent « se rendre médiateurs de la Paix entre les Iroquois et les Français ». Ils veulent qu'elle se fasse à Albany, sous leur patronage, devant leur gouverneur, afin de donner couleur à leur prétention que les Iroquois sont leurs sujets.

Callière étudie cette nouvelle ambassade. Il se rend compte que les Iroquois s'amusent avec lui depuis la mort de Frontenac et que rien n'avance à rien. L'ambassade actuelle ne contient pas des députés de chaque tribu, ainsi que le prescrivent les règles d'usage. Le désir de rendre les prisonniers semble aussi assez faible. Callière leur dit cela et mentionne que la saison est trop avancée pour envoyer Maricourt. Comme c'est la deuxième fois que Callière entend cette demande, peut-être en saisit-il soudain toute la portée et les possibilités qui en découlent ? Implanter en Iroquoisie un groupe de Français habiles, bien vus des Iroquois, qui tenteront de faire aux conseils exactement ce que font les agents anglais ? Opposer aux Schuyler, Wessels, Bleeker, Eps, Glen, des Français avisés qui, cette fois, pousseront la bataille plus loin et entreprendront un corps à corps définitif ? Y envoyer des missionnaires, combattre la propagande par la propagande, soutenir les propositions par de la propagande privée, employer tous les moyens à leur portée, combattre lors des conseils et en dehors des conseils, soutenir les énergies défaillantes ? En somme, aux agents anglais, opposer des agents français, et se lancer à corps perdu dans une bataille finale ? La démocratie iroquoise, qui dépend de l'opinion de chacun, de la parole, des cadeaux, faut-il en renforcer la faction française par tout ce qu'il faut, la soutenir sur place au moment voulu, l'appuyer solidement, l'étayer pour qu'elle triomphe ? On ne sait si Callière y pense, le réalise soudainement, ou s'il trébuche vers cette solution qui s'annonce dès ce jour et qui s'offre depuis la paix de Ryswick.

Aux agents anglais, opposer des agents français.

C'était peut-être dangereux, avant les derniers ordres des rois et avant la paix de Ryswick, d'envoyer ainsi des Français en Iroquoisie. Frontenac s'était sans aucun doute rappelé le chevalier d'Eau et ses compagnons. Des Iroquois laissés à eux seuls auraient offert peu de risques après juin 1693, mais des Iroquois qui subissaient l'influence des Anglais étaient beaucoup moins sûrs. Maintenant, le danger était complètement écarté.

Les navires de France arrivent avant que ces agents officieux de l'Iroquoisie ne soient repartis. Callière reçoit à ce moment-là l'ordre du roi : les Iroquois jouiront de la paix de Ryswick, de même que leurs voisins ; les prisonniers et les otages seront remis ; les Iroquois et les Indiens alliés ou les Indiens du Canada seront désarmés par les Anglais et les Français, si c'est nécessaire, pour les maintenir dans la tranquillité. Contrairement à ce que l'on pourrait penser, les Iroquois n'éprouvent aucun plaisir à cette lecture. C'est de l'histoire ancienne. Les Hurons, autrefois, ne voyaient jamais avec plaisir une paix entre Français et Iroquois et tentaient de la traverser par tous les moyens. Plus tard, les Indiens alliés n'ont jamais désiré une paix entre Iroquois et Français et ont tout tenté pour l'empêcher. Maintenant, les Iroquois sont fort mécontents que la paix se rétablisse entre la France et l'Angleterre. Peut-être ont-ils deviné que leur indépendance, ou semi-indépendance, ou les avantages qu'ils en reçoivent et qu'ils exigent, reposent en premier lieu et, au fond, sur l'antagonisme des deux grandes puissances européennes qui les dominent. Du jour où celles-ci seront d'accord, les Iroquois deviendront soit sujets anglais, soit sujets français, recevront des ordres et devront filer doux. Ils ne pourront plus jouer entre les deux un jeu fructueux, dans le sens large comme dans le sens étroit du mot.

Les Iroquois sentent-ils que leur indépendance est liée à l'antagonisme des deux puissances ?

Sans compter que les deux gouverneurs ont ordre de les désarmer s'ils ne se tiennent pas tranquilles : les deux puissances vont imposer un contrôle sur leurs actions. Callière et les Français esquissent les grandes lignes d'une manœuvre qu'ils pousseront à fond plus tard, qui a déjà réussi et qui devient la seule possible : représenter les Anglais comme des gens qui veulent établir et imposer leur emprise sur leur pays, les réduire à l'état de sujets, d'esclaves, et se constituer, eux, les champions de l'indépendance iroquoise.

D'autres mesures se prennent. Louvigny s'en va au fort Frontenac.

Les Tsonnontouans éprouvent des alarmes une partie de l'été, car la rumeur court qu'une armée d'Indiens alliés est sur leurs frontières.

Les agents iroquois repartent. La Vallière père et le père Bruyas vont porter copie de l'ordre du roi en Iroquoisie, à Onnontaé.

Chapitre 222

1700

L'hiver 1699-1700 est crucial. Tout d'abord, Callière, on peut l'affirmer, ne tient aucun compte des ordres précis donnés par Louis XIV et ne désarme pas les Indiens alliés. Parce qu'il ne le peut pas ? Parce qu'il ne le veut pas ? La question vaut la peine d'être posée. Les Iroquois ont porté le fer et le feu chez les Miamis, mais avec assez peu de succès, semble-t-il. Les Outaouais, qui ne seraient pas au courant de l'ordre des deux rois, enlèveraient une chevelure de temps à autre pour tenir les Iroquois en haleine et les empêcher de jouir de la tranquillité et d'une chasse en sécurité, comme dans l'ancien temps. Callière se dit sans doute qu'il sera facile de se défendre si jamais il est accusé. Il pourra dire qu'il ne peut contrôler ces Indiens turbulents et lointains. Les relations ne sont pas bonnes, non plus, entre Iroquois et Algonquins, et la guerre menace d'éclater de ce côté. Bref, pas de paix sûre pour l'Iroquoisie : toujours les mêmes inquiétudes et les mêmes alarmes qui pèsent sur la nation.

Malgré les ordres, Callière ne désarme pas les Indiens alliés.

Et ce n'est pas tout. Les Français profitent de chaque occasion pour répandre eux aussi des rumeurs en Iroquoisie. Que Bellomont, par exemple, les désarmera, cessera de leur fournir des armes et des munitions, et qu'ainsi ils seront sans force contre leurs ennemis, deviendront une proie facile pour ceux qui voudront les détruire. Pire encore, on dit que les Anglais veulent les exterminer.

Les Français mènent contre les Iroquois une guerre de nerfs qui se prolonge encore et encore, qui n'a pas de fin, qui est dure, active, et qui devient presque féroce. On sent dans Callière et les dirigeants de la Nouvelle-France une détermination sans nom de ne pas retrouver les Iroquois sur leur chemin pendant le prochain conflit et de ne pas exposer leurs compatriotes aux raids sanglants qui ont marqué les années 1689 à 1694. Décision dure, implacable, les Iroquois viendront faire et conclure la paix à Montréal, quels que soient les ordres des rois, et quelles que soient les manœuvres des Iroquois et des Anglais.

Cet hiver-là, les Iroquois pensent à leur affaire, en débattent tous les aspects. Les Anglais, eux, jouent tous leurs atouts. L'intensité de la lutte atteint des sommets jamais encore atteints.

Un chef vient, on ne sait exactement à quelle date, demander à Callière de prendre patience. Tout le monde est à la chasse, dit-il. Les chasseurs reviendront en juin. On prendra une décision à ce moment-là. Ce chef voudrait qu'il y ait des marchandises au fort Frontenac. Callière dit qu'il n'y a que des soldats et une garnison à Cataracoui en attendant la paix. Il réitère les mêmes demandes : que les chefs de chaque tribu viennent le trouver au temps des fraises pour conclure la paix. Toutes les questions pendantes seront réglées et, après, les Iroquois trouveront des marchandises à Cataracoui. Deux chefs tsonnontouans ont encore été tués. Ce chef s'en plaint. Callière lui rétorque que c'est simplement une vengeance pour l'expédition que les Tsonnontouans ont conduite contre les Miamis à l'automne. Venez, répète Callière, venez régler la paix, et alors personne ne sera tué.

Callière demande à toutes les tribus de venir conclure la paix.

« Les Iroquois, dit La Potherie, commencèrent à faire de sérieuses réflexions, ils tinrent plusieurs conseils généraux » ; ils se rappellent quels coups cruels Frontenac leur a portés pendant dix ans et ils décident de conclure une paix qui, en pratique, existe depuis le temps de Frontenac.

Les choses, toutefois, ne se passent pas avec tant de facilité.

Bellomont mande en Iroquoisie un groupe de ses meilleurs négociateurs, parmi lesquels se trouvent Robert Livingston, un des principaux personnages d'Albany, Schuyler et Hansen. Ils partent le 9 avril et ils reviendront le 2 mai.

Livingston laisse un rapport volumineux sur l'état dans lequel il a trouvé l'Iroquoisie. Les Agniers, écrit-il, sont affaiblis et diminués par la guerre. Ils le sont aussi par la paix. Car maintenant, pour jouir de la tranquillité dont ils ont besoin, ils émigrent en Nouvelle-France. Les « deux tiers de la nation sont maintenant et actuellement au Canada avec leurs familles ». Là-bas, ils sont nourris, habillés, et vivent dans un fort protégé par des soldats. Ils y ont des prêtres pour les instruire. Depuis la fameuse expédition de Manthet, en 1693, la crainte est une importante raison de cette émigration. Les Anglais ne les ont pas protégés. Ils n'ont pas envoyé de missionnaires parmi eux. Il faudrait rassembler les Agniers à proximité d'une ville anglaise, et les missionnaires protestants devraient habiter parmi eux. Il faudrait aussi leur donner plus de cohésion, rassembler les Onneiouts et les Onontagués, les établir plus à l'intérieur que les Agniers, mais loin des rivières où les Français peuvent venir facilement en canot. « Il est étrange de s'imaginer quelle autorité ont ces prêtres sur leurs prosélytes indiens. » Des missionnaires anglais pourraient les rendre fidèles aux Anglais.

Les « deux tiers de la nation [Agniers] sont maintenant... au Canada avec leurs familles ».

Livingston poursuit en lançant une accusation terrible, qui est répétée à plusieurs reprises et qui indique bien l'intensité et la violence de la lutte qui se livre autour de l'Iroquoisie. Des missionnaires protestants, dit-il, empêcheraient les Iroquois de s'empoisonner l'un l'autre, une pratique qui s'est généralisée récemment et qui aboutit à la disparition des amis de l'Angleterre parmi ce peuple. S'agit-il du produit d'imaginations surexcitées et de nerfs trop tendus ? Ou bien des faits de ce genre se sont-ils vraiment produits et s'expliquent-ils par la violence du combat entre les deux factions, en Iroquoisie même, un combat si fondamental, si difficile à régler, si long, si énervant, qu'on en vient à ces extrémités ? Ou bien soupçonne-t-on les Français d'être à la source de ces manœuvres ?

La politique de l'empoisonnement se généraliserait en Iroquoisie.

Le 3 mai, Livingston considère la partie comme perdue en pratique puisqu'il conseille fortement de maintenir la fidélité des Iroquois par la force, ni plus ni moins, comme on y a déjà pensé. « Je propose simplement qu'il est moralement impossible de maintenir plus longtemps les Cinq-Nations fidèles aux intérêts anglais, sans construire des forts et sans nous emparer des passes qui conduisent à leurs bourgades. » Il ajoute encore qu'il faudrait « une garnison pour garder les Cinq-Nations, garnison sans laquelle ils sont inévitablement perdus ». Livingston construirait un fort sur la rivière des Onontagués, à l'embouchure de la rivière des Goyogouins qui vient s'y jeter. C'est, d'après lui, un poste clé.

Seule la force gardera les Iroquois fidèles aux Anglais.

Il faudrait tout faire pour instaurer ensuite un état de paix entre les Iroquois et les Indiens alliés que le gouverneur de la Nouvelle-France soulève. Celui-ci n'aurait en vue que la destruction des Iroquois qui font obstacle au commerce français des pelleteries avec les Indiens alliés. Livingston résout tout à une question commerciale et ne se rend pas compte que, en plus, Callière peut vouloir éviter la répétition des massacres qui ont marqué les années 1689 à 1694.

Il faudrait aussi construire un poste anglais à Détroit, « la seule place pour la chasse au castor, pour laquelle nos Indiens se sont battus si longtemps », et de laquelle ils ont à la fin forcé les tribus natives à fuir. On y trouve des millions de cerfs, de chevreuils, d'orignaux, de cygnes, d'oies, etc. De nombreuses tribus des alentours viendraient y faire leur traite, et il serait alors facile d'imposer la paix entre tribus alliées et Iroquois.

Livingston insiste sur le grand malheur de n'avoir pas rasé Cataracoui au temps où le fort était inoccupé. Les Iroquois passent là en revenant de leur chasse et « ils y perdent le meilleur de leurs fourrures, y étant incités par les boissons enivrantes et les autres nécessités dont ils ont besoin ».

En outre, les Iroquois, « étant quotidiennement menacés d'être attaqués par les Français », s'ils ne vont pas signer la paix à Montréal, s'y résignent peu à peu : les pusillanimes se rendent en Nouvelle-France pour être tranquilles, car « les Français, ils les craignent, ayant souvent ressenti la peine aiguë de leurs coups ».

Le rapport des autres délégués est tout aussi pessimiste. Ils écrivent que « les Français se servent de tous les moyens indirects de les harceler et de les terrifier, pour les ranger de leur côté ». Ils sont très actifs depuis la paix et, si cela continue, « nous les perdrons enfin ». « Les Français ont une grande faction parmi eux, et ceux qui nous sont fidèles sont dépêchés hors du chemin. » Les Français « les maintiennent dans une crainte si continuelle, qu'eux les Iroquois ne savent plus comment se comporter pour être en paix ; les Indiens alliés les détruisent d'un côté, les Français les menacent de l'autre, ce qui rend leur existence très inconfortable ». Pour une fois que les Français avaient un avantage sur l'Iroquoisie, qu'ils la tenaient serrée dans un bon coin, ils n'allaient pas la lâcher. Effectivement, ils ne lâchaient pas prise, comme on voit, malgré les ordres de Louis XIV confirmés par ceux du roi d'Angleterre.

Ces négociateurs avaient fait un rapport détaillé. Au début de leur voyage, ils avaient vu au passage deux sachems agniers. Les Français considèrent leur tribu tellement alliée et unie aux Anglais qu'ils ne leur communiquent plus ce qu'ils pensent ou projettent ; seules les quatre autres tribus entretiennent des relations avec la Nouvelle-France. Un Iroquois catholique avait cependant dit qu'un jour l'Iroquoisie appartiendrait aux Français qui y construiraient, d'est en ouest, cinq forts. Nombre de vaines rumeurs circulent, que la violence de la lutte inspire aux uns contre les autres. Un Tson-nontouan affirme, parmi les faits plus exacts et plus graves, que vingt-cinq de ses compatriotes ont perdu la vie durant l'hiver. Une autre rumeur court voulant que les Anglais ne vendraient plus de munitions aux Iroquois. Les agents invitent les Iroquois à un Grand Conseil qui devra avoir lieu le 10 août, à Albany. Ils font une propagande active en faveur de leur cause, tentent de détruire toutes les rumeurs qui leur font tort et promettent de généreux présents. Ils parlent toujours des forts qu'ils érigeront pour protéger les Iroquois, des missionnaires qu'ils enverront.

Les rumeurs vont bon train.

Le 25 avril, les agents ont atteint le lieu où les Onontagués pêchent non loin de leur capitale. Ils y entendent les mêmes rumeurs qu'ils tentent de détruire. Des Tsonnontouans disent qu'une armée d'Indiens alliés aurait menacé leur pays l'été précédent et qu'ils auraient envoyé deux colliers à Callière pour traiter de la paix. Le messager aurait rapporté deux autres colliers pour les Tsonnontouans et pour les Goyogouins ; Callière leur demanderait d'envoyer deux sachems pour faire progresser les négociations en ce sens. Les Onontagués et les Onneiouts lui auraient donné satisfaction sous ce rapport. Au Canada, les jésuites parlent continuellement de revenir en pays iroquois. Le père Millet s'établirait chez les Onneiouts, qui l'aiment, le père Bruyas, chez les Onontagués, etc. Les agents anglais ne peuvent que recommencer leur œuvre de propagande contre les Français en se servant des mêmes arguments. Ils demandent aux Iroquois de ne pas aller en traite à Cataracoui.

Les Anglais, à ce qu'il semble, ne peuvent servir que la même argumentation, sans cesse, et leurs arguments sont émoussés. Il ne paraît pas que les Iroquois éprouvent un grand désir d'avoir des missionnaires protestants. Ils ne souhaitent certainement pas que les Anglais établissent des forts en Iroquoisie, ce qui les rendrait maîtres des Cinq-Nations. Ils ont tellement donné d'ordres que, maintenant, on n'en tient plus compte.

Par ailleurs, les Français exercent toujours la même pression ; ils l'augmentent même. Les Indiens alliés ne font pas que menacer, ils attaquent et tuent. Ils empêchent les Iroquois de chasser et les privent de la paix. L'attitude des Français continue d'être menaçante : le 9 mai, Abraham et David Schuyler, puis Robert Livingston déposent leur rapport à Albany. Ils ont été en Nouvelle-France : on travaille aux fortifications de Montréal et il y avait des sentinelles partout. Tous les forts entre Montréal et Québec ont été réparés, pendant que des flottilles de canots et de bateaux sont en radoub. Les Français attendent les Cinq-Nations pour traiter de la paix ; sinon, ils les attaqueront.

Tout compte fait, Callière ne tient pas grand compte de l'ordre reçu des deux rois en 1699. Soit parce qu'ils appréhendent une nouvelle guerre sous peu en Europe, soit parce qu'ils souhaitent réduire l'Iroquoisie, les Français menacent. Les Iroquois connaissent bien Callière, qui, sous les ordres de Frontenac, a conduit la lutte dans le district de Montréal et qui est lui aussi un dur adversaire. Les Iroquois rencontrent toujours devant eux la guerre ou la menace de la guerre. Inexorablement, Callière les presse de prendre une décision finale. *Les Français sont tenaces et menaçants.*

Le 16 juin, on apprend que des Tsonnontouans ont encore été tués par des Indiens alliés. Les Iroquois croient toujours que ce sont les Français qui inspirent ces attaques. Ils apprennent que trois sachems tsonnontouans doivent se rendre au Canada. D'autres y sont allés pour l'échange de prisonniers. Bellomont n'a pas pu les libérer ; il n'a obtenu aucun succès dans ses négociations : « ... Nous avons donc été mis dans la nécessité d'aller là pour obtenir qu'ils soient mis en liberté. » Callière en prend à son aise avec cet autre ordre du roi et il ne promet les prisonniers qu'en échange de la paix.

Les lords du Commerce, désireux de prêter main-forte à Bellomont, lui écrivent le 21 juin. Ils donneront cinq cents louis pour construire un fort à Onnontaé. Ils envoient quatre cents fusils, de la poudre et du plomb pour les Iroquois. Au total, la valeur de leurs présents s'élèvera à huit cents louis.

Le 30 juin, cinq sachems, représentant les cinq tribus et comptant Teganissorens parmi eux, viennent se plaindre que les Indiens alliés « ont maintenant tué encore plusieurs de nos gens alors que ceux-ci étaient à la chasse ; et tout ceci est fait à l'instigation des Français comme lesdits Indiens alliés l'ont eux-mêmes confessé ». Les Français répètent qu'ils n'enlèveront pas les haches des mains de ces Indiens, tant que les Iroquois *De nouveaux présents anglais pour les Iroquois !*

ne seront pas venus demander la paix, un geste que Bellomont leur défend formellement d'aller demander. Que faut-il donc croire de la parole de ces Anglais qui ont dit en 1697 que la paix allait s'établir, que les Iroquois étaient en paix, qu'ils ne devaient plus faire la guerre ? « Les Français seraient aussi bien d'être en guerre ouverte avec nous que d'inciter leurs Indiens à nous faire continuellement la guerre. » Bellomont devrait empêcher une situation semblable. S'il ne le peut pas, les Iroquois seront bientôt si accablés par la guerre qu'ils seront forcés d'obéir aux demandes, aux ordres de Callière. Les Français, disent encore ces députés, ont à leur service maintenant une faction si puissante en Iroquoisie que deux sachems sont partis pour la Nouvelle-France, contrairement à l'avis des Cinq-Nations. Ils veulent savoir pourquoi les Français incitent toujours les Indiens alliés à tuer les Iroquois. Bellomont devrait pouvoir empêcher ces attaques. Les Tsonnontouans ont encore perdu quarante hommes au printemps de 1700. C'est un désastre qu'il faut arrêter.

Ces témoignages indiquent que la pression exercée par les Indiens alliés, au printemps de 1700, devenait plus forte et plus pressante, plus vive et plus insistante. L'Iroquoisie glissait vers la destruction, et la guerre continuait, malgré toutes les commissions données en Europe. Les Anglais n'y pouvaient plus rien. Il leur était possible d'approvisionner les Iroquois en armes et en munitions pour se défendre, de les leur fournir en prodigieuse abondance : cela ne servait plus à rien ; les Iroquois ne voulaient plus se battre. Ce n'était plus des armes qu'ils souhaitaient, mais la paix. Ils étaient *Les Iroquois ne* las de cette guerre qui les décimait et qui ne leur réservait plus rien d'heu-*veulent plus la* reux. La chance avait tourné.
guerre !

Le 5 juillet 1700, on apprend que les Anglais n'ont obtenu que peu de succès dans la convocation de leur conseil général. À cette date, ils savent que des ambassadeurs sont partis pour le Canada, et ils ne trouvent pas le moyen de contrecarrer leur action. Ils sont presque à bout de ressources. Un messager a en effet été envoyé aux Onontagués pour recueillir des renseignements et connaître les dispositions des Iroquois, pour persuader surtout les tribus éloignées de venir, « mais nous n'avons pas été capables encore de prévaloir sur eux ». Le 26 juillet, Bellomont, dans une lettre aux lords du Commerce, fait écho aux pires rumeurs qui circulent en Iroquoisie. Il leur donne assez d'importance pour les transmettre lui-même. Le sachem en chef des Onontagués, Aquencero, dit-il, qui a parlé pour tous les Iroquois à Albany en 1698, a été forcé de fuir la capitale et il est venu se réfugier à Albany où il vit désormais sur une terre du colonel Schuyler. Son fils aurait été empoisonné. Teganissorens aurait épousé une Iroquoise catholique, et on répand la rumeur qu'elle a appris le secret des poisons et qu'elle a empoisonné un bon nombre de ses compatriotes récemment. Elle serait ainsi à l'origine de l'empoisonnement d'un Agnier protestant. Enfin, sur ses soupçons, un de ses parents lui administre une bastonnade à mort, bien qu'elle soit la femme de Teganissorens, le grand chef. La lutte, enfin, atteint un paroxysme et devient féroce.

Quelques jours plus tard arrive une néfaste nouvelle : le 31 juillet, Bellomont apprend que Maricourt, le père Bruyas et huit Français, comptant parmi eux des officiers, sont arrivés le 24 juillet dans la capitale iroquoise. La faction anglaise a aussitôt envoyé un messager à Albany, mais là, on croit que la faction française est maintenant aussi nombreuse, sinon plus nombreuse que l'anglaise. Et que la française a plus de mordant. Les Anglais ne peuvent plus compter sur leurs alliés les plus fidèles, les Agniers, « qui sont diminués presque à rien ». Bellomont a pratiquement perdu tout espoir : « Je me demande si tout l'art de l'homme pourrait maintenant ramener [à nous] les Cinq-Nations... Je ne peux, je n'ose entreprendre de reprendre ces Cinq-Nations aux Français. »

Des Français sont arrivés dans la capitale iroquoise.

Instant de découragement. Bellomont n'abandonnerait pas ainsi la lutte. Il la mènerait jusqu'au bout avec toute la vigueur dont lui et le groupe d'Albany étaient capables. Ils ne diraient jamais aux Iroquois d'aller faire leur paix avec la Nouvelle-France et les Indiens alliés, ce qui, à ce moment précis, aurait peut-être été pour eux la politique la plus sage.

Dans le courant du mois de mars, deux Iroquois étaient venus à Montréal pour annoncer à Callière qu'une ambassade viendrait au mois de juillet suivant. Elle arrive effectivement au début du mois de juillet. La réception officielle, avec toutes les cérémonies usitées, devra avoir lieu le 18. L'ambassade est composée de six Iroquois : deux Onontagués et quatre Tsonnontouans. Maricourt marche en tête du petit groupe, formé en file indienne, depuis les portes de la ville jusqu'à la maison de Callière, où chacun prend sa place. Ils ne parlent point tant que Joncaire, l'ami des Tsonnontouans, n'est pas là. Parmi l'assemblée, on remarque le supérieur du Séminaire, les jésuites, les récollets, et d'autres. Se trouvent également là des Algonquins, des Hurons, des Abénaquis, des Iroquois chrétiens...

Six Iroquois arrivent à Montréal.

Il s'agit pourtant d'une ambassade partielle, comme la plupart de ambassades précédentes. Elle ne représente que les Onontagués et les Tsonnontouans, aucun membre des tribus goyogouine ni onneyoute n'en faisant partie. Autrefois, ces dernières tribus étaient les premières à demander la paix. Aujourd'hui, elles ne sont pas au rendez-vous. Alors, ce n'est pas la voix de l'Iroquoisie, complète, entière, comme on l'aurait voulu.

Les Iroquois présentent leurs colliers. Ils ont appris, disent-ils, que la paix a été conclue entre Anglais et Français, et que les deux rois voulaient aussi la paix entre les Indiens. Bellomont leur a défendu de frapper les Français et leurs alliés. Alors, ils sont allés à la chasse, dans la paix ; pourtant, les Illinois et les Miamis ont tué cinquante-cinq des leurs. Les ambassadeurs, parlant au nom de quatre tribus, mais pas des Agniers,

La harangue des ambassadeurs

demandent d'enlever la hache de guerre des mains des Outaouais, des Miamis, des Illinois et des autres. Ils prient ensuite Callière lui-même de renverser sa fameuse chaudière de guerre qui bouille toujours sur le feu et de la briser enfin. Les Iroquois désirent maintenant la paix de façon sincère ; il faut planter l'arbre de la paix et s'asseoir à son ombre et mettre en bon ordre les chemins qui vont d'un pays à l'autre. Joncaire sera, au Canada, le plénipotentiaire des Tsonnontouans, qui ont pleine confiance en lui ; Maricourt sera celui des Onontagués. Enfin, les députés demandent aux Français d'enlever aux Algonquins un prisonnier iroquois, tout en offrant aussi la paix à ces derniers.

Callière régale les ambassadeurs pendant deux ou trois jours. Il leur offre des festins. Enfin, il donne la réponse des Français : les deux rois, dit-il, ayant fait la paix, les Iroquois doivent en jouir comme les autres Indiens. Le temps est venu d'accorder toutes les nations, d'accommoder leurs différends, afin de parvenir à la tranquillité. Les Onneiouts et les Goyogouins manquent toutefois à l'appel. S'ils sont absents, poursuit-il c'est parce que les Anglais qui sont allés à Onnontaé les ont empêchés de partir avec les députés présents. De plus, ils sont allés voir M. de Bellomont pour connaître les raisons que les Anglais peuvent avoir de s'opposer « à la députation que vous devez me faire tous ensemble ».

Malgré cela, les gens qui sont venus sont des chefs en leur pays, et c'est la raison pour laquelle Callière demandera aux Indiens alliés de déposer les armes, en conformité aux ordres du roi. Il n'empêche que les Iroquois ont encore attaqué les Miamis, l'été dernier, en plus de tuer un Français et de blesser un Miami. Cette expédition est la cause première des massacres que des membres de cette tribu ont commis chez les Tsonnontouans. Il n'y a qu'un remède à ces mots : que les députés reviennent dans trente jours ; les chefs des Indiens alliés seront à Montréal où se tiendra un conseil général. Alors, officiellement et publiquement, toutes les nations

Que les députés reviennent dans trente jours ; il y aura alors un conseil général.

renverseront la chaudière de guerre et érigeront l'arbre de la paix, et les disputes prendront fin. Callière, qui est maintenant prêt à envoyer en Iroquoisie Joncaire, Maricourt et le père Bruyas pour ramener les prisonniers français, n'est pas tout à fait rassuré. Il demande que, pendant le voyage de ces Français en Iroquoisie, quelques-uns des ambassadeurs présents restent comme otages en Nouvelle-France. La remise des prisonniers, y compris celui des Algonquins, aura lieu quand les Français reviendront.

Les ambassadeurs acceptent, et quatre d'entre eux demeurent en otage. Les Abénaquis troublent ce conseil en disant que les Iroquois leur envoient des députés pour les persuader de se séparer des Français et pour les engager à s'unir aux Anglais, qui leur donneraient plus de satisfactions. Comme tout paraît bien aller, on ne demande pas de plus amples explications aux Iroquois. Enfin, on se quitte sur les mots suivants : « Rendez-vous général au commencement de septembre, pour allumer unanimement le feu de la Paix. »

Maricourt, Joncaire et le père Bruyas partent avec les Iroquois. Ils atteignent le lac de Gannantaa, où on les attendait avec impatience. On les porte à terre et on débarque leurs bagages. On est content de revoir des hommes que l'on connaît bien. Après une journée complète de repos, les Français marchent dans la forêt sur une distance d'une lieue, jusqu'à ce que des habitants de la capitale viennent au-devant d'eux avec des fruits, du pain, etc. À un quart de lieue de la bourgade, c'est la halte ordinaire. À partir de cet endroit, une espèce de procession se forme, un Français marchant le premier avec un drapeau blanc. Maricourt le suit, précédant lui-même le père Bruyas, Joncaire et les autres Français. Les chefs les plus considérables d'Onnontaé sont assemblés, à la vue de la capitale. Teganissorens, le grand chef, les complimente, comme c'est l'habitude ; il essuie les larmes des ambassadeurs pour les Français tués, il leur racle la gorge pour que la parole en puisse sortir plus facilement, il nettoie la natte du conseil qui a été tachée de sang. Le père Bruyas le remercie. C'est ensuite l'entrée dans la capitale parmi le feu de mousqueterie. Les Français sont conduits dans une cabane où ils sont « régalés de sucets de blé d'Inde », de sagamité.

S'ensuit une période durant laquelle on attend les députés des Tsonnontouans, des Goyogouins et des Onneiouts. Maricourt et le père Bruyas visitent les prisonniers français qui ont été adoptés par des familles, selon l'usage. « Ils ne paraissent pas avoir grande envie de s'en retourner. Quelques-uns de ces prisonniers étaient si accoutumés à cette vie sauvage, qu'ils refusèrent de venir... »

« Quelques-uns de ces prisonniers étaient si accoutumés à cette vie sauvage, qu'ils refusèrent de venir... »

Le conseil a lieu le 10 août. Les Agniers y ont aussi des représentants, mais qui seraient venus en simples observateurs. Ils ne voudraient pas être compris dans la paix générale. Le père Bruyas parle au nom des Français. Il évoque « cette alliance qu'il fallait faire et qui devait durer à jamais », de la « fidélité que l'on devait avoir réciproquement ». Les Iroquois devaient obéir à leur père, le Gouverneur du tabac. Tous les Français déploraient la mort des Tsonnontouans. Le missionnaire parle de la religion, dont il faut reprendre l'enseignement... « Cet arbre de la paix, dit-il, nous l'avons planté dans un lieu éminent pour qu'il soit vu de toute la terre ; il sera un gage de la fidélité avec laquelle nous observerons la paix. Nous avons caché la hache dans les entrailles de la terre, nous avons renversé la chaudière de guerre ; maintenant, le soleil brillera avec éclat sur nos têtes. » En terminant, il veut savoir si les Iroquois sont prêts à recevoir les robes noires.

Robes noires = nom donné aux jésuites

Les Iroquois reçoivent un beau présent de tabac, avant de commencer à délibérer entre eux sur la réponse à donner aux Français.

Tandis que tout est en bonne voie, arrive soudain à toute vitesse un jeune Anglais qu'envoie le colonel Chatt, aide-major d'Albany, et un sachem onnontagué. Introduit dans la salle du conseil, cet agent explique

Les Anglais tentent d'empêcher la tenue du conseil...

d'abord aux sachems qu'il vient de la part du comte de Bellomont, avant de leur offrir une branche composée de grains de nacre « pour avertir tous les Iroquois de la part du gouverneur général de la Nouvelle-Angleterre, qu'ils eussent à ne pas écouter Taouestaouis », c'est-à-dire Maricourt ou Petit Oiseau ; et que, s'ils l'ont écouté, « il leur défendait de tenir conseil sur ses pas, mais de partir tous incessamment pour se trouver à Orange dans dix ou douze jours, où leur frère Corlaer devait arriver pour leur parler ».

...en l'interdisant...

Les deux pays, la France et l'Angleterre, s'affrontent directement, de nouveau, dans la capitale iroquoise. La scène en rappelle une autre du même genre, qui s'est déroulée en 1684, alors que Charles Le Moyne avait eu à faire face à Viele, pendant que La Barre attendait à La Famine. Et les Français d'aujourd'hui emploient exactement la même tactique que Le Moyne.

...ce qui indigne les Iroquois.

Naturellement, le commandement, donné tandis que des étrangers sont tout près, indigne les Iroquois. Leur chef expose toute la question aux ambassadeurs français. Teganissorens est lui-même indisposé contre les ordres de Bellomont. Le père Bruyas tourne le fer dans la plaie : « ...Corlaer les traitait en esclaves... » Onontio n'a jamais agi ainsi à leur égard. Joncaire vient à la rescousse : « Assurément leur frère Corlaer ne les aimait pas, de vouloir s'opposer à leur départ pour terminer la grande affaire de la Paix. »

Plus simplement, les Français, qui n'étaient jamais là depuis 1693, perdaient toujours la partie quand arrivaient les agents anglais bien informés ; mais, aujourd'hui, ces derniers trouvent en leur présence des agents français d'esprit vif et subtil, qui prennent rapidement avantage des fautes que leurs adversaires commettent et poussent vite leur pointe. Les Iroquois applaudissent leurs paroles qui excitent en eux l'esprit d'indépendance et de liberté. L'émissaire de Bellomont est déconcerté. On le tourne en ridicule devant l'auditoire. D'ailleurs, les Iroquois savent que Bellomont ne peut leur faire la guerre ni les attaquer, même s'il est mécontent d'eux.

L'émissaire anglais ne sait que faire !

Joncaire se rend chez les Tsonnontouans.

L'assemblée au cours de laquelle la réponse doit être donnée est différée de quelques jours. Joncaire en profite pour se rendre chez les Tsonnontouans, qu'il a étonnés autrefois par sa force et son courage. C'est pour ainsi dire une tournée triomphale. Il reçoit une belle réception quand il franchit la rivière des Tsonnontouans. Il prononce une harangue, donne des nouvelles du conseil d'Onnontaé et réclame les prisonniers français. Un conseil se tient pendant la nuit du 18 juillet ou août, plus probablement. Joncaire visite les Français ou les envoie chercher. « Il y eut plusieurs Français qui l'évitèrent, pour ne pas être obligés de descendre à Montréal... Rien ne put faire impression sur leur esprit pour les faire rentrer en eux-mêmes. » Joncaire offre des présents à la jeunesse pour que leur esprit de guerre se change en esprit de chasse. Les chefs des guerriers aiment les paroles qu'il prononce. Joncaire reçoit à son tour des présents. Enfin, les prisonniers lui sont rendus.

Malheureusement, les Goyogouins sont à la chasse avec leurs prisonniers à eux.

Le conseil, ou plutôt l'audience de congé, a un grand éclat. Les Iroquois veulent que l'ambassadeur des Anglais soit présent. C'est Teganissorens qui parle et qui s'adresse à lui : « Je ne fais rien en cachette ; je suis bien aise que tu sois présent à ce conseil... Tu diras à mon frère Corlaer que je vais descendre à Montréal, où Onontio a allumé le feu de la paix. Afin que tu connaisses tout, voici le collier que je jetterai à Onontio. » L'ambassade iroquoise se composerait d'une ou deux personnes de chaque tribu. Teganissorens ajoute qu'il ira aussi à Orange. Le grand sachem parle comme un chef de nation qui peut conclure un traité avec un pays sans pour cela rompre ses relations avec un autre pays, comme le chef d'un État indépendant qui ne reçoit pas d'ordre. Il peut négocier à Montréal sans pour cela ne plus retourner à Albany.

Teganissorens parle comme un chef de nation indépendante.

Le père Bruyas remercie les Iroquois pour leur réception. La question du retour des jésuites n'est pas réglée. Il recommande de se hâter de partir, le temps où les Indiens alliés qui viennent à Montréal s'approchant. S'ils veulent les rencontrer, il n'y a pas de temps à perdre.

Les ambassadeurs français sont satisfaits. La partie est maintenant gagnée, car la paix est conclue en principe. Bellomont peut vouloir punir les Iroquois ; ceux-ci s'approvisionneront, au besoin, à Cataracoui ou à Montréal. D'ailleurs, Louvigny, qui commande au fort Frontenac, sera bientôt attaqué pour avoir fait la traite avec les Iroquois. Seul le père Bruyas a raison d'être inquiet : il a peu d'espoir pour ses futures missions.

En principe, la paix est conclue.

La caravane se remet en marche dans l'autre direction. Les ambassadeurs, accompagnés des députés des Onontagués et des Goyogouins, reviennent au lac de Gannantaa, où ils ont laissé leurs canots. Tous séjournent là cinq jours, en attendant les députés des Onneiouts, qui ne donnent aucun signe de vie. Leur grand orateur est malade, dit-on, et ils ne veulent pas rendre leurs prisonniers français. À Chouaguen, on attend Joncaire, qui arrive avec les députés des Tsonnontouans, au nombre de six, et trois prisonniers français. Les Goyogouins en ont rendu un. Le nombre des prisonniers se monte à treize : cinq jeunes gens et huit filles ou femmes. Les autres seront remis l'an prochain.

Une autre tentative avait été faite pour empêcher l'ambassade de partir. Au moment où elle s'embarquait au lac Gannantaa, un Iroquois était arrivé en affirmant qu'un Tsonnontouan était de retour d'Albany. Aux dires de ce dernier, Bellomont, indigné, avait fait arrêter un Onneyout accusé d'avoir tué un Anglais, s'était emparé des peaux de castor des Iroquois à Albany, déclarait la guerre à l'Iroquoisie, comme à un pays rebelle, avait commandé aux Mohicans d'ouvrir les hostilités et se mettrait lui-même en campagne. Vaine tentative destinée à influencer le cours des événements, puisque les

Une tentative anglaise est avortée.

Iroquois partent quand même. Joncaire précipite sa marche pour tenter d'arriver avant le départ des Indiens alliés de Montréal et pour leur demander d'attendre les ambassadeurs des quatre nations qui s'en viennent. Il arrive à temps. Les Français, ayant dix-neuf Iroquois avec eux, sont de retour au bout de quarante jours.

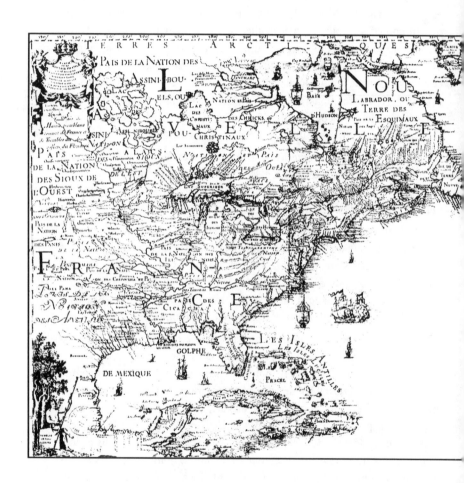

Chapitre 223

1700

Bellomont insiste sur deux points principaux de sa politique : l'envoi de missionnaires protestants aux Iroquois et la construction d'un fort sur leur territoire. Ce sont pour ainsi dire des points cardinaux qu'il n'oublie pas.

Au surplus, il a confié ses pensées au conseil et à l'Assemblée de New York. Un bill a été présenté. Il s'intitule Loi pour s'assurer mieux la fidélité des Cinq-Nations à Sa Majesté. Par malheur, Bellomont y trouve des défauts tels qu'il s'y oppose. Le bill ne fournit pas assez d'argent pour la *Une loi est* fin que l'on se propose. La manière de prélever la somme ne lui convient *déposée à* pas non plus, puisqu'elle diminuerait les recettes des douanes. Sans compter *l'Assemblée de* que la Chambre s'est réservée le privilège de commercer des commissaires *New York.* pour surveiller la construction du fort, ce qui est un privilège de Sa Majesté. Le gouverneur travaille quand même à l'adoption du bill. Comme il doit rencontrer les Iroquois à Albany dans quelques jours, le fait de différer d'avis ouvertement avec les représentants aurait donné une mauvaise impression aux Cinq-Nations, qui auraient pu ensuite passer aux Français. Bellomont ne se fait pas faute de dire que le bill ne mérite pas mieux que d'être rejeté avec mépris par les autorités en Angleterre.

Bellomont quitte New York le 10 août et arrive à Albany le 13. Il doit attendre les Iroquois pendant une quinzaine de jours. Les conseils, qui ont duré sept ou huit jours, lui ont occasionné une fatigue extrême : « Je fus renfermé dans une chambre close avec cinquante sachems qui, outre l'odeur infâme de la graisse d'ours... fumaient toujours continuellement ou buvaient des verres de rhum. » Les Iroquois étaient de mauvaise humeur au début, puis, par la suite, ils sont devenus plus confiants. Deux cents femmes et enfants iroquois étaient venus à ces assemblées.

On a conservé des procès-verbaux de ces assemblées. D'après les rapports officiels, elles commencent le 26 août 1700. Elles ont donc lieu après les conseils que les Français ont eu avec les Iroquois à Onnontaé. On peut les placer vers le moment où Maricourt, Joncaire et le père Bruyas arrivent à Montréal avec les dix-neuf ambassadeurs iroquois. Les Cinq-Nations négocient ainsi des deux côtés à la fois : à Albany et à Montréal. Le nombre des sachems que l'on donne à plusieurs reprises est de cinquante.

Bellomont est éloquent.

Bellomont assure tout d'abord les Iroquois de sa protection. Les Français, dit-il, ont répandu une rumeur fausse lorsqu'ils ont dit que les Anglais désiraient détruire les Iroquois en les désarmant, soit pour qu'ils deviennent ultérieurement des victimes des Miamis ou d'autres Indiens alliés, soit pour les entourer ensuite à Albany même et les massacrer. Bellomont les met en garde contre les jésuites. Il installera un ministre protestant à Albany ; celui-ci apprendra la langue iroquoise, ce qui permettra aux Cinq-Nations de voir la supériorité de la religion protestante. De cette manière, les Iroquois catholiques « retourneront à l'obéissance du grand Roi, leur maître ». Il faudrait ramener en Iroquoisie tous les Iroquois catholiques.

La réponse des Iroquois

Le lendemain, 27 août, les Iroquois répondent ; leur orateur est Aquandaro, probablement un sachem onnontagué qui est bien acquis aux Anglais. Les rumeurs que les Français ont répandues en Iroquoisie, dit-il, ne les ont pas excités. Ils vivent en paix dans l'alliance avec les Anglais. Si le roi d'Angleterre, affirme Aquandaro, nous protège contre nos ennemis, « nous n'aurons plus alors de communications autres avec les Français du Canada ; si le Grand Roi d'Angleterre défend notre peuple contre les Hurons et les Miamis, sur qui les Français ont une influence et qui ont été encouragés par les Français pour détruire une grande quantité de nos gens depuis la 'paix... », tout alors sera bien. Pour cela, il est essentiel que le roi anglais soit bien capable de les protéger et que sa protection soit efficace. C'est une condition que l'on pose, et elle est de taille parce que les Anglais n'y sont pas arrivés le moins du monde depuis le début de la guerre.

Le même orateur continue en disant que la décision de Bellomont, au sujet d'un ministre protestant, plaît aux Iroquois. Il reprend ce que l'on sait parfaitement, à savoir que, depuis la visite de Livingston au printemps, les Onontagués ont reçu la visite de Maricourt, de Joncaire, du père Bruyas, et ainsi de suite. Ceux-ci ont offert des jésuites. Les Iroquois ont refusé parce qu'ils s'étaient engagés envers les Anglais à recevoir un ministre protestant. Ils sont résolus à adhérer à l'alliance anglaise et à être instruits dans la religion protestante.

Bellomont tente de convaincre l'Assemblée.

Le 27 août, Bellomont prend à nouveau la parole. Il est prêt à envoyer des missionnaires protestants à Onnontaé, mais ces derniers « ne sont pas disposés à aller si loin, à moins qu'il n'y ait un fort pour votre sécurité et pour la leur ; et comme vous m'avez autrefois sollicité de vous en construire un, pour vous protéger contre les incursions des Français et de leurs Indiens, et en particulier contre les attaques de la garnison française de Cataracoui, j'ai jugé qu'il était à-propos qu'un bon fort soit construit dans quelque partie du pays des Onontagués ». Les députés de New York ont voté une taxe à cet effet. L'ingénieur du roi est à Albany même, aujourd'hui, et il se rendra en Iroquoisie ; il indiquera le meilleur emplacement, et les travaux commenceront sans délai. Puis, Albany et Schenectady seront bien fortifiés. Ainsi, les Anglais se protégeront et protégeront les Iroquois. Cet appareil de force ne sera pas inutile, non plus, cela va sans dire, pour retenir les Iroquois dans le devoir. Bellomont termine en mentionnant que le commerce du castor continuera de s'effectuer à Albany.

Les Iroquois acceptent toutes ces propositions : fort en Iroquoisie, ingé-nieur, ministres protestants. Bellomont a encore d'autres projets : il veut instruire les jeunes Iroquois à New York. Les sachems demandent que trois ou quatre Onontagués conduisent l'ingénieur en leur pays et discutent avec lui du lieu où il faudra construire ce fort.

Le 29 août, Bellomont conseille aux Iroquois de faire la paix avec les Indiens alliés. Ceux-ci sont trop nombreux et trop forts. Les Indiens alliés devraient faire partie de l'alliance anglo-iroquoise. Les Iroquois pourraient ainsi chasser dans le pays de leurs alliés. Il faut que les Indiens de l'Ouest viennent à Albany, qu'ils vivent même parmi les Iroquois. Les sachems devraient par la suite fournir deux cents jeunes gens pour aider les Anglais à construire le nouveau fort ; en contrepartie, Bellomont fournira deux cents jeunes Anglais. C'est un travail de trois mois. « C'est pour votre intérêt, votre sécurité seulement que je propose la construction du fort. »

Bellomont conseille de faire la paix avec les Indiens alliés.

Bellomont désire tellement triompher de ses adversaires qu'il veut que, si les jésuites se rendent en pays iroquois, les Iroquois s'en emparent, les fassent prisonniers et les lui amènent ensuite. Il va plus loin encore : pour chaque prêtre et chaque jésuite « que vous amènerez dans cette ville et livrerez aux magistrats, vous aurez cent pièces de huit qui vous seront versées en monnaie courante, comme récompense ». Il appliquerait aussi volontiers la loi anglaise contre les prêtres.

Et le conseil se poursuit. Malgré leur adhésion de bouche, Bellomont sent souvent, sans doute, que les Iroquois sont élusifs, difficiles à saisir, peu sincères, et qu'ils gardent pour eux leurs pensées. Le 30 août, les Iroquois parlent encore. Voici l'ordre dans lequel ils procéderaient : conclusion de la paix avec les Indiens alliés ; rentrée chez eux des Iroquois catholiques ; saisie des jésuites. Tout de même, les Iroquois s'attendent à ce que plusieurs tribus d'Indiens alliés s'établiront près d'eux, et ces tribus sont habituées aux jésuites et aux missionnaires catholiques. Alors, que faire ?

Bellomont revient sur la construction du fort ; il veut que l'ouvrage soit assez grand pour deux cents personnes : cent Iroquois s'y rendraient en plus en temps de guerre. Sur ce point, les Iroquois refusent de se compro-mettre : ce sont de jeunes guerriers qui iraient ainsi occuper le fort, et les

Les Iroquois ne s'engagent à rien.

sachems ne peuvent prendre de décision à leur sujet sans leur consentement. Impossible de s'engager pour eux. Ils ne se compromettent pas. Pas question de s'engager à envoyer plus de douze hommes par tribu pour construire le fort. Ils ne s'engagent même pas à envoyer des enfants à New York pour être instruits. Ce sont les mères qui en disposent. Elles seules peuvent donner une réponse. C'est le jeu du plus fort et du plus faible, celui-ci se dérobant, fuyant, glissant entre les mains de celui-là.

Le 31 août, Bellomont confère avec les Onontagués pour hâter la construction de son fort dans leur pays. Il leur propose de nommer quatre des leurs pour accompagner l'ingénieur. La chose étant assez bien acceptée, on nommera à Onnontaé les sachems qui aideront à fixer l'emplacement. Pendant la construction, les Onontagués alimenteront les ouvriers en venaisons, tortes, maïs, poisson, etc. Par la suite, ils alimenteront la garnison.

Bellomont demande aux Iroquois d'encourager les coureurs de bois français de l'Ouest à se présenter à Albany pour troquer leurs fourrures. Il émet le désir de connaître les propositions soumises à Onnontaé par Maricourt, Joncaire et le père Bruyas. Enfin, il donne des présents : quarante barils de rhum, cent haches, deux mille pierres à fusil, deux cents chemises, deux cents sacs de poudre, et ainsi de suite.

Les sachems répondent qu'ils seront fidèles à l'alliance anglaise et deviendront protestants. Ils encourageront les Indiens alliés à venir traiter. Ils ont hâte que les frontières soient fixées pour éviter les disputes. Il faut mettre un frein aux attaques des Indiens alliés, « afin que nous puissions avoir le bénéfice de la paix conclue » entre Français et Anglais. Ils répètent les propositions que les Français ont soumises à Onnontaé.

C'est à ce moment qu'on leur demande ce que quatre sachems, de quatre tribus différentes, font en Nouvelle-France. Réponse : ils doivent ramener leurs prisonniers, dix-sept Tsonnontouans qui sont en effet prisonniers chez les Indiens alliés. « Nous avons attendu trois années, disent-ils, pour voir si vous pouviez ravoir nos prisonniers ; mais la libération n'étant pas effectuée, nous avons été dans la nécessité de les libérer nous-mêmes. » Le père Bruyas leur a en plus dit « que le Gouverneur du Canada ne réclamait pas un droit sur la terre comme Corlaer le faisait, il les laissait à leur liberté ; mais que Corlaer prétendait qu'il avait une supériorité sur eux ».

« ...nous avons été dans la nécessité de les libérer nous-mêmes ».

Ce long conseil qui montre Bellomont revenant à la charge, insistant pour amener les Iroquois à s'engager définitivement, cherchant à frayer ici ou là une voie vers plus de confiance, vers l'ancienne sincérité, puis s'exaspérant outre mesure dans le cas des missionnaires français, épuisant les moyens qu'il croit propices, en offrant un puis un autre, est certainement un des plus curieux qui soient. Pour celui qui a étudié l'Iroquoisie, qui connaît les sentiments de ses habitants, Bellomont fait souvent fausse route. Les Iroquois ne veulent pas que les Indiens alliés viennent directement à Albany ;

ils veulent servir d'intermédiaires entre les deux peuples. Les Iroquois, qui ont assez du fort Cataracoui qui les menace de la rive nord du lac Ontario, ne veulent pas d'un fort anglais qui les tienne dans la sujétion la plus complète et donne à l'Anglais la maîtrise de leur pays. Les Anglais sont assez dangereux de loin sans les aider à s'installer en plein territoire iroquois.

C'est un jeu futile et dangereux.

Le 3 septembre 1700, Bellomont donne des instructions à l'ingénieur Romer, qui devra examiner soigneusement l'Iroquoisie et en faire un relevé. Il dressera une carte et fixera l'emplacement d'un fort. Il inspectera les salines et les puits d'huile. Au surplus, il conduira une propagande anglaise chez les diverses tribus.

On s'entretient ensuite de la force toujours croissante des Iroquois catholiques. D'après la déclaration de David Schuyler, qui est passé en Nouvelle-France durant l'été de 1700, ils comptent maintenant trois cent cinquante guerriers. Durant la guerre qui vient de s'écouler, leur nombre était cependant beaucoup moindre ; « ils ont fait des incursions continuelles dans cette province, et de telle manière et avec de tels effets que les habitants des frontières étaient souvent tués, scalpés, ou qu'ils partaient ». Les habitants d'Albany entretiennent Bellomont de leurs terreurs. Cette augmentation des Iroquois catholiques les effraie ; elle se produit pendant la paix et n'a jamais été si forte que depuis la conclusion de la paix. L'avenir est sombre. Il faut construire à Albany un fort assez grand pour pouvoir recevoir à l'occasion les Iroquois en plus de la garnison. Pour sa part, le commerce des fourrures ne se relève pas de ses ruines. Il faut absolument de bons missionnaires protestants pour contrecarrer en Iroquoisie l'influence des jésuites, « autrement, nous serons déprivés de toutes les Cinq-Nations, qui ont été la barrière principale qui a donné de la sécurité à ces parties, et qui s'en iront toutes chez les Français ».

Les habitants d'Albany vivent dans la terreur d'une attaque des Indiens catholiques.

Dans sa lettre du 13 octobre aux lords du Commerce, Bellomont insiste fortement sur le fait que les Iroquois se sont engagés à recevoir des missionnaires protestants et qu'il faut pousser dans cette direction. En plus, le gouverneur affirme, imitant en cela Dongan, qu'il a envoyé Samuel York, avec deux ou trois hommes d'Albany, chez les Indiens alliés, dans le but de nouer des relations commerciales. Romer, souligne-t-il, est parti pour l'Iroquoisie, plus précisément pour le pays des Onontagués. Bellomont veut construire son poste sur le lac Ontario : là, les Anglais pourraient recevoir les fourrures des Indiens alliés sans interférence de la part des Iroquois, ce dont ceux-ci se doutent fort bien. Il réclame à grands cris des ministres protestants pour sauver la situation.

À ce jour, grâce aux communications intérieures, les lords du commerce sont au courant de tous les faits : que les fortifications des villes intérieures de la colonie de New York sont en ruines ; que dans la colonie il n'y a que deux cents soldats en tout, mal vêtus, mal disciplinés ; que les guerriers iroquois, qui étaient trois mille cinq cents au début de la dernière guerre, sont maintenant onze cents, « ayant souffert de grandes pertes durant la guerre, et plusieurs d'entre eux ayant été clandestinement tués par les Indiens français depuis la paix » ; et que maintenant ces Iroquois « sont fortement inclinés à s'abriter sous leur protection qui leur paraît la plus forte ». Les lords s'attendent maintenant à la défection des Iroquois ; si ceux-ci s'unissent aux Indiens alliés et aux Français, les colonies anglaises seront en mauvaise posture. Les Indiens alliés d'aujourd'hui ne sont pas ceux d'autrefois, ayant été bien armés et étant devenus de bons combattants. Les lords savent que le commerce des castors est ruiné, n'ayant donné qu'une quinzaine de milliers de peaux de juin 1699 à juin 1700, contre au-delà de soixante-cinq mille peaux annuellement autrefois.

Le commerce des castors est ruiné.

Chapitre 224

1700

Le canon tonne quand les dix-neuf ambassadeurs iroquois se présentent à Montréal avec Maricourt, Joncaire, le père Bruyas et les autres Français. L'instant, l'événement sont solennels. On peut même dire que la paix entre la Nouvelle-France, l'Iroquoisie et les Indiens alliés date de cette visite. Si les conseils se tiennent à peu près dans le même temps à Montréal qu'à Albany, on peut dire qu'en général, à ce moment-là, la politique française s'adapte mieux aux besoins de l'Iroquoisie que la politique anglaise et qu'elle repose sur moins de faussetés et de mensonges.

L'événement est solennel : la délégation iroquoise arrive en Nouvelle-France.

L'entrée des ambassadeurs se fait entre cinq et six heures du soir, au bruit de l'artillerie. Les Indiens alliés qui sont présents sont même jaloux des grands honneurs accordés aux Iroquois. Trois jours de congé suivent, avant que l'audience ne se donne.

Voici quelles sont les propositions des Iroquois. En premier lieu, ils viennent demander la paix. Les cinq tribus la désirent, les Tsonnontouans autant et peut-être plus que les autres, car ils ont retenu un parti de deux cents guerriers sur le point de conduire une attaque et une expédition contre les Miamis. En deuxième lieu, ils demandent qu'un armurier exerce son métier au fort Frontenac afin que les Iroquois puissent y faire réparer leurs fusils et leurs armes de toutes sortes, et y trouver aussi des marchandises. En troisième lieu, ils demandent le retour de tous leurs prisonniers : ceux des Indiens alliés, des Iroquois chrétiens, et tout autre prisonnier iroquois entre les mains de quelque nation que ce soit. Ils affermissent l'arbre de la paix que l'on a déjà planté, afin que, à l'avenir, il soit bien solide et que rien ne puisse l'ébranler. Les Iroquois disent ensuite que, par ses manœuvres et ses agissements, Corlaer, c'est-à-dire Bellomont, semble vouloir brouiller la paix. Les Français devraient tâcher de savoir ce qu'il veut. En quatrième lieu, les ambassadeurs demandent l'élargissement de Louvigny, maintenu

Les demandes des Cinq-Nations

Louvigny avait, malgré l'édit de 1696, traité avec les Iroquois. Il fut mis aux arrêts et jugé par le Conseil souverain. Ce dernier, impressionné par l'intercession des Iroquois, laissa le roi décider de son sort.

aux arrêts pour avoir fait la traite des pelleteries au fort Frontenac. Il aurait, semble-t-il, contrevenu à des ordres précis du roi. Enfin, les ambassadeurs laissent à Joncaire le fils d'un sachem pour qu'il étudie en Nouvelle-France.

Callière ne répond pas immédiatement, car les Indiens alliés ne sont pas encore tous arrivés en Nouvelle-France. Le conseil se tient aussitôt qu'ils sont descendus de canot. Callière exprime la joie qu'il ressent pour cette réunion qui rassemble tant de peuples encore ennemis hier. À qui sont imputables les malheurs des Tsonnontouans ? N'est-ce pas leur faute, s'ils ne voulaient pas faire la paix avec les Indiens alliés et s'ils menaient ou voulaient mener des expéditions contre eux ? Maintenant, Callière enterre profondément toutes les haches de guerre ; il bouche le trou avec un rocher ; il fait passer par-dessus une rivière, afin qu'on ne puisse jamais plus

La réponse de Callière l'atteindre. Si un acte de guerre se commet à l'avenir en quelque lieu, qu'on l'en avise, et lui, Callière, fera justice à toutes les parties. Il avertira aussi le gouverneur de New York, afin que tous les contrevenants à la loi soient punis. Callière affermit ainsi l'arbre de la paix. Il envoie des marchandises au fort Frontenac et permet qu'un armurier aille y habiter. Il écrira aux Outaouais pour leur demander de rendre leurs prisonniers, ce qu'ils devront faire au début du mois d'août 1701. Il invite solennellement les Iroquois à venir alors les chercher et à ramener en même temps leurs derniers prisonniers français. Quant aux prisonniers iroquois d'Iroquoisie, qui sont actuellement chez les Iroquois catholiques, ils peuvent partir sans délai. Les Français prendront bien soin du fils du sachem qu'on abandonne à Montréal. Ils donneront un autre commandant que Louvigny au fort Frontenac.

Les Iroquois avaient bien marqué leur volonté de faire la paix avec les Indiens alliés, un point important qui avait été pendant plusieurs mois une pierre d'achoppement. Ils avaient ainsi souligné qu'ils étaient à Montréal contre la volonté de Bellomont qui s'opposait à toute communication entre eux et les Français. L'orateur avait dit : « J'espère que les Iroquois trouveront à Cataracoui non seulement les marchandises qu'ils ne pourront plus obtenir à Orange, mais encore les armes et les munitions dont ils auront besoin, afin de pouvoir se passer des Anglais, ou se défendre contre eux, s'ils étaient attaqués. »

Kondiaronk, le grand chef huron, parle après Callière ; il exhorte les Iroquois à bien écouter la voix de leurs pères. Ne demandez pas la paix du bout des lèvres seulement, leur dit-il, mais de cœur. Les Abénaquis, les Iroquois du Sault, les Outaouais, menacent l'Iroquois d'une guerre plus furieuse encore si les hostilités reprennent.

Callière met ensuite tous ses présents aux pieds des Iroquois.

Puis, de grands éclaircissements ont lieu de part et d'autre. On cause et on rappelle les anciens griefs. L'Iroquois parle avec les autres. On se souvient que « les Tsonnontouans avaient violé autrefois la Paix générale, en mangeant des Illinois des Maskoutechs, un village entier de Miamis, qu'ils n'avaient pas épargné les Outaouais et les Hurons... ». On se rappelle que Denonville, voyant la cruauté des Tsonnontouans, leur avait fait la guerre, que ceux-ci voulurent détruire le Français lui-même, et que l'Onnontagué avait pris son parti au lieu de jouer le rôle de médiateur : « Ils avaient perdu dans cette guerre la plus grande partie de leurs guerriers en soutenant son parti [celui de l'Anglais]. » Les Anglais non plus ne les avaient pas protégés, et aujourd'hui, c'étaient eux qui voulaient empêcher les Indiens de goûter la paix.

Enfin, tout s'éclaircit bien. Les Iroquois sont appelés à libérer l'an prochain leurs derniers prisonniers français et les autres prisonniers indiens qu'ils détiennent et qui sont de souche indienne. Les ambassadeurs iroquois viendront avec eux. Les ambassadeurs des Indiens alliés viendront aussi en Nouvelle-France avec tous les prisonniers iroquois qu'ils détiennent. L'échange définitif et final des prisonniers pourra avoir lieu. Tous les problèmes qui peuvent encore subsister seront alors réglés. Ce grand congrès général de toutes les parties qui ont pris part au dernier conflit aura lieu au mois d'août 1701.

Les ambassadeurs iroquois reviendront l'an prochain avec les derniers prisonniers.

Une fois tout ceci convenu, les parties présentes signent un premier traité de paix. Callière, Champigny et Vaudreuil signent pour les Français. Les tribus indiennes y apposent chacune ses armes. Les Tsonnontouans et les Onontagués y dessinent une araignée ; les Goyogouins, un calumet ; les Onneiouts, une fourche avec une pierre au milieu ; les Agniers, un ours ; les Hurons, un castor ; les Abénaquis, un chevreuil ; les Outaouais, un lièvre. La date de la signature de ce premier traité est le 8 septembre.

Un premier traité de paix est signé.

Les conseils avaient eu lieu à peu près en même temps à Albany qu'à Montréal. Mais on peut dire que, à ce dernier endroit, les volontés des parties contractantes se rencontraient dans un même dessein. Tous voulaient qu'on leur remette leurs prisonniers, qu'on mette fin à cette guerre qui avait duré si longtemps et avait causé tant de désastres et qu'existe une organisation pacifique pour régler leurs petits conflits. L'indépendance de l'Iroquoisie était respectée. Pour lui permettre de résister aux pressions que pouvaient exercer les Anglais, on lui donnait Cataracoui comme lieu d'approvisionnement. Enfin, on ne pouvait qu'accepter favorablement l'idée d'une grande paix générale à ce moment.

Callière commence tout de suite l'organisation du Grand Congrès de 1701. Le Gardeur de Courtemanche et le père Enjelran partent pour l'Ouest afin d'exposer le traité aux tribus et obtenir leur adhésion. Ils doivent demander aux chefs de venir l'an prochain à Montréal et d'y ramener leurs prisonniers iroquois.

Jean Enjelran (1639-1718), jésuite et missionnaire

S'enchaînent les désappointements de Bellomont. Le 20 octobre 1700, il apprend que Samuel York et les autres Anglais qu'il envoyait chez les Indiens alliés ont été arrêtés par les Iroquois. Qu'ensuite l'ingénieur Romer est revenu avec de fort mauvaises nouvelles. Celui-ci a d'ailleurs fait un rapport de son voyage.

Rapport de l'ingénieur anglais

L'ingénieur raconte qu'il a obtenu un récit complet de l'ambassade des Iroquois à Montréal. Il relate les propositions des uns et des autres. Il parle à Teganissorens ; celui-ci s'est retiré de la vie publique depuis que sa femme a été tuée à coups de bâton par une faction qui la soupçonnait d'empoisonner les amis des Anglais. Romer émet le souhait que cette retraite ne durera pas et il invite le grand chef iroquois à s'occuper des problèmes de sa nation. Il espère que les Iroquois ne souffriront pas que des missionnaires ou des Français viennent parmi eux et que, s'il en vient, ils avertiront aussitôt les Anglais. Romer sait qu'au moins six sachems faisaient partie de la dernière délégation qui s'est rendue au Canada.

Au début d'octobre, l'ingénieur et sa mission se trouvent ainsi dans les alentours de la capitale iroquoise. Ils ont l'intention de se rendre chez les tribus éloignées et d'obtenir à cette fin l'assistance des Iroquois. Les Goyogouins, puis les Tsonnontouans pourraient les protéger à tour de rôle. Ils voudraient amener à New York, pour négocier, ces sachems des tribus lointaines qui sont, à n'en pas douter, les Indiens alliés de la Nouvelle-France. Comme l'escorte actuelle de l'expédition ne veut pas dépasser Onnontaé,

L'ingénieur anglais veut négocier avec les Indiens alliés.

les Anglais en demandent une autre, qui se rendrait sans aucun doute jusqu'à Michillimakinac et certainement jusqu'au fond du lac Michigan.

Comme ils n'ont pas été mis au courant de ce projet à Albany, les Onontagués ne savaient aucunement que l'ingénieur Romer et son monde avaient dans l'idée de se rendre aussi loin et d'entreprendre des négociations avec ces peuples amis de la France. La proposition qu'on leur soumet est tout à fait nouvelle, et, essentiellement, ils n'en veulent pas du tout. Aussi Teganissorens s'oppose-t-il tout à fait à cette entrevue. Cela ne fait absolument pas l'affaire des Onontagués. Les Anglais ne peuvent que difficilement obtenir un canot pour aller déterminer l'emplacement d'un fort. Romer dit que Bellomont lui a ordonné d'examiner les cours d'eau et de revenir par eau. Le fort, de plus, devrait être placé là où ceux qui connaissent le mieux cette question le jugent à-propos. L'ingénieur a vu divers emplacements et désire maintenant connaître les avis des Iroquois. Il se peut que Bellomont aille dans le même sens que les Iroquois eux-mêmes, et que les uns et les autres puissent par conséquent facilement s'entendre. Pourtant, les Iroquois refusent de donner une réponse. Les Goyogouins et les Onneiouts, disentils, sont absents et ils ont le droit de donner leur point de vue dans cette affaire. De plus, tous leurs gens sont à la chasse, et personne ne peut assister les Anglais dans la construction du fort. Teganissorens remet cette demande au printemps, alors que se tiendra un conseil général. On y étudiera le choix d'un emplacement dont on communiquera subséquemment la décision à Albany. Teganissorens interdit toute action aux Anglais tant que ce conseil n'aura pas eu lieu à Albany en 1701. De plus, le parti de l'ingénieur, au lieu de revenir en canot, doit revenir à cheval.

Deux compagnons de l'ingénieur Romer tiennent aussi leur journal. On y apprend que l'expédition était partie d'Albany le 13 septembre ; que le 15, le groupe a trouvé des chevaux au premier village des Agniers et poursuivit son chemin à cheval ; deux jours plus tard, le 17, deux de leurs quatre guides les abandonnent, et bientôt les deux derniers sont remplacés par des femmes. Le 23 septembre, ils arrivent chez les Onneiouts où ils ne peuvent obtenir que les Iroquois leur fabriquent un canot pour revenir par eau. Les Onneiouts présentent toutes les excuses possibles. Le 26 septembre, les voyageurs sont dans la capitale iroquoise que Teganissorens et d'autres chefs ont quittée pour se rendre au-devant des ambassadeurs qui rentrent du Canada et pour apprendre les nouvelles plus tôt. Les sachems qui se sont rendus au Canada n'arrivent que le 30 septembre et font rapport, énumérant les propositions énoncées de part et d'autre. Le 1er octobre, Romer et ses compagnons envoient chercher Teganissorens, avec qui ils tiennent un conseil. Ils demandent un canot pour le retour ; ils veulent également descendre en canot la rivière des Onontagués jusqu'à l'embouchure de celle des Onneiouts. Ils désirent aussi savoir quand les Iroquois voudraient travailler au nouveau fort. Le 2 octobre, des sachems onneiouts arrivent, mais pour entendre les nouvelles du Canada ; les Iroquois font savoir que deux canots sont prêts pour descendre la rivière. Le 3 octobre, Romer et ses hommes descendent la rivière, en passant par le lac Gannantaa, jusqu'à l'embouchure de l'Onneyout ; sur ce trajet, aucun emplacement n'est favorable. Le 6 octobre, il découvre une situation qui convient près du lac des Onneiouts et une bonne forêt à proximité pour fournir le bois ; le 7 octobre, de retour dans la capitale, il apprend que le parti de Samuel York, envoyé par Bellomont chez les Indiens alliés, est là aussi. Les hommes de York sont toutefois découragés et ne veulent pas poursuivre le voyage ; les Iroquois ne veulent pas leur fournir une escorte parce que, dix ou douze jours auparavant, des Tsonnontouans ont été faits prisonniers et que le danger est trop grand. Le 8 octobre, le parti de York décide de regagner Albany, et Romer choisit de se joindre à lui pour le retour. Les Onontagués sont très mécontents parce que Bellomont a donné une passe au parti de Samuel York. Ils ignoraient absolument tout de cette entreprise dans laquelle, affirment-ils, des Anglais auraient pu se faire tuer.

Tous retournent à Albany.

Les Iroquois ne veulent pas se compromettre quant au choix de l'emplacement du fort et demandent aux Anglais de ne pas revenir avant qu'eux-mêmes ne se soient rendus à Albany. Romer est du moins content du fait que les Iroquois lui ont révélé les propositions de Callière. Il les encourage à agir de la même façon dans l'avenir ; il ajoute par ailleurs que, si Bello-mont leur a défendu de se rendre au Canada pour parler de paix, c'est aussi bien pour leur honneur que pour le sien. Les Iroquois se sont humiliés en se rendant là. C'est comme si les Français les avaient conquis et battus. Callière se vantera de les avoir forcés à venir à Montréal faire la paix. Après ces discours, les partis de Romer et de York s'unissent et partent pour Albany, où ils arrivent le 18 octobre.

C'est le motif pour lequel Bellomont écrit aux lords du Commerce le 20 octobre : afin de leur expliquer que les Iroquois ont arrêté Samuel York et les autres hommes. Les Hurons ayant attaqué les Tsonnontouans, les Onneiouts et les Onontagués, ils en ont tué plusieurs. Les Iroquois auraient formé un parti pour attaquer leurs ennemis. On suppose encore que les Français tirent les ficelles derrière cette affaire.

Le 28 novembre, nouvelle lettre : malgré son échec, Bellomont pense toujours, comme Dongan, à établir des relations commerciales avec les Indiens alliés. Cette mesure, sait-il combien elle est dangereuse ? Sous Denonville, elle a beaucoup contribué à déclencher la guerre. Il n'y a qu'à se souvenir de l'expédition MacGregorie. Les Iroquois, ajoute Bellomont, « sont devenus opposés à notre projet de construire un fort à Onondage ». La réception que Romer a reçue a été froide et dure. Teganissorens l'a averti de ne pas commencer le fort tant que les Cinq-Nations ne se seront pas prononcées. Bellomont, qui attribue cette décision à l'influence d'une faction anglaise d'Albany, avoue clairement qu'il veut construire un fort à Onnontaé pour faire le commerce avec les Indiens alliés. Autrement, les Iroquois intercepteraient les pelleteries. À ce moment, Bellomont avoue aussi son appréhension de voir les Iroquois se faire détruire par les Indiens alliés.

Onondage, sans doute Onondaga (aujourd'hui Syracuse, N. Y.)

Un fort à Onnontaé servirait à commercer avec les Indiens alliés.

En Angleterre, les lords du Commerce continuent à s'intéresser au Canada. Ils écrivent à l'archevêque de Cantorbury, lui demandent de trouver un pasteur pour les Iroquois, de créer un fonds pour entretenir ces hommes, d'étudier le projet. Ils écrivent aussi à l'évêque de Londres, qui répondra qu'il est malheureux que Dellius ait été banni, lui qui savait la langue iroquoise. Ces négociations dureront un bon temps.

Finalement, le gouvernement anglais consent à donner cinq cents livres, tandis que New York en fournira mille cinq cents pour la construction d'un fort au pays des Onontagués. On prélèvera aussi deux mille livres pour la fortification d'Albany et de Schenectady.

Des projets ont cours pour capter la confiance des Abénaquis et établir de nombreux Indiens alliés auprès des Iroquois, dans le but de les renforcer et de leur permettre d'opposer un front plus solide.

Le comte de Bellomont ne verra pas la fin de ces négociations. Il mourra le 5 mars 1701. Il semble s'être fourvoyé durant les derniers mois. Alors que les Iroquois sont presque décidés à l'abandonner, il met de l'avant deux projets qui leur répugnent : construire un fort anglais en Iroquoisie, ce qui leur enlèverait la liberté de leurs mouvements, et établir des relations commerciales entre Albany et des Indiens alliés, un commerce dont les Français ne veulent à aucun prix, comme les Iroquois le savent bien, et qui pourrait mener à une autre guerre immédiate dans laquelle ils seraient impliqués ; d'autant plus que, si jamais ce commerce était possible, les Iroquois voudraient en être les intermédiaires.

De surcroît, on l'accuse, après sa mort, d'avoir gâté la cause anglaise en Iroquoisie. Le renvoi de Dellius a été une erreur ; les Iroquois étaient également habitués à négocier avec un groupe d'hommes d'Albany qu'on a remplacés par d'autres moins acceptables à leurs yeux. Dans une lettre datée du 13 mai, Robert Livingston analyse une fois de plus la situation de son regard perçant et profond. Les Français, dit-il, ont maintenant une faction considérable à leur service en Iroquoisie.

Bilan du gouvernement de Bellomont

« Ayant souvent exprimé leur ressentiment contre ces colonies en venant renouveler leur traité à Albany, parce qu'elles ne leur avaient pas donné d'assistance durant la dernière guerre..., pour les avoir laissés se tirer d'affaire seuls en cette extrémité, avec le peu d'assistance qui venait d'Albany, à la suite de quoi ils se sont épuisés et détruits durant une guerre longue et tenace... », les Iroquois ne pardonneraient que bien difficilement aux autres colonies anglaises ; « et ceci a été la cause de leur diminution et de leur retour vers les Français, leurs ennemis ». Ils en ont toujours voulu aux autres colonies anglaises qui, quoique faisant partie de l'alliance, n'ont rien fourni pour la guerre, quand le fait de participer à cette coalition, d'y prendre une part active, aurait pu mettre rapidement un terme aux hostilités. Livingston se montre encore plus direct : les Iroquois « ayant livré nos batailles pour nous » auraient dû obtenir plus d'aide ; ils « ont été une barrière de défense continuelle... » ; et maintenant « la longue guerre et la grande perte de jeunes gens qu'ils ont subie leur a presque enlevé tout courage ». Depuis la paix, les Français ont tout fait « soit pour les gagner... ou pour les terrifier tellement afin qu'ils soient dans une crainte perpétuelle » qu'ils ont presque gagné leur point. Il faut maintenant des missionnaires pour contrecarrer l'influence des émissaires français, tout comme il faut étendre jusqu'aux Grands Lacs la chaîne des forts anglais. Livingston fait observer que « les Indiens qui sont dans l'amitié anglaise ne désirent pas un fort de ce genre [celui d'Onnontagué], mais, bien au contraire, ils y sont complètement opposés ». Ils n'ont pas aimé Romer.

Les Iroquois « ayant livré nos batailles pour nous ».

Naturellement, il y a dans cette appréhension d'une paix franco-iroquoise bien des motifs légitimes. Les Anglais se doutent assez que, s'ils en avaient l'occasion, les Français se serviraient des Iroquois contre eux, comme ils se sont servis des Indiens alliés et des Abénaquis. Cette solution fait trop partie des possibilités pour ne pas peser de tout son poids dans la balance. C'est pourquoi les initiatives de Callière, et de Frontenac avant lui, leur cheminement vers la paix, rencontrent une résistance de fond. S'ils désirent se servir des Iroquois à l'avenir, ils veulent encore plus énergiquement que les Français ne s'en servent pas. Aussi épuisent-il tous les moyens.

Pendant que les Anglais voient venir l'alliance redoutée entre Français et Iroquois, étudient les causes de leurs échecs, s'enfoncent dans une politique qui ne peut que leur aliéner l'Iroquoisie, divers incidents surviennent.

Tout d'abord, immédiatement après le retour des ambassadeurs iroquois dans leur pays, des heurts ont lieu entre Tsonnontouans et Hurons. Il s'agirait, dans la mesure où l'on comprend le problème, d'une contravention aux lois indiennes de la chasse. Des Iroquois s'empareraient des huttes de castors marquées par des Outaouais ou des Hurons. Ces derniers s'empareraient des contrevenants. Un chef tsonnontouan demeurerait prisonnier entre leurs mains. Les superbes Iroquois n'endurent pas facilement cet affront. Ils ont tout de suite l'idée de se venger par une expédition ou une attaque. Teganissorens s'empresse de calmer leur courroux en leur rappelant que Callière a promis de rendre justice à celui qui souffrirait d'un tort, et qu'il faut aller se plaindre à lui au lieu d'ouvrir de nouveau les hostilités.

En second lieu, un groupe d'environ deux cents Algonquins et Népissingues viennent chasser sur la « langue de terre du fort de Frontenac », un territoire qui, d'après les Iroquois, leur a appartenu de toute éternité.

Aussi, dès le 2 mars 1701, deux chefs iroquois se présentent-ils à Québec, où ils offrent des bandes de grains de nacre. Leurs ambassadeurs, disent-ils, relataient justement la paix faite à Montréal, aussitôt après être rentrés dans leur pays, quand de grands cris se sont fait entendre et qu'on leur a appris qu'un des leurs venait d'être capturé. Pour obtenir justice, les deux députés actuels ont entrepris le voyage d'hiver. Les Français promettent non seulement de leur faire rendre leurs prisonniers au mois d'août si c'est possible, mais le plus tôt que cela sera réalisable.

Les Mississagues au nord du lac Huron.

Une autre affaire se présente parallèlement à l'affaire des Népissingues et des Algonquins. La rumeur court en effet que trois cents Mississagues descendront dans l'Est du Canada pour détruire les Iroquois avec l'aide des Kristinaux. Consulté au sujet de cette rumeur, le commandant du fort Frontenac leur a conseillé d'exiger un petit fort pour se protéger au besoin. Il a envoyé un interprète, deux Indiens alliés et deux Iroquois chez les Kristinaux et d'autres nations afin de demander des explications. On n'a pas encore reçu de nouvelles de cette ambassade.

Callière est heureux de la venue de ces ambassadeurs. Les Iroquois ne doivent pas s'alarmer indûment. Justice sera faite en temps et lieu. Les Indiens alliés exécuteront ce qu'il leur demandera. Il exigera la remise du chef tsonnontouan et enverra un canot pour protéger les ambassadeurs quand ils descendront le fleuve. Vaudreuil a même pris, de son chef, certaines précautions en envoyant à Montréal un Français et des Iroquois pour avertir certains Indiens alliés qui ignoraient qu'une paix a été conclue à Montréal en 1700.

C'est alors que se produit la grande affaire de Détroit.

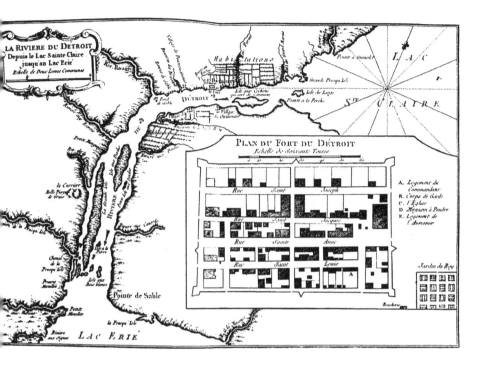

Chapitre 225

1701

Toutes ces négociations fiévreuses s'effectuent sur un arrière-plan qui devient de plus en plus tragique : la guerre de la Succession d'Espagne. Depuis plusieurs mois déjà, le futur conflit se dessine avec une précision croissante, sur un fond sans cesse plus chargé de nuages et d'éclairs. C'est ce qu'il ne faut pas oublier. L'intervalle qui sépare la paix de Ryswick de la guerre de la Succession d'Espagne est à peine un répit. C'est pourquoi, en Amérique, on manœuvre fiévreusement ses pions en vue de cet événement à venir. Les Français ne veulent à aucun prix la reprise des guerres iroquoises ; leur décision est prise : ils favoriseront pour le moment l'indépendance et la neutralité iroquoises. Ils font de grands progrès dans cette voie. Jusqu'à la dernière minute, ils tiennent les Iroquois sous la menace de nouveaux coups et de nouveaux massacres, pour qu'ils en viennent à faire la paix. Maintenant, en cet hiver de 1700-1701, ils se donnent le beau rôle de protecteurs des Iroquois contre les Indiens alliés et se font une joie de leur rendre justice.

Au surplus, leur décision est prise de construire Détroit. Quoique très à l'ouest de l'Iroquoisie proprement dite, un poste en ce lieu permet de cerner celle-ci, de la limiter, de la contenir. Détroit, comme le fort Frontenac, permet de surveiller et de contrôler le second grand territoire de chasse des Cinq-Nations. Il se trouve situé aussi entre les territoires des Indiens alliés et ceux des Iroquois. En cas de guerre, d'attaques et d'expéditions de guerre, les Indiens alliés pourraient y trouver un bon point d'appui contre l'Iroquoisie qui, elle-même, placée sous la menace de ces deux postes, est en mauvaise posture. Les Français se sont-ils décidés à ce geste stratégique après avoir appris l'aventure de Samuel York, qui voulait se rendre chez les Indiens alliés ? Ont-ils voulu en même temps fermer, comme Denonville, le chemin de Michillimakinac aux Anglais ? C'est probable, les deux aventures pareilles amenant au Canada des réactions identiques.

Toujours est-il que Callière veut poursuivre dans cette direction en mettant Teganissorens dans sa confidence. Il l'envoie chercher alors qu'il est à la chasse. Le vieux chef, qui possède un grand ascendant sur le peuple, les guerriers et les anciens, a un penchant naturel pour les Anglais dont il a longtemps soutenu les intérêts ; c'est pour cela qu'il est fort à redouter.

Teganissorens fait le voyage jusqu'à Montréal, où Callière lui fait une *Callière* excellente réception, l'embrassant, à la française, sur les deux joues et en lui *rencontre* présentant les plus grands compliments du monde. À l'époque, Teganisso- *Teganissorens.* rens est un personnage : c'est « le » grand Iroquois depuis près d'une ving- taine d'années. Frontenac l'avait savamment courtisé et le respectait déjà dès la fin de son premier gouvernement.

Teganissorens racontera plus tard une bonne partie de ce voyage lors des conseils suivants dans la capitale iroquoise. Il décrira le bon accueil qu'il a reçu, avant d'énumérer avec soin les sujets sur lesquels la conversa- tion a porté. Lui-même, en premier lieu, a dit au gouverneur que, l'an passé, Iroquois et Français étaient convenus que, si des Iroquois étaient tués, des ambassadeurs viendraient le dire aux Français. Comme il est arrivé à deux reprises que certains de ses compatriotes ont perdu la vie, d'après les con- ventions, il était en droit d'exiger des réparations.

En second lieu, Teganissorens a dit que les Iroquois étaient prêts à venir faire du commerce en Nouvelle-France, c'est-à-dire à troquer, à Montréal ou au fort Frontenac, des peaux de castor contre des marchandises. Il a insisté pour que les Français lui donnent beaucoup de marchandises en échange des castors.

Ensuite, il a été question de Détroit. D'après La Potherie, Teganisso- rens aurait écouté paisiblement l'annonce de la construction de ce poste, et ce n'est que de retour dans son pays qu'il aurait parlé en défaveur de cette entreprise. Suivant son propre rapport à Onnontaé, Teganissorens aurait dit à Callière que l'entreprise était injuste, que les Français auraient dû en parler d'avance aux Iroquois et qu'ainsi tous les sachems, lors de leur réu- nion, auraient pu étudier la question et prendre une décision. Cette manière de les mettre en face d'un fait accompli ne lui a pas plu.

Teganissorens aurait ensuite demandé s'il était exact qu'il y avait une guerre en Europe ; des rumeurs circulaient déjà à l'effet que l'Angleterre et la France recommenceraient leur conflit.

Les Outaouais ayant été chasser sur les terres des Iroquois, Teganisso- rens aurait prié les Français de les retenir à l'avenir, afin que toute cause de querelle soit évitée.

Callière aurait répondu tout de suite à ces diverses questions et propositions. Les Outaouais devant descendre prochainement à Montréal, il ferait enquête et il rendrait justice aux Iroquois s'il y avait lieu. Il ne peut se prononcer auparavant sur leurs plaintes. Il a construit Détroit afin de pouvoir leur fournir des armes et des munitions. Tout ce qu'il avait en vue, c'était le maintien de la paix. L'officier qui en aurait le commandement avait reçu l'ordre de régler les différends et les querelles entre les tribus et, surtout, entre les alliés. Il devait maintenir la liberté de la chasse. Il ne voulait à aucun prix permettre aux Anglais d'occuper des contrées qu'ils n'avaient pas découvertes ou qui ne leur appartenaient pas. Pour éviter ce mal, il s'établissait lui-même sur les lieux. Si les Anglais tentaient de s'y opposer, ce serait une affaire à régler entre Français et Anglais, et les Iroquois feraient bien de ne pas s'en occuper.

Au sujet d'une future guerre, Callière avait été clair et net : « ...C'est maintenant la paix entre nous et toutes les Cinq-Nations et, en conséquence, ne prêtez l'oreille à des discours où il y a de la malignité... c'est maintenant la paix aussi longtemps que nous vivons, et, s'il y a une nouvelle guerre, laissez-nous nous battre avec votre frère Corlaer, et vous pourrez avoir de la poudre là où il vous plaira, soit au Canada, soit de votre frère Corlaer, et alors vous vivrez en paix et vous aurez deux chemins où vous pourrez marcher en sûreté, pendant que nous serons encore en guerre. »

Callière offre la neutralité à l'Iroquoisie.

À l'Iroquoisie épuisée, décimée, à bout et assoiffée de tranquillité, Callière offre à cet instant la neutralité complète dans la guerre qui doit commencer le lendemain. C'est la grande force de sa position. L'État de New York, pour sa part, demande aux Cinq-Nations de combattre encore ; ses chances de succès sont donc moins bonnes. Il y a beaucoup de justice dans l'attitude du gouverneur français. Les Iroquois pourront chasser paisiblement, écouler leurs fourrures à Albany ou à Montréal, obtenir des marchandises aux deux endroits, vivre pacifiquement, pendant que les deux puissances européennes livreront entre elles leur propre bataille et trancheront leurs propres différends.

Aux autres sachems, Teganissorens ajoute : Callière demande aux sachems de retourner à Montréal pour le grand congrès de paix. Il réclame tous les prisonniers d'origine française ou appartenant aux tribus alliées qui sont en Iroquoisie.

Pour sa part, Teganissorens a demandé aux mêmes Français qui étaient venus en Iroquoisie d'y revenir tout de suite avant le Grand Congrès de Montréal.

L'affaire d'un poste à Détroit ne passera pas facilement. Toute une intrigue se greffera là-dessus. Un poste français avait déjà existé à cet endroit et n'avait pas suscité d'objections ; cette fois-ci pourtant, les Anglais seront là pour souffler sur le feu et provoquer de l'opposition.

La colonie de New York obtient vraisemblablement, par des émissaires de sa faction, des nouvelles du voyage de Teganissorens en Nouvelle-France. Aussi, des agents se mettent tout de suite en route : partis le 2 juin

1701 pour Onnontaé, Johennes Bleeker et David Schuyler arrivent le 8 chez les Onneiouts, où ils reçoivent, de New York, un message leur donnant instructions de convoquer les Iroquois à Albany dans une trentaine de jours. Ce qui signifie que les sachems vont se trouver, comme ils l'ont été si souvent, en face de deux convocations à des conseils à la même date, mais à deux endroits différents : Montréal et Albany. Cette fois, comme d'habitude, ce sont les Anglais qui prennent ce moyen pour faire échouer l'assemblée française.

Les Anglais convoquent les sachems à Albany.

Le 10 juin, les agents sont dans la capitale iroquoise. Des messagers partent tout de suite pour annoncer aux Goyogouins et aux Tsonnontouans l'invitation à Albany le mois suivant. Le 14, Teganissorens parle de son voyage à Montréal, dont il fait état de toutes les particularités. Les agents anglais font de la propagande : tout en distribuant des présents, ils parlent de la convocation pour Albany.

Le 18, tout Onnontaé est excité par l'arrivée de Maricourt et de ses compagnons. Un grand nombre d'Iroquois accompagnent les sachems qui, comme c'est l'habitude, vont au-devant d'eux, jusqu'au lac de Gannantaa. Des femmes font aussi le trajet pour porter les bagages. Suprême ironie, les agents anglais sont invités à se joindre au cortège, mais ils déclinent l'honneur. Le lendemain, c'est l'entrée de Maricourt et du père Bruyas « en grand triomphe, avec le drapeau français », selon l'expression même des Anglais. Les Français énoncent leurs propositions.

Le même jour, Teganissorens parle longuement au conseil ; il y fait pour ainsi dire le récit officiel de sa visite au Canada. Il récite les propositions qui ont été faites de part et d'autre, sans oublier, évidemment, la plus importante de toutes, celle qui a trait à la neutralité des Iroquois dans la guerre à venir. Car le roi d'Espagne est mort. Louis XIV a déjà fait son choix et peu de doutes subsistent dans l'esprit des autorités coloniales canadiennes que cela entraînera la guerre. Le fils du dauphin partira pour son futur royaume. Un autre conflit enflammera toute l'Europe.

Inutile d'en dire plus pour imaginer quelle furieuse bataille se livre dans Onnontaé, auprès des sachems — et surtout de Teganissorens — pour obtenir à ce moment une décision qui favorise l'un ou l'autre pays. On peut même affirmer que c'est la bataille suprême. Agents français et agents anglais sont là, les uns en face des autres, pendant que siège le conseil. Quand le conseil s'interrompt, ils reviennent à la charge, développant les arguments les plus spécieux, les plus habiles, les plus mordants qu'ils peuvent. C'est pour ainsi dire une lutte au corps à corps. Dans cette rixe, dans cette mêlée, les Iroquois suscitent plus la pitié et la commisération que tout autre sentiment. Ils sont là, peu instruits, doués, si l'on veut, d'un certain sens politique, mais représentants d'une communauté passablement démunie, en face de ces représentants de deux grandes puissances qui peuvent les

Anglais et Français rivalisent d'arguments.

*Français et
Anglais se
conduisent avec
brutalité. À qui
ira l'Iroquoisie ?*

écraser à la longue. Les uns et les autres commandent, ordonnent, se conduisent parfois avec brutalité, menacent, supplient. Au terme d'un conflit qui dure déjà depuis des années, la France et l'Angleterre s'affrontent au foyer de ce peuple.

Le conseil débat des questions posées par Teganissorens à la suite de son voyage. Il est profondément divisé ; du fait que Français et Anglais ont chacun leur faction dans cette assemblée, le règlement de tout problème est rendu difficile, sinon impossible. On achoppe spécialement sur l'envoi de missionnaires. Les Anglais, craignant l'influence que ces gens prendront inévitablement, proposent leurs propres pasteurs, qu'ils n'ont par ailleurs toujours pas trouvés. Ils tentent d'exciter les sachems, et surtout leur chef, Teganissorens, contre le projet français. N'ayez aucune crainte, disent-ils, parlez comme des hommes. Corlaer, c'est-à-dire le gouverneur de New York, ne souffrira jamais que des jésuites reviennent dans le pays. Ce sont des traîtres ; ils révéleront au gouverneur français tout ce qui se passera en Iroquoisie ; vous ne direz rien, vous ne ferez rien, que tout se saura à Québec.

Pourtant, Teganissorens et les sachems se rappellent de façon vive tous les coups que Frontenac et les Indiens alliés leur ont infligés depuis 1689 et que cette guerre cruelle, qui les a décimés, peut maintenant reprendre d'un jour à l'autre. Ils se souviennent de façon aussi cuisante que jamais les Anglais ne leur ont prêté main-forte dans les moments critiques et qu'ils ont toujours dû se tirer d'affaire seuls.

*« ...ceux qu'ils
condamnent à
mort sont
certainement
morts... »*

Aussi, aux paroles des agents anglais, Teganissorens répond-il : « ...Nous craignons que les Français ne recommencent la guerre contre nous, et que pouvons-nous faire, nous, pauvre peuple, car ceux qu'ils condamnent à mort sont certainement morts ; nous avons trouvé qu'il en était ainsi par expérience. »

Les Anglais rétorquent que la famine règne en Nouvelle-France et que les Français ne sont pas aussi puissants qu'ils le disent. Les Iroquois doivent faire montre de bravoure : « Comment pouvez-vous être si brutaux et si turpides ? » Ce à quoi Teganissorens répond inexorablement : « Il a été conclu dans notre traité d'alliance que, si l'une des parties était attaquée, les

*« ...mais nous
n'avons pas
obtenu
d'assistance... »*

autres iraient à son secours ; mais notre expérience nous a montrés qu'il en était autrement ; lorsque les Français vinrent et détruisirent notre pays et la tribu des Agniers, nous vous avons donné avis à temps, mais nous n'avons pas obtenu d'assistance, et c'est ce qui nous rend craintifs dans la décision à prendre. »

Les délibérations traînent. On n'en vient pas à une décision. Teganissorens passe deux nuits sans dormir. Les Anglais insistent : pas de missionnaires français dans votre pays, pas de missionnaires français ; pas de fort à Détroit, ne le souffrez pas. Les Iroquois sont particulièrement frappés par la force de la Nouvelle-France ; cela les impressionne, et les Anglais tâchent d'en rire.

Le 22 juin, Teganissorens parle de nouveau en conseil. L'impression ressentie à distance est un peu pénible. Vous êtes autour de nous ; vous nous rendez fous ; nous ne savons pas quelle décision prendre, quel parti adopter. Quelque parti que le conseil prenne, les Anglais ou les Français ne sont pas contents. Dans ses paroles, l'impatience domine devant les objurgations, les intrigues, les manœuvres, les ordres, face aux menaces qui, de droite et de gauche, pèsent sur le pays iroquois, devant les demandes et les exigences.

Anglais et Français seront bientôt en guerre, dit Teganissorens. Il en vit le signe dans le désir ardent du père Bruyas « que nous soyons neutres et demeurions assis tranquilles, et nous vous disons que nous nous en tiendrons exactement à la paix, et, s'il y a des manquements à cette paix, vous en serez la cause et non plus nous... ». C'est la déclaration importante de ce conseil, celle que les Français attendaient et celle qui affirme la neutralité de l'Iroquoisie pendant le prochain conflit.

L'Iroquoisie affirme sa neutralité.

Puis, l'impatience, la colère semblent l'emporter sur les autres sentiments. Les deux pays, France et Angleterre, ne donnent pas assez de marchandises pour les peaux de castor. En même temps, chacun veut envoyer ses missionnaires en Iroquoisie. Les Iroquois accepteront ceux du pays qui paiera le plus cher pour les castors. Ils étudieront ce problème jusqu'à l'hiver prochain.

Teganissorens termine en précisant que des sachems se rendront à Albany, et d'autres à Montréal, au moment fixé par les deux gouverneurs pour les prochains conseils.

Le 23 juin, les Iroquois disent aux Anglais qu'ils ont conclu la paix avec quatre tribus d'Indiens alliés.

Le 24, Bleeker discute toujours avec Teganissorens, encore une fois au sujet de la présence des jésuites auprès des Iroquois. L'agent anglais se dit certain que Callière exigera cette concession, que les Anglais ne voudront jamais accepter. Si les Iroquois l'accordent, c'est qu'ils auront peur des Français. L'agent tâche de soulever le grand chef contre cette concession et de le tourner contre les Français.

Le 25 juin, un messager arrive du Canada, annonçant que Callière a reçu des nouvelles des Outaouais : Courtemanche revient de l'Ouest avec les prisonniers iroquois détenus par les Indiens alliés. Les sachems sont convoqués au Canada, où les conseils auront lieu dans quatorze jours.

Le 26 juin, Teganissorens soulève en plein conseil la question de la construction du fort Détroit. Il dit à Maricourt : « ...Corlaer nous dit que nous sommes maîtres de notre propre sol, et le Gouverneur du Canada nous dit la même chose et pourtant les Français partent, sans dire un mot, et vont construire un fort à Détroit. »

Le 27 juin, un canot monté par trois Français et deux Indiens part pour Montréal ; ils avertiront de la venue des sachems pour les conseils que veut tenir Callière.

Le 28, Maricourt va de cabane en cabane pour recueillir les derniers prisonniers français. Il ramène trois femmes et un enfant. Il trouve encore un garçon, qui crie et ne veut pas quitter sa nouvelle famille. Maricourt le conduit de force à Gannantaa. Deux Iroquois qui s'apitoient sur son sort interviennent en disant que, malgré la décision des sachems, on ne doit ramener personne de force. Maricourt le laisse aller, déclarant que les Iroquois sont les maîtres à cet endroit. Une fois à Gannantaa pourtant, il dit à des femmes qu'« il serait de retour dans trente jours pour user de force contre ceux qui ne voulaient pas livrer les prisonniers ». Ces paroles créent tout un émoi. Le conseil est assemblé pour débattre de l'incident ; il envoie Teganissorens pour calmer Maricourt et lui demander de patienter jusqu'à l'automne. Maricourt ayant rejeté l'offre, on le prie au moins d'attendre au lendemain. Effrayés, les Iroquois cherchent les prisonniers toute la nuit. Ils trouvent trois femmes, que Teganissorens conduit à Gannantaa le lendemain, 29 juin. Il précise qu'il livre trois prisonnières et qu'il espère voir les Français faire de même. Les Iroquois, ajoute-t-il, ont livré l'automne passé de cinquante à soixante prisonniers, alors qu'ils n'ont reçu qu'un bien petit nombre des leurs. En réalité, il dit « pas un seul des leurs », mais il fait erreur car les compagnons de la Chaudière Noire qui avaient été faits prisonniers ont été remis. N'empêche qu'il reste beaucoup de prisonniers entre les mains des Indiens alliés. Le père Bruyas répond qu'ils seront livrés. Teganissorens lui mentionne qu'il effectuera un voyage à Albany dans dix jours. Bref, dans le document anglais, l'incident paraît malheureux. On sait que les Indiens ne contraignaient leurs enfants en rien.

Maricourt tient mordicus à ramener les Français prisonniers.

Non seulement la relation de La Potherie corrobore-t-elle en bonne partie la version des agents anglais, mais elle donne plus d'importance au discours du père Bruyas. Celui-ci dirait aux Iroquois que la date du conseil à Montréal est fixée, de venir avec les prisonniers, d'être prêts à partir en même temps que les Français. Il demande d'aviser immédiatement les autres tribus afin que leurs députés se joignent à ceux des Onontagués. Il annonce que le duc d'Anjou est devenu roi d'Espagne, et que la guerre peut éclater entre Français et Anglais. Ces derniers, ajoute-t-il, veulent empêcher les Iroquois d'aller à Montréal, mais s'ils n'y vont pas et s'ils prennent le parti des Anglais, ils sauront ce qui les attend : une guerre plus violente que la précédente. « Ainsi, contentez-vous, si cela arrive, de leur laisser démesler leurs différends, demeurant paisiblement sur votre natte, parce que vous conserverez les chemins libres pour aller à Orange, et pour venir à Montréal y chercher vos nécessités, avec la liberté de la chasse », et les Indiens ne vous troubleront pas. Les Iroquois écouteraient avec une attention infinie ce passage dans lequel le père Bruyas leur propose de se faire simples spectateurs.

Le conseil iroquois donnera sa réponse au bout de trois jours. Teganissorens demande aux Anglais de ne pas brouiller les cartes, comme ils l'ont si souvent fait. La porte est dorénavant ouverte à tous les prisonniers. Les Iroquois demeureront entre les Anglais et les Français. Cinq députés partiront pour Montréal, et douze pour Orange. Il tient d'une main son père Onontio, et de l'autre son frère Corlaer, qu'il estime tous deux également ; il ne veut se séparer ni de l'un ni de l'autre.

La Chauvignerie va chez les Onneiouts, qu'il trouve dans de mauvaises dispositions : ils ne veulent pas rendre leurs prisonniers.

Michel Maray de La Chauvignerie était interprète.

Villedonné arrive à Onnontagué en provenance de Montréal, en disant que le père Enjelran est rentré. Les Outaouais reviennent avec les prisonniers iroquois. Les sachems envoient des messagers aux autres tribus. Il faut se hâter. Le père Bruyas part le premier. Pour sa part, Maricourt tente de rassembler les Français, mais il n'obtient qu'un succès relatif puisqu'ils n'appartiennent pas à l'État, mais à des familles. Tout de même, il réussirait à récupérer deux Françaises de quinze ans et trois jeunes gens. Joncaire, lui, s'est occupé des députés goyogouins et tsonnontouans qu'il ramènera à Montréal.

Des conseils de Montréal et d'Albany, le second aura lieu avant l'autre. Bellomont étant mort et son successeur se faisant toujours attendre, le lieutenant-gouverneur sera présent. Le procès-verbal anglais fixe à trente-deux le nombre des sachems qui assistent à la cérémonie.

Nanfan aborde premièrement le sujet des artifices malins employés par les Français pour tromper les Iroquois, puis parle longuement des missionnaires jésuites. Les Iroquois ont dit que cette question avait été la principale à avoir été débattue à Onnontaé. Ils prétendent avoir refusé leur venue, tandis qu'en réalité ils ont ajourné la décision à l'automne. En outre, ils se disent incapables de ramener les Iroquois catholiques.

Le conseil d'Albany

Prenant la parole, Nanfan les blâme pour s'être rendus au Canada négocier une paix qui existait certainement entre l'Iroquoisie et la Nouvelle-France, et entre les Iroquois et les Indiens alliés. Si c'est nécessaire, les Iroquois doivent se battre comme des hommes, le roi leur ayant envoyé des armes et des munitions. Nanfan s'avoue surpris que les Iroquois ne s'opposent pas plus résolument à la construction du fort Détroit, « la passe principale qui conduit à vos chasses au castor [...] vous ne devez le souffrir d'aucune façon ». Ainsi prend forme une grande opposition. Bellomont et d'autres Anglais avaient demandé la construction immédiate de ce fort et avaient exposé leurs motifs. Maintenant pourtant, comme les Français les ont devancés, ils changent leur fusil d'épaule. En disant aux Iroquois que la région où s'est bâtie Détroit leur appartient, qu'ils l'ont conquise après maintes batailles, au prix de leur sang, et que désormais ils ne pourront plus y chasser en paix, ils montent une agitation qui aura beaucoup d'effet.

Nanfan parle aussi de la neutralité iroquoise : « C'est vrai, c'est maintenant la paix, mais souvenez-vous... vous ne devez pas recevoir... des directions des Français ; comment vous vous conduirez dans le cas où une guerre éclate entre nous et les Français, ceci c'est moi qui vous le dirai. » Pour le moment, la réponse reste évasive, mais Nanfan devra se ranger plus tard du côté du plan de neutralité française, car c'est la seule solution possible.

Enfin, on renouvelle l'alliance. Nanfan s'oppose de nouveau résolument à l'acceptation d'un missionnaire canadien ; bien qu'il sache que les Iroquois ont envoyé des sachems au Canada, il donne pour présents pas moins de cent cinquante fusils, vingt-cinq chaudières, seize douzaines de couteaux, quarante barils de rhum, deux cents sacs de poudre, etc., sans compter les cadeaux particuliers à chaque sachem. Les Anglais fortifieront Albany et Schenectady, et les Iroquois pourront s'y réfugier en cas de besoin.

Les sachems prient le gouverneur d'écrire au roi d'Angleterre pour empêcher l'établissement des Français à Détroit. Ce territoire, disent-ils, ils l'ont obtenu il y a quatre-vingt-dix ans, au terme d'une guerre cruelle, et ils le donnent maintenant au roi d'Angleterre. Quant à eux, disent-ils, en parlant des Français, « nous n'avons pas la force de résister à un tel ennemi chrétien ». Plus tard, lors d'un conseil secret auquel seuls cinq sachems assistent, les Iroquois demandent : « Qu'allons-nous faire ? Les Français attirent nos compatriotes chez eux, ils empiètent sur notre pays, ils construisent des forts autour de nous et ils nous enclosent. » Et maintenant, les Iroquois sont faibles.

Le 19 juillet 1701, les Iroquois cèdent des territoires aux Anglais. Par un acte du 19 juillet 1701, les Iroquois cèdent aux Anglais les terres de Détroit, la péninsule du Michigan, ainsi que les pays au sud des lacs Érié et Huron que, affirment-ils, ils ont conquis au cours d'une guerre contre sept tribus, « il y a quatre-vingt-dix ans », en les chassant. Un pays qui « a été pendant soixante ans leur territoire principal unique de chasse » ; pendant « soixante ans ils ont été les maîtres et les propriétaires uniques desdites terres ». Ce n'est seulement que depuis une vingtaine d'années que des Hurons y sont revenus et troublent leur chasse, dans ce pays où il y a « grande abondance de toutes sortes de bêtes sauvages, et en telles quantités qu'on peut les tuer sans aucune espèce de troubles ». Ces notions historiques, dont il est difficile de trouver une corroboration, ne semblent pas du tout correspondre à la réalité. En attendant, Lamothe Cadillac occupe Détroit, fortifie la place et s'y installe.

Ce conseil, inutile de le faire observer, prouve que, dans l'été de 1701, la faction anglaise demeure encore fort puissante en Iroquoisie. Ils sont

nombreux, ses habitants qui ne voient l'avenir de leur pays que dans le sein d'une alliance anglaise, qui se concertent avec les Anglais pour l'y maintenir, qui veulent élaborer avec eux les éléments de leur politique et qui semblent opposés résolument aux Français, à leurs missionnaires, à leur occupation de postes dans leur voisinage, à leur commerce. Évidemment, tous les Iroquois s'aident, dans une certaine mesure, d'un pays contre l'autre. Ils s'aident de la France pour retrouver la paix, pour établir la paix entre eux et les Indiens alliés, pour accéder à la neutralité durant la prochaine guerre ; mais ils s'aident des Anglais contre les Français pour repousser les missionnaires, forcer la destruction de Détroit, empêcher l'émigration de leurs sujets au Sault ou à la Montagne. Ils jouent ainsi le jeu de leur indépendance, le jeu qui leur attirera le plus de présents, soit de l'un, soit de l'autre, mais qu'il ne faudrait pas prendre pour leur jeu principal. Ils se rendent probablement compte que, s'ils n'avaient affaire qu'à l'une des deux puissances, celle-ci les détruirait ou les réduirait vite en servitude. Cela paraît assez nettement car, s'ils sont peu véridiques, ils insistent sur certains points, toujours les mêmes, et manifestent plutôt énergiquement leur volonté à l'égard de divers problèmes.

Chapitre 226

1701

Durant cette assemblée à Albany, une grande pièce théâtrale se prépare à Montréal. C'est ce qu'on appellera la Grande Paix de 1701. Elle s'accompagne de tant de circonstances inusitées et de tant de faits singuliers que tous nos historiens s'y sont arrêtés avec complaisance et l'ont racontée avec des détails dramatiques propres à frapper l'imagination des hommes. Callière y a travaillé avec un art consommé pendant plusieurs mois.

La Grande Paix de 1701 Le gouverneur de la Nouvelle-France avait obtenu trois concessions infiniment importantes et tellement substantielles qu'il fallait certainement les signaler : d'abord, l'inclusion des Indiens alliés dans le traité de paix ; ensuite, la venue des Iroquois pour signer une paix particulière avec la Nouvelle-France, ce qui contredisait du tout au tout la thèse anglaise à l'effet que les Iroquois étaient sujets anglais, et l'Iroquoisie terre anglaise, et qu'en conséquence, quand le roi d'Angleterre signait la paix, les Iroquois devaient jouir de cette paix comme sujets ; et enfin, la neutralité iroquoise pendant la prochaine guerre, ce qui mettait la Nouvelle-France à l'abri de massacres comme ceux de La Chesnaye, Lachine et d'autres.

Mille trois cents Indiens participent au conseil. À Montréal, qui sera le lieu du rendez-vous, le gouverneur a fait construire une vaste enceinte, pourvue de gradins, capable d'accommoder la foule qui est accourue de toutes les régions du pays. Les notables de la colonie, les dames même y avaient une place déterminée. On a évalué que le nombre des Indiens présents était d'environ mille trois cents.

Les agents français accompagnés des sachems et des ambassadeurs, ainsi que de nombreux individus iroquois, arrivent le 21 juillet 1701 chez les Iroquois du Sault, chez lesquels ils s'arrêtent. Dans cette foule, les Onontagués, les Goyogouins et les Onneiouts sont largement représentés. Un Tsonnontouan a été blessé en cours de route, et l'incident a occasionné un retard. Les Iroquois catholiques reçoivent avec de grandes réjouissances leurs compatriotes d'Iroquoisie : toutes sortes de cérémonies, de danses et de festins ont lieu.

Le 22 juillet, après avoir traversé la large surface du fleuve, ils se présentent à Montréal au bruit du canon. Au moment même où ils quittent le Sault, les Indiens alliés, au nombre de sept à huit cents, à bord de deux cents canots, arrivaient à Montréal. À une portée de fusil de la ville, ils s'étaient formés en ligne, avant d'accomplir la dernière partie du trajet à belle allure, en poussant des clameurs, en tirant des coups de fusil, et en tenant parfois leurs avirons en l'air. De fortes décharges de canon les avaient salués. Auparavant, les Indiens alliés s'étaient cabanés le long des palissades, à l'abri sous des branches d'arbres qu'on leur avait fait porter pour qu'ils puissent se garantir un peu du soleil.

Les Indiens alliés sont donc arrivés les premiers, suivis par les Iroquois onneyouts, onnontagués et goyogouins, puis par les Tsonnontouans, qui s'étaient mis en retard. Parmi eux se trouve un chef âgé de quatre-vingts ans qui, à l'arrivée, est debout dans le canot et crie comme un forcené « Hai, hai ». Encore une fois, les canons tonnent pour saluer ces nouveaux hôtes. Joncaire court au-devant du vieillard et le conduit chez Callière avec tous les chefs. Callière leur donne à tous la main. Plus tard, les chefs des Indiens alliés seront aussi convoqués dans la cour de la maison de Callière et s'y assoiront à terre ou sur des sièges. Les Tsonnontouans seront conduits dans la cabane de Suzanne, l'Onneioute qui a hébergé et protégé autrefois le père Millet. Auparavant toutefois, le grand chef huron Kondiaronk, surnommé Le Rat, prend la parole et prononce un premier discours dans la cour de la maison de Callière.

Tous y sont, de la mère de clan Suzanne à Kondiaronk.

Le 25 juillet, les conseils commencent. L'Outaouais Jean Le Blanc demande qu'on ouvre officiellement la traite. Le castor est rare ; les Indiens demandent un bon prix. Des rumeurs circulent, voulant que des maladies épidémiques circuleraient à Montréal. On offre au gouverneur général le présent traditionnel et on demande de ne pas donner de boissons alcooliques aux jeunes. Callière répond qu'il est heureux que les Indiens ne se soient pas arrêtés en route quand ils ont entendu les rumeurs relatives aux épidémies et aux maladies contagieuses. Le gouverneur permet la traite.

Le conseil s'ouvre le 25 juillet 1701.

Après les Outaouais, ce sont les Hurons et les Miamis qui parlent. Ils ont ramené leurs prisonniers iroquois. Mais les Iroquois ont-ils ramené leurs prisonniers qui appartiennent à des tribus d'Indiens alliés ? Bien sûr que non ; il aurait mieux valu forcer les Iroquois à ramener ces prisonniers en premier lieu. La question menace tout de suite d'être fort importante.

Ceux qui la soulèvent sont Kondiaronk, pour les Hurons, et Chichikatalo, pour les Miamis. Ils n'ont pas manqué de remarquer que les Iroquois n'amenaient aucun prisonnier. Callière doit les assurer qu'il ne remettra pas les prisonniers iroquois entre les mains des Indiens alliés tant que les

Iroquois ne remettront pas les leurs. Les Miamis insistent sur ce point, précisant que les prisonniers appartenaient à des familles et que la nation a dû les racheter. Il existe une défiance des autres tribus envers les Iroquois, qui ne remettent pas d'ordinaire leurs prisonniers. On sent tout de suite que ce sera l'un des problèmes du conseil général. Les Miamis offrent un calumet à fumer pour la paix générale. Les Sakis et les Potéouatamis parlent d'un jeune Français tué par des Sakis au cours d'un combat contre les Sioux. Callière leur pardonne « à cause de la conjecture présente », mais s'ils recommencent, une punition sera imposée. Les Sakis offrent pour réparation un petit prisonnier qui s'imagine que sa dernière heure est venue et qui se tient la tête dans des fourrures.

Le problème le plus important : l'échange des prisonniers

Les Amikoués demandent une audience. De fait, des séries d'audiences ont lieu. Les prix sont élevés. Les marchands ne veulent pas écouter Callière, à qui on redemande de garder les prisonniers iroquois en attendant que les Iroquois rendent les leurs. Des chefs se nomment Porc-Épic, Quarante Sols, Ounanguiré, Jean Le Blanc, ChichiKatalo. Les Outagamis demandent Perrot, un armurier, une robe noire.

Au cours d'un conseil avec les Iroquois, Tekaneout, le chef des Outagamis, dit que les prisonniers des Indiens alliés ont été capturés enfants, qu'ils n'ont pas l'idée de leur patrie et appartiennent à des particuliers et non à la nation. Les Miamis, au contraire, ont forcé leurs prisonniers à les suivre. Les Iroquois répondent que les ambassadeurs français qui sont venus dans leur pays n'avaient pas parlé avec beaucoup d'énergie de l'article sur les prisonniers. Ils avaient surtout réclamé les prisonniers français et n'avaient insisté que sur eux. On cherche une solution : « ...On trouva à propos de mettre cet oubli sur Maricourt... et Joncaire se chargea de la part du chevalier de Callière de s'attribuer à lui seul cette faute. Il le fit, et leur dit... qu'étant leur fils adoptif, il semblait qu'il allait porter le fardeau de tout ceci » ; il leur demande le moyen de se tirer de ce mauvais pas. Pour bien comprendre, Joncaire dit aux Iroquois qu'il sera tenu responsable de cette faute ; que, par suite, il se trouve en mauvaise posture ; et que les Iroquois devraient l'aider. L'intrigue est habile, il faut le reconnaître, quoiqu'elle ne soit interprétable qu'à partir du moment où on la sait fondée sur la générosité bien connue des Iroquois envers leurs amis, sur leur fort sentiment de l'amitié. Les Iroquois se consultent en ce sens. Le débat est long, « l'affaire étant de plus grande conséquence qu'ils ne l'avaient cru ». Enfin, les ambassadeurs iroquois en arrivent à la proposition suivante : ils invitent les Indiens alliés qui ont des prisonniers chez eux à se rendre en Iroquoisie avec des Français. Ceux-ci seront des témoins de la bonne foi des Iroquois. Ils encourageront leurs prisonniers à s'en aller avec leurs compatriotes et ils les reconduiront ensuite tous en leur propre pays. Pour preuve de leur bonne foi, ils offrent des otages. Si cette solution témoigne d'un degré élevé de bonne foi, plusieurs continuent à penser que les Iroquois auraient dû faire comme les Indiens alliés et forcer leurs prisonniers à les suivre. Ce qui fait qu'on appréhende quand même des difficultés, « à cause de nos Alliés qui avaient lieu de se plaindre extrêmement de nous, par toutes les promesses qu'on leur avait faites de retirer leurs Esclaves avec les nôtres ». Ce n'est qu'au bout de quelques jours que les Iroquois comprennent parfaitement l'étendue de leur faute. Les Français leurs répètent que cet échange de prisonniers était l'une des clauses du traité signé en 1700, que Villedonné leur avait dit que le père Enjelran était arrivé à Michillimakinac avec deux prisonniers iroquois, et ainsi de suite. Les Iroquois n'avaient pas saisi toute l'importance et sont maintenant chagrins de cette affaire qui peut tout compromettre. Chez les Onneiouts, il semble y avoir de la mauvaise volonté, car ils n'ont même pas amené leurs prisonniers français. Aux questions qu'on leur pose, ils répondent « qu'ils étaient tout couverts de honte, et qu'ils en avaient l'esprit renversé ». Le conseil se termine dans un profond silence.

Des Népissingues et des Algonquins arrivent. Un conseil huron a lieu le 1er août. Kondiaronk, le grand chef, se trouve mal. Il raconte ce qu'il a fait pour favoriser cette assemblée. Les Hurons, pour leur part, ont ramené onze Iroquois. Kondiaronk parle avec éloquence et signale « les suites fâcheuses qui pouvaient arriver de la trop bonne foi que l'on avait de vouloir amener tout d'un coup tous les prisonniers... ». Un autre chef insiste et qualifie de fourberie l'inaction des Iroquois en ce sens. Kondiaronk est moins dur et moins catégorique.

On nage en pleines difficultés. On dit à Kondiaronk et aux autres chefs de l'Ouest que leurs intérêts et ceux des Français sont communs, que les Français prennent cette affaire à cœur, que les Iroquois ont reçu les reproches qui conviennent, que des Français se rendraient chez les Iroquois pour recevoir la libération des prisonniers de l'Ouest, que les Indiens alliés pouvaient envoyer quelques-uns de leurs compatriotes pour être témoins des événements et aussi pour ramener les prisonniers, et que, dans le cas contraire, les Français ramèneraient les prisonniers à Montréal où ils seraient remis aux Indiens alliés l'an prochain. Toutes ces paroles offrent une certaine consolation ; tout de même, quand on leur dit qu'ils doivent laisser leurs prisonniers iroquois à Montréal, les chefs demandent à réfléchir. Les tentatives faites pour les convaincre ont tout d'abord assez peu de succès. Les Indiens alliés ont noté en effet les excellents traitements accordés aux Iroquois et reprochent aux Français « de ne les avoir pas logés, comme [ils avaient fait des] Iroquois ». Sur ce point, on répond que les Iroquois sont installés chez leur fils adoptif Maricourt.

Au cours de l'une des nombreuses séances préliminaires, Kondiaronk parle sur une chaise pliante, puis sur un fauteuil. Les assistants l'écoutent

La mort de Kondiaronk

avec beaucoup d'attention, car il est aussi célèbre que Teganissorens, le grand chef iroquois, à la différence qu'il a été un ami de la France. Kondiaronk explique la nécessité de cette paix, dont il énumère les avantages. Même assis dans son fauteuil, il n'arrive pas à terminer son discours ; à la fin de la séance, il faut le transporter à l'Hôtel-Dieu, où il fait une mort très chrétienne dès la nuit suivante. Sa mort est un grand événement parce qu'il est l'un des principaux acteurs du drame qui se joue en ce moment. C'était un grand guerrier et un politique redoutable ; homme pieux, il lui arrivait de prêcher dans l'église des jésuites à Michillimakinac. C'était pour ainsi dire l'âme de la nation huronne. Les Français ressentent vivement la perte de ce grand ami.

De grandes funérailles pour Kondiaronk

Hausse-col = pièce d'acier ou de cuivre destinée à protéger le cou.

Callière et Champigny présentent des condoléances à sa nation. Le corps du vieux chef, sur lequel on a posé une couverture écarlate, est étendu sur des peaux de castor. Il porte sur la tête un chapeau orné d'un plumet rouge tout neuf ; il est vêtu d'une chemise blanche, d'un capot, de mitasses, de souliers ; à droite de sa tête, on dépose une chaudière de cuivre ; du côté gauche, un fusil et une épée. Deux heures plus tard, les Iroquois viennent couvrir le mort. Ils s'assoient de manière à former un cercle autour du cadavre, tandis que leur chef reste debout, pleurant. Ensuite, leur orateur parle : « J'essuie vos larmes... » Kondiaronk a droit à de grandes funérailles. Sont là Pierre de Saint-Ours, à la tête de soixante hommes, seize guerriers hurons, le visage barbouillé de noir, le clergé. Six chefs de guerre portent le cercueil couvert de fleurs sur lequel on a déposé un chapeau à plumet, une épée, un hausse-col. Le cortège comprend le frère du grand chef, des enfants, des Hurons, des Outaouais, madame Champigny, Vaudreuil, des officiers. C'est un spectacle semblable à nul autre. Sur l'épitaphe, on écrit « Ci-gît le Rat, Chef des Hurons ». Joncaire va présenter ses condoléances avec cinquante-trois Iroquois de la Montagne : « Il a toujours été fidèle à la Nation Française par un attachement inviolable à tout ce qui la regardait. »

Les séances reprennent.

Après ce pageant sans pareil, les conseils reprennent. Ce sont encore des séances préliminaires au cours desquelles les chefs des nations parlent les uns après les autres. Ils remettent leurs prisonniers, mais à Callière, pour que celui-ci en dispose comme il l'entendra. On leur demande de chercher encore chez eux pour voir s'ils n'en trouveraient pas d'autres.

Les Hurons de Lorette se montrent les plus généreux, l'un d'eux précisant, au cours d'une audience : « Tu nous avais proposé de laisser ici les Esclaves que nous t'avons amenés, jusqu'à ce que les Iroquois nous rendent les nôtres, je te dis de la part de notre Nation que nous voulons bien que tu les remettes entre leurs mains, sans attendre le retour des nôtres. »

Quoiqu'elle paraisse bénigne, une maladie de la gorge, la grippe probablement, fait rage chez certaines des tribus.

Une autre audience a lieu. Les Iroquois ont eu « de quoi méditer pendant quelques jours sur l'incertitude de la Paix. » Cette nation « craignait fort que l'on ne ramenât tous les Esclaves qui auraient couru un grand risque d'être brûlés ». Ils ont maintenant appris que les Indiens alliés ont remis leurs prisonniers à Callière et que ceux-ci doivent être gardés à Montréal tant qu'ils n'auront pas remis eux-mêmes les prisonniers qu'ils ont conquis sur les Indiens alliés. Ils sont tout d'abord dépités : jamais, disent-ils, proposition du genre n'a été faite. Gardez-les ; nous ne penserons plus à eux. Puis, ils deviennent plus raisonnables. Si, disent-ils à Callière, vous nous remettiez immédiatement les Iroquois prisonniers ramenés de l'Ouest, si vous envoyiez Joncaire avec nous pour surveiller, dans notre patrie, la libération des Indiens alliés prisonniers, nous renverrions ceux-ci tout de suite. Ce à quoi Callière répond que cette solution n'est pas facile et qu'il ne veut pas passer outre aux décisions de ses Alliés. Il envoie quérir les Hurons, les Outaouais et les Miamis, à qui il communique cette dernière proposition. Comme ceux-ci ont beaucoup confiance en lui, ils lui laissent le soin de prendre la décision pertinente. Callière agira en cette matière comme il l'entendra.

Tous les préliminaires de la paix étant maintenant réglés, la grande assemblée générale peut avoir lieu. Pendant deux jours, on s'y prépare activement. Callière appelle plusieurs Indiennes pour préparer les rubans de grains de nacre qu'il a l'intention d'offrir. L'épidémie continue à sévir. Les Hurons perdent un second chef, celui qui venait immédiatement après Kondiaronk, et plusieurs autres membres de la tribu. Ces deuils ne parviennent pas à étouffer l'éclat de la grande fête qui doit maintenant se dérouler.

On fixe la date du 4 août pour la conclusion de la Paix : « Ce fut dans une belle plaine, hors de la ville, où l'on avait fait une enceinte de branches d'arbres de 128 pieds de long sur 72 de large, avec allée de dix pieds tout autour [et] salle couverte de feuilles de 29 pieds de long, de 25 de large, en face de la place. » Il y avait plus de mille Indiens rassemblés là avec leurs ambassadeurs. Les individus de chaque nation se tenaient ensemble. Il y avait des soldats tout autour de l'assemblée. Les personnes de qualité et les dames se tenaient dans la salle. À l'entrée de la salle, des fourches de bois portaient les trente et un colliers destinés à trente et une nations.

L'assemblée générale aura lieu le 4 août.

Callière prononce le grand discours d'ouverture. Il revient à la belle grande politique française inaugurée au Canada après les expéditions de M. de Tracy : le gouverneur de la Nouvelle-France est le grand justicier des peuples indiens, celui qui entend les plaintes de chacun et redresse ensuite les griefs, celui qui punit les nations coupables ; il est l'arbitre des querelles, le juge auquel on fait appel, le grand chef qui empêche les guerres par sa force et celle de ses alliés. Il fait l'éloge de cette conception magnifique qui avait maintenu la paix pendant au-delà de vingt ans et avait prévenu les guerres et les guérillas sans fin.

Le gouverneur dit en effet qu'il avait pensé à cette belle ratification générale des traités l'an précédent et qu'il avait par conséquent songé à inviter tous les peuples. Il a été heureux de les voir arriver l'un après l'autre. C'est maintenant la paix, la véritable paix. Il enlève à tous la hache de guerre pour la jeter dans une fosse profonde ; il propose que « s'il arrivait quelque désordre, l'offensé s'adressât à lui, qu'il ferait faire satisfaction ; que si l'offensant était désobéissant et irraisonnable, il se mettrait avec l'offensé pour mettre l'agresseur à la raison ». Ainsi va la lecture du discours de Callière. Le père Bigot, qui en possède une copie, le traduit aux Abénaquis et aux Algonquins ; le père Garnier est le traducteur des Hurons ; le père Enjelran, celui des Outaouais ; Perrot, celui des Illinois et des Miamis ; le père Bruyas, celui des Iroquois. Tous les Indiens poussent des cris d'approbation et de contentement.

Vincent Bigot (1649-1720), jésuite, missionnaire chez les Abénaquis

Julien Garnier (1643-1730) jésuite, premier jésuite ordonné prêtre au Canada.

En terminant son discours, Callière offre un collier à chaque nation « afin que ce que l'on venait de leur dire fut une Loi inviolable ».

La cérémonie de la libération des prisonniers...

La cérémonie de la libération des prisonniers iroquois a lieu tout de suite après. Le chef de la nation, suivi des prisonniers que cette tribu a capturés, s'avance vers Callière ; il fait prendre place à ses pieds aux Iroquois encore liés, prononce un petit discours et les délie par la vertu d'une branche de grains de nacre. Ainsi pérorent à tour de rôle le Kiskakon Hassaki, vêtu d'une robe de castor qui traîne sur le sol ; les Outaouais Quarante Sols et Jean Le Blanc, le Miassiagué Onnonguince, Miskouasouah, chef des Outagamis, qui, le visage peint en rouge et une vieille perruque poudrée posée sur sa tête toute hirsute et sans chapeau, salue Callière en soulevant sa perruque comme il le ferait d'un chapeau, tandis que l'assistance française éclate de rire bien qu'il ne le faille pas. Se succèdent Kiskatapi, le chef des Mascoutins, qui prie Haoualamek, chef des Outagamis, de parler pour lui, les chefs des Maloumines, des Saulteux, des Népissingues, des jeunes Algonquins qui ont tué la Chaudière Noire ; l'un a arrangé sa chevelure en crête de coq et un plumet rouge lui descend en arrière de la tête. L'Aigle parle au nom des Iroquois du Sault Saint-Louis ; et Tsahouanhos, au nom de ceux de la Montagne. Les derniers à parler sont les représentants des Abénaquis et des Iroquois.

...et celle du calumet de la paix

Les discours sont suivis de la cérémonie du calumet de la paix. Callière le fume le premier, suivi de Champigny et de Vaudreuil ; le calumet passe ensuite de chef en chef et d'ambassadeur en ambassadeur.

Pendant que s'accomplit cette sacro-sainte cérémonie, trois Français transportent parmi la foule indienne dix grandes chaudières où l'on a fait bouillir trois bœufs entiers dépecés auparavant. Les Indiens assis dans l'herbe commencent leur festin. Après celui-ci, on allume « derrière l'enclos », au grand bruit des coups de feu, un immense feu de joie. Le canon tonne et l'on fait tous les bruits imaginables.

Tous les chefs énumérés plus haut libèrent alors les prisonniers, ou annoncent qu'ils en ont libéré, ou disent qu'ils viennent entendre les ordres du gouverneur. Il faut rapporter quelques paroles de L'Aigle, un Iroquois du Sault : « Toutes tes vues sont si droites et si raisonnables, qu'il faudrait n'être pas homme pour refuser de s'y soumettre... » Il parle avec satisfaction de « la bonne intelligence dans laquelle on leur ordonne de vivre ensemble à l'avenir. Ils ne feront désormais attention qu'au désir que tu as de les rendre heureux, en arrêtant les suites funestes de la guerre. »

À la fin des cérémonies, tous les ambassadeurs ratifient la paix en apposant les armes de leur tribu au traité.

La ratification du traité

Un repos d'un jour suit cette grande et vaste manifestation. L'audience de congé se donne dans la cour du chevalier de Callière, où tous les prisonniers sont rassemblés. Nouvelle recommandation est faite aux Indiens de garder la paix. On effectue d'autres réconciliations entre tribus. On demande aux Hurons de s'établir à Détroit, tandis que les Miamis devraient se rassembler.

On poursuit avec la grande distribution des présents qui avaient été préparés dans les magasins. Il y a de la poudre et des balles, il y a des capots chamarrés de dentelles de galon d'or, qui sont très beaux surtout quand il s'agit des amis de toujours et des chefs.

D'autres discours sont prononcés. Ounanguicé martèle à coups de phrases lapidaires les sentiments de cette foule : « L'arbre de paix est donc planté sur la plus haute montagne, il faut que les Iroquois et tous les Alliés jettent souvent les yeux sur lui. Vivons dorénavant paisibles ; mangeons dans la même chaudière lorsque nous nous rencontrerons à la chasse. »

L'immense pageant se termine le 7 août, quand les Iroquois demandent leur congé. La cérémonie s'accompagne de paroles qui ont un sens précis. Callière a des colliers à leur présenter, c'est-à-dire d'autres propositions à leur faire. Les Indiens alliés, dit-il, ont affirmé « qu'ils garderaient inviolablement tout ce qui a été réglé par la paix que j'ai faite avec vous, et qu'ils m'obéiraient en toutes choses. Je suis persuadé que vous en userez aussi de même. » Il rend les prisonniers iroquois que les Indiens alliés lui on mis entre les mains, « afin, dit-il, que vous vous en retourniez tous contents de moi ». Joncaire, poursuit-il, se rendra avec eux en leur pays pour ramener à Montréal les prisonniers des Indiens alliés, et ceci, « pour réparer la faute que vous avez faite en les laissant à vos villages ». C'est ainsi que les Indiens alliés sauront si les Iroquois sont sincères en cette affaire, s'ils ont parlé de la bouche seulement ou du cœur.

Nouveau discours de Callière

Callière aborde une fois de plus le sujet de la construction d'un fort à Détroit. Teganissorens et le père Bruyas en ont parlé ; le commandant là-bas réglera sur place les différends qui pourraient se produire entre tribus indiennes ; il y échangera des marchandises pour des fourrures et protégera les Iroquois au besoin.

Il revient ensuite sur la question de la neutralité des Iroquois, dans le cas où la guerre éclaterait entre la France et l'Angleterre. « ...Vous pensiez, dit-il, à ne vous en point mêler. Je vous le répète encore... qu'en cas que la guerre arrive vous demeuriez paisiblement sur vos nattes, sans prendre aucune part dans nos démêlés, parce qu'autrement ils vous engageraient de nouveau à la guerre avec moi et avec tous mes alliés... »

Au sujet des Agniers, qui n'étaient pas représentés au Congrès malgré les promesses que les Iroquois avaient faites, Callière prie les ambassadeurs « de les y faire venir incessamment pour être compris » dans le traité. Comme on peut se l'imaginer, ces phrases prennent, dans les circonstances, un ton fort menaçant : cette tribu iroquoise est maintenant la seule encore en guerre avec la Nouvelle-France et tous les Indiens alliés.

Chaque ambassadeur reçoit d'autres présents, et chacun d'eux dit merci pour la paix et pour un poste à Détroit. Quant à la neutralité, ils accèdent à nouveau à la demande de Callière : « Nous serions fâchés que vous eussiez la guerre avec les Anglais, parce que vous êtes de nos amis et eux aussi. Cependant, si cela arrivait, nous vous laisserions en fumant paisiblement sur nos nattes, comme vous nous le demandez... »

Les ambassadeurs agniers arrivent pour compléter la paix.

Les ambassadeurs des Agniers se présentent quelques jours après le départ des ambassadeurs de tous les autres pays. On leur récite toutes les propositions qui ont été présentées devant le congrès général. On leur raconte tout, et « ils l'approuvèrent par toutes sortes d'applaudissements ». Ils présentent leurs colliers, ils en reçoivent, et la paix est complète.

Entre-temps, le lieutenant-gouverneur Nanfan, qui avait tenu un Grand Conseil à Albany à peu près en même temps que les Français, concevait certains espoirs. Le 20 août, par exemple, il se vantait de la cession de la presqu'île du Michigan et des terres de Détroit. Il disait « combien complètement [il avait] fixé [les] Indiens dans leur obéissance à Sa Majesté ». Il avait amené Teganissorens à New York avec lui et il l'avait comblé de présents.

Le 27 août, Nanfan n'est pas aussi sûr de son fait ; il renvoie une autre fois des agents (Bleeker et David Schuyler), « pour empêcher les Français de débaucher nos Indiens ». Partis le lendemain avec des instructions, les agents arrivent le 4 septembre. Quand on leur parle de la paix faite à Montréal, ils tentent d'en rire : « Vous avez fait la paix avec eux, bien que ce ne fût pas nécessaire, car notre Roi avait fait la paix pour vous... ». Ce qui n'ébranle pas la conviction des Iroquois, qui ont leur opinion sur ce point.

Des Français sont maintenant à Onnontaé avec des marchandises, ou plus précisément des présents à offrir aux familles qui détiennent encore certains prisonniers qu'ils sont venus chercher. Les Iroquois ont demandé aux Anglais d'envoyer des agents pour apprendre ce que les Français ont dit aux Iroquois à Montréal ; tandis que les Français veulent savoir ce que les Anglais ont dit aux Iroquois à Albany. Particulièrement mécontents de ces allées et venues entre l'Iroquoisie et la Nouvelle-France, les Anglais conseillent aux Iroquois de partir pour leurs chasses.

Le 11 septembre, les Français, y compris tout probablement Joncaire, reviennent du pays des Tsonnontouans, où ils s'étaient rendus pour s'assurer de la libération des prisonniers miamis et autres. Les Tsonnontouans les ont pourtant renvoyés par Détroit. Le 12 septembre, les Français répètent les propositions que Callière avaient soumises aux Iroquois à Montréal : la hache est encore enterrée en face de la nation, la paix universelle est proclamée et les Indiens devront chasser sans s'entretuer. Le fort de Détroit a été construit pour empêcher les conflits entre l'Iroquoisie et les Indiens alliés. Les Iroquois sont neutres en cas de guerre. L'échange des prisonniers doit se terminer. Callière veut encore que les Iroquois viennent.

La vraie paix, la paix finale après laquelle ils soupirent depuis juin 1693, c'est Callière et la Nouvelle-France qui la donnent aux Iroquois. Ce n'est pas le gouverneur de New York.

Le problème des missionnaires reste sans solution ; les sachems ne veulent pas de jésuites pour le moment, mais ils ne souhaitent pas non plus de ministres protestants. Aux Français et aux Anglais, ils disent : « ... Tous deux, vous nous avez rendus ivres avec tout le bruit de vos sollicitations. »

« ...vous nous avez rendus ivres avec tout le bruit de vos sollicitations. »

Le 29 décembre, Nanfan dira avoir posté quatre hommes intelligents chez quatre des tribus iroquoises.

En mai 1702, arrivera le nouveau gouverneur de New York, lord Cornbury. Le 15 juillet, voici ce qu'il dira aux Iroquois au cours d'un conseil : « ... Si une guerre éclate, je ne voudrais pas, frères, que vous soyez les premiers agresseurs, ni que vous commettiez des actes d'hostilité contre les Français ou leurs Indiens, sans recevoir de directions de moi, mais si les Français commencent les premiers à nous faire la guerre, ou à quelques-uns des frères qui forment une ligue avec nous, nous devrions nous joindre unanimement et faire la guerre contre eux. » Il a été informé que les Français du Canada ont le dessein d'empêcher leurs Indiens de commettre des actes d'hostilité. En conséquence, il fait une promesse du même genre : les Iroquois catholiques ne seront pas attaqués tant qu'ils n'attaqueront pas. « Je leur ai dit, ajoute-t-il, que je n'enverrai pas le premier aucune expédition de nos gens ; et j'ai empêché les Cinq-Nations du devoir d'être les premiers agresseurs, et je vous dit en conséquence la même chose, de ne pas verser de sang avant d'avoir des ordres de moi, qui suis votre père, mais si les Français ou quelques-uns de leurs Indiens commencent à nous troubler, ou aucun de ceux qui font partie de la Ligue, avec nous, soit Chrétiens, soit

Indiens, alors vous devez être prêts à vous joindre et à détruire ceux qui auront soulevé la hache de guerre les premiers... »

Plus simplement, le gouverneur anglais tente de ranimer la Ligue. Il veut encore que les Iroquois viennent à la rescousse si les Français attaquent les Anglais. Toutefois, dans la lettre qu'il adresse aux lords du Commerce le 27 septembre, il se montre peu optimiste. Les présents donnés aux Iroquois, dit-il, sont une triste nécessité. Autrement, ils iraient au Canada. Les Iroquois leur ont promis d'être dans les intérêts de l'Angleterre, mais il y a tout lieu de croire que Tsonnontouans, Goyogouins et Onontagués ne seront pas fidèles. On lui a appris, deux jours auparavant, que ces tribus avaient reçu des missionnaires catholiques parmi les leurs, mais aucun ministre protestant. Le gouverneur présente en outre un plan pour la conquête du Canada.

Des développements s'étaient en effet produits : Garakonthié, le fils du célèbre Garakonthié que monseigneur de Laval avait baptisé, était mort au début de l'année 1702. Le fils avait joué longtemps dans sa tribu un rôle favorable à la France. Des ambassadeurs qui ont apporté cette nouvelle en Nouvelle-France, où ce célèbre Onnontagué comptait bien des amis, remercient M. de Callière de leur avoir procuré et donné la paix, avant de lui demander des missionnaires.

Callière n'a pas négligé cette occasion et a accédé tout de suite à leur requête, ce qui mène bientôt à l'entrée de quelques missionnaires en Iroquoisie.

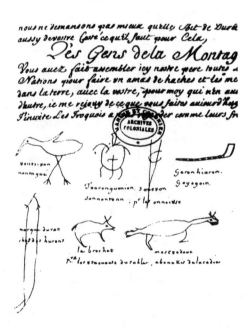

Chapitre 227

1701

Ainsi finit ce qu'on peut appeler un siècle de guerre. On a attaché, avec raison d'ailleurs, beaucoup d'importance à la paix générale de 1701. Elle marquait une puissante tentative, faite par la France, d'imposer dans le monde indien qui l'entourait une paix régie et administrée par elle. Elle terminait aussi une guerre sanglante, qui avait coûté bien du sang, des angoisses, des destructions et des massacres. C'était, d'une certaine façon, la fin des guerres indiennes, sous les deux formes distinctes qu'elles avaient connues : des forts assiégés et tenus étroitement serrés, de manière que tous ceux qui en sortaient couraient un risque de mort ; et attaques à l'improviste et à la dérobée, rapides et vives, contre des colonies dans une forêt.

Ce qui avait amené la paix, il faut s'en souvenir, ce sont les coups vigoureux, on peut presque dire mortels, que Frontenac avait portés à la Confédération de 1690 à 1693. La guerre des Indiens alliés contre les Iroquois avait achevé de décourager les Cinq-Nations.

Quoi qu'il en soit, la paix de 1701 n'est pas une paix finale dans le sens où l'on veut bien l'entendre ordinairement. Elle ne termine pas tout. Les Iroquois continuent de détenir une position stratégique entre les colonies des deux principales puissances européennes. Essentiellement, leur position reste la même malgré la paix. À la France et à l'Angleterre, ils peuvent apporter, en cas de guerre, un appoint précieux, important, dans ce pays de forêts. Ils sont les guerriers nés des bois et un ennemi dangereux pour ceux contre lesquels ils se déclarent. Ils ont infligé des maux immenses à la Nouvelle-France ; sans compter qu'ils l'ont sans doute empêchée de faire la conquête de New York. Leur destruction n'est pas facile, au point que ni la France ni l'Angleterre ne semblent alors capables d'y parvenir sans monter des entreprises plus coûteuses qu'elles ne veulent ou même ne peuvent faire.

La paix de 1701 ne met pas fin à tout.

Ainsi, la lutte d'influence, entreprise aux jours de La Barre et de Dongan, se poursuit après la paix de 1701. Anglais et Français continuent à se battre à coups de paroles et d'arguments, dans les conseils et les foyers des Iroquois. Les Français sont plus heureux, parce que leur position de fond est excellente. Pour maintenir l'Iroquoisie hors de la guerre, lui faire goûter les délices de la paix, ils ont des hommes qui, auprès de ce peuple assez influençable, peuvent agir continuellement : les missionnaires et, surtout, Joncaire, qui prend un ascendant extraordinaire sur les Tsonnontouans et les tribus de l'Ouest. Ce groupe de Français surveillent sans relâche les intérêts de la France, opposent argument à argument, intrigue à intrigue, faction française à faction anglaise, entretiennent la faction française. Car, en ce pays démocratique, l'influence d'hommes blancs avisés, prudents, est immense. La parole y joue un grand rôle. La Salle avait eu sur eux une influence considérable. Maricourt, Joncaire, Le Moyne les maniaient avec habileté. Certains missionnaires également, comme le père de Lamberville, savaient conduire ces esprits oscillants à des décisions précises.

L'Iroquoisie n'était plus le démon !

C'était la bonne politique à suivre. Au lieu d'accepter les Iroquois comme des ennemis irréconciliables, qu'il fallait absolument détruire, on les acceptait maintenant comme des hommes dont on pouvait se faire facilement des amis ou des ennemis, suivant le traitement qu'on leur accordait. Les connaissant mieux, on se tirait plus aisément d'affaire avec eux. L'Iroquoisie n'était plus le démon en face de qui il ne restait plus qu'une solution : la détruire.

Cet index a été conçu de façon à faciliter la recherche. La très grande majorité des noms propres a été retenue. L'orthographe de l'auteur a généralement été respectée, même s'il est parfois corrigé à l'aide du *Dictionnaire biographique du Canada*. Également, certaines entrées ont été faites selon le modèle du DBC (Buade pour Frontenac, Chabert pour Joncaire, Greysolon pour Dulhut). Des renvois permettent de se retrouver. Le relevé des références n'est pas toujours complet, et certains termes récurrents comme Nouvelle-France, Canadiens ou Jésuites n'ont pas été retenus. Enfin, la lettre n indique la page où se trouve une notice biographique ou explicative.

A

S

Sabrevois, Jacques-Charles de, n219, 227

Saginaw, lieu, 204

Saint-Amour. V. Payet dit Saint-Amour

Saint-Castin. V. Abbadie.

Saint-Cyrque (Sircq, Saint-Cirque), officier de, 104-105, 107

Saint-François-du-Lac, 12, 73, 121, 127, 179, 180

Saint-Germain, un coureur des bois, 7

Saint-Laurent (fleuve), 36, 44, 47, 84, 96, 98, 102, 107, 109, 116, 130

Saint-Louis, 110. V. fort Saint-Louis

Saint-Martin, de, 224

Saint-Michel, sieur de, 164

Saint-Ours Deschaillons, Jean-Baptiste de, n202

Saint-Ours, Marie-Anne de 129

Saint-Ours, Pierre, de, n203, 340

Saint-Ours, village, 131

Saint-Pierre de Repentigny, 46, 84, 203

Saint-Pierre, 84

Sainte-Marie de Gannantaa, 225

Sakis, indiens, 66, 134, 249, 338

Salines, lieu, 225

Salmon Falls, 59

Salvaye, madame, 240-241

San Cristobal, église de La Havane, 165

Sands, Samuel, 191

Saratoga, 75

Sault Saint-Louis, 37, 106, 129-130, 202-203, 220

Saulteux, 14, 134, 165, 342

Schenectady ou Shenectady (Corlaer), 50, 58-59, 61, 63, 65, 68-69, 72, 74, 83, 85, 90, 93, 95, 101, 114, 142-143, 161, 242, 266, 288, 290, 313, 322

Schewerhorn, émissaire anglais, 289

Schuyler, Abraham, 252, 303

Schuyler, Arent, 72

Schuyler, David, 303, 315, 329, 344

Schuyler, Johannes, 76

Schuyler, Johen, 286

Schuyler, John, 266, 268-271, 280, 286-287

Schuyler, Peter, premier maire d'Albany en 1686 (Quider), n53, 81, 94, 102-110, 113, 116, 122-123, 143-144,

158-160, 166-167, 169-171, 175-176, 178, 185, 199, 234-235, 250, 252, 255, 258, 261, 263, 266, 284, 297, 300

Seignelay, marquis de, n8, 15, 25-26, 28, 48, 86

Sénekes (les quatre nations iroquoises à l'ouest des Agniers), 18, 36, 95, 174

Serigny, 22, 84, 190

Shea, Jean-Marie, 229

Shrewsbury, duc de, 62, 24

Sineago ou Sinagos, chef outaouais, 214, 264

Sioux, indiens, 27, 66, 165, 195, 212, 338

Sloughter, Henry, gouverneur, 67-68, 90, 93-94, 101-102, 107, 122

Sorel, 13, 73, 200, 213, 240, 241. V. aussi fort Sorel.

Soulanges, 227

Stanley, capitaine, représentant du Connecticut, 191

Stow-Stow, n280

Suzanne. V. Gouentagrandi, Suzanne

Syracuse (NY), 308

T

Tadoussac, 85

Talon, Jean, 120, 215

Taouestaouis, surnom de Maricourt, n265, 308

Tareha, chef onneiout, n152-153, 156-157, 159, 164, 166, 168-169, 171, 173, 182, 188

Tatatiron, chef de la Montagne, 238

Teganissorens (Decanesora), chef Onontagué, 15-16, 51, 53-54, 153, 171-172, 174-175, 182-190, 192-194, 218, 242, 270, 280-281, 283, 285, 287, 292-293, 303-305, 307, 309, 320-321, 324, 327-333, 340, 344

Tekakouitha, Catherine, 157

Tekaneout, chef montagnais, 338

Témiscamingues, indiens, 104

Terre-Neuve, 25

Têtes-de-Boule, indiens, 121

Thonontisati, chef onontagué, 187

Ticonderoga, 81

Tilly de Saint-Pierre, 121, 127

SOURCES DES ILLUSTRATIONS

p. 10 : Hiawatha, coll. New York State Museum ; **p. 19** : castor, dessin de Molly Braun dans Carl Waldman, *Atlas of North American Indian*, Facts on file, 1985 ; **p. 23** : construction en écorce selon Lewis Henry Morgan, *League of the Iroquois*, 1851 ; **p. 26** : guerrier iroquois d'après Grasset de Saint-Sauveur, coll. Yves Beauregard ; **p. 28** : pilon à maïs selon Morgan, *League of the Iroquois* ; **p. 40** : sauvagesse iroquoise d'après Grasset de Saint-Sauveur, coll. Y.B. ; **p. 50** : d'après un dessin du Rév. John Williams, victime de l'attaque contre Deerfield en 1704, coll. privée ; **p. 56** : pointe de flèche dessinée par Molly Braun dans Carl Waldman, *Atlas of the North American Indian* ; **p. 66** : navire hollandais du 17ᵉ siècle, coll. privée ; **p. 71** : vue de Nouvelle Amsterdam, coll. privée ; **p. 76** : la mort de Massasoit rappelle celle de Grand Agnier, coll. privée ; **p. 87** : Tecumseh, coll. privée ; **p. 91** : tomahawk d'après Morgan, *League of the Iroquois* ; **p. 99** : tiré du l'ouvrage de F. Cooper, *Le dernier des Mohicans* ; **p.112** : scène de prisonniers et **p. 118** : scène de supplice dans Lafitau, *Mœurs des Sauvages américains...* ; **p. 124** : cabane à la kilistinonne faite de peau, dans *Codex canadiensis* de Louis Nicolas. coll. Gilcrease Institute, Tulsa, Oklahoma ; **p. 131**, **p. 137** et **p. 148** : détails du dessin du Rév. John Williams ; **p. 155** : Map of Schenectady, en 1695. Reproduction tirée de Max Reid, *The Mohawk Valley*, Putman's Sons, 1901 ; **p. 163** et **p. 173** : Indien amikoué et cabane à la algonquine, dessins tirés du *Codex canadiensis* ; **p.181** : Indien chaouanon dans *L'Illustration*, série Les Grands Dossiers ; **p. 190** : figure du soleil dans *Codex canadiensis* ; **p. 201** : Plan of Albany, 1695. Tiré de Ian K. Steele, *Warpaths. Invasion of North America.* Oxford University Press, 1994 ; **p. 209** : maison d'écorce d'orme, coll. Schoharie Museum ; **p. 214** : canot à l'outaouaise dans *Codex canadiensis* ; **p. 218** et **p. 222** : Guerrier outaouais et femme huronne, coll. Mackinac State historic Parks ; **p.232** et **p. 243** : la région du lac Ontario, cartes réalisées par Julie Benoit ; **p. 239** : élan dans *Codex canadiensis* ; **p. 251** : déclaration de guerre du clan du pluvier, reconstitution de l'éditeur ; **p. 254** : Grand conseil dans Bressani, *Relation abrégée...* ; **p. 259** : vue générale de l'Amérique du Nord, représentation conçue par E. Raisz ; **p. 261** : Sasquehanok Indian Village, tiré d'Arnoldus Montanus, *America*, 1671 ; **p. 272** : d'après Dickinson et Young dans *Diverse Pasts*, Copp Clark,1995 ; **p. 277** : cartouche de la carte de Franquelin de 1699 ; **p. 290** : déclaration de guerre du clan de la tortue, reconstitution de l'éditeur ; **p. 298** : entre les lacs Erié et Huron, Détroit, c.1703, détail d'un document conservé aux Archives nationales du Canada, S02 ; **p. 310** : carte de la Nouvelle-France, etc. 1702 ; **p. 316** : Barrage de castors dans DuCreux, *Historiae canadensis* ; **p. 325** : Les Pays d'en Haut, détail d'une carte de Bellin, *L'Amérique septentrionale* ; **p. 335** : GOS-TO-WEH d'après Morgan, *League of the Iroquois* ; **p. 346** : La paix de Montréal, signatures dont celle de Kondiaronk (Le Rat), Archives coloniales françaises ; **p. 348** : un des nombreux wampums scellant la paix de Montréal, coll. Onontaga Historical Association et détail d'une reconstitution de Francis Back, coll. Parcs Canada.

COMPOSÉ EN TIMES CORPS 10

SELON UNE MAQUETTE CONÇUE ET RÉALISÉE PAR DANIEL HUOT

CETTE SECONDE ÉDITION A ÉTÉ ACHEVÉE D'IMPRIMER EN FÉVRIER 1999

SUR LES PRESSES DE MARC VEILLEUX IMPRIMEUR INC. À BOUCHERVILLE

POUR LE COMPTE DE DENIS VAUGEOIS

ÉDITEUR À L'ENSEIGNE DU SEPTENTRION